全国中医药行业高等教育"十四五"规划教材
全国高等中医药院校规划教材(第十一版)

医药商品学

（新世纪第二版）

（供公共事业管理、市场营销、药事管理、药学等专业用）

主　审　吕晓东

主　编　徐　晶

中国中医药出版社
·北京·

图书在版编目（CIP）数据

医药商品学 / 徐晶主编. —2 版. —北京：中国
中医药出版社，2023. 12（2025.12 重印）
全国中医药行业高等教育"十四五"规划教材
ISBN 978-7-5132-8422-6

Ⅰ.①医⋯　Ⅱ.①徐⋯　Ⅲ.①药品—商品学—中医
学院—教材　Ⅳ.①F763

中国国家版本馆 CIP 数据核字（2023）第 185451 号

融合出版数字化资源服务说明

全国中医药行业高等教育"十四五"规划教材为融合教材，各教材相关数字化资源（电子教材、PPT 课件、视频、复习思考题等）在全国中医药行业教育云平台"医开讲"发布。

资源访问说明

扫描右方二维码下载"医开讲 APP"或到"医开讲网站"（网址：www.e-lesson.cn）注册登录，输入封底"序列号"进行账号绑定后即可访问相关数字化资源（注意：序列号只可绑定一个账号，为避免不必要的损失，请您刮开序列号立即进行账号绑定激活）。

资源下载说明

本书有配套 PPT 课件，供教师下载使用，请到"医开讲网站"（网址：www.e-lesson.cn）认证教师身份后，搜索书名进入具体图书页面实现下载。

中国中医药出版社出版

北京经济技术开发区科创十三街 31 号院二区 8 号楼
邮政编码　100176
传真　010-64405721
三河市同力彩印有限公司印刷
各地新华书店经销

开本 889×1194　1/16　印张 18.25　字数 484 千字
2023 年 12 月第 2 版　2025 年 12 月第 2 次印刷
书号　ISBN 978-7-5132-8422-6

定价　69.00 元
网址　www.cptcm.com

服 务 热 线　010-64405510　微信服务号　zgzyycbs
购 书 热 线　010-89535836　微商城网址　https://kdt.im/LIdUGr
维 权 打 假　010-64405753　天猫旗舰店网址　https://zgzyycbs.tmall.com

如有印装质量问题请与本社出版部联系（010-64405510）

全国中医药行业高等教育"十四五"规划教材
全国高等中医药院校规划教材（第十一版）

《医药商品学》
编 委 会

主 审

吕晓东（辽宁中医药大学）

主 编

徐 晶（辽宁中医药大学）

副主编

王晶娟（北京中医药大学）　　　　　袁 妮（大连医科大学）

赫玉芳（长春中医药大学）　　　　　王晓杰（温州医科大学）

李宝国（山东中医药大学）　　　　　兰志琼（成都中医药大学）

丰志培（安徽中医药大学）

编 委（以姓氏笔画为序）

马蔚姝（天津中医药大学）　　　　　王晓倩（浙江中医药大学）

田连起（河南中医药大学）　　　　　刘阿萍（陕西中医药大学）

严 彦（昆明医科大学）　　　　　　李 艺（广州中医药大学）

李 娟（湖北中医药大学）　　　　　李 琼（江西中医药大学）

张艳华（大连医科大学中山学院）　　周 婧（南京中医药大学）

周 颖（辽宁何氏医学院）　　　　　高伟芳（河北中医药大学）

郭冰洁（辽宁中医药大学）　　　　　龚力民（湖南中医药大学）

温海成（广西中医药大学）　　　　　谢军丽（贵州中医药大学）

学术秘书

肖 文（辽宁中医药大学）

《医药商品学》
融合出版数字化资源编创委员会

全国中医药行业高等教育"十四五"规划教材
全国高等中医药院校规划教材（第十一版）

主　编
徐　晶（辽宁中医药大学）

副主编（以姓氏笔画为序）
马蔚姝（天津中医药大学）　　　　　王晓杰（温州医科大学）
王晶娟（北京中医药大学）　　　　　兰志琼（成都中医药大学）
李　娟（湖北中医药大学）　　　　　李宝国（山东中医药大学）
周　颖（辽宁何氏医学院）　　　　　袁　妮（大连医科大学）

编　委（以姓氏笔画为序）
王晓倩（浙江中医药大学）　　　　　田连起（河南中医药大学）
刘阿萍（陕西中医药大学）　　　　　刘京硕（长春中医药大学）
孙文静（安徽中医药大学）　　　　　严　彦（昆明医科大学）
李　艺（广州中医药大学）　　　　　李　琼（江西中医药大学）
张　喆（辽宁中医药大学）　　　　　张艳华（大连医科大学中山学院）
周　婧（南京中医药大学）　　　　　高伟芳（河北中医药大学）
龚力民（湖南中医药大学）　　　　　温海成（广西中医药大学）
谢军丽（贵州中医药大学）

学术秘书
肖　文（辽宁中医药大学）

匡海学（黑龙江中医药大学教授、教育部高等学校中药学类专业教学指导委员会主任委员）

吕志平（南方医科大学教授、全国名中医）

吕晓东（辽宁中医药大学党委书记）

朱卫丰（江西中医药大学校长）

朱兆云（云南中医药大学教授、中国工程院院士）

刘　良（广州中医药大学教授、中国工程院院士）

刘松林（湖北中医药大学校长）

刘叔文（南方医科大学副校长）

刘清泉（首都医科大学附属北京中医医院院长）

李可建（山东中医药大学校长）

李灿东（福建中医药大学校长）

杨晓航（陕西中医药大学校长）

肖　伟（南京中医药大学教授、中国工程院院士）

吴以岭（河北中医药大学名誉校长、中国工程院院士）

余曙光（成都中医药大学校长）

谷晓红（北京中医药大学教授、教育部高等学校中医学类专业教学指导委员会主任委员）

冷向阳（长春中医药大学校长）

张忠德（广东省中医院院长）

陆付耳（华中科技大学同济医学院教授）

阿吉艾克拜尔·艾萨（新疆医科大学校长）

陈　忠（浙江中医药大学校长）

陈凯先（中国科学院上海药物研究所研究员、中国科学院院士）

陈香美（解放军总医院教授、中国工程院院士）

易刚强（湖南中医药大学校长）

季　光（上海中医药大学校长）

周建军（重庆中医药学院院长）

赵继荣（甘肃中医药大学校长）

郝慧琴（山西中医药大学党委书记）

胡　刚（江苏省政协副主席、南京中医药大学教授）

侯卫伟（中国中医药出版社有限公司董事长）

姚　春（广西中医药大学校长）

徐安龙（北京中医药大学校长、教育部高等学校中西医结合类专业教学指导委员会主任委员）

高秀梅（天津中医药大学校长）

高维娟（河北中医药大学校长）

郭宏伟（黑龙江中医药大学校长）

唐志书（中国中医科学院副院长、研究生院院长）

彭代银（安徽中医药大学校长）

董竞成（复旦大学中西医结合研究院院长）

韩晶岩（北京大学医学部基础医学院中西医结合教研室主任）

程海波（南京中医药大学校长）

鲁海文（内蒙古医科大学副校长）

翟理祥（广东药科大学校长）

秘书长（兼）

陆建伟（国家中医药管理局人事教育司司长）

侯卫伟（中国中医药出版社有限公司董事长）

办公室主任

周景玉（国家中医药管理局人事教育司副司长）

李秀明（中国中医药出版社有限公司总编辑）

办公室成员

陈令轩（国家中医药管理局人事教育司综合协调处处长）

李占永（中国中医药出版社有限公司副总编辑）

张岠宇（中国中医药出版社有限公司副总经理）

芮立新（中国中医药出版社有限公司副总编辑）

沈承玲（中国中医药出版社有限公司教材中心主任）

编审专家组

全国中医药行业高等教育"十四五"规划教材
全国高等中医药院校规划教材（第十一版）

组　长

余艳红（国家卫生健康委员会党组成员，国家中医药管理局党组书记、局长）

副组长

张伯礼（天津中医药大学教授、中国工程院院士、国医大师）

秦怀金（国家中医药管理局副局长、党组成员）

组　员

陆建伟（国家中医药管理局人事教育司司长）

严世芸（上海中医药大学教授、国医大师）

吴勉华（南京中医药大学教授）

匡海学（黑龙江中医药大学教授）

刘红宁（江西中医药大学教授）

翟双庆（北京中医药大学教授）

胡鸿毅（上海中医药大学教授）

余曙光（成都中医药大学教授）

周桂桐（天津中医药大学教授）

石　岩（辽宁中医药大学教授）

黄必胜（湖北中医药大学教授）

前　言

为全面贯彻《中共中央 国务院关于促进中医药传承创新发展的意见》和全国中医药大会精神，落实《国务院办公厅关于加快医学教育创新发展的指导意见》《教育部 国家卫生健康委 国家中医药管理局关于深化医教协同进一步推动中医药教育改革与高质量发展的实施意见》，紧密对接新医科建设对中医药教育改革的新要求和中医药传承创新发展对人才培养的新需求，国家中医药管理局教材办公室（以下简称"教材办"）、中国中医药出版社在国家中医药管理局领导下，在教育部高等学校中医学类、中药学类、中西医结合类专业教学指导委员会及全国中医药行业高等教育规划教材专家指导委员会指导下，对全国中医药行业高等教育"十三五"规划教材进行综合评价，研究制定《全国中医药行业高等教育"十四五"规划教材建设方案》，并全面组织实施。鉴于全国中医药行业主管部门主持编写的全国高等中医药院校规划教材目前已出版十版，为体现其系统性和传承性，本套教材称为第十一版。

本套教材建设，坚持问题导向、目标导向、需求导向，结合"十三五"规划教材综合评价中发现的问题和收集的意见建议，对教材建设知识体系、结构安排等进行系统整体优化，进一步加强顶层设计和组织管理，坚持立德树人根本任务，力求构建适应中医药教育教学改革需求的教材体系，更好地服务院校人才培养和学科专业建设，促进中医药教育创新发展。

本套教材建设过程中，教材办聘请中医学、中药学、针灸推拿学三个专业的权威专家组成编审专家组，参与主编确定，提出指导意见，审查编写质量。特别是对核心示范教材建设加强了组织管理，成立了专门评价专家组，全程指导教材建设，确保教材质量。

本套教材具有以下特点：

1.坚持立德树人，融入课程思政内容

将党的二十大精神进教材，把立德树人贯穿教材建设全过程、各方面，体现课程思政建设新要求，发挥中医药文化育人优势，促进中医药人文教育与专业教育有机融合，指导学生树立正确世界观、人生观、价值观，帮助学生立大志、明大德、成大才、担大任，坚定信念信心，努力成为堪当民族复兴重任的时代新人。

2.优化知识结构，强化中医思维培养

在"十三五"规划教材知识架构基础上，进一步整合优化学科知识结构体系，减少不同学科教材间相同知识内容交叉重复，增强教材知识结构的系统性、完整性。强化中医思维培养，突出中医思维在教材编写中的主导作用，注重中医经典内容编写，在《内经》《伤寒论》等经典课程中更加突出重点，同时更加强化经典与临床的融合，增强中医经典的临床运用，帮助学生筑牢中医经典基础，逐步形成中医思维。

3.突出"三基五性",注重内容严谨准确

坚持"以本为本",更加突出教材的"三基五性",即基本知识、基本理论、基本技能,思想性、科学性、先进性、启发性、适用性。注重名词术语统一,概念准确,表述科学严谨,知识点结合完备,内容精炼完整。教材编写综合考虑学科的分化、交叉,既充分体现不同学科自身特点,又注意各学科之间的有机衔接;注重理论与临床实践结合,与医师规范化培训、医师资格考试接轨。

4.强化精品意识,建设行业示范教材

遴选行业权威专家,吸纳一线优秀教师,组建经验丰富、专业精湛、治学严谨、作风扎实的高水平编写团队,将精品意识和质量意识贯穿教材建设始终,严格编审把关,确保教材编写质量。特别是对32门核心示范教材建设,更加强调知识体系架构建设,紧密结合国家精品课程、一流学科、一流专业建设,提高编写标准和要求,着力推出一批高质量的核心示范教材。

5.加强数字化建设,丰富拓展教材内容

为适应新型出版业态,充分借助现代信息技术,在纸质教材基础上,强化数字化教材开发建设,对全国中医药行业教育云平台"医开讲"进行了升级改造,融入了更多更实用的数字化教学素材,如精品视频、复习思考题、AR/VR等,对纸质教材内容进行拓展和延伸,更好地服务教师线上教学和学生线下自主学习,满足中医药教育教学需要。

本套教材的建设,凝聚了全国中医药行业高等教育工作者的集体智慧,体现了中医药行业齐心协力、求真务实、精益求精的工作作风,谨此向有关单位和个人致以衷心的感谢!

尽管所有组织者与编写者竭尽心智,精益求精,本套教材仍有进一步提升空间,敬请广大师生提出宝贵意见和建议,以便不断修订完善。

国家中医药管理局教材办公室
中国中医药出版社有限公司
2023 年 6 月

编写说明

　　《医药商品学》是"全国中医药行业高等教育'十四五'规划教材"之一，是在国家中医药管理局宏观指导下，由国家中医药管理局教材办公室、中国中医药出版社组织实施，由23所医学院校联合编写的供本科教学使用的教材。

　　本教材分为总论和各论两部分，共26章。总论8章，重点论述医药商品学的定义和研究内容；医药商品质量管理与质量监督；医药商品分类与编码；医药商品包装；医药商品的储存、养护与运输；医药商品商标与品牌管理；医药商品检验；医药商品经营管理等内容。各论18章，介绍化学药品、生物制品、中药、医疗器械的内容。本教材中所有药品均选自《中国药典》2020年版，共收载医药商品165种，其中化学药56种，生物制品9种，中药材及其饮片46种，中药提取物1种，中成药23种，医疗器械30种。

　　本教材在保持上版基本框架结构的基础上，按照教学大纲的要求，结合教材评价报告的建议，本着以"修订完善"为主，依据"传承精华，守正创新"的原则，将中医思维和科学思维培养贯穿教材编写全过程，对内容进行了适当的调整和修改。各论化学药品删去29种，中成药删去8种，医疗器械删去18种；新增4种儿科用中成药，2种中医理疗仪器。此外，本教材注重数字资源建设，并适当融入了思政内容，尤其是党的二十大精神相关内容。

　　本教材的编写分工：第一章由徐晶、袁妮编写，第二章由丰志培编写，第三章由马蔚姝编写，第四章由李琼编写，第五章由袁妮编写，第六章由赫玉芳编写，第七章由周颖编写，第八章由郭冰洁编写，第九章由谢军丽编写，第十章由周婧编写，第十一章、第二十六章由兰志琼编写，第十二章由高伟芳编写，第十三章由刘阿萍编写，第十四章由严彦编写，第十五章由龚力民编写，第十六章由温海成编写，第十七章由田连起编写，第十八章、第十九章由李宝国编写，第二十章由王晓杰编写，第二十一章由王晓倩编写，第二十二章由王晶娟编写，第二十三章由李艺编写，第二十四章由李娟编写，第二十五章由张艳华编写。

　　本教材数字资源建设分工：徐晶负责第一章，孙文静负责第二章，刘京硕负责第六章，张喆负责第八章，其余章节分工情况同纸质教材。此外，周颖承担了第十一章、第二十六章的微视频制作工作。

　　本教材由辽宁中医药大学吕晓东教授主审，由徐晶负责整体校对和统稿，张喆协助主编做了部分校对工作。

　　本教材的编写和出版得到了中国中医药出版社及各编写人员所在单位的大力支持，在此一并表示衷心感谢！由于编者水平有限，书中内容难免存在不足和疏漏，恳请读者提出宝贵意见，以便今后修订，日臻完善，不胜感激！

《医药商品学》编委会

2023 年 9 月

目　录

总　论

第一章　绪论 ………………………… 3
　第一节　医药商品概述 ………………… 3
　第二节　医药商品学 …………………… 8

第二章　医药商品质量管理与质量
　　　　监督 ……………………………11
　第一节　医药商品质量管理 ……………11
　第二节　医药商品质量监督管理 ………17
　第三节　医药商品标准 …………………21
　第四节　医药商品的质量控制 …………26

第三章　医药商品分类与编码 …………39
　第一节　药品分类 ………………………39
　第二节　医疗器械分类 …………………48
　第三节　药品编码 ………………………54

第四章　医药商品包装 …………………58
　第一节　医药商品包装概述 ……………58
　第二节　医药商品包装材料及容器 ……62
　第三节　医药商品包装标识 ……………67

第五章　医药商品储存、养护与
　　　　运输 ……………………………73
　第一节　医药商品储存 …………………73
　第二节　医药商品养护 …………………79
　第三节　医药商品运输 …………………86

第六章　医药商品商标与品牌管理 ……92
　第一节　医药商品商标 …………………92

第二节　医药商品品牌 …………………98

第七章　医药商品检验 …………………102
　第一节　医药商品检验概述 ……………102
　第二节　药品检验 ………………………105
　第三节　医疗器械检验 …………………110

第八章　医药商品经营管理 ……………113
　第一节　医药商品经营管理概述 ………113
　第二节　互联网医药商品经营管理 ……116
　第三节　医疗机构医药商品经营管理 …118
　第四节　药店医药商品经营管理 ………121

各　论

第九章　抗微生物药 ……………………125
　第一节　青霉素类 ………………………125
　　注射用青霉素钠 ………………………126
　第二节　头孢菌素类 ……………………126
　　注射用头孢曲松钠 ……………………127
　第三节　大环内酯类 ……………………127
　　阿奇霉素片 ……………………………127
　第四节　喹诺酮类 ………………………128
　　诺氟沙星胶囊 …………………………128
　第五节　硝基咪唑类 ……………………129
　　替硝唑片 ………………………………129
　第六节　抗结核病药 ……………………130
　　利福平片 ………………………………130
　第七节　抗真菌药 ………………………131
　　氟康唑胶囊 ……………………………131

扫一扫，查阅
本书数字资源

第八节 其他抗菌药 132
　　盐酸小檗碱片 132
第九节 抗病毒药 132
　　阿昔洛韦胶囊 133

第十章 镇痛、解热、抗炎、抗风湿及抗痛风药 134
第一节 镇痛药 134
　　枸橼酸芬太尼注射液 134
第二节 解热镇痛、抗炎、抗风湿药 135
　　对乙酰氨基酚片 135
　　布洛芬胶囊 136
第三节 抗痛风药 137
　　别嘌醇片 137

第十一章 神经系统用药 138
第一节 抗震颤麻痹药 138
　　盐酸金刚烷胺片 138
第二节 抗重症肌无力药 139
　　甲硫酸新斯的明注射液 139
第三节 抗癫痫药 140
　　卡马西平片 140
第四节 脑血管病用药 140
　　尼莫地平片 141

第十二章 心血管系统用药 142
第一节 抗心绞痛药 142
　　硝酸甘油片 142
第二节 抗心律失常药 143
　　盐酸胺碘酮片 143
第三节 抗心力衰竭药 144
　　去乙酰毛花苷注射液 144
第四节 抗高血压药 145
　　卡托普利片 145
第五节 抗休克药 146
　　盐酸肾上腺素注射液 146
第六节 降血脂药 146
　　辛伐他汀片 147

第十三章 呼吸系统用药 148
第一节 祛痰药 148
　　盐酸溴己新片 148
第二节 镇咳药 149
　　枸橼酸喷托维林片 149
第三节 平喘药 150
　　氨茶碱缓释片 150
　　沙丁胺醇吸入气雾剂 150

第十四章 消化系统用药 152
第一节 抗消化溃疡药 152
　　盐酸雷尼替丁胶囊 153
第二节 助消化药 153
　　乳酶生片 153
第三节 胃肠解痉药及胃动力药 154
　　消旋山莨菪碱片 154
　　多潘立酮片 155
第四节 泻药及止泻药 155
　　乳果糖口服溶液 156
　　盐酸洛哌丁胺胶囊 156

第十五章 泌尿系统用药 158
第一节 利尿药 158
　　呋塞米片 158
　　氢氯噻嗪片 159
第二节 良性前列腺增生用药 160
　　盐酸特拉唑嗪胶囊 160

第十六章 血液系统用药 161
第一节 抗贫血药 161
　　硫酸亚铁片 161
　　叶酸片 162
第二节 抗血小板药 163
　　阿司匹林肠溶片 163
第三节 促凝血药 164
　　凝血酶冻干粉 164
第四节 抗凝血药 164
　　肝素钠注射液 164

第十七章　抗变态反应药 ·············· 166
　马来酸氯苯那敏片　166
　盐酸苯海拉明片　167
　盐酸赛庚啶片　167
　氯雷他定片　168

第十八章　解毒药 ·············· 169
　第一节　氰化物中毒解毒药　169
　　硫代硫酸钠注射液　169
　第二节　有机磷酸酯中毒解毒药　170
　　碘解磷定注射液　170
　第三节　亚硝酸盐中毒解毒药　171
　　亚甲蓝注射液　171
　第四节　阿片类药物中毒解毒药　172
　　盐酸纳洛酮注射液　172

第十九章　皮肤科、眼科、耳鼻喉科
　　　　　及妇产科用药 ·············· 174
　第一节　皮肤科用药　174
　　硝酸咪康唑乳膏　174
　第二节　眼科用药　175
　　红霉素眼膏　175
　　硝酸毛果芸香碱滴眼液　176
　第三节　耳鼻喉科用药　177
　　盐酸麻黄碱滴鼻液　177
　　氧氟沙星滴耳液　177
　第四节　妇产科用药　178
　　缩宫素注射液　178

第二十章　生物制品 ·············· 180
　第一节　概述　180
　第二节　预防类生物制品　182
　　伤寒疫苗　183
　　吸附百白破联合疫苗　183
　　脊髓灰质炎减毒活疫苗糖丸（猴肾细胞）　184
　　重组乙型肝炎疫苗（酿酒酵母）　185
　第三节　治疗类生物制品　186
　　破伤风抗毒素　186
　　抗狂犬病血清　187
　　抗五步蛇毒血清　188

　破伤风人免疫球蛋白　189

第二十一章　植物类中药 ·············· 190
　第一节　根及根茎类中药　190
　　黄芪　190
　　地黄　191
　　当归　193
　　黄连　194
　　苍术　195
　　川贝母　196
　　大黄　198
　　人参　199
　　丹参　202
　　细辛　203
　第二节　茎、木类中药　204
　　沉香　204
　第三节　皮类中药　205
　　肉桂　205
　　杜仲　206
　　黄柏　207
　第四节　叶类中药　208
　　大青叶　208
　　番泻叶　209
　第五节　花类中药　209
　　金银花　210
　　红花　211
　第六节　果实及种子类中药　211
　　五味子　212
　　枸杞子　212
　　补骨脂　213
　　苦杏仁　214
　第七节　全草类中药　215
　　麻黄　215
　　穿心莲　216
　　薄荷　217
　第八节　藻菌类中药　217
　　冬虫夏草　218
　　茯苓　219
　第九节　树脂类中药　220

乳香 220

没药 221

第十节　其他类中药 222

五倍子 222

天然冰片（右旋龙脑） 223

第二十二章　动物类中药 224

地龙 224

全蝎 225

蟾酥 226

麝香 227

蛤蚧 228

鹿茸 228

牛黄 230

羚羊角 231

第二十三章　矿物类中药 233

朱砂 233

自然铜 234

赭石 235

石膏 235

芒硝 236

雄黄 237

第二十四章　中成药 238

第一节　内科中成药 238

防风通圣丸 239

藿香正气水 239

连花清瘟胶囊 240

香砂养胃颗粒 241

归脾丸 241

复方丹参滴丸 242

逍遥丸 242

第二节　外科中成药 243

脉管复康片 243

排石颗粒 244

第三节　妇科中成药 244

益母草膏 244

乌鸡白凤片 245

第四节　眼科中成药 245

明目上清片 246

和血明目片 246

第五节　耳鼻喉科中成药 247

通窍耳聋丸 247

鼻炎康片 247

黄氏响声丸 248

第六节　骨伤科中成药 249

云南白药胶囊 249

颈舒颗粒 249

第七节　儿科中成药 250

小儿柴桂退热颗粒 250

小儿泻速停颗粒 251

小儿消积止咳口服液 251

小儿化食口服液 252

第二十五章　有源医疗器械 253

第一节　临床检验设备 253

全自动血液分析仪 253

尿液分析仪 253

第二节　生理信息检测与处理设备 254

数字式十二道心电图机 254

胎儿监护仪 254

第三节　医用光学设备 254

电脑非接触眼压计 254

LED 电子内窥镜 255

第四节　医学影像诊断设备 255

B 型超声诊断设备 255

高频数字化医用诊断 X 射线机 256

螺旋 CT 扫描机 256

磁共振机 257

第五节　放射治疗设备 257

钴 -60 远距离治疗机 257

第六节　体外循环设备 258

人工心肺机 258

多功能血液净化仪 258

第七节　电子治疗设备 259

儿童水疗机 259

人工心脏起搏器 259

第八节 其他医用电气设备 260
　麻醉呼吸机 260
　口腔激光治疗仪 260
　紫外线臭氧消毒柜 260

第二十六章 无源医疗器械 261
第一节 眼科光学器械 261
　硬性透氧性角膜接触镜 261
　天然珊瑚羟基磷灰石义眼台 262
第二节 口腔材料和器械 262
　光固化复合树脂 262
　口腔科用探针 262
第三节 外科植入物 263

　人工骨缺损假体 263
　冠状动脉支架输送系统 263
第四节 医用高分子及其他材料制品 263
　一次性使用静脉输液针 263
　人工血管 264
第五节 中医理疗仪器 264
　艾灸盒 264
　真空拔罐器 264
第六节 其他常用器械 265
　眼用手术剪 265
　骨髓穿刺针 265

主要参考书目 266

总　论

医药商品是用于人体防病治病、保健康复的商品，通过其专门流通渠道到达消费领域以实现其使用价值。医药商品直接关系着个人的身心健康和生命安危，关系到千家万户的幸福与社会和谐，这使得医药商品区别于一般商品。因此，医药商品既要受到一般商品经济规律的影响和制约，又必须按照医药商品生产、流通和使用等相关法律法规进行严格控制，才能保障医药商品安全、有效及合理使用。

医药商品在具有防病治病作用的同时，会产生不同程度的毒副作用。对医药商品监管有方，用之得当，就能够产生疗效，治病救人，增进健康，造福于人；反之，失于管理或用之不当，轻则导致医源性或药源性疾病，重则造成社会问题，甚至祸国殃民。因此，各国政府对医药商品的研制、生产、储存、养护、运输、经营及使用都进行了严格的管理，可以说医药商品是受法律控制最为严格的商品。

第一节　医药商品概述

医药商品作为商品在市场上流通，与其他商品一样具有价值和使用价值两种基本属性。医药商品的使用价值是医药商品属性与人和社会需要之间的满足关系。对消费者而言，医药商品具有直接的使用价值，即能够满足防病、治病、康复保健的需要；对生产经营者而言，医药商品不具有直接的使用价值，只具有交换价值。医药商品的使用价值是通过医药商品的自然属性及由自然属性决定的其他要素体现的，只有医药商品的功效得到他人和社会的认可，才能实现其使用价值。

一、医药商品的定义

作为一类特殊商品，医药商品有其独特的自然属性和社会属性。其自然属性指医药商品自身固有的理化性质、功效等；其社会属性指医药商品能够预防、诊断、治疗人的疾病，有目的地调节和平衡人体生理功能与健康。因此，医药商品是包括药品、保健食品、医疗器械、医疗服务等在内的，与人类健康和生命安全相关的一类特殊商品。

二、医药商品的类别

医药商品门类齐全，种类繁多，范围非常广泛，主要包括以下类别，见图 1-1。

1. 药品 《中华人民共和国药品管理法》（2019 年修订，简称《药品管理法》）中关于药品的定义："是指用于预防、治疗、诊断人的疾病，有目的地调节人的生理机能并规定有适应证或者功能主治、用法和用量的物质，包括中药、化学药和生物制品等。"上述定义包含以下要点。

（1）药品有特殊的使用目的和使用方法　只有当人们为了防治疾病，遵照医嘱或说明书，按照一定方法和数量使用的物质，达到预防、治疗或诊断人的某种疾病时，或有目的地调节人体某些生理功能时，才称其为药品。

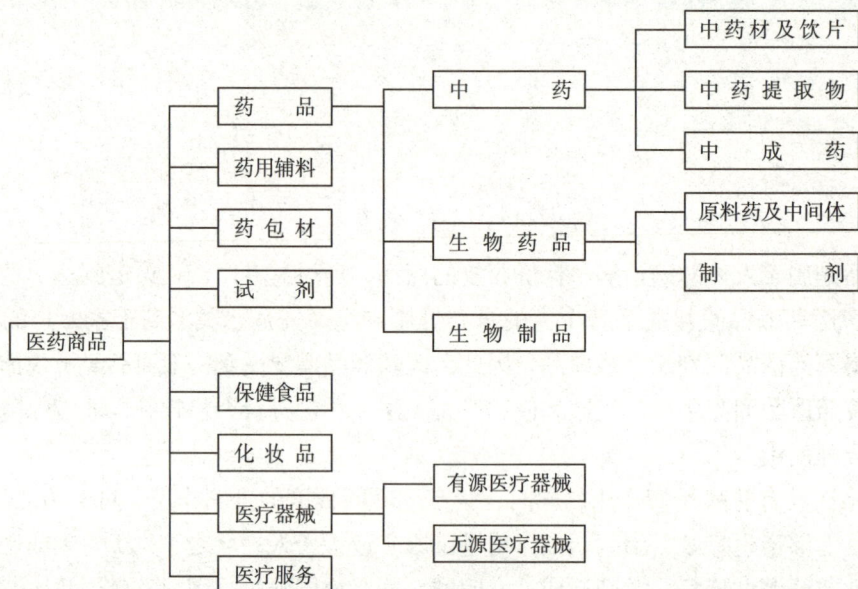

图 1-1　医药商品类别

（2）药品的使用对象是人　《药品管理法》管理的是人用药品，不包括兽药和农药。

（3）药品的范围包括传统药和现代药　我国《药品管理法》明确规定传统药（中药）和现代药（化学药品、生物制品等）均是药品。这一规定有利于继承、整理、提高及发扬中医药文化，可以更有效地开发利用医药资源，为现代医疗提供保障服务。

（4）《药品管理法》界定的药品包括诊断药品　诊断药品包含体内使用的诊断试剂和按照药品管理的用于血源筛查的体外诊断试剂及采用放射性核素标记的体外诊断试剂。

2. 药用辅料　指生产药品和调配处方时所用的赋形剂和附加剂。药用辅料除了赋形、充当载体、提高稳定性外，还具有增溶、助溶、调节释放等重要功能。药用辅料质量的优劣会影响制剂的质量、安全性和有效性。

《中华人民共和国药典》（2020年版，简称《中国药典》）收载335种药用辅料。药用辅料的生产、贮存和应用应符合《中国药典》2020年版相关规定。《药品管理法》明确规定，生产药品所用的辅料应当符合药用标准。

3. 药包材　指药品生产企业生产的药品和医疗机构配制的制剂所使用的直接与药品接触的包装材料和容器。

作为药品的一部分，药包材本身的质量、安全性、使用性能及药包材与药物之间的相容性对药品质量有着十分重要的影响。药包材是由一种或多种材料制成的包装组件组合而成，应具有良好的安全性、适应性、稳定性、功能性、保护性和便利性，在药品的包装、贮藏、运输和使用过程中起到保护药品质量、安全、有效、实现给药目的（如气雾剂）的作用。

药包材产品标准的内容主要包括物理性能、化学性能、生物性能三部分。药包材的包装上应注明包装使用范围、规格及贮藏要求，并应注明使用期限。

4. 试剂 又称生物化学试剂或试药，主要是指化学试验、化学分析、化学研究及其他试验中使用的各种纯度等级的化合物或单质。试剂广泛应用于工业、农业、医疗卫生、生命科学、检验检疫、环境保护、能源开发、国防军工、科学研究和国民经济等。

试剂按用途分为基准试剂、高纯试剂、分析试剂、仪器分析试剂、通用试剂、临床诊断试剂、生化试剂、无机离子显色剂试剂等。

5. 保健食品 指声称具有特定保健功能或者以补充维生素、矿物质为目的的食品，即适宜于特定人群食用，具有调节机体功能，不以治疗疾病为目的，并且对人体不产生任何急性、亚急性或者慢性危害的食品。

2016 年 2 月，国家食品药品监督管理总局为规范保健食品的注册与备案，根据《中华人民共和国食品安全法》制定了《保健食品注册与备案管理办法》。2020 年 10 月，国家市场监督管理总局对其进行了修订（总局令第 31 号）。

6. 化妆品 我国《化妆品监督管理条例》（2021 年）所称化妆品是指以涂擦、喷洒或者其他类似方法，施用于皮肤、毛发、指甲、口唇等人体表面，以清洁、保护、美化、修饰为目的的日用化学工业产品。

化妆品分为特殊化妆品和普通化妆品。国家对特殊化妆品及风险程度较高的化妆品新原料实行注册管理，对普通化妆品及其他化妆品新原料实行备案管理。

7. 医疗器械 我国《医疗器械监督管理条例》（2020 年修订）规定，医疗器械是指直接或者间接用于人体的仪器、设备、器具、体外诊断试剂及校准物、材料，以及其他类似或者相关的物品，包括所需要的计算机软件。其效用主要通过物理等方式获得，不是通过药理学、免疫学或者代谢的方式获得，或者虽然有这些方式参与，但是只起辅助作用。其目的：①疾病的诊断、预防、监护、治疗或者缓解。②损伤的诊断、监护、治疗、缓解或者功能补偿。③生理结构或者生理过程的检验、替代、调节或者支持。④生命的支持或者维持。⑤妊娠控制。⑥通过对来自人体的样本进行检查，为医疗或者诊断目的提供信息。

国家对医疗器械按照风险程度实行分类管理，根据产品风险程度的高低分为三类。第一类是风险程度低，实行常规管理可以保证其安全、有效的医疗器械。第二类是具有中度风险，需要严格控制管理以保证其安全、有效的医疗器械。第三类是具有较高风险，需要采取特别措施严格控制管理以保证其安全、有效的医疗器械。

医疗器械按结构特征分为有源医疗器械和无源医疗器械。

8. 医疗服务 依据《中华人民共和国营业税暂行条例实施细则》，"医疗服务包括对患者进行诊断、治疗、防疫、接生、计划生育方面的服务，以及与之相关的提供药品、医疗用具、病房住宿和伙食等的业务"。医疗服务是指医院或医疗技术人员运用医学科学技术及社会科学知识为大众提供的一种健康服务。现代的医疗服务已经由医院内扩大到医院外，形成了综合医疗的概念，医疗内容也日益广泛，包括临床诊疗、急救处理、增进健康、健康咨询、预防疾病和灾害、健康检查、消灭和控制疾病、康复医疗等。

本教材中的医药商品指的是药品和医疗器械。

三、医药商品的特殊商品特征

医药商品具有一般商品的属性，也有其特殊性。医药商品是能够防病治病、保健康复、计划生育及救死扶伤、抢险救灾的特殊商品，其特殊性被国际公认，具体体现在以下几个方面。

1. 生命关联性 医药商品是和人类健康与生命直接相关的商品。使用医药商品的目的是预防、诊断、治疗人的疾病，有目的地调节人的生理功能。合格的医药商品可以治病救人，不合格的则害人。就医药商品本身而言，即使是合格品也具有一定的毒副作用，甚至有的药品本身就具有较强的毒性，若使用不当会影响人的健康甚至危及生命。如吗啡，使用得当即为镇痛良药，使用不当就是毒品。在紧急情况下，医药商品就成为"战略物资"，事关国计民生。其他商品不具备这样强的生命关联性。因此，生命关联性是医药商品的基本特征。

2. 质量严格性　医药商品的使用价值受制于医药商品质量，其质量必须保证安全有效、均一稳定。患者不具备甄别医药商品质量的能力，因此生产企业必须从原料、辅料、中间体到成品进行严格的检验，不合格的原辅料不得进厂，不合格的成品不得出厂、流通和使用。同时，国家设立了专门的监督管理部门，对医药商品的生产及流通环节进行强制的监管和检查，确保医药商品的质量符合法定标准。如医药商品生产企业严格按照《药品生产质量管理规范》和《医疗器械生产质量管理规范》的要求建立健全适应的质量管理体系，并保证其有效运行；医药商品经营企业必须按照《药品经营质量管理规范》和《医疗器械经营质量管理规范》的要求建立并运行质量管理体系，杜绝不合格医药商品进入流通领域，保证消费者用药安全。

3. 医用的专属性及市场推广的特殊性　医学与药学是紧密结合的。医药商品的说明书与标签中有许多专业术语，未接受过医药专业教育的人不能正确地理解与解释。因此，绝大多数的医药商品需要在医师或药师的指导下使用才能达到防病治病、康复保健的目的。医药商品具有"专属性"，而且必须"对症下药"。医用专属性也带来了推广的特殊性，处方药与绝大部分的医疗器械是通过学术会议、专业杂志、专业报纸等，由专业人员对医务人员进行专业的宣传与推介，非处方药允许使用大众传媒进行广告宣传。医药的密切结合体现了医药商品的医用专属性。

4. 使用时效性　医药商品使用的时效性有两层含义。一是指医药商品的社会需求常常带有突发应急性，"不用不买，用则急需"。延误时间就意味着伤残甚至死亡。因此，医药商品生产企业和经营企业要具有前瞻性、预测性及必要的储备，特别是有重大疫情、灾情发生时，要做到保证数量，及时抢运。二是指医药商品的有效期，只有在有效期内，医药商品的质量才能得以保证，超过有效期的医药商品不能使用。

5. 公共福利性　医药商品是防病治病、保健康复的特殊商品。任何性质和规模的医药企业都必须承担起为人类的健康和生命安全服务的社会职责。为了保证人们能买得起、用得到质量合格的医药商品，国家不仅对基本医疗保险药品等影响大的医药商品实行政府定价，而且对医药商品不断地进行市场调节，屡屡下调医药商品价格，逐步建立健全基本医疗保险制度和国家基本药物制度，体现了医药商品的公共福利性。

6. 种类复杂性　人类疾病有 10 万余种，客观上要求有多种医药商品来满足防病治病的需要。我国药品包括化学制剂 4000 多种、中药制剂 9000 多种、中药材 5000 多种，涉及 40 余种剂型。医疗器械品种多、规格全，从一把刀片到磁共振装置，按技术特性分有上千种。这些产品的预期用途、结构组成和产品的风险各不相同，医药商品的复杂性可想而知。但在一定时期，各种疾病的发病率又有一定规律，所需的医药商品数量取决于疾病的发病率。因此，品种多而用量有限是医药商品与普通商品不同的特征之一。

7. 生产、经营的"特许性"　医药商品的生产、经营是特许行业，必须经过严格的前置审批。

以上所述决定了医药商品市场不是普通的市场，医药商品也不是普通的商品，对医药商品的研究必须考虑以上特性。

四、医药商品与"三医"的关系

为全面推进健康中国建设，深化卫生体制改革，减轻群众就医负担，国家建立了医保体制改革、卫生体制改革与药品流通体制改革联动，即医疗、医保、医药"三医"联动工作机制。"三医"联动工作中，国家卫生健康委员会负责医疗服务质量的提高，国家医疗保障局负责提高参保人的待遇水平和医保基金的科学合理使用，国家药品监督管理局负责医药商品的质量监管。各部门的职责都与医药商品息息相关，最终使得医药商品成为"三医"联动工作中的核心。

（一）医药商品与医疗的关系

医药商品在维护人体健康方面发挥着不可替代的作用，从未病时的预防到出现症状后的诊断，再到确诊后的治疗，每一阶段都离不开医药商品。在"三医"联动的高效作用机制下，高质量的创新药加速投入临床使用，大量临床急需药品落地，医药商品质量和安全性全面提高，各类医药商品保障供应，使得有不同用药需求的患者用上了疗效佳、质量优的药品，综合提升了医疗服务的质量，为患者带来更好的医疗服务体验。医药商品对于优化医疗服务质量、进一步增进广大人民群众健康福祉起着举足轻重的作用。

（二）医药商品与医保的关系

国家医疗保障局（国家医保局）自 2018 年成立至今，全面推进医疗保障制度改革，在各方面都取得了重要进展。如医保支付制度的改革，2020 年，国家医疗保障局发布《中共中央　国务院关于深化医疗保障制度改革的意见》，着重提出要"建立管用高效的医保支付机制"。为实现这一目标，国家医疗保障局先后开展了按疾病诊断相关分组（diagnosis related groups，DRG）支付和按病种分值付费（diagnosis intervention packet，DIP）的试点工作。DRG 和 DIP 的施行使得各级各类医疗机构更加重视控费增效，减少了辅助用药，控制高值医用耗材的不合理使用。此外，为了切实减轻患者医疗负担，提高医保基金效益，国家制定并实施了药品专项谈判制度与集中采购和使用机制。近年来，国家医保局加快完善了药品集中采购机制和以市场为主导的药品价格形成机制，推进了药品医保支付标准的建立与药品医疗保障待遇支付方式的改革，完善医保目录动态调整机制，有效地发挥了以医保制度推进"三医"联动的杠杆作用，使亿万人民得到实惠。这些改革的核心都是围绕医药商品的价格和合理使用展开的。

（三）医药商品与医药的关系

"三医"联动中的"医药"主要指的是药品监督管理，医药行业各项措施推陈出新快速发展的同时，也对药品监管提出了更高的要求，需要采取全生命周期管理模式。这是一种从药品原材料采购、研发、临床试验、注册审批，到生产、流通、使用、不良反应监测，直至退出药品市场的闭环管理模式。

药品不良反应监测的对象是合格药品，药物警戒监测的范围更为广泛，除了合格药品之外，还涉及诸如低于法定标准的药品，药物与化合物、药物及食物的相互作用等。药物警戒的主要工作内容：①早期发现未知药品的不良反应及其相互作用。②发现已知药品的不良反应的增长趋势。③分析药品不良反应的风险因素和可能的机制。④对风险／效益评价进行定量分析，发布相关信息，促进药品监督管理和指导临床用药。此外，国家药品监督管理局还进一步完善了药品注册的各项制度，规范医药商品注册及变更等环节，对保障医药商品质量、推进医药商品创新等方面起到了重要作用。

第二节 医药商品学

医药商品学融合了商品学、经济学、市场营销学、临床医学、临床药学等学科的基本理论与基础知识，指导消费者合理使用医药商品，通过反馈相关信息，提高医药企业的经济效益和社会效益，促进国民保健体系和医药市场的健康发展。

一、医药商品学的定义

医药商品学（medical commodity science）是商品学的一门分支学科，是以药品、医疗器械等医药商品的质量和经营管理为核心内容，研究其商品特征和使用价值的应用学科。医药商品学从商品学的角度研究临床使用的医药商品，阐述其在流通领域中质量的变化规律，研究与确保医药商品质量有关的经营管理等基本理论和实践问题。

医药商品学学科体系的总体框架由主体部分和支架部分构成。医药商品学主体部分包括医药商品的质量管理与质量监督，医药商品分类与编码，医药商品包装，医药商品储存、养护与运输，医药商品商标与品牌管理，医药商品检验，医药商品经营管理等。医药商品学支架部分包括化学药品、生物制品、中药、医疗器械等，与主体部分共同构成了医药商品学学科完整的科学体系。

二、医药商品学的研究学派与内容

1. 医药商品学的研究学派 医药商品学是商品学的一个分支。商品学分为技术学派、经济学派、综合学派。三大学派各有特点。技术学派起源于意大利波那费德教授的生药学，重点研究产品的技术与使用价值。现代各类商品的原料、材料、原理、结构、功能、鉴定、使用方法、维修与养护等学科都是技术学派商品学的发展。经济学派创立于德国科隆大学的考皮尔曼等，重点研究产品的社会特性，即与价值、交换有关的领域，只有受到市场欢迎的产品才能实现其交换，转换成"商品"。经济学派的商品学实际上是现代发展迅速的市场营销学的肇始。综合学派始于日本的水野良象，汲取前两者之长，从技术和经济两方面研究商品。我国学者从社会实际需求与学科发展的角度考虑，多遵从综合学派。

2. 医药商品学的研究内容 医药商品学研究的客体是医药商品，其研究对象主要有两个。一是医药商品的自然属性，如医药商品的质量、有效成分、结构、理化性质及作用等。二是医药商品自然属性决定的有关要素，如医药商品标准、分类与编码、包装、储运与养护、商标与品牌、检验等。因此，医药商品学研究内容的核心是医药商品的质量与经营管理。

（1）**医药商品的质量** 商品质量是决定商品使用价值高低的基本因素，是研究医药商品使用价值的核心内容。医药商品的质量一般用来表示医药商品的有用程度，能反映人们和社会对其需求的程度，是医药商品使用价值大小的集中体现，如医药商品的成分、结构、理化性质等。医药商品最基本的质量特性是安全性、有效性。医药商品具有有效性的同时也存在不良反应，这是医药商品区别于其他商品的特殊性之一。研究医药商品的安全性可将不良反应对人类的伤害降到最低限度，有利于更好地发挥医药商品的使用价值。

（2）**医药商品的经营管理** 主要研究医药商品质量在流通、交换和使用过程中的各种变化规律及外界因素对这些变化的影响，以确保医药商品质量符合标准。医药商品质量标准是对医药商品质量及与质量有关的各方面规定的典范与准则，是医药商品合法经营的依据。因此，要研究医药商品的使用价值，必须研究医药商品的标准。此外，医药商品的包装、分类、储存、运输与养护等是质量管理在流通领域的延续。研究医药商品的包装、分类、储存、运输与养护是研究医药商品质量的重要内容之一。

三、医药商品学的研究任务

1. 研究医药商品质量管理与监督 医药商品作为一类特殊商品，其质量优劣直接关系人们的健康与生命安危。医药商品质量的优劣取决于其临床疗效评价和自身品质。在医药商品的生产和流通领域，为确保医药商品使用价值的实现，必须依据医药商品标准对其质量进行评价、鉴定。此外，依据相关的法律、法规对医药商品质量实行管理与监督是必不可少的，如《药品医疗器械飞行检查办法》等，促进了医药商品生产、经营规范化，保护了消费者的合法权益。

2. 研究医药商品经营技术 在医药商品流通领域中需要严格把好质量关，杜绝假、劣医药商品进入流通领域。任何一个环节失控都会导致医药商品质量下降，甚至丧失其使用价值或威胁人民的生命安全。为了控制或减少医药商品在流通领域中的损失，提高企业的经济效益，必须研究医药商品经营技术，如医药商品的包装技术，医药商品储存、运输与养护技术等。

3. 研究医药商品销售技术 科学的销售手段是企业获取信誉、增强市场竞争力的重要措施之一。在进入经济全球化、科学日益进步和竞争日趋激烈的新经济时代，医药商品学需要研究如何科学、准确、真诚地向消费者推荐医药商品，从而达到引导消费、提高经济效益的目的。

4. 研究医药商品知识产权保护 医药商品知识产权是指一切与医药商品有关的发明创造和智力劳动成果的财产权，包括工业产权与著作权，而前者又包含专利权、商标权及医药商业秘密等。

医药商品专利和商标是企业重要的无形资产，代表着企业的产品和服务品质，是企业已获得专用权并受法律保护的品牌或品牌的一部分，保护企业的市场独占权，为其带来巨大的收益。由于中药的特殊性，其技术性强、组方复杂等特点使医药商业秘密保护成为中药知识产权保护很有效的一种方式，如云南白药处方的商业秘密保护形式。

此外，还有药品行政保护。广义的药品行政保护包括新药证书保护、中药品种保护及涉外药品行政保护。《药品管理法》和《中药品种保护条例》等是药品行政保护的依据。

四、医药商品学本科教育教学发展历程

与传统医药相关课程相比，医药商品学本科教学起步较晚。医药商品学介于药物学与商品学两大学科之间，是学科交融的产物。为适应市场经济的发展，同时也是商品学学科自身发展的需要，21世纪初，许多高等院校本科逐步开设了医药商品学课程。

国内最早用于本科教学的《医药商品学》教材于2003年8月由胡天佑主编，中国医药科技出版社出版，供药学类及相关专业使用。同年9月，由袁强、宋捷民主编，浙江大学出版社出版了《医药商品学》教材，适用于药学类、中药类专业。2009年，中国中医药出版社出版了周小江、窦建卫主编的新世纪全国高等中医药院校创新教材《医药商品学》，供医药类、中医药类、市场营销专业使用。2013年，中国中医药出版社将《医药商品学》列为全国中医药行业高等教育"十二五"规划教材（第二批），用于管理类专业。至此，国内高等院校本科《医药商品学》教材覆盖了药学、中药学、管理学各专业，满足了不同专业教学需求，对于促进专业建设、学科发展，对提高本科教育教学水平发挥了重要作用。

复习思考题

1. 名词解释：药品、医疗器械、医药商品、医药商品学。
2. 简述医药商品的特殊商品特征。
3. 简述医药商品的使用价值。

第二章

医药商品质量管理与质量监督

扫一扫，查阅本章数字资源，含PPT、音视频、图片等

医药商品作为一类特殊商品，涉及人们的健康与生命安全。医药商品质量管理与质量监督具有明显的特性，即医药商品质量的概念与内涵、医药商品质量管理的行业特征与法律规定、医药商品质量监督的组织形式、医药商品质量监督执行的法规性等。因此，质量管理与质量监督成为医药商品学必须研究的重要内容。

第一节　医药商品质量管理

医药商品质量的产生和发展经过了漫长的过程，自从人类历史上出现商品生产和交换以来，就出现了以商品的质量检验为主的质量管理。

一、医药商品质量的定义

在科学技术和社会文明日益发达的今天，商品质量的含义不断丰富和发展，从自然质量开始发展为完整的质量概念：自然质量与市场质量之和，即医药商品能够满足规定和潜在需要的特征之总和。

二、医药商品质量的特征

医药商品质量由自然质量与市场质量两部分组成。在研究医药商品质量的过程中，既要关注医药商品的自然质量，又要关注医药商品的市场质量。商品使用价值研究的是商品的自然质量，使用价值的实现则从需求角度研究商品的自然质量如何恰当地实现。

（一）医药商品的自然质量

医药商品的自然质量通常称为狭义的商品质量，是评价医药商品使用价值及与其规定标准技术条件的符合程度。它是反映医药商品的自然有用性的尺度，可概括为商品的性能、精度、寿命、美观、安全性、可靠性、经济性及售后服务等。它以国家标准、行业标准、地方标准或订购合同中的有关规定作为评价的最低技术依据。

（二）医药商品的市场质量

医药商品的市场质量是指在一定条件下，评价医药商品所具有的各种自然、经济、社会属性及其满足消费者使用、需求的程度，也可描述为消费者与消费关联人（医务人员）对商品的满意程度。它是反映医药商品市场适应性的尺度。

在生产过程中，需要按照国家标准要求严格地控制医药商品的各种质量指标。这些指标主要是一些物理、化学、生物学的指标。这种质量控制就是对医药商品自然质量的控制。另一方面，注重从市场竞争的角度了解消费者与消费关联人（医务人员）对商品的评价，从满足消费需求的程度去评价医药商品的质量。它是一个动态的、发展的、变化的、相对的概念。消费者对质量的评价受时间、地点、使用条件、使用对象、用途、社会环境、政策环境及市场竞争等因素的影响。

三、医药商品质量的解析

（一）自然质量

自然质量又称为技术质量、物质性质量，是指"产品、过程或体系与要求有关的固有特性"。医药商品的自然质量是指医药商品能满足预防、治疗、诊断人的疾病，有目的地调节人的生理功能而要求相关的固有特性。医药商品自然质量的特性表现为以下 5 个方面。

1. 安全性　医药商品的安全性是指按规定的适应证和用法、用量使用后，人体产生毒副反应或损伤的程度必须是人们可以接受的。大多数药品均有不同程度的毒副反应，或对人体有一定的损伤，只有在衡量有效性大于毒副反应，或损伤的程度是人们可以接受，或可解除、缓解毒副作用的情况下才能使用某种药品。

2. 有效性　医药商品的有效性是指在规定的适应证、用法和用量的条件下，能满足预防、治疗、诊断人的疾病，有目的地调节人的生理功能的要求。有效性是医药商品质量的固有特性，是构成医药商品使用价值的基本条件，是医患双方使用医药商品的主要目的。研究医药商品的有效性有助于开发、使用、宣传、推介医药商品，有利于医药商品使用价值的发挥。

3. 稳定性　医药商品的稳定性是指在规定的条件下、规定的时间内，保持其有效性和安全性的能力。所谓规定的条件是指生产、贮存、运输和使用的有关条件，规定的时间即有效期或保质期，医药商品的各项质量检查指标必须保持在合格范围内。

4. 均一性　医药商品的每一单位产品（制剂的单位产品，如一片药、一支注射剂等；原料药的单位产品，如一箱药、一袋药等；医疗器械的单位产品，如一台心电分析仪、一个人工心脏瓣膜等）都符合安全性、有效性的规定要求。由于人们在服用药品时是按每单位剂量服用的，若每单位药物含量不均一，就可能造成患者用量不足或用量过大。均一性也是医药商品的重要特征。

5. 可控性　随着医药科技的进步，医药工业提供给市场的医药商品品种与数量越来越多，医药商品质量若无可控性，很难保证医药商品的安全、有效，同时也给医药商品的监督管理工作带来困难。因此，医药商品在进入临床前应具备制造工艺、原辅料检验、包装材料、产品的质量控制体系，并有具体的标准来控制各批产品的质量。医药商品生产企业必须实施生产质量管理规范。

（二）市场质量

市场质量又称为经济性质量、社会性质量，是从需求角度研究商品的"质量"，指的是医药商品的使用者或其关联人（医务人员等）对该医药商品的评价与主观满意程度。

1. 合法性　即医药商品的有关性质是否符合人类医学的道德观念、符合人类的长远利益、符合法律规定。在现代法治社会中，医药商品的质量是依法认定的，药品、医疗器械、医院设备等的制造、检验、包装、运输、养护、储藏，质量标准、适应证、用法用量、禁忌证、有效期、药品的价格等必须按国家有关部门确定的标准执行。自然属性再好的商品，如果没有依法批准与认定，也是谈不上质量好坏的。任何违反有关法律规定的医药商品都是不合格的。

2. 时间性 不同的时代、科技条件、疾病流行状态，对同一药品的评价不同，与商品的物质性无关。如阿司匹林是近百年解热镇痛的三大主药之一，但后来发现其是诱发胃与十二指肠溃疡的元凶而被停用。1971 年，范尼等人发现阿司匹林可阻止血小板聚集，抑制前列腺素的合成，对心血管系统疾病的治疗与预防有极为重要的意义，通过缓释、控释制剂的发展，现已成为基础的心血管系统药物。另如重症急性呼吸综合征（非典）刚流行时，因为没有找到致病源，只是判定由病毒引起，使得平时作为疗效一般的抗病毒的板蓝根成为广为使用的"良药"。

3. 区域性 不同经济条件的地区对同一药品的承受能力不同。如价格较高的药品在经济发达地区推广迅速，而在经济落后地区推广就很困难。不同的地区环境对同一药品的评价是不同的。一些地方病用药受使用区域的影响非常大。如吡喹酮是广谱抗血吸虫药，在血吸虫病流行地区是一种优质药品，但是对于非血吸虫病流行地区来说没有用处。不同级别的医院对同一医药商品的接受程度存在差异。级别较高的医院的医生和管理者对刚上市的新药、新器械往往比较感兴趣，新药、新器械在这类医院的应用容易获得成功；而基层医院受医疗政策、患者支付能力等因素影响，很难接受新药、新器械。同一药品在不同的科室中得到的评价不同。如左卡尼汀是透析失衡综合征的唯一治疗药物，血液净化中心的医生认为是很好的药品，但其他科室的医生可能并不认同。

4. 个体性 受消费者的年龄、性别、心理、消费习惯、体质特征、基础疾病、相关疾病等因素影响，对同一医药商品的评价有明显的不同。

5. 经济性 医药商品的价格与使用效应是否符合以最少的资源投入，承担较小风险，取得最大的医疗效益，一般称为经济性评价。其包括医药商品能否被市场接受、市场真实需求量、进入市场的难易度、产品寿命、患者的依从度、医药商品的市场竞争力（创新性、独特性、排他性、可替代性、可模仿性、可盈利性）的综合判断。对消费者来说，价格低廉、效果良好的医药商品就是好商品。对厂商而言，畅销而又能为企业赢得利润的就是好商品。对医药商品的经济学评价是从社会、民众的综合角度进行的。

鉴于医药商品市场质量的复杂性、多变性，本教材研究的医药商品质量侧重于自然质量的概念。

（三）影响医药商品质量的因素

1. 内在因素 又称为"基原因素"，是指医药商品本身所含的成分因受自然界的影响而引起变异，导致其质量变化。如含淀粉的药品易吸收外界水分，易受霉菌感染，有利于害虫吸收养料而生存。

2. 外在因素 又称"环境因素"，是导致医药商品变质的自然因素，直接或间接影响其质量。外在因素是影响医药商品稳定性的条件。影响医药商品稳定性的外在因素很多，如空气、光线、温度、湿度、微生物和昆虫、时间、包装等。

影响医药商品质量的内在因素和外在因素的具体内容请详见第五章第二节医药商品养护。

四、医药商品的质量管理

医药商品的质量管理必须按照国家的有关法律与行业的有关规定进行，与一般的商品质量管理相比更为严格。《药品管理法》规定：从事药品生产活动，应当经所在地省、自治区、直辖市人民政府药品监督管理部门批准，取得药品生产许可证。无药品生产许可证的不得生产药品。药品生产许可证应当标明有效期和生产范围，到期重新审查发证。从事药品批发活动应当经所在地省、自治区、直辖市人民政府药品监督管理部门批准，取得药品经营许可证。从事药品零售活动应当经所在地县级以上地方人民政府药品监督管理部门批准，取得药品经营许可证。无药品经营许可证的不得经营药品。药品经营许可证应当标明有效和经营范围，到期重新审查发证。

（一）质量管理的发展历程

质量管理的发展经过了前工业时代的"操作者的质量管理"、工业时代的"检验员的质量管理"和"数理统计的质量管理"，以及 20 世纪 50 年代以来的"全面质量管理"。最早提出全面质量管理概念的是美国通用电气公司质量经理阿曼德·菲根堡姆。1961 年，他出版了《全面质量管理》一书。该书强调执行质量管理是公司全体人员的责任。20 世纪 60 年代以来，菲根堡姆的全面质量管理概念逐步被全世界所接受。我国自 1978 年推行全面质量管理以来，在实践上、理论上都有所发展，同时也在不断地探索、总结和提高。

（二）全面质量管理

1. 全面质量管理　是一个组织以质量为中心，以全员参与为基础，目的在于通过让顾客满意和本组织所有成员及社会受益而达到长期成功的管理途径。通过全面质量管理可有效地利用人力、物力、财力和信息等资源，以最经济的手段生产出顾客满意，组织及其全体成员和社会都得到好处的商品，从而使组织获得长期成功和发展。

2. 全面质量管理模型及构成要素　质量形成的全过程中包含了一系列由"供方"和"顾客"组成的关系链，即每一个过程的输出是下一个过程的输入。如果把下一过程看成是顾客的话（内部顾客），则满足顾客的需要就是对本过程输出的质量要求。

为保证质量形成过程的稳定，并不断通过对过程的完善使顾客得到满意的质量，必须围绕着供方和顾客组成的过程链建立一个完善的全面质量管理体系，该管理体系需要包括以下要素。

（1）"软件"要素　包括质量文化、上级领导的重视及对全面质量的承诺、有效的沟通等。

（2）"硬件"要素　包括有效的质量体系、质量管理团队、质量管理工具的使用等。有效的质量体系是企业实施全面质量管理的基础。

科学的质量管理方法的应用是企业质量管理成功的有效途径。全面质量管理中的方法很多，如了解顾客需求信息和进行市场研究的方法，分析主要问题及其产生原因的方法，对生产过程进行控制的方法，不断改进的质量循环法及对质量体系运行结果的测量评价方法等。

（三）医药商品质量管理的意义

质量管理是针对质量进行的一系列管理活动。它是在制定质量计划的基础上所开展的一切为实现该计划而进行的活动的总和。商品质量的高低、优劣是依据商品标准及与其相适应的技术法规确定的。商品质量标准是衡量商品是否合格的尺度。商品质量标准的制定要充分考虑使用要求，合理利用国际资源，做到技术先进、经济合理。对于医药商品而言，对质量进行管理的重要依据是质量标准，一个国家制定的质量标准是否科学、合理将影响该国医药商品质量的形成。在实践中，一旦制定了医药商品的质量标准，就成为强制标准，医药商品研制、生产、经营、使用、检验单位必须严格执行。

（四）与医药商品相关的质量管理规范

与医药商品相关的质量管理规范是法定的规范，针对药品、医疗器械的生产或经营企业，针对药物非临床研究、药物临床试验研究有不同的质量管理规范。

1. 中药材生产质量管理规范　2002 年，国家药品监督管理局颁布《中药材生产质量管理规范（试行）》（GAP）。2022 年 3 月，为落实《中共中央　国务院关于促进中医药传承创新发展的意见》，推进中药材规范化生产，保证中药材质量，促进中药高质量发展，国家药品监督管理局、农业农村部、国家林草局、国家中医药管理局依据《药品管理法》《中华人民共和国中医药法》，制定了《中药材生产质量管理规范》。

本规范是中药材规范化生产和质量管理的基本要求，适用于中药材生产企业（以下简称企业）采用种植（含生态种植、野生抚育和仿野生栽培）、养殖方式规范生产中药材的全过程管理，野生中药材的采收加工可参考本规范。鼓励中药饮片生产企业、中成药上市许可持有人等中药生产企业在中药材产地自建、共建符合本规范的中药材生产企业及生产基地，将药品质量管理体系延伸到中药材产地。其中，中药材生产企业包括具有企业性质的种植、养殖专业合作社或联合社。

2. 药物非临床研究质量管理规范　我国《药物非临床研究质量管理规范》（GLP）由国家药品监督管理局自 1999 年 11 月 11 日颁布施行，现行版 GLP 于 2017 年 9 月 1 日施行。GLP 系对从事实验研究的规划设计、执行实施、管理监督和记录报告等实验室的组织管理、工作方法和有关条件提出的法规性文件。

制定 GLP 的目的是提高药物非临床研究的质量，确保实验资料的真实性、完整性和可靠性，保障人民用药安全，并与国际上的新药管理接轨，是新药研究数据国际互认的基础。GLP 适用于申请药品注册而进行的非临床研究，药物非临床安全性评价研究机构必须遵守该规定。

3. 药物临床试验质量管理规范　《药物临床试验质量管理规范（试行）》（GCP）由卫生部（现卫健委）于 1988 年 3 月颁布，经过 1999 年、2003 年的修订，现行版 GCP 由国家药品监督管理局会同国家卫生健康委员会自 2020 年 7 月 1 日起颁布施行。GCP 是药物临床试验全过程的标准规定，包括方案设计、组织实施、监查、稽查、记录、分析总结和报告。

制定 GCP 的目的是保证药物临床试验过程规范，结果科学可靠，保护受试者的权益并保障其安全。GCP 适用于进行各期临床试验，进行人体生物利用度或生物等效性试验时必须遵守该规定。

4. 药品生产质量管理规范　我国第一部《药品生产质量管理规范》（GMP）于 1988 年 3 月颁布，分别于 1992 年、1998 年和 2010 年进行修订。现行 GMP 由卫生部 2011 年 3 月 1 日起颁布施行。GMP 系药品生产过程中用以保证生产出优质药品的管理制度。GMP 要求控制生产过程中所有影响药品质量的因素，用科学的方法和质量保证体系保证质量，确保药品不混批、不混杂、无污染，在均匀一致的条件下生产合格的药品。

制定 GMP 的目的是指导药品生产企业规范生产，保证生产合格药品。GMP 不仅是通过最终的检验来达到的，还是质量管理体系的一部分，是药品生产管理和质量控制的基本要求，旨在最大限度地规避药品生产过程中污染、交叉污染及混淆、差错等风险，确保持续、稳定地生产出符合预期临床用途与注册要求的药品。

GMP 的主要特点：①加强了药品生产质量管理体系的建设，提高了对企业质量管理软件方面的要求，强化了药品生产关键环节的控制和管理，促进企业质量管理水平的提高。②全方位地强化了从业人员的素质要求，增加了对从事药品生产质量管理人员素质要求的条款和内容，进一步明确了职责。③细化了操作规程、生产记录等管理文件规定，增加了指导性与可操作性。④完善了药品安全保障措施，引入了质量风险管理的概念，体现在原辅料采购、生产工艺变更、操作中的偏差处理、发现问题的调查与纠正、上市后药品质量的监控等方面。⑤增加了供应商审计、变更控制、纠正和预防措施、产品质量回顾分析等新制度和措施，对各环节可能出现的风险进行管理和控制，主动防范质量事故的发生。⑥提高了无菌制剂的生产环境标准，增加了药品生产环境在线检测要求，提高了无菌药品的质量管理水平。

5. 药品经营质量管理规范　1984 年，国家医药管理局制定了《医药商品质量管理规范（试行）》，1992 年 10 月 1 日起正式实行。国家药品监督管理局颁布的《药品经营质量管理规范》（GSP）于 2000 年 7 月 1 日起施行。经过 2013 年及 2015 年的修订，GSP 由国家食品药品监督管理总局（现国家市场监督管理总局）于 2016 年 7 月 13 日起颁布执行。GSP 全面规定了企业经营的软硬件标准和要求；对质量管理制度、岗位职责、操作规程、记录、凭证等一系列质量管理体系文件提出详细要求，是规范药品经营质量管理的基本准则。

制定 GSP 的目的是加强药品经营质量管理，保证人民用药安全有效。GSP 适用于中国境内经营药品的专营和兼营企业。

GSP 特点：①全面推进计算机管理系统的应用，并作为日常管理的重要手段。②重点强化了药品购销渠道管理和仓储温度控制环节，全面实现温湿度自动检测、记录、跟踪、报警管理。③完善票据管理、冷藏管理、运输管理三大难题。④实行全面质量管理和全员质量管理，提高了药品管理人员资质档次。⑤鼓励运用现代医药物流技术，为我国药品流通行业向专业化、规模化、第三方物流的发展做好技术准备，为顺应医改政策的深度推进奠定基础。

GSP 明确了药品经营企业应当坚持诚实守信、依法经营的要求，禁止任何虚假、欺骗行为。有关 GSP 的相关内容请参照第五章医药商品储存、养护与运输。

《药品管理法》明确指出，自 2019 年 12 月 1 日起，取消药品 GMP、GSP 认证，不再受理药品 GMP、GSP 的认证申请，不再发放药品 GMP、GSP 证书。取消药品 GMP、GSP 认证并不意味着国家放松了对药品生产企业的生产质量管理和药品经营企业的经营质量管理，而是采用了药品飞行检查等更多、更严格和更科学的动态监管。为加强药品和医疗器械监督检查，强化安全风险防控，根据《药品管理法》等有关法律法规，国家食品药品监督管理总局于 2015 年 9 月 1 日发布施行了《药品医疗器械飞行检查办法》（简称《办法》）。国家药品监督管理局负责组织实施全国范围内的药品、医疗器械飞行检查，地方各级药品监督管理部门负责组织实施本行政区域的药品、医疗器械飞行检查。

药品、医疗器械飞行检查具有突击性、独立性、高效性等特点。药品、医疗器械飞行检查是药品监督管理部门针对药品和医疗器械研制、生产、经营、使用等环节开展的不预先告知的监督检查，在调查问题、管控风险、震慑违法行为等方面发挥了重要作用。

药品、医疗器械飞行检查的范围：①投诉举报或者其他来源的线索表明可能存在质量安全风险的。②检验发现存在质量安全风险的。③药品不良反应或者医疗器械不良事件监测提示可能存在质量安全风险的。④对申报资料真实性有疑问的。⑤涉嫌严重违反质量管理规范要求的。⑥企业有严重不守信记录的。⑦其他需要开展飞行检查的情形。

6. 药物警戒质量管理规范　国家药品监督管理局根据《药品管理法》《中华人民共和国疫苗管理法》，为规范和指导药品上市许可持有人和药品注册申请人的药物警戒活动，组织制定了《药物警戒质量管理规范》（GVP），自 2021 年 12 月 1 日起正式施行。药品上市许可持有人需在国家药品不良反应监测系统中完成信息注册。

　　药物警戒活动是指对药品不良反应及其他与用药有关的有害反应进行监测、识别、评估和控制的活动。药物警戒始于药物研发设计，终于药品上市使用的全过程。药物警戒的目的是通过体系的有效运行和维护，监测、识别、评估和控制药品不良反应及其他与用药有关的有害反应，提高临床合理用药水平，保护和促进公众健康，提高公众的生活质量。

　　7. 医疗器械临床试验质量管理规范　国家食品药品监督管理总局、国家卫生和计划生育委员会根据《医疗器械监督管理条例》制定了《医疗器械临床试验质量管理规范》（医疗器械 GCP），自 2016 年 6 月 1 日起施行。

　　制定医疗器械 GCP 的目的是加强对医疗器械临床试验的管理，维护医疗器械临床试验过程中受试者的权益，保证医疗器械临床试验过程规范，结果真实、科学、可靠和可追溯。本规范涵盖医疗器械临床试验全过程，包括临床试验的方案设计、实施、监查、核查、检查，以及数据的采集、记录、分析总结和报告等。

　　8. 医疗器械生产质量管理规范　我国《医疗器械生产质量管理规范》（医疗器械 GMP）自 2011 年 1 月 1 日实行。现行版医疗器械 GMP 由国家食品药品监督管理总局于 2015 年 3 月 1 日颁布施行。

　　医疗器械 GMP 是一套适用于医疗器械行业的强制性标准，要求企业从原料采购、人员、设施设备、生产过程、包装运输、设计开发等方面按国家有关法规形成一套可操作的规范，帮助企业完善生产环境，及时发现生产过程中存在的问题，加以改善，确保最终产品的质量符合法规要求。医疗器械生产企业在医疗器械设计开发、生产、销售和售后服务等过程中应当遵守本规范的要求。

　　9. 医疗器械经营质量管理规范　为加强医疗器械经营质量管理，规范医疗器械经营管理行为，保证医疗器械安全、有效，国家食品药品监督管理总局根据《医疗器械监督管理条例》和《医疗器械经营监督管理办法》等法规制定了《医疗器械经营质量管理规范》（医疗器械 GSP），自 2014 年 12 月 12 日起施行。

　　制定医疗器械 GSP 的目的是加强医疗器械经营企业在医疗器械采购、验收、贮存、销售、运输、售后服务等环节的质量管理，采取有效的质量控制措施，保障经营过程中产品的质量安全。医疗器械 GSP 适用于中国境内所有从事医疗器械经营活动的经营者。

第二节　医药商品质量监督管理

　　医药商品质量监督管理是在市场经济条件下，为维护消费者的合法权益，保证医疗服务的安全，保障人民健康与生命安全，维护社会稳定与经济发展，国家通过制定有关法律法规与行政手段，依靠有关管理部门，结合全社会民众的经济因素，对行业进行的管理。其可以规范企业的市场行为，打击各类违法活动，指导与监督企业的质量管理。

一、医药商品质量监督管理机构

　　医药商品质量监督管理机构属于国家药事管理组织体系，由国务院、省、自治区、直辖市政府设置的药品监督管理部门及地市、县级的机构组成。

（一）医药商品质量监督管理的定义

　　医药商品质量监督管理是指药品监督管理部门依照法律法规的授权、规定，对药品、药用辅料、医疗器械、医药包装材料等的研制、生产、流通和使用环节进行管理的过程。

（二）医药商品质量监督管理的内容

医药商品质量监督管理内容广泛，概括如下。①制定和执行医药商品标准。②实行新产品审批制度、生产医药商品审批制度、进口医药商品注册、检验制度，负责医药商品检验。③建立和执行药品不良反应及医疗器械不良事件监测报告制度。④医药商品的再评价、药品品种的整顿和淘汰。⑤严格控制麻醉药品、精神药品、毒性药品和放射性药品，确保人们用药安全。⑥对医药商品生产企业、经营企业、医疗机构和中药材市场的医药商品进行抽查、抽检，及时处理医药商品质量问题。⑦指导医药商品生产企业、经营企业和医药商品检验机构及人员的业务工作。⑧行使监督权，调查、处理医药商品质量和中毒事故，取缔假药，处理不合格医药商品，执行行政处罚，对需要追究刑事责任的向司法部门提起诉讼等。

（三）医药商品质量监督管理的性质

药品监督管理部门是执法主体，医药商品质量监督管理具有明确的强制性。

1. 医药商品监督管理是国家行政管理　医药商品监督管理是国家行政机关依法实施的一种有组织的管理活动，以组织和执行为主要活动方式。医药商品监督管理是国家药品监督管理部门通过国家行政管理手段保障药事管理法律、法规正确贯彻实施的活动。

2. 医药商品监督管理具有法律性　医药商品监督管理的法律性体现在两个方面。一是药品监督管理机关依法做出的监督管理行为体现国家意志，具有法律效力，以国家强制力作为保障。二是医药商品监督管理必须以《药品管理法》《药品生产质量管理规范》《药品经营质量管理规范》《医疗器械监督管理条例》《医疗器械生产质量管理规范》等法律、法规为依据，依法实施监督管理。

3. 医药商品监督管理主体受法律监督　按照现代法治理念，国家赋予医药商品监督管理主体必要的权力和资源，同时建立相应的法律制度去规范监督管理主体权力的行使，促使医药商品监督管理主体依法行政，防止权力滥用。若医药商品监督管理主体违反相关法律、法规，也要承担相应的法律责任，构成犯罪的要承担刑事责任。

4. 技术标准的渐进性　鉴于医药商品技术的复杂性，涉及化学、生物、材料、物理、电子等科学，为明确相关产品的标准与科技进步的关系，各类标准不断地调整与补充，在管理的固定节点上必须有明确的技术标准。

二、医药商品行政监督管理组织体系

医药商品行政监督管理组织体系主要是指国家市场监督管理总局和省、自治区、直辖市政府设置的药品监督管理部门及地市、县级的药品监督管理部门。

（一）国家药品监督管理局

国家药品监督管理局（NMPA）是国家市场监督管理总局下设的负责药品、医疗器械、化妆品等医药商品监督管理工作的机构。其主要职能是对药品、医疗器械、化妆品等质量进行监督与管理。

目前，NMPA 的主要职责：①负责药品（含中药、民族药，下同）、医疗器械和化妆品安全监督管理。拟定监督管理政策规划，组织起草法律法规草案，拟定部门规章，并监督实施。研究拟定鼓励药品、医疗器械和化妆品新技术、新产品的管理与服务政策。②负责药品、医疗器械和化妆品标准管理。组织制定、公布国家药典等药品、医疗器械标准，组织拟定化妆品标准，组织制定分类管理制度，并监督实施。参与制定国家基本药物目录，配合实施国家基本药物制度。③负责药品、医疗器械和化妆品注册管理。制定注册管理制度，严格上市审评审批，完善审评审批服务便利化措施，并组织实施。④负责药品、医疗器械和化妆品质量管理。制定研制质量管理规范并监督实施。制定生产质量管理规范并依职责监督实施。制定经营、使用质量管理规范并指导实施。⑤负责药品、医疗器械和化妆品上市后的风险管理。组织开展药品不良反应、医疗器械不良事件和化妆品不良反应的监测、评价和处置工作。依法承担药品、医疗器械和化妆品安全应急管理工作。⑥负责执业药师资格准入管理。制定执业药师资格准入制度，指导监督执业药师注册工作。⑦负责组织指导药品、医疗器械和化妆品监督检查。制定检查制度，依法查处药品、医疗器械和化妆品注册环节的违法行为，依职责组织指导查处生产环节的违法行为。⑧负责药品、医疗器械和化妆品监督管理领域对外交流与合作，参与相关国际监管规则和标准的制定。⑨负责指导省、自治区、直辖市药品监督管理部门工作。⑩完成党中央、国务院交办的其他任务。

国家药品监督管理局设置以下直属单位。

1. 中国食品药品检定研究院 主要职责：①承担食品、药品、医疗器械、化妆品及有关药用辅料、包装材料与容器的检验检测工作；组织开展药品、医疗器械、化妆品抽验和质量分析工作；负责相关复验、技术仲裁；组织开展进口药品注册检验及上市后有关数据收集分析等工作。②承担药品、医疗器械、化妆品质量标准、技术规范、技术要求、检验检测方法的制定、修订及技术复核工作；组织开展检验检测新技术、新方法、新标准研究；承担相关产品严重不良反应、严重不良事件原因的实验研究工作。③负责医疗器械标准管理相关工作。④承担生物制品批签发相关工作。⑤承担化妆品安全技术评价工作。⑥组织开展有关国家标准物质的规划、计划、研究、制备、标定、分发和管理工作。⑦负责生产用菌毒种、细胞株的检定工作；承担医用标准菌毒种、细胞株的收集、鉴定、保存、分发和管理工作。⑧承担实验动物饲育、保种、供应和实验动物及相关产品的质量检测工作。⑨承担食品药品检验检测机构实验室间比对及能力验证、考核与评价等技术工作。⑩负责研究生教育培养工作；组织开展对食品药品相关单位质量检验检测工作的培训和技术指导；开展食品药品检验检测国际（地区）交流与合作。

医药商品质量监督检验是医药商品质量监督管理的重要依据，因其不涉及买卖双方的经济利益，不以营利为目的，故具有第三方检验的公正性。医药商品质量监督检验是根据国家的法律规定对医药商品的研制、生产、流通、使用等进行的质量检验，具有很强的仲裁性和很高的权威性。

2. 国家药典委员会 是国家药品标准工作法定的专业管理机构。主要职责：①组织编制、修订和编译《中华人民共和国药典》（简称《中国药典》）及配套标准。②组织制定、修订国家药品标准。参与拟定有关药品标准管理制度和工作机制。③组织《中国药典》收载品种的医学和药学遴选工作。负责药品通用名称命名。④组织评估《中国药典》和国家药品标准执行情况。⑤开展药品标准发展战略、管理政策和技术法规研究。承担药品标准信息化建设工作。⑥开展药品标准国际（地区）协调和技术交流，参与国际（地区）间药品标准适用性认证合作工作。⑦组织开展《中国药典》和国家药品标准宣传培训与技术咨询，负责《中国药品标准》等刊物编辑出版工作。⑧负责药典委员会各专业委员会的组织协调及服务保障工作。

3. 国家药品监督管理局药品审评中心 是国家药品监督管理局药品注册技术审评机构，为药品注册提供技术支持，按照国家药品监督管理局颁布的药品注册管理有关规章，负责组织对药品注册申请进行技术审评。主要职责：①负责药物临床试验、药品上市许可申请的受理和技术审评。②负责仿制药质量和疗效一致性评价的技术审评。③承担再生医学与组织工程等新兴医疗产品涉及药品的技术审评。④参与拟定药品注册管理相关法律法规和规范性文件，组织拟定药品审评规范和技术指导原则并组织实施。⑤协调药品审评相关检查、检验等工作。⑥开展药品审评相关理论、技术、发展趋势及法律问题研究。⑦组织开展相关业务咨询服务及学术交流，开展药品审评相关的国际（地区）交流与合作。⑧承担国家药品监督管理局国际人用药品注册技术协调会议相关技术工作。

4. 国家药品监督管理局药品评价中心　主要职责：①组织制定、修订药品不良反应、医疗器械不良事件、化妆品不良反应监测与上市后安全性评价及药物滥用监测的技术标准和规范。②组织开展药品不良反应、医疗器械不良事件、化妆品不良反应、药物滥用监测工作。③开展药品、医疗器械、化妆品的上市后安全性评价工作。④指导地方相关监测与上市后安全性评价工作。组织开展相关监测与上市后安全性评价的方法研究、技术咨询和国际（地区）交流合作。⑤参与拟定、调整国家基本药物目录。⑥参与拟定、调整非处方药目录。

5. 国家药品监督管理局医疗器械技术审评中心　主要职责：①负责申请注册的国产第三类医疗器械产品和进口医疗器械产品的受理和技术审评工作；负责进口第一类医疗器械产品的备案工作。②参与拟定医疗器械注册管理相关法律法规和规范性文件；组织拟定相关医疗器械技术审评规范和技术指导原则并组织实施。③承担再生医学与组织工程等新兴医疗产品涉及医疗器械的技术审评。④协调医疗器械审评相关检查工作。⑤开展医疗器械审评相关理论、技术、发展趋势及法律问题研究。⑥负责对地方医疗器械技术审评工作进行业务指导和技术支持。⑦组织开展相关业务咨询服务及学术交流，开展医疗器械审评相关的国际（地区）交流与合作。

6. 国家药品监督管理局执业药师资格认证中心　主要职责：①开展执业药师资格准入制度及执业药师队伍发展战略研究，参与拟定完善执业药师资格准入标准并组织实施。②承担执业药师资格考试相关工作。组织开展执业药师资格考试命题审题工作，编写考试大纲和考试指南。负责执业药师资格考试命审题专家库、考试题库的建设和管理。③组织制定执业药师认证注册工作标准和规范并监督实施。承担执业药师认证注册管理工作。④组织制定执业药师认证注册与继续教育衔接标准。拟定执业药师执业标准和业务规范及相关执业监督工作。⑤承担全国执业药师管理信息系统建设、管理、维护，收集报告信息。⑥指导地方执业药师资格认证相关工作。⑦开展执业药师资格认证国际（地区）交流与合作。⑧协助实施执业药师能力与学历提升工程。

7. 国家药品监督管理局食品药品审核查验中心　主要职责：①组织制定、修订药品、医疗器械、化妆品检查制度规范和技术文件。②承担药物临床试验、非临床研究机构资格认定（认证）和研制现场检查。承担药品注册现场检查。承担药品生产环节的有因检查。承担药品境外检查。③承担医疗器械临床试验监督抽查和生产环节的有因检查。承担医疗器械境外检查。④承担化妆品研制、生产环节的有因检查。承担化妆品境外检查。⑤承担国家级检查员考核、使用等管理工作。⑥开展检查理论、技术和发展趋势研究、学术交流及技术咨询。⑦承担药品、医疗器械、化妆品检查的国际（地区）交流与合作。⑧承担市场监管总局委托的食品检查工作。

8. 国家药品监督管理局行政事项受理服务和投诉举报中心　主要职责：①负责药品、医疗器械、化妆品行政事项的受理服务和审批结果相关文书的制作、送达工作。②受理和转办药品、医疗器械、化妆品涉嫌违法违规行为的投诉举报。③负责药品、医疗器械、化妆品行政事项受理和投诉举报相关信息的汇总、分析、报送工作。④负责药品、医疗器械、化妆品重大投诉举报办理工作的组织协调、跟踪督办，监督办理结果反馈。⑤参与拟定药品、医疗器械、化妆品行政事项和投诉举报相关法规、规范性文件和规章制度。⑥负责投诉举报新型、共性问题的筛查和分析，提出相关安全监管建议。承担国家局执法办案、整治行动的投诉举报案源信息报送工作。⑦承担国家局行政事项受理服务大厅的运行管理工作。参与国家局行政事项受理、审批网络系统的运行管理。承担国家局行政事项收费工作。⑧参与药品、医疗器械审评审批制度改革及国家局"互联网＋政务服务"平台建设、受理服务工作。⑨指导协调省级药品监管行政事项受理服务及投诉举报工作。⑩开展与药品、医疗器械、化妆品行政事项受理及投诉举报工作有关的国际（地区）交流与合作。

（二）省级及省级以下医药商品行政监督管理组织体系

省级药品监督管理机构隶属于省级市场监督管理局，负责本行政区域内的药品、医疗器械等监督管理工作。地级市药品监督管理部门负责辖区内的药品、医疗器械等监督管理工作，业务上接受上级药品监督管理机构的监督与指导。

第三节　医药商品标准

医药商品标准是判断医药商品是否合格的法定依据。由于医药商品标准的制定涉及商品的种类、生产的经验、标准的使用范围等，所以有不同的表述。

一、医药商品标准的定义

医药商品标准属于技术标准，是国家对医药商品品种、质量、规格、技术要求、试验检验方法、包装、标志、储运和保管等方面所作出的统一规定，是医药商品生产、经营、使用和管理的依据，具有法律的约束力。

二、医药商品标准的作用

医药商品标准的重要作用：①是判断医药商品质量合格或不合格的法定依据。②是医药商品质量的法定目标。③执行和实现医药商品标准是医药商品质量控制中的关键。④是医药商品质量保证和质量控制活动的重要依据。⑤是建立、健全医药商品质量保证体系的基础。

三、医药商品标准的制定原则

医药商品标准为国家法定标准，其制定原则必须从满足社会和人民群众对医药商品日益增长的需求出发。

1. 坚持"质量第一"的原则　体现"安全有效、技术先进、经济合理"的方针，做到有利于保护消费者的合法权益。

2. 有利于合理利用国家资源的原则　保护生态环境，真正体现国家倡导的资源节约型、环境友好型社会发展要求。

3. 有利于促进对外经济合作与贸易的原则　在世界经济全球化、一体化进程不断加快的国际背景下，医药商品标准直接影响我国的医药商品在国际上的地位，尤其是中药标准，中药标准国际化的交流与合作前景广阔。

4. 不断完善的原则　医药商品标准制定后不能随意变动，但也不能一成不变。随着医药科学技术的发展，新产品与新的检测方法不断涌现，医药商品标准必须适时修订，不断完善与提高。在使用医药商品标准时，应当以现行的版本为依据。

四、医药商品标准的特点

医药商品的质量标准是国家对医药商品质量、规格及检验方法所作的技术规定，是医药商品生产、供应、使用、检验和监督的法定依据。医药商品质量标准的特点如下。

1.权威性 医药商品的质量必须符合现行的法定标准。只有符合相关标准的医药商品才是合格品。生产厂家与监督管理部门均按照此标准进行生产、检验与监督。如《中国药典》是药品质量的法定技术标准，是保障药品安全与疗效的有力武器，每一次更新出版都客观地反映了我国当前医药工业、临床用药及检验技术的水平，在推动药品质量提升过程中起到了极其重要的作用，代表着我国药品质量在国际医学上的形象。药品生产厂家与监督管理部门均按照此标准进行生产与检验、监督。

2.科学性 医药商品质量标准是对具体对象的研究结果，有适用性的限制。如中药材牛黄，天然牛黄、人工牛黄和培植牛黄中胆汁酸、胆红素的含量要求不同，但均有充分的科学依据；朱砂也是如此，天然朱砂中硫化汞的含量不得少于96%，而人工朱砂中硫化汞的含量要求达到99%以上。

3.进展性 医药商品质量标准是目前对客观事物认识的阶段性总结，即使法定标准也难免有不够全面或不够科学的问题。随着科技的进步、生产技术水平的提高和测试手段的改进，应对医药商品质量标准不断进行修订和完善。

五、医药商品标准的分类

（一）法定医药商品标准

中华人民共和国成立以来，我国政府非常重视人民群众的用药安全和身体健康，逐步规范了医药商品标准，确保医药商品质量符合法定标准。

1.法定药品标准 法定药品标准包括《中国药典》、国家药品监督管理局药品标准、中药材及民族药的地方标准。《中国药典》和国家药品监督管理局药品标准为国家药品标准。

国家药品标准是药品生产、供应、使用、检验单位必须共同遵守的法定依据，属于强制性标准。

药品标准的内容一般包括名称、成分或处方组成，含量及其检查、检验的方法，制剂的辅料，允许的杂质及其限量、限度，技术要求，以及作用、用途、用法、用量、注意事项、储藏方法、包装等。

（1）《中国药典》 《中国药典》（Chinese Pharmacopoeia，Ch.P）依据我国《药品管理法》组织制定并颁布实施。《中国药典》一经颁布实施，其同品种的上版标准或其原国家标准即同时停止使用。

现行版（2020年版）《中国药典》由一部、二部、三部、四部及增补本构成，自2020年12月30日起执行。

《中国药典》是国家记载药品质量、规格、标准的法典，由国家药典委员会组织编写，并由国家药品监督管理局颁布实施。《中国药典》由凡例与正文及其引用的通则共同构成。

《中国药典》正文所设各项规定是针对符合GMP的产品而言。任何违反GMP或有未经批准添加物质所生产的药品，即使符合《中国药典》或按照《中国药典》没有检出其添加物质或相关杂质，亦不能认为其符合规定。

1）列入《中国药典》的药品品种的范围和要求　①防治疾病所必需的、疗效肯定、不良反应少的优先推广使用，并有具体的标准，能控制或检定质量的品种。②工艺成熟、质量稳定、可成批生产的品种。③常用的医疗敷料、基质等。凡属《中国药典》收载的药品及制剂，其质量在出厂前均需按《中国药典》规定的方法进行检验，凡不符合《中国药典》规定标准的不得出厂，更不得销售和使用。

2）《中国药典》出版年份　中华人民共和国成立以来，我国共出版了十一版药典，即1953年版、1963年版、1977年版、1985年版、1990年版、1995年版、2000年版、2005年版、2010年版、2015年版、2020年版，从1985年后每5年修订一次。

3）《中国药典》2020年版特点　《中国药典》2020年版一部收载中药，二部收载化学药品，三部收载生物制品，四部收载通则和药用辅料。本版药典进一步扩大了先进、成熟检测技术的应用，药用辅料的收载品种大幅增加，质量要求和安全性控制更加严格，使《中国药典》的引领作用和技术导向作用进一步体现。本版药典收载品种明显增加，收载品种5911种。其中新增319种，修订3177种，不再收载10种，因品种合并减少6种。

（2）国家药品监督管理局药品标准　指国家药品监督管理局批准并颁布实施的药品标准，与《中国药典》性质相同，具有相同的法律约束力和权威性。

（3）中药材地方标准及民族药标准　我国只有中药材使用地方标准及民族药标准。

1）中药材地方标准　地方中药材标准对满足临床的地区性用药特色需求、保障用药安全起到了积极作用。目前，许多地区仍然使用地方中药材标准，如四川、云南、贵州、广西、甘肃、青海、山西、河南、山东、内蒙古、辽宁、吉林、江苏、江西、宁夏、新疆、上海、北京、湖南、浙江等。

2015年，国家食品药品监督管理总局下发《关于加强地方药材标准管理有关事宜的通知》，要求对已发布的地方药材标准开展清理工作，及时废止不应收载的地方药材标准，保障用药安全。

2）民族药标准　我国是多民族国家，各民族在与疾病抗争、维系民族生存繁衍的过程中，以各自的生活环境、自然资源、民族文化、宗教信仰等为根基，创立了具有本民族特色的医药体系，具有鲜明的地域性和民族传统特色。民族药的发掘、整理和研究工作取得了显著成绩，制定了民族药质量标准，如广西壮族自治区药品监督管理局编写的《广西壮族自治区壮药质量标准》、云南省药品监督管理局编写的《云南省中药材标准》。

凡是在全国经销的中药材或生产中成药所用的饮片，必须符合《中国药典》标准或国家药品监督管理局的药品标准。地方标准只能在本地区使用。市场上经销的药材必须经各省、市、县药检所鉴定方有效。

2. 法定医疗器械标准　法定的医疗器械标准包括国家标准和行业标准。

（1）国家标准　医疗器械国家标准简称国标，由国家药品监督管理局颁布实施，具有法律约束力和权威性。国标有强制性国标（GB）和推荐性国标（GB/T）两种。强制性国标是保障人体健康、人身、财产安全的标准和法律及行政法规规定强制执行的国家标准。

医疗器械的国家标准与《中国药典》不同，每一个标准都针对某一类医疗器械提出具体要求，并作为医疗器械生产、检验、评价的主要依据。如GB/T 29889-2013"人体疾病易感DNA多态性检测基因芯片"的国家标准，本标准规定了用于人体疾病易感DNA多态性检测基因芯片产品的相关术语和定义，以及人体疾病易感DNA多态性检测基因芯片产品的检测样品、检测位点、芯片要求、评估模型、评估报告、检测服务认可的要求。本标准适用于人体疾病易感DNA

多态性检测基因芯片产品。

（2）行业标准　医疗器械的行业标准系未列入国家标准，由国家药品监督管理局颁布的医药行业标准，有强制性行业标准（YY）和推荐性行业标准（YY/T）两种。如 YY/T 0090-2014 "子宫刮匙"推荐性医疗器械行业标准。

2017 年 1 月，国家食品药品监督管理总局颁布 YY/T0287-2017/ISO13485：2016《医疗器械质量管理体系用于法规的要求》标准。该标准等同采用了 ISO13485：2016 标准。

（二）企业医药商品标准

药品生产企业为了不断提高药品质量，根据本单位的制备工艺、生产设备等情况，由技术部门、质检部门及相关技术人员共同商讨制定的优于国家药品标准的更加完善的内控标准。主要指多增加了检测项目或提高了限度标准，并作为创优、企业竞争，特别是保护优质产品、严防假冒等的重要措施。国外较大的企业均有企业药品标准，并对外保密。

医疗器械生产企业生产的产品若没有国家标准和行业标准，应当制定企业标准，并报有关部门审批。企业标准可作为本企业组织生产的依据，必须确定的是，国家标准和行业标准是制定企业标准的基础和参考。

六、国外药典简介

目前，世界上有三种类型的药典，国家药典、欧洲药典和国际药典。

（一）国家药典

国家药典是一个国家对药品规格标准所制定的法典。由国家组织编纂，并由政府颁布施行，这类药典在本国范围内具有法律效力。药典在一定程度上反映了一个国家的药品生产、医疗保健和科学技术水平。世界上先进国家都有自己的药典，其中影响较大的有《美国药典》（USP-NF）、英国药典（BP）、《日本药典》（JP）。

1.《美国药典》　《美国药典》（The Pharmacopeia of United States）又名《国家处方集》（National Formulary），简称 USP-NF，由美国药典委员会编辑、出版、发行。《美国药典》1820年出版第一版，1950 年以后每 5 年出版一次。从 2002 年开始，《美国药典》每年出版一次，已经出版到第 45 版（USP-NF40）。最新版为 2022 年出版。《美国药典》包含 4 卷及两个增补版。从第 43 版起只提供互联网在线版，不再提供印刷版。

USP-NF 是唯一由美国食品与药品监督管理局（FDA）强制执行的法定标准。对于新药的标准，是由新药的生产企业及时把药品向美国药典会报告，美国药典会经过审核和检验，达到国家标准以后，再收录到《美国药典》。还有一种方式，美国药典会直接确定药品标准，再报给美国食品与药品监督管理局审核。

2.《英国药典》　《英国药典》（The Pharmacopeia of British）简称 BP。由英国药品委员会正式出版的国家药品标准。于 1864 年出版，《英国药典》出版周期不定，最新版本为 2022 年版，《英国药典》2022 年版印刷版共包含 6 卷。

《英国药典》是英国药品委员会正式出版的英国官方医药学标准集，是英国制药标准的重要出处，也是药品质量控制、药品生产许可证管理的重要依据。它囊括了几千篇颇有价值医学专题论文，其中一部分出自英国本土，另外还套录《欧洲药典》。

按照惯例，《欧洲药典》中的全部专论与要求都收录在《英国药典》或其姐妹篇《英国药典（兽医）》中。这些内容一般不做任何编辑修改，只在确实恰当的情况下，增加《英国药典》相应的用法要求。《英国药典》2022年版中包含了《欧洲药典》EP10.0～10.5的所有内容，10.6～10.8的内容会在下载版和在线版中进行更新。《英国药典》不仅为读者提供了药用和成药配方标准以及公式配药标准，而且也向读者展示了许多明确分类并可参照的欧洲药典专著。

《英国药典》是英国药剂和药用物质的官方标准文集，包括出口到英国的产品，更包含《欧洲药典》的所有标准。每年更新，在商业和学术界同时具有极高的国际声誉，100多个国家都有采用。《英国药典》委员会负责编纂《英国药典》同时与《中国药典》保持着良好的合作关系。

3.《日本药典》　《日本药典》（The Pharmacopeia of Japan）又名《日本药局方》，简称 JP。由日本药局方编集委员会编纂，厚生省颁布执行，于1886年出版。从第六版起《日本药典》分两部出版，第一部主要收载原料药及其制剂，第二部主要收载生药及生物制品。为方便查找药品和制剂，该药典提供了日文、拉丁文和英文共三种语言索引。《日本药典》第18版于2021年6月7日生效。

（二）《欧洲药典》

《欧洲药典》（European Pharmacopoeia，简称 EP），最初版于1969年由欧洲共同体的英国、联邦德国、意大利、法国、荷兰、比利时、卢森堡七国协议编订。《欧洲药典》是欧洲药品质量控制的标准。已有多项法律文件使《欧洲药典》成为法定标准，2009年经36个欧洲国家和欧盟批准编撰《欧洲药典》协议。

《欧洲药典》第11版为欧洲药典最新版本，于2022年7月出版发行，2023年1月生效。《欧洲药典》具有法律约束力，由行政管理或司法部门强制要求符合《欧洲药典》。成员国的国家当局必须采用《欧洲药典》，必要时可替代相同物质国家标准中的个论。

《欧洲药典》内容包括活性物质、辅料、化学、动物、人或植物来源的药用物质或制品、顺势疗法制剂和顺势疗法原料、抗生素，以及制剂和容器等。此外，《欧洲药典》还适用于生物制品、血液和血浆制品、疫苗和放射药品。

（三）《国际药典》

《国际药典》（Pharmacopoeia Internationalis，简称 Ph.Int.），由世界卫生组织（WHO）国际药典委员会编写，收载原料药、辅料和制剂的质量标准及其检验方法。《国际药典》无法律效力，仅推荐给会员国，供世界卫生组织成员国参考和应用。《国际药典》第一版出版于1951年，现行版为2019年出版的第九版，同步发行网络版和光盘版，出版时间不定期。

《国际药典》中采用的标准是综合了各国实践经验并广泛协商后整理出来的，可用于任何国家和场合。一个品种标准收载多种检验方法的方式，既可以适合高科技水平的检验，同时也满足检验条件不允许时低技术要求的替代手段的需要。《国际药典》中注明优先级的药品通常指被各国药品标准收载并广泛使用的，或者是世界卫生组织卫生计划药品，并未被其他药典收载的，如新型的抗疟药。《国际药典》目前已有英文版、法文版、西班牙文版等多种版本，更好地为世界人民健康保健服务。

我国是世界卫生组织成员国之一，参与《国际药典》编写，推动了我国药品标准，尤其是中药标准的国际化进程，提升了《中国药典》的国际地位。

七、ISO13485：2016《医疗器械质量管理体系用于法规的要求》

（一）ISO13485 认证简介

ISO13485：2016 标准的全称是《医疗器械质量管理体系用于法规的要求》（medical device-quality management system-requirements for regulatory）。该标准由 SCA/TC221 医疗器械质量管理和通用要求标准化技术委员会制定，是以 ISO9001：2000 为基础的独立标准。标准规定了对相关组织的质量管理体系要求。该标准必须受法律约束，在法规环境下运行，同时必须充分考虑医疗器械产品的风险，要求在医疗器械产品实现全过程中进行风险管理。

该标准自 1996 年发布，得到世界各国广泛的实施和应用，新版 ISO13485：2016 于 2017 年 5 月 1 日起实施。新版标准更加突出以法规为主线，提高了标准与法规的兼容性，有利于医疗器械新产品、新技术及质量管理体系技术的快速发展和应用，促进医疗器械生产企业健康发展及监管水平的提高。

（二）ISO13485 标准适用范围

本标准适用于进行医疗器械的设计和开发、生产、安装和服务或相关服务的设计、开发和提供等相关行业。

（三）实施 ISO13485 国际标准给企业所带来的收益

ISO13485 变为强制性认证，受到各国政府的高度重视。实施 ISO13485 国际标准给企业带来了无限商机，具体体现：①有利于提高员工的责任感、积极性和奉献精神，提高和改善企业的管理水平，增加企业的知名度。②提高和保证产品的质量水平，使企业获取更大的经济效益。③有利于消除贸易壁垒，取得进入国际市场的通行证。④有利于增强产品的竞争力，提高产品的市场占有率。⑤通过有效的风险管理，规避法律风险，有效降低产品出现质量事故或不良事件的风险。

第四节　医药商品的质量控制

医药商品的质量优劣是设计、生产出来的，不是检验出来的。因此，在医药商品的生产过程中，应加强质量监控，严格把好质量关。针对不同的医药商品的特性，按照医药商品质量标准规定的方法、内容、指标进行特定的质量控制。

一、中药的质量控制

中药作为一种特殊的商品，其质量的优劣直接关系到人民群众的生命安全和健康，也直接影响着企业的经济效益。因此，必须严格控制中药商品的质量，切实加强对其质量的管理。中药可分为中药材、中药饮片、中药提取物和中成药。

1. 中药材　指未经加工或仅经过产地简单加工的中药原料。

2. 中药饮片　指药材经过炮制后可直接用于中医临床或制剂生产使用的处方药品。

3. 中药提取物　系指经过一定的提取方式从植物、动物、矿物中获得的挥发油、油脂、浸膏、流浸膏、干浸膏、有效成分、有效部位等，均为中药提取物。

4. 中成药　以中药饮片为原料，是在中医理论指导下，为了预防及治疗疾病的需要，按规定的处方和制法大批量生产，具特有名称，并标明适应证或功能主治、用法用量和规格，实行批准文号管理的药品。

（一）中药材及饮片质量控制

1. 中药材及饮片质量标准的主要内容　中药材质量标准的内容一般包括名称、基源、性状、鉴别、检查、浸出物、特征图谱或指纹图谱、含量测定、炮制、性味与归经、功能与主治、用法与用量、注意及贮藏等项。列在药材"炮制"项下的饮片，若有不同于原药材的项目应当逐项列出，并须明确规定饮片相应项目的限度。单列饮片标准的内容基本同原药材标准，但来源简化为"本品为某原药材的炮制加工品"，并须增加制法项，收载相应的炮制工艺。饮片的性味与归经、功能与主治若有变化，应收载炮制品的性能。

《中国药典》2020年版一部收载的中药材和饮片质量标准的主要内容如下。

（1）名称　包括中文名、汉语拼音及拉丁名。

（2）基源　包括原动（植）物的科名、动（植）名、拉丁学名、药用部位、采收季节和产地加工；矿物药注明类、族、矿石名或岩石名、主要成分及产地加工。

（3）性状　对该品种的外观、质地、横断面、气味等进行描述。

（4）鉴别　包括经验鉴别、基源鉴别、性状鉴别、显微鉴别和理化性质鉴别等。

（5）检查　该项下规定的各种检查项目是针对中药材和饮片在生产、加工和贮藏过程中可能混有并需要控制的具体物质而设定。主要包括杂质，水分，总灰分，酸不溶性灰分，重金属，砷盐，农药残留量，有关毒性成分以及其他必要的检查项目。

（6）浸出物　系指选定适宜的溶剂如水、乙醇或其他溶剂，有针对性地对中药材、中药饮片中相应的有效物质群进行测定。如水溶性浸出物、醇溶性浸出物、挥发性醚浸出物等。

（7）特征图谱、指纹图谱　能表征中药的某类或数类化学成分特征性的图谱。该图谱比较全面地反映中药材所含内在化学成分的种类和数量，具有整体质量控制的特点。

（8）含量测定　通过物理、化学或生物学方法，对中药材含有的指标成分、有效成分或生物效应等进行测定，以评价该品种的内在质量。

（9）炮制　对有需要炮制的品种，应制定合理的工艺。未注明炮制要求的品种，应按照《中国药典》附录药材炮制通则净制项下的规定进行处理。

（10）性味与归经　性味指寒、热、温、凉四种药性及辛、甘、酸、苦、咸五种味。归经指药物对机体某部的选择性作用。

（11）功能与主治　按照中医理论及临床用药经验对该品种的功效进行概括性描述，用以指导临床用药。

（12）用法与用量　除特殊用法另行规定外，通常中药材与中药饮片的用法采用水煎内服。用量系指成人每日的常用剂量。

（13）注意　系指注明主要的不良反应和禁忌。

（14）贮藏　系指对该品种贮存与养护条件的基本要求。

2. 药材商品规格与等级的规定　中药材既具有可药用性、又具有商品性。为了适应商品性的要求和临床用药，必须按照质量的优劣，划分规格与等级，以制定相应的销售价格，在市场上进行商品交换。目前中药材商品的规格、等级标准仍以传统的外观质量和性状特征为主。中药材商品规格与等级制定的基本原则是以国家标准和地方标准为依据制定，要充分体现按质论价的特点，有利于促进优质药材的生产，不断改进加工技术和提高生产效益。

（1）规格 药材商品规格通常按药材的产地、采收时间、生长期、加工方法和药用部位的不同来划分。

1）按产地不同划分 同种药材，其产地是否地道，其外在和内在质量是不同的，划分的规格与等级就不一样。如白芍分为"杭白芍""亳白芍"和"川白芍"3种规格。

2）按采集时间及生长期不同划分 如三七因采收季节不同常分为"春七"和"冬七"两种规格。

3）按产地加工方法不同划分 如山药带有表皮者称"毛山药"，除去表皮并搓圆加工成商品的称"光山药"。

4）按药用部位不同划分 如当归根据其根的不同部位常分为"归头""归身""归尾"和"全当归"4种规格。

5）按药材外部形态划分 如个茯苓与茯苓块。

6）按药材老嫩程度不同划分 如连翘根据采摘早、晚不同时间的果实，将色黄老者称"老翘"，色青嫩者称"青翘"。

7）按药材来源不同来划分 根据药材的种源区分，如三七有五加科的参三七、景天科的景天三七。

（2）等级 药材的等级是指同种规格或同一品名的药材按加工部位形状、饱满程度、色泽、个体大小（厚度）、单个药材的重量、纯净程度等性质要求，制定出若干标准，每一个标准即为一个等级。通常以品质最优者为一等品，较佳者为二等品，然后依次为三等、四等……最次者（符合药用标准的）为末等。中药材的等级标准较规格标准更为具体。

（3）统货 统货是对既无规格又无等级的药材的通称。如有些全草、果实和种子类药材，品质基本一致或部分经济价值低，优劣差异不大，常不分规格和等级而列为"统货"。

3. 中药材及中药饮片质量标准举例（选自《中国药典》2020 版）

三七

Sanqi

NOTOGINSENG RADIX ET RHIZOMA

本品为五加科植物三七 *Panax notoginseng*（Burk.）F. H. Chen 的干燥根和根茎。秋季花开前采挖，洗净，分开主根、支根及根茎，干燥。支根习称"筋条"，根茎习称"剪口"。

【性状】主根呈类圆锥形或圆柱形，长 1～6cm，直径 1～4cm。表面灰褐色或灰黄色，有断续的纵皱纹和支根痕。顶端有茎痕，周围有瘤状突起。体重，质坚实，断面灰绿色、黄绿色或灰白色，木部微呈放射状排列。气微，味苦回甜。

筋条呈圆柱形或圆锥形，长 2～6cm，上端直径约 0.8cm，下端直径约 0.3cm。

剪口呈不规则的皱缩块状或条状，表面有数个明显的茎痕及环纹，断面中心灰绿色或白色，边缘深绿色或灰色。

【鉴别】

（1）本品粉末灰黄色。淀粉粒甚多，单粒圆形、半圆形或圆多角形，直径 4～30μm；复粒由 2～10 余分粒组成。树脂道碎片含黄色分泌物。梯纹导管、网纹导管及螺纹导管直径 15～55μm。草酸钙簇晶少见，直径 50～80μm。

（2）取本品粉末 0.5g，加水 5 滴，搅匀，再加以水饱和的正丁醇 5mL，密塞，振摇 10 分钟，放置 2 小时，离心，取上清液，加 3 倍量以正丁醇饱和的水，摇匀，放置使分层（必要时离心），取正丁醇层，蒸干，残渣加甲醇 1mL 使溶解，作为供试品溶液。另取人参皂苷 Rb₁ 对照品、人参皂苷 Re 对照品、人参皂苷 Rg₁ 对照品及三七皂苷 R₁ 对照品，加甲醇制成每 1mL 各含 0.5mg 的混合溶液，作为对照品溶液。照薄层色谱法试验，吸取上述两种溶液各 1μL，分别点于同一硅胶 G 薄层板上，以三氯甲烷 - 乙酸乙酯 - 甲醇 - 水（15∶40∶22∶10）10℃以下放置的下层溶液为展开剂，展开，取出，晾干，喷以硫酸溶液（1→10），在 105℃加热至斑点显色清晰。供试品色谱中，在与对照品色谱相应的位置上，显相同颜色的斑点；置紫外光灯（365nm）下检视，显相同的荧光斑点。

【检查】水分　不得过 14.0%。

总灰分　不得过 6.0%。

酸不溶性灰分　不得过 3.0%。

重金属及有害元素　照铅、镉、砷、汞、铜测定法测定，铅不得过 5mg/kg，镉不得过 1mg/kg，砷不得过 2mg/kg，汞不得过 0.2mg/kg，铜不得过 20mg/kg。

【浸出物】照醇溶性浸出物测定法项下的热浸法测定，用甲醇作溶剂，不得少于 16.0%。

【含量测定】照高效液相色谱法测定。

色谱条件与系统适用性试验　以十八烷基硅烷键合硅胶为填充剂；以乙腈为流动相 A，以水为流动相 B 进行梯度洗脱，具体参数见表 2-1；检测波长为 203nm。理论板数按三七皂苷 R₁ 峰计算应不低于 4000。

表 2-1　三七的含量测定色谱条件

时间（分钟）	流动相 A（%）	流动相 B（%）
0～12	19	81
12～60	19→36	81→64

对照品溶液的制备　精密称取人参皂苷 Rb₁ 对照品、人参皂苷 Re 对照品、人参皂苷 Rg₁ 对照品及三七皂苷 R₁ 对照品适量，加甲醇制成每 1mL 含人参皂苷 Rg₁ 0.4mg、人参皂苷 Rb₁ 10.4mg、三七皂苷 R₁ 0.1mg 的混合溶液，即得。

供试品溶液的制备　取本品粉末（过四号筛）0.6g，精密称定，精密加入甲醇 50mL，称定重量，放置过夜，置 80℃水浴上保持微沸 2 小时，放冷，再称定重量，用甲醇补足减失的重量，摇匀，滤过，取续滤液，即得。

测定法　分别精密吸取对照品溶液与供试品溶液各 10μL，注入液相色谱仪，测定，即得。

本品按干燥品计算，含人参皂苷 Rg₁、人参皂苷 Rb₁ 及三七皂苷 R₁ 的总量不得少于 5.0%。

【炮制】三七粉：取三七，洗净，干燥，碾成细粉。

【性状】本品为灰黄色粉末。气微，微苦回甜。

【鉴别】【检查】【浸出物】【含量测定】同药材。

【性味与归经】甘、微苦，温。归肝、胃经。

【功能与主治】散瘀止血，消肿定痛。用于咯血，吐血，衄血，便血，崩漏，外伤出血，胸腹刺痛，跌仆肿痛。

【用法与用量】内服，3～9g。研粉吞服，一次 1～3g。外用适量。

【注意】孕妇慎用。

【储藏】置阴凉干燥处，防蛀。

（二）中药提取物质量控制

1. 中药提取物质量标准的内容　中药提取物质量标准的内容与中成药非常类似，与中成药相比，其主要区别如下。①中药提取物多一个英文名。②无处方项，但有一个提取物使用原料说明，如山楂叶提取物，"本品为山楂叶经加工制成的提取物"。③无剂型通则检查内容，常有水分检查、重金属检查、砷盐检查等。④如果提取物是某些制剂的原料，则有制剂项，如银杏叶提取物，制剂为银杏叶片。

2. 中药提取物质量标准举例（选自《中国药典》2020 版）

益母草流浸膏
Yimucao Liujingao
LEONURUS LIQOUID EXTRACT

本品为益母草经加工制成的流浸膏。

【制法】取益母草 1000g，切碎，加水煎煮 3 次，合并煎液，滤过，滤液浓缩至约 500mL，放冷，加入等量的乙醇，搅匀，静置，沉淀，滤过。滤渣用 45% 乙醇洗涤，洗液与滤液合并，减压回收乙醇，放冷，滤过，调整乙醇至规定浓度，并使总量为 1000mL，静置，俟澄清，滤过，即得。

【性状】本品为棕褐色的液体。味微苦。

【鉴别】取盐酸水苏碱对照品，加甲醇制成每 1mL 含 1mg 的溶液，作为对照品溶液。照薄层色谱法试验。吸取【含量测定】项下的供试品溶液及上述对照品溶液各 4μL，分别点于同一硅胶 G 薄层板上，以正丁醇 - 乙酸乙酯 - 盐酸（8：1：3）为展开剂，展开，取出，晾干，喷以稀碘化铋钾试液。供试品色谱中，在与对照品色谱相应的位置上，显相同颜色的斑点。

【检查】乙醇量　应为 16%～20%。

其他　不得过 0.8%。应符合流浸膏剂与浸膏剂项下有关的各项规定。

【含量测定】取本品约 5g，精密称定，用稀盐酸调节 pH 值 1～2，加在强酸性阳离子交换树脂柱（732 型钠型，内径为 2cm，柱高为 15cm）上，以每分钟 8mL 的速度用水洗至流出液近无色，弃去水液，再以每分钟 2mL 的速度用 2mol/L 氨水溶液 150mL 洗脱，收集洗脱液，蒸干，残渣加甲醇使溶解，转移至 10mL 容量瓶中，加甲醇稀释至刻度，摇匀，静置，取上清液，作为供试品溶液。另取盐酸水苏碱对照品适量，精密称定，加甲醇制成每 1mL 含 2mg 的溶液，作为对照品溶液。照薄层色谱法试验。精密吸取供试品溶液 8μL，对照品溶液各 3μL 与 8μL，分别交叉点于同一硅胶 G 薄层板上，以正丁醇 - 乙酸乙酯 - 盐酸（8：1：3）为展开剂，展开，取出，晾干，在 105℃加热 15 分钟，放冷，喷以稀碘化铋钾试液 -1% 三氯化铁乙醇溶液（10：1）混合溶液至斑点显色清晰，晾干，在薄层板上覆盖同样大小的玻璃板，周围用胶布固定，照薄层色谱法进行扫描，波长 λ_S=510nm，λ_R=700nm。测得试品色吸光度积分值与对照品吸光度积分值，计算，即得。

本品含盐酸水苏碱不得少于 0.20%。

【注意】孕妇禁用。

【贮藏】密封。

（三）中成药质量控制

1. 中成药质量标准的内容　与中药材及中药饮片质量标准内容相比，中成药质量标准的内容增加了处方项及制剂项；在名称项中无拉丁名，无性味与归经项等。

2. 中成药质量标准举例（选自《中国药典》2020 版）

六味地黄丸

Liuwei Dihuang Wan

【**处方**】熟地黄 160g、酒萸肉 80g、牡丹皮 60g、山药 80g、茯苓 60g、泽泻 60g。

【**制法**】取以上六味，粉碎成细粉，过筛，混匀。用乙醇泛丸，干燥，制成水丸，或每 100g 粉末加炼蜜 35 ～ 50g 与适量的水，制丸，干燥，制成水蜜丸；或加炼蜜 80 ～ 110g 制成小蜜丸或大蜜丸，即得。

【**性状**】本品为棕黑色的水丸、水蜜丸，棕褐色至黑褐色的小蜜丸或大蜜丸；味甜而酸。

【**鉴别**】

（1）取本品，置显微镜下观察：淀粉粒三角状卵形或矩圆形，直径 24 ～ 40μm，脐点短缝状或人字状（山药）。不规则分枝状团块无色，遇水合氯醛试液溶化；菌丝无色，直径 4 ～ 6μm（茯苓）。薄壁组织灰棕色至黑棕色，细胞多皱缩，内含棕色核状物（熟地黄）。草酸钙簇晶存在于无色薄壁细胞中，有时数个排列成行（牡丹皮）。果皮表皮细胞橙黄色，表面观类多角形，垂周壁连珠状增厚（酒萸肉）。薄壁细胞类圆形，有椭圆形纹孔，集成纹孔群；内皮层细胞垂周壁波状弯曲，较厚，木化，有稀疏细孔沟（泽泻）。

（2）取本品水丸 3g、水蜜丸 4g，研细；或取小蜜丸或大蜜丸 6g，剪碎，加甲醇 25mL，超声处理 30 分钟，滤过，滤液蒸干，残渣加水 20mL 使溶解，用正丁醇 – 乙酸乙酯（1∶1）混合溶液振摇提取 2 次，每次 20mL，合并提取液，用氨溶液（1→10）20mL 洗涤，弃去氨液，正丁醇液蒸干，残渣加甲醇 1mL 使溶解，作为供试品溶液。另取莫诺苷对照品、马钱苷对照品，加甲醇制成每 1mL 各含 2mg 的混合溶液，作为对照品溶液。照薄层色谱法试验。吸取供试品溶液 5μL，对照品溶液 2μL，分别点于同一硅胶 G 薄层板上，以三氯甲烷 – 甲醇（3∶1）为展开剂，展开，取出，晾干，喷以 10% 硫酸乙醇溶液，在 105℃加热至斑点显色清晰，在紫外光（365nm）下检视，供试品色谱中，在与对照品色谱相应的位置上，显相同颜色的荧光斑点。

（3）取本品水丸 4.5g、水蜜丸 6g，研细；或取小蜜丸或大蜜丸 9g，剪碎，加硅藻土 4g，研匀。加乙醚 40mL，回流 1 小时，放冷，滤过，滤液挥去乙醚，残渣加丙酮 1mL 使溶解，作为供试品溶液。另取丹皮酚对照品，加丙酮制成每 1mL 含 1mg 的溶液，作为对照品溶液。照薄层色谱法试验。吸取上述两种溶液各 10μL，分别点于同一硅胶 G 薄层板上，以环己烷 – 乙酸乙酯（3∶1）为展开剂，展开，取出，晾干，喷以盐酸酸性 5% 三氯化铁乙醇溶液，加热至斑点显色清晰。供试品色谱中，在与对照品色谱相应的位置上，显相同颜色的斑点。

（4）取本品水丸 4.5g、水蜜丸 6g，研细；或取小蜜丸或大蜜丸 9g，剪碎，加硅藻土 4g，研匀。加乙酸乙酯 40mL，加热回流 20 分钟，放冷，滤过，滤液浓缩至约 0.5mL，作为供试品溶液。另取泽泻对照药材 0.5g，加乙酸乙酯 40mL，同法制成对照药材溶液。照薄层色谱法试验。吸取上述两种溶液各 5 ～ 10μL，分别点于同一硅胶 G 薄层板上，以三氯甲烷 – 乙酸乙酯 – 甲酸（12∶7∶1）为展开剂，展开，取出，晾干，喷以 10% 硫酸乙醇溶液，在 105℃加热至斑点显色清晰。供试品色谱中，在与对照药材色谱相应的位置上，显相同颜色的斑点。

【检查】应符合丸剂项下有关的各项规定。

【含量测定】照高效液相色谱法测定。

色谱条件与系统适用性试验　以十八烷基硅烷键合硅胶为填充剂；以乙腈为流动相 A，以 0.3％磷酸溶液为流动相 B，按表 2-2 中的规定进行梯度洗脱；莫诺苷和马钱苷检测波长为 240nm，丹皮酚检测波长为 274nm；柱温为 40℃。理论板数按莫诺苷、马钱苷峰计算应不低于 4000。

表 2-2　六味地黄丸含量测定的色谱条件

时间（分钟）	流动相 A（％）	流动相 B（％）
0～5	5→8	95→92
5～20	8	92
20～35	8→20	92→80
35～45	20→60	80→40
45～55	60	40

对照品溶液的制备　取莫诺苷对照品、马钱苷对照品和丹皮酚对照品适量，精密称定，加 50％甲醇制成每 1mL 中含莫诺苷与马钱苷各 20μg、含丹皮酚 45μg 的混合溶液，即得。

供试品溶液的制备　取水丸，研细，取约 0.5g，或取水蜜丸，切碎，取约 0.7g，精密称定；或取小蜜丸或重量差异项下的大蜜丸，剪碎，取约 1g，精密称定。置具塞锥形瓶中，精密加入 50％甲醇 25mL，密塞，称定重量，加热回流 1 小时，放冷，再称定重量，用 50％甲醇补足减失的重量，摇匀，滤过，取续滤液，即得。

测定法　分别精密吸取对照品溶液与供试品溶液各 10μL，注入液相色谱仪，测定，即得。

本品含酒萸肉以莫诺苷和马钱苷的总量计：水丸每 1g 不得少于 0.90mg，水蜜丸每 1g 不得少于 0.75mg，小蜜丸每 1g 不得少于 0.50mg，大蜜丸每丸不得少于 4.5mg。含牡丹皮以丹皮酚计：水丸每 1g 不得少于 1.3mg，水蜜丸每 1g 不得少于 1.05mg，小蜜丸每 1g 不得少于 0.70mg，大蜜丸每丸不得少于 6.3mg。

【功能与主治】滋阴补肾。用于肾阴亏损，头晕耳鸣，腰膝酸软，骨蒸潮热，盗汗遗精，消渴。

【用法与用量】口服。水丸一次 5g，水蜜丸一次 6g，小蜜丸一次 9g，大蜜丸一次 1 丸；一日 2 次。

【规格】①大蜜丸，每丸重 9g。②水丸，每袋装 5g。

【贮藏】密封。

二、化学药品的质量控制

化学药品由于其所含化学成分单一，不同于中药成分的复杂，因此无论是化学原料药，还是制剂，其质量控制相对于中药来说是比较容易的，其质量标准是比较简单的。

（一）制剂质量标准的内容

1.名称　制定药品质量标准时，首先应给一个药品以法定的名称，包括中文名、汉语拼音名和英文名。根据《药品注册管理办法》规定："新药的名称应明确、科学、简短，不得使用代号及容易混同或夸大疗效的名称。"

2. 含量的限（幅）度　一般为标示量的 90.0%～110.0%。

3. 性状　依据多批样品的性状进行综合描述。

4. 鉴别　包括对所含成分的功能团鉴别及所含成分鉴别。

5. 检查　按《中国药典》制剂通则规定进行检查。

6. 含量测定　常采用高效液相色谱法、分光光度法等方法测定成分的含量。

7. 类别、规格、贮藏等

（二）原料药质量标准的内容

原料药在确定化学结构或组分的基础上，应对其进行质量研究。原料药的质量标准与制剂类似，但也有区别，主要区别如下。

1. 含量的限（幅）度　除此描述外，增加成分的结构式、分子量、分子式等描述。

2. 性状　除一般性状描述外，增加溶解性、熔点、比旋度等描述。

3. 检查　无制剂通则检查项，无溶出度检查，有杂质检查、有害物质检查、干燥失重等项目。

4. 多制剂项。

（三）化学药品质量标准举例（选自《中国药典》2020版）

地高辛片

Digaoxin pian

Digoxin Tablets

本品含地高辛（$C_{41}H_{64}O_{14}$）应为标示量的 90.0%～110.0%。

【性状】本品为白色片。

【鉴别】

（1）取本品的细粉适量（约相当于地高辛 0.25mg），加含三氯化铁的冰醋酸（取冰醋酸 10mL，加三氯化铁试液 1 滴）1mL，振摇数分钟，用垂熔玻璃漏斗滤过，滤液置小试管中，沿管壁缓缓加入硫酸 1mL 使成两液层，接界处即显棕色；放置后，上层显靛蓝色。

（2）在含量测定项下记录的色谱图中，供试品溶液主峰的保留时间应与对照品溶液主峰的保留时间一致。

【检查】

有关物质照高效液相色谱测定。

供试品溶液　取本品的细粉适量（约相当于地高辛 10mg），精密称定，置具塞玻璃瓶中，精密加入稀乙醇 10mL，密塞，超声约 30 分钟使地高辛溶解，放冷，摇匀，滤过，取续滤液。

对照溶液　精密量取 2mL，置 100mL 量瓶中，用稀乙醇稀释至刻度，摇匀。

对照品溶液　取洋地黄毒苷对照品，精密称定，加稀乙醇溶解并定量稀释成每 1mL 含 0.02mg 的溶液。

色谱条件、系统适用性要求与测定法。

色谱条件与系统适用性试验　用十八烷基硅烷键合硅胶为填充剂；以乙腈－水（10∶90）为流动相 A 以乙腈－水（60∶40）为流动相 B；按表 2-3 进行梯度洗脱，检测波长为 230nm，流速每分钟 1.5mL，进样体积 20μL。

系统适用性要求 系统适用性溶液色谱中,理论板数按地高辛峰计算不低于 2000。地高辛峰与洋地黄毒苷峰之间的分离度应符合规定。

测定法 精密量取供试品溶液、对照溶液和对照品溶液,分别注入液相色谱仪,记录色谱图至主成分峰保留时间的 3 倍。

表 2-3 地高辛片有关物质测定的色谱条件

时间（分钟）	流动相 A（%）	流动相 B（%）
0	60	40
5	60	40
15	0	100
15.1	60	40
20	60	40

限度 供试品溶液的色谱图中如有与洋地黄毒苷峰保留时间一致的色谱峰,按外标法以峰面积计算,含洋地黄毒苷不得过地高辛标示量的 2.0%;其他单个杂质（相对保留时间 0.25 之前的峰除外）,峰面积不得大于对照溶液的主峰面积（2.0%）,杂质总量不得过 4.0%。

含量均匀度 取本品 1 片,置 25mL 量瓶中,加水 10mL,振摇使崩解,加乙醇 10mL,超声约 30 分钟使地高辛溶解,用稀乙醇稀释至刻度,摇匀,经滤膜（孔径不得大于 0.45μm）滤过,取续滤液作为供试品溶液;另取地高辛对照品适量,精密称定,加稀乙醇溶解并定量稀释制成每 1mL 中含 10μg 的溶液,作为对照品溶液。照含量测定项下的方法测定含量,除限度为 ±20% 外,应符合规定。

溶出度 取本品,照溶出度与释放度测定法测定。

溶出条件 以水 250mL 为溶出介质,转速为每分钟 100 转,依法操作,经 60 分钟时取样。

供试品溶液 取溶出液滤过,取续滤液。

对照品溶液 取地高辛对照品约 12.5mg,精密称定,置 100mL 量瓶中,加稀乙醇适量,振摇使溶解并稀释至刻度,摇匀,精密量取适量,用水定量稀释制成每 1mL 中含 1μg 的溶液。

色谱条件 见含量测定项下,进样体积 100μL。

系统适用性要求 见含量测定项下。

测定法 见含量测定项下。计算每片的溶出量。

限度 标示量的 65%,应符合规定。

其他 应符合片剂项下有关的各项规定。

【含量测定】照高效液相色谱法测定。

供试品溶液 取本品 20 片,精密称定,研细,精密称取适量（约相当于地高辛 2.5mg）,置 25mL 量瓶中,加稀乙醇适量,超声约 30 分钟使地高辛溶解,放冷,加稀乙醇稀释至刻度,摇匀,滤膜滤过,取续滤液。

对照品溶液 取地高辛对照品,精密称定,加稀乙醇溶解并定量稀释成每 1 mL 约含 0.1 mg 的溶液。

色谱条件 用十八烷基硅烷键合硅胶为填充剂;以乙腈 - 水（32：68）为流动相,柱温为 30℃,检测波长为 230nm,进样体积 20μL。

系统适用性要求 理论板数按地高辛峰计算不低于 1500。

测定法 精密量取供试品溶液、对照溶液和对照品溶液，分别注入液相色谱仪，记录色谱，按外标法以峰面积计算。

【类别】强心药。

【规格】0.25mg。

【贮藏】密封保存。

三、生物制品的质量控制

生物制品是以微生物、细胞、动物或人源组织和体液等为初始原材料，用微生物学技术制成，用于预防、治疗和诊断人类疾病的制剂，如疫苗、血液制品、生物技术药物、微生态制剂、免疫调节剂、诊断制品等。

根据生物制品的用途可分为预防用生物制品、治疗用生物制品和诊断用生物制品三大类。

（一）生物制品质量标准的内容

生物制品的类别较多，其质量控制标准略有区别，每种类别的生物制品其质量标准的内容应包括如下几个方面。

1. 品名 包括中文通用名称、英文名和汉语拼音名。

2. 基本要求 生产和检定用设施、原材料及辅料、水、器具、动物等应符合"凡例"的有关要求。

3. 制造 指生物制品生产过程的全部操作过程。

4. 检定 包括原液的检定、半成品的检定和成品的检定。

5. 保存、运输及有效期

6. 使用说明 仅预防类生物制品含此项。

（二）生物制品质量标准举例（选自《中国药典》2020 版）

乙型肝炎人免疫球蛋白

Yixing Ganyan Ren Mianyiqiudanbai

Human Hepatitis B Immunoglobulin

本品系由含高效价乙型肝炎表面抗体的健康人血浆，经低温乙醇蛋白分离法或经批准的其他分离法分离纯化，并经病毒去除和灭活处理制成。含适宜稳定剂，不含防腐剂和抗生素。

1. 基本要求 生产和检定用设施、原材料及辅料、水、器具、动物等应符合"凡例"的有关要求。生产过程中不得加入防腐剂或抗生素。

2. 制造

（1）原料血浆 ①血浆的采集和质量应符合"血液制品生产用人血浆"的规定。采用经批准的乙型肝炎疫苗和免疫程序进行免疫。原料血浆混合后抗 –HBs 效价应不低于 10IU/mL。②每批应由 100 名以上供血浆者的血浆混合而成。③组分Ⅱ、组分Ⅱ+Ⅲ沉淀或组分Ⅰ+Ⅱ+Ⅲ沉淀应冻存于 –30℃以下，并规定其有效期。

（2）原液 ①采用低温乙醇蛋白分离法或经批准的其他分离法制备。②经纯化、超滤、除菌过滤后即为乙型肝炎人免疫球蛋白原液。③原液检定，请参见"检定"项下原液检定进行。

（3）半成品 ①配制：制品中可加适宜的稳定剂。按成品规格以注射用水或人免疫球蛋白原

液稀释至抗 –HBs 效价不低于 100IU/mL，并适当调整 pH 值及钠离子浓度。②半成品检定，请参见 "检定" 项下半成品检定进行。

（4）成品　①分批。应符合 "生物制品分批规程" 规定。②分装。应符合 "生物制品分装和冻干规程" 及通则有关规定。③规格。每瓶含抗 –HBs100IU（1mL）、200IU（2mL）、400IU（4mL）。④包装。应符合 "生物制品包装规程" 及通则有关规定。

（5）病毒去除和灭活　生产过程中应采用经批准的方法去除和灭活病毒。如用灭活剂（如有机溶剂、去污剂）灭活病毒，则应规定对人安全的灭活剂残留量限值。

3. 检定

（1）原液检定　①蛋白质含量。可采用双缩脲法测定。②纯度。应不低于蛋白质总量的 90.0%。③ pH 值。用 0.85% ～ 0.90% 氯化钠溶液将供试品蛋白质含量稀释成 10g/L，依法测定，pH 值应为 6.4 ～ 7.4。④残余乙醇含量。可采用康卫扩散皿法，应不高于 0.025%。⑤热原检查。依法检查，注射剂量按家兔体重每 1kg 注射 0.15g 蛋白质，应符合规定。⑥抗 –HBs 效价。采用经验证的酶联免疫或放射免疫方法进行检测，应大于成品规格。

以上检定项目亦可在半成品检定时进行。

（2）半成品检定　无菌检查，依法检查，应符合规定。

（3）成品检定

1）鉴别试验　①免疫双扩散法。依法测定，仅与抗人血清或血浆产生沉淀线，与抗马、抗牛、抗猪、抗羊血清或血浆不产生沉淀线。②免疫电泳法。依法测定，与正常人血清或血浆比较，主要沉淀线应为 IgG。

2）物理检查　①外观。应为无色或淡黄色澄明液体，可带乳光，不应出现浑浊。②可见异物。依法检查，除允许有可摇散的沉淀外，其余应符合规定。③装量。依法检查，应不低于标示量。④热稳定性试验。将供试品置 57±0.5℃ 水浴中保温 4 小时后，用可见异物检查装置，肉眼观察应无凝胶化或絮状物。

3）化学检定　① pH 值。用生理氯化钠溶液将供试品蛋白质含量稀释成 10g/L，依法测定，pH 值应为 6.4 ～ 7.4。②蛋白质含量。应不高于 180g/L。③纯度。应不低于蛋白质总量的 90.0%。④糖含量。如制品中加葡萄糖或麦芽糖，其含量应为 20 ～ 50g/L。⑤甘氨酸含量。如制品中加甘氨酸，其含量应为 10 ～ 30g/L。⑥分子大小分布。IgG 单体与二聚体含量之和应不低于 90.0%。

4）抗 –HBs 效价　按放射免疫法试剂盒说明书测定，应不低于 100IU/mL，根据每 1mL 抗 –HBs 效价及标示装量计算每瓶抗 –HBs 效价，应不低于标示量。

5）无菌检查　依法检查，应符合规定。

6）异常毒性检查　依法检查，应符合规定。

7）热原检查　依法检查，注射剂量按家兔体重每 1kg 注射 0.15g 蛋白质，应符合规定。

8）根据病毒灭活方法，应增加相应的检定项目。

4. 保存、运输及有效期　于 2 ～ 8℃ 避光保存和运输。自生产之日起，按批准的有效期执行。

5. 使用说明　应符合 "生物制品包装规程" 规定和批准的内容。

四、一次性使用无菌医疗器械产品技术性能标准及产品质量控制

（一）相关的性能标准

确定标准主要内容，如技术指标、参数、公式、性能要求、试验方法等论据，该产品的标准才能达到真正有效的对一次性使用无菌医疗器械的质量控制。一次性使用无菌医疗器械特别是进入体内的高度危险性医疗器械的产品标准的主要指标有通用要求、标记、材料、物理性能、化学性能、生物性能、标志、包装等。并给出通则等规范性的检测要求。

（二）产品的可观察性质量控制

1. 从产品外观上进行质量控制　不同产品质量控制内容各不相同。如注射针的外观。质量控制内容包括：①注射针针管清洁，无杂质，针管平直。②注射针针管无毛边、毛刺、塑流、气泡等。③用3倍放大镜观察，针座的锥孔无杂质。④注射针尖无毛刺、弯钩、锈点。⑤注射针管表面使用润滑剂时目测无微滴形成。⑥针管内清洁，流过针管内壁的液体无异物。⑦注射针针座与针管的连接正直、牢固。⑧注射针规格以针座的颜色区分，其颜色符合国际标定色。⑨注射针的保护套完整，无孔隙，与针座相配套，保持无菌。

2. 从产品标识上评价质量　包装的标识是用来正确指导无菌医疗器械的运输、贮存、拆包和使用，从标识上来评价识别优质产品，对无菌用具包装上的标识应有以下要求。

（1）标识明显、清楚、牢固　包装上的标识应明显、清楚、牢固，不应因经受所采用的灭菌、运输和贮存而脱落或模糊不清。

（2）标识应表面印制　单包装上的标识应印制在表面上，应充分考虑油墨向包装内部迁移而影响到内装物的质量。

（3）无菌用具单包装上应有下列标识　①产品的名称、型号或规格。②"无菌"字样或无菌图形符号，"用后销毁"等字样。③无热原。④"包装破损禁止使用"字样的警示。⑤一次性使用说明或图形符号。⑥产品的生产批号，以"批"字开头或图形符号，失效年月、有效期。⑦制造商名称、地址和商标。⑧如配有针头，应注明规格。⑨输液器应标识滴管滴出20滴或60滴蒸馏水相当于1mL±0.1mL的说明；⑩注射器的开口处应标在按手处，应有正确的生产许可证和医疗器械注册证号。

（4）中包装上应有下列标识　①产品的名称、型号、数目。②产品生产批号或日期。③失效年月。④制造厂名称、地址和商标。

（5）外包装上应有下列标识　①产品的名称、型号和数目。②"无菌"字样或图形符号。③产品生产批号或日期。④灭菌批号或日期。⑤失效年月及灭菌的化学指示标识。⑥一次性使用的说明或图形符号。⑦制造厂名称、地址和商标。⑧毛重、体积（长×宽×高）。⑨"怕湿""怕热""怕压"等字样。⑩外包装、中包装、单包装上的相同标识一致，并单包装各封口处的规范。

3. 包装材料的选用　无菌医疗器械的包装是用于保护产品在其预定使用、贮存寿命、运输和贮存条件下无菌程度，因而所选用的包装材料应与产品和灭菌过程具适应性。

目前我国生产的一次性使用无菌器械有三种包装材料。①纸－塑包装（国际通用）。②带透气纸条（窗）的全塑包装。③全塑包装。

选用一次性使用无菌医疗器械的单包装最好是国际通用的纸－塑包装，其次是选择带透气纸

条（窗）的全塑包装，中包装必须选用纸箱包装。

全塑包装属于低劣档次的包装，主要的原因是与医疗器械的灭菌不相适应，造成灭菌气体不易穿透包装，因而达不到灭菌的目的，灭菌气体也不易排出，致使用具氧化物超标。此外该类包装材料加工工艺较简单，价格低廉，假冒伪劣产品多出于这类包装。

（三）实施一次性使用无菌医疗器械的准入制

目前我国生产一次性使用无菌医疗器械的企业存在着生产工艺、生产环境、生产设备、生产技术及生产职员的素质参差不齐。国产高质一次性使用无菌医疗器械生产企业很少，而低质、低耗、低价的一次性使用无菌医疗器械产品已经供大于求。各级各类医院选用低质、低耗、低价的常规一次性使用无菌医疗器械应慎重，以免发生不良事件，应做好准入制工作。

1. 建立合格产品供方目录 通过各种渠道把握目前我国一次性使用无菌医疗器械的"名牌"企业及生产体系认证，将有生产实力的企业纳入进本院的合格产品供方目录，确保产品质量稳定。

2. 索取合格产品供方的资格文件 向合格产品供方索取证实企业正当生产，正当经营的有效证件。

3. 对国内生产企业进行实际考查 组织相关职员对纳进合格产品供方的企业进行实际考查。了解企业的生产环境，企业规模、生产设备设施、机械化程度、技术力量、职员素质及产品信誉度等等。

（四）一次性使用无菌医疗器械质量标准举例

一次性使用无菌注射器

依据国家标准 GB15810-2001《一次性使用无菌注射器》进行检验。

（1）检验项目 无菌、热原、易氧化物、器身密合性、标称容量允差、外圆锥接头尺寸、外圆锥接头、锥头分离力、残留容量、外观、标尺印刷、针尖外观、注射针韧性、针耐腐蚀性、注射针连接牢固、针尖刺穿力等 16 项指标。

（2）检查结果 以上 16 个指标按照相关规定，进行严格的检测，结果均应符合要求，才可视为合格品，否则，按不合格品处理。

复习思考题

1. 医药商品自然质量特性和市场质量分别包括哪些方面？

2.《药品管理法》（2019 修订）明确指出，自 2019 年 12 月 1 日起，取消药品 GMP、GSP 认证，不再受理药品 GMP、GSP 的认证申请，不再发放药品 GMP、GSP 证书。结合所学知识谈谈为什么取消药品 GMP、GSP 认证。

3. 医药商品标准的特点是什么？

4. 简述我国药品和医疗器械的标准。

医药商品分类与编码

医药商品在我国种类繁多，品种复杂，其在生产、技术、销售和消费方面的特点各不相同。为了科学合理地使用和管理临床应用的数以万种错综复杂的医药商品，控制产品的使用风险，减少管理成本，提高管理效率，有必要对医药商品进行分类管理。对医药商品实行正确的分类，可以帮助医药企业针对自己所生产和经营的产品类别正确掌握其生产、经营上的特征、特点，从而更有效地选择销售渠道，确定适宜的价格策略和促销措施，制定出最佳的市场营销组合。同时有利于医药企业提高经营管理能力、改善服务水平。药品编码是建立在药品分类和药品目录编制工作基础上的，是药品的"身份证"。

第一节 药品分类

一、药品分类的定义

药品分类是指为满足某种需要，根据不同的目的，选择不同的分类标志或者特征，将药品集合总体科学、系统地划分为不同的大类、中类、小类、品类或者品目、品种乃至规格、等级等的过程，在此基础上再进行系统的编排，进而形成有层次、逐级展开分类体系的过程。或者是指根据药品的属性或特征，按照一定的原则和方法，将药品进行区分和归类，并建立一定的分类系统和排列顺序，以满足某种需要。

二、药品分类的原则

药品分类的原则是建立药品科学分类体系的重要依据。为了使药品分类能满足特定的目的和要求，在药品分类时应遵循以下五项原则。

1.系统性原则　指依据药品的某些共性进行分类，从而构成分类体系。在进行系统分类时，应充分考虑新产品可能不断涌现，在分类体系中应设计新产品出现的位置。如片剂中后来出现的泡腾片、分散片等。

2.简明性原则　指在药品分类时方法应该科学、合理；标记应该有明显的特征，能够一目了然；术语应该通俗易懂；层次应该清晰明了，从而使得管理手段简便、快速、准确。如植物类中药材的分类按照入药部位可分为根及根茎类、茎木类、叶类、花类、皮类、果实种子类、全草类等。

3.专一性原则　指药品在分类后，一种药品不允许同时出现在两个或者多个类别中，即只能出现在一个类别中。这就是要求在选择分类标志时，能从本质上明显区别各类药品之间的差异，保证分类清楚。如抗真菌药分为抗生素类抗真菌药、唑类抗真菌药、其他抗真菌药。某一具体的抗真菌药品只能在这三种类别的某一类别里，而不能同时出现在两个类别中。

4. 稳定性原则 指药品分类除考虑现实状况，也要符合药品发展的客观规律，即使分类的目录发生改变，整个分类结构也不会遭到破坏，进而保持相对稳定。

5. 协调性原则 指药品分类体系具有适用性和协调性，让分类的结构更合理。

三、药品分类的方法

药品分类的方法有多种，按照不同的分类目的有不同的分类方法，几乎药学的每一个学科都有按照本学科特点的分类方法，各有侧重点，很难找到一个为药品生产企业、药品经营企业、临床医生及患者共同能接受的分类方法。

（一）根据药品来源和性状分类

药品按照来源和性状不同可分为三大类：中药（天然药物）、化学合成药物和生物制品。

1. 中药（天然药物） 指以自然界中动物、植物和矿物三大类天然资源加工而成的药物，在我国已经有数千年的使用历史。可分为中药材、中药饮片、中成药和中药提取物。

（1）中药材 指未经加工或仅经过产地简单加工的中药原料。

（2）中药饮片 指药材经过炮制后可直接用于中医临床或制剂生产使用的处方药品。

（3）中成药 以中药饮片为原料，是在中医理论指导下，为了预防及治疗疾病的需要，按规定的处方和制法大批量生产，具特有名称，并标明适应证或功能主治、用法用量和规格，实行批准文号管理的药品。

中药按照不同的分类方法又可以分成很多种，如按来源、按入药部位、按药物的功能主治等进行分类。

（4）中药提取物 指经过一定的提取方式从植物、动物、矿物中获得的挥发油、油脂、浸膏、流浸膏、干浸膏、有效成分、有效部位等，均为中药提取物。

2. 化学合成药 指以化学理论为指导，依据化学规律研究和生产的合成药物。特点是对疾病治疗效果明显，显效快，但常常有不同的毒副作用。又分为全人工合成品，如对乙酰氨基酚等；半人工合成品，如琥乙红霉素等。

3. 生物制品 指以微生物、细胞、动物或人源组织和体液等为初始原材料，用微生物学技术制成，用于预防、治疗和诊断人类疾病的制剂，如疫苗、血液制品、生物技术药物、微生态制剂、免疫调节剂、诊断制品等。

生物制品按用途可分为预防类生物制品、治疗类生物制品和诊断类生物制品三类。

（二）按药品的剂型分类

剂型是指将原料药加工制成适合于医疗或预防应用的形式，是药品施于机体前的最后形式。剂型选择恰当与否直接关系到药物防病治病的速度和效果。良好的剂型能最大限度地发挥药物的疗效，减少毒副作用。

《中国药典》2020年版四部（制剂通则0100）收载37种剂型。制剂通则中原料药物指用于制剂制备的活性物质，包括中药、化学药、生物制品原料药物。中药原料药物指饮片、植物油脂、提取物、有效成分或有效部位；化学原料药物指化学合成、或来源于天然物质或采用生物技术获得的有效成分（即原料药）；生物制品原料药物指生物制品原液或将生物制品原液干燥后制成的原粉。

本制剂通则适用于中药、化学药和治疗用生物制品；预防类生物制品，应符合《中国药典》2020 年版三部相应品种项下的有关要求。

1. 片剂 指原料药物或与适宜的辅料制成的圆形或异形的片状固体制剂。中药还有浸膏片、半浸膏片和全粉片等。片剂以口服普通片为主，另有含片、舌下片、口腔贴片、咀嚼片、分散片、泡腾片、阴道片、缓释片、控释片、包衣片、肠溶片与口崩片等。

（1）普通片 即素片，指原料药物或与适宜的辅料制成的片剂。

（2）含片 指含于口腔中而缓慢溶化产生局部或全身作用的片剂。含片中的原料一般是易溶性的，主要起局部消炎、杀菌、收敛、止痛或局部麻醉等作用。

（3）舌下片 指置于舌下能迅速溶化，药物经舌下黏膜吸收发挥全身作用的片剂。舌下片中的原料药物应易于直接吸收，主要适用于急症的治疗。

（4）口腔贴片 指贴于口腔，经黏膜吸收后起局部或全身作用的片剂。

（5）咀嚼片 指于口腔中咀嚼后吞服的片剂。

（6）分散片 指在水中能迅速崩解并均匀分散的片剂。分散片中的原料药物应是难溶性的。分散片可加水分散后口服，也可含于口中吮服或吞服。

（7）可溶片 指临用前能溶解于水的非包衣片或薄膜包衣片剂。可溶片应溶解于水中，溶液可呈轻微乳光，可供口服、外用、含漱等用。

（8）泡腾片 指含有碳酸氢钠和有机酸，遇水可产生气体而呈泡腾状的片剂。泡腾片不得直接吞服。泡腾片中的原料药物应是易溶性的，加水产生气泡后应能溶解。有机酸一般用枸橼酸、酒石酸、富马酸等。

（9）阴道片与阴道泡腾片 指置于阴道内使用的片剂。阴道片与阴道泡腾片的形状应易置于阴道内，可借助器具将片剂送入阴道。阴道片在阴道内应易溶化、溶散或融化、崩解并释放药物。具有局部刺激性的药物，不得制成阴道片。

（10）缓释片 指在规定的释放介质中缓慢地非恒速释放药物的片剂。

（11）控释片 指在规定的释放介质中缓慢地恒速释放药物的片剂。

（12）肠溶片 指用肠溶性包衣材料进行包衣的片剂。为防止原料药物在胃内分解失效、对胃的刺激或控制原料药物在肠道内定位释放，可对片剂包肠溶衣；为治疗结肠部位疾病等，可对片剂包结肠定位肠溶衣。除说明书标注可掰开服用外，一般不得掰开服用。

（13）口崩片 指在口腔内不需要用水即能迅速崩解或溶解的片剂。

2. 注射剂 指原料药物或与适宜的辅料制成的供注入体内的无菌制剂。注射剂可分为注射液、注射用无菌粉末与注射用浓溶液等。

（1）注射液 指原料药物或与适宜的辅料制成的供注入体内的无菌液体制剂，包括溶液型、乳浊液型或混悬型等注射液。中药注射剂不宜制成混悬型注射液。乳状液型注射液，不得用于椎管内注射。混悬型注射液不得用于静脉注射或椎管内注射。

（2）注射用无菌粉末 指原料药物或与适宜的辅料制成的供临用前用无菌溶液配制成注射液的无菌粉末或无菌块状物，一般采用无菌分装或冷冻干燥法制得。可用适宜的注射用溶剂配制后注射，也可用静脉输液配制后滴注。以冷冻干燥法制备的生物制品注射用无菌粉末，也可称为注射用冻干制剂。

（3）注射用浓溶液 指原料药物与适宜的辅料制成的供临用前稀释后静脉滴注用的无菌浓溶液。

3. 胶囊剂　指原料药物或与适宜辅料充填于空心胶囊或密封于软质囊材中制成的固体制剂。分为硬胶囊和软胶囊，根据释放特性不同还有缓释胶囊、控释胶囊、肠溶胶囊等。

（1）硬胶囊（通称为胶囊）　指采用适宜的制剂技术，将原料药物或加适宜辅料制成的均匀粉末、颗粒、小片、小丸、半固体或液体等，充填于空心胶囊中的胶囊剂。

（2）软胶囊　指将一定量的液体原料药物直接包封，或将固体原料药物溶解或分散在适宜的辅料中制备成溶液、混悬液、乳状液或半固体，密封于软质囊材中的胶囊剂。

（3）肠溶胶囊　指用肠溶材料包衣的颗粒或小丸充填胶囊而制成的硬胶囊，或用适宜的肠溶材料制备而得的硬胶囊或软胶囊。肠溶胶囊不溶于胃液，但能在肠液中崩解而释放活性成分。

（4）缓释胶囊　指在规定的释放介质中缓慢地非恒速释放药物的胶囊剂。

（5）控释胶囊　指在规定的释放介质中缓慢地恒速释放药物的胶囊剂。

4. 颗粒剂　指原料药物与适宜的辅料混合制成具有一定粒度的干燥颗粒状制剂。分为可溶颗粒（通称为颗粒）、混悬颗粒、泡腾颗粒，根据释放特性不同还有缓释颗粒等。

（1）混悬颗粒　指难溶性原料药物与适宜的辅料混合制成的颗粒剂。临用前加水或其他适宜的液体振摇即可分散成混悬液。

（2）泡腾颗粒　指含有碳酸氢钠和有机酸，遇水可放出大量气体而呈泡腾状的颗粒剂。泡腾颗粒中的原料药物应是易溶性的，加水产生气泡后应能溶解。有机酸一般用枸橼酸、酒石酸等。

（3）肠溶颗粒　指采用肠溶材料包裹颗粒或其他适宜方法制成的颗粒剂。肠溶颗粒耐胃酸而在肠液中释放活性成分或控制药物在肠道内定位释放，可防止药物在胃内分解失效，避免对胃的刺激。

（4）缓释颗粒　指在规定的释放介质中缓慢地非恒速释放药物的颗粒剂。

5. 眼用制剂　指直接用于眼部发挥治疗作用的无菌制剂。眼用制剂分为液体制剂、半固体制剂和固体制剂。眼用液体制剂可以固态形式包装，另备溶剂，在临用前配成溶液或混悬液。

（1）滴眼剂　指由原料药物与适宜的辅料制成的供滴入眼内的无菌液体制剂。

（2）洗眼剂　指由原料药物制成的无菌澄明水溶液，供冲洗眼部异物或分泌液、中和外来化学物质的眼用液体制剂。

（3）眼内注射溶液　指由原料药物与适宜的辅料制成的无菌液体，供眼部周围组织或眼内注射的无菌眼用液体制剂。

（4）眼膏剂　指由原料药物与适宜基质均匀混合，制成溶液型或混悬型膏状的无菌眼用半固体制剂。

（5）眼用乳膏剂　指由原料药物与适宜基质均匀混合，制成乳膏状的无菌眼用半固体制剂。

（6）眼用凝胶剂　指原料药物与适宜辅料制成的凝胶状的无菌眼用半固体制剂。

（7）眼膜剂　指原料药物与高分子聚合物制成的无菌药膜，可置于结膜囊内缓慢释放药物的眼用固体制剂。

（8）眼丸剂　指原料药物与适宜辅料制成的球形、类球形的无菌眼用固体制剂。

（9）眼内插入剂　指原料药物与适宜辅料制成的适当大小和形状、供插入结膜囊内缓慢释放药物的无菌眼用固体制剂。

6. 鼻用制剂　指直接用于鼻腔，发挥局部或全身治疗作用的制剂。鼻用制剂分为液体制剂、半固体制剂和固体制剂。鼻用液体制剂也可以固态形式包装，配套专用溶剂，在临用前配成溶液或混悬液。

（1）滴鼻剂　指由原料药物与适宜辅料制成的澄明溶液、混悬液或乳状液，供滴入鼻腔用的鼻用液体制剂。

（2）洗鼻剂　指由原料药物制成符合生理 pH 值范围的等渗水溶液，用于清洗鼻腔的鼻用液体制剂，用于伤口或手术前使用者应无菌。

（3）鼻用气雾剂　指由原料药物和附加剂与适宜抛射剂共同装封于耐压容器中，内容物经雾状喷出后，经鼻吸入沉积于鼻腔的制剂。

（4）鼻用喷雾剂　指由原料药物与适宜辅料制成的澄明溶液、混悬液或乳状液，供喷雾器雾化的鼻用液体制剂。

（5）鼻用软膏剂　指由原料药物与适宜基质均匀混合，制成溶液型或混悬型膏状的鼻用半固体制剂。

（6）鼻用乳膏剂　指由原料药物与适宜基质均匀混合，制成乳膏状的鼻用半固体制剂。

（7）鼻用凝胶剂　指由原料药物与适宜辅料制成的凝胶状的鼻用半固体制剂。

（8）鼻用散剂　指由原料药物与适宜辅料制成的粉末，用适当的工具吹入鼻腔的鼻用固体制剂。

（9）鼻用粉雾剂　指由原料药物与适宜辅料制成的粉末，用适当的给药装置喷入鼻腔的鼻用固体制剂。

（10）鼻用棒剂　指由原料药物与适宜基质制成棒状或类棒状，供插入鼻腔用的鼻用固体制剂。

7. 栓剂　指原料药物与适宜基质制成供腔道给药的固体制剂。栓剂因施用的腔道不同，可分为直肠栓、阴道栓和尿道栓。直肠栓为鱼雷形、圆锥形或圆柱形等；阴道栓为鸭嘴形、球形或卵形等；尿道栓一般为棒状。

8. 丸剂　指原料药物与适宜的辅料制成的球形或类球形的固体制剂。丸剂包括蜜丸、水蜜丸、水丸、糊丸、蜡丸、浓缩丸、滴丸和糖丸等。

（1）蜜丸　指饮片细粉以炼蜜为黏合剂制成的丸剂。其中每丸重量在 0.5g（含 0.5g）以上的称为大蜜丸，每丸重量在 0.5g 以下的称为小蜜丸。

（2）水蜜丸　指饮片细粉以炼蜜和水为黏合剂制成的丸剂。

（3）水丸　指饮片细粉以水（或根据制法用黄酒、醋、稀药汁、糖液、含 5% 以下炼蜜的水溶液等）为黏合剂制成的丸剂。

（4）糊丸　指饮片细粉以米粉、米糊或面糊为黏合剂制成的丸剂。

（5）蜡丸　指饮片细粉以蜂蜡为黏合剂制成的丸剂。

（6）浓缩丸　指饮片或部分饮片提取浓缩后，与适宜的辅料或其余饮片细粉，以水、炼蜜或炼蜜和水为黏合剂而制成的丸剂。根据所用黏合剂的不同，分为浓缩水丸、浓缩蜜丸、浓缩水蜜丸等。

（7）滴丸　指原料药物与适宜的基质加热熔融混匀，滴入不相混溶、互不作用的冷凝介质中制成的球形或类球形制剂。

（8）糖丸　指以适宜大小的糖粒或基丸为核心，用糖粉和其他辅料的混合物作为撒粉材料，选用适宜的黏合剂或润湿剂制丸，并将原料药物以适宜的方法分次包裹在糖丸中而制成的制剂。

9. 软膏剂、乳膏剂

（1）软膏剂　指原料药物与油脂性或水溶性基质混合制成的均匀的半固体外用制剂。因原料药物在基质中分散状态不同，分为溶液型软膏剂和混悬型软膏剂。溶液型软膏剂为原料药物溶解（或共熔）于基质或基质组分中制成的软膏剂；混悬型软膏剂为原料药物细粉均匀分散于基质中制成的软膏剂。

（2）乳膏剂　指原料药物溶解或分散于乳状液型基质中形成的均匀半固体制剂。

10. 糊剂　指大量的原料药物固体粉末（一般 25% 以上）均匀地分散在适宜的基质中所组成的半固体外用制剂。可分为含水凝胶性糊剂与脂肪糊剂。

11. 喷雾剂　指原料药物或与适宜辅料填充于特制的装置中，使用时借助手动泵的压力、高压气体、超声振动或其他方法将内容物呈雾状物释出，用于肺部吸入或直接喷至腔道黏膜、皮肤等的制剂。

喷雾剂按内容物组成分为溶液型、乳状液型或混悬型。按用药途径分为吸入喷雾剂、鼻用喷雾剂及用于皮肤、黏膜的非吸入喷雾剂。按给药定量与否，喷雾剂可分为定量喷雾剂和非定量喷雾剂。

12. 气雾剂　指原料药物或原料药物和附加剂与适宜的抛射剂共同封装于具有特制阀门系统的耐压容器中，使用时借助抛射剂的压力将内容物呈雾状物喷出，用于肺部吸入或直接喷至腔道黏膜、皮肤的制剂。

按用药途径分为吸入气雾剂、非吸入气雾剂。按处方组成可分为二相气雾剂和三相气雾剂。按给药定量与否，可分为定量气雾剂和非定量气雾剂。

（1）吸入气雾剂　指原料药物或原料药物和附加剂与适宜抛射剂共同装封于具有定量阀门系统和一定压力的耐压容器中，形成溶液、混悬液或乳液，使用时借助抛射剂的压力，将内容物呈雾状物喷出而用于肺部吸入的制剂。

（2）鼻用气雾剂　指经鼻吸入沉积于鼻腔的制剂。揿压阀门可定量释放活性物质。

13. 凝胶剂　指原料药物与能形成凝胶的辅料制成的具有凝胶特性的稠厚液体或半固体制剂。除另有规定外，凝胶剂限局部用于皮肤及体腔，如鼻腔、阴道和直肠。

14. 散剂　指原料药物或与适宜的辅料经粉碎、均匀混合制成的干燥粉末状制剂，分口服散剂和局部用散剂。

（1）口服散剂　指溶于或分散于水、稀释液或其他液体中服用，也可直接用水送服。

（2）局部散剂　指可供皮肤、口腔、咽喉、腔道等处应用；专供治疗、预防和润滑皮肤的散剂也可称为撒布剂或撒粉。

15. 糖浆剂　指含有原料药物的浓蔗糖水溶液。

16. 搽剂　指原料药物用乙醇、油或适宜的溶剂制成的液体制剂，供无破损皮肤揉擦用。

17. 涂剂　指含原料药物的水性或油性溶液、乳浊液、混悬液，供临用前用消毒纱布或棉球等柔软物料蘸取或涂于皮肤或口腔与喉部黏膜的液体制剂。也可为临用前用无菌溶剂制成溶液的无菌冻干制剂，供创伤面涂抹治疗用。

18. 涂膜剂　指原料药物溶解或分散于含成膜材料的溶剂中，涂搽患处后形成薄膜的外用液体制剂。

19. 酊剂　指将原料药物用规定浓度的乙醇提取或溶解而制成的澄清液体制剂，也可用流浸膏稀释制成。供口服和外用。

20. 贴剂　指原料药物与适宜的材料制成的供粘贴在皮肤上的可产生全身性或局部作用的一种薄片状制剂。

21. 贴膏剂　指将原料药物与适宜的基质制成膏状物、涂布于背衬材料上供皮肤贴敷、可产生全身性或局部作用的一种薄片状柔性制剂。包括凝胶贴膏（原巴布膏或凝胶膏剂）和橡胶贴膏（原橡胶膏剂）。

（1）凝胶贴膏　指原料药物与适宜的亲水性基质混匀后涂布于背衬材料上制成的贴膏剂。

（2）橡胶贴膏　指原料药物与橡胶等基质混匀后涂布于背衬材料上制成的贴膏剂。

22. 口服溶液剂、口服混悬剂与口服乳剂

（1）口服溶液剂　指原料药物溶解于适宜溶剂中制成的供口服的澄清液体制剂。

（2）口服混悬剂　指难溶性固体原料药物分散在液体介质中制成的供口服的混悬液体制剂。也包括浓混悬剂或干混悬剂。非难溶性药物也可以根据临床需求制备成干混悬剂。

（3）口服乳剂　指用两种互不相溶的液体将药物制成的供口服等胃肠道给药的水包油型液体制剂。

23. 植入剂　指原料药物与辅料制成的供植入人体内的无菌固体制剂。植入剂一般采用特制的注射器植入，也可以手术切开植入。植入剂在体内持续释放药物，并应维持较长的时间。

24. 膜剂　指原料药物与适宜的成膜材料经加工制成的膜状制剂，供口服或黏膜用。

25. 耳用制剂　指原料药物与适宜辅料制成的直接用于耳部发挥局部治疗作用或用于洗耳用途的制剂。耳用制剂分为液体制剂、半固体制剂和固体制剂。耳用液体制剂也可以固态形式包装，另备溶剂，在临用前配成溶液或混悬液。

（1）滴耳剂　指由原料药物与适宜辅料制成的水溶液，或由甘油或其他适宜溶剂制成的澄明溶液、混悬液或乳状液，供滴入外耳道用的液体制剂。

（2）洗耳剂　指由原料药物与适宜辅料制成的澄明水溶液，用于清洁外耳道的液体制剂。通常是符合生理 pH 值范围的水溶液，用于伤口或手术前使用者应无菌。

（3）耳用喷雾剂　指由原料药物与适宜辅料制成的澄明溶液、混悬液或乳状液，借喷雾器雾化的耳用液体制剂。

（4）耳用软膏剂　指由原料药物与适宜基质均匀混合制成的溶液型或混悬型膏状的耳用半固体制剂。

（5）耳用乳膏剂　指由原料药物与适宜基质均匀混合制成的乳膏状耳用半固体制剂。

（6）耳用凝胶剂　指由原料药物与适宜辅料制成凝胶状的耳用半固体制剂。

（7）耳塞　指由原料药物与适宜基质制成的用于塞入外耳道的耳用半固体制剂。

（8）耳用散剂　指由原料药物与适宜辅料制成粉末状的供放入或吹入外耳道的耳用固体制剂。

（9）耳用丸剂　指由原料药物与适宜辅料制成的球形或类球形的用于外耳道或中耳道的耳用固体制剂。

26. 洗剂　指清洗无破损皮肤或腔道的液体制剂，包括溶液型、乳状液型和混悬型洗剂。

27. 冲洗剂　指用于冲洗开放性伤口或腔体的无菌溶液。

28. 灌肠剂　指以治疗、诊断或提供营养为目的供直肠灌注用液体制剂，包括水性或油性溶液、乳剂和混悬液。

29. 合剂　指饮片用水或其他溶剂，采用适宜的方法提取制成的口服液体制剂（单剂量灌装者也可称"口服液"）。

30. 锭剂　指饮片细粉与适宜黏合剂（或利用饮片细粉本身的黏性）制成不同形状的固体制剂。

31. 煎膏剂（膏滋）　指饮片用水煎煮，取煎煮液浓缩，加炼蜜或糖（或转化糖）制成的半流体制剂。

32. 胶剂　指将动物皮、骨、甲或角用水煎取胶质，浓缩成稠胶状，经干燥后制成的固体块状内服制剂。

33. 酒剂　指饮片用蒸馏酒提取制成的澄清液体制剂。

34. 膏药　指饮片、食用植物油与红丹（铅丹）或宫粉（铅粉）炼制成膏料，摊涂于裱褙材料上制成的供皮肤贴敷的外用制剂。前者称为黑膏药，后者称为白膏药。

35. 露剂　指含挥发性成分的饮片用水蒸气蒸馏法制成的芳香水剂。

36. 茶剂　指饮片或提取物（液）与茶叶或其他辅料混合制成的内服制剂，可分为块状茶剂、袋装茶剂和煎煮茶剂。

（1）块状茶剂　分为含糖块状茶剂和不含糖块状茶剂。含糖块状茶剂指提取物、饮片细粉与蔗糖等辅料压制成块状的茶剂；不含糖茶剂指饮片粗粉、碎片与茶叶或适宜的黏合剂压制成块状的茶剂。

（2）袋装茶剂　指茶叶、饮片粗粉或部分饮片粗粉吸收提取液经干燥后，装入袋的茶剂，其中装入饮用茶袋的又称袋泡茶剂。

（3）煎煮茶剂　指将饮片适当碎断后，装入袋中，供煎服的茶剂。

37. 流浸膏剂与浸膏剂　指饮片用适宜的溶剂提取，蒸去部分或全部溶剂，调整至规定浓度而成的制剂。除另有规定外，流浸膏剂指每 1mL 相当于饮片 1g。浸膏剂分为稠膏和干膏两种，每 1g 相当于饮片或天然药物 2～5g。

（三）根据医药商业保管习惯分类

这种分类方法是建立在以药品剂型分类的基础上，以医药商品的陈列和仓储保管的习惯为依据，将品种繁多的医药商品简单地分为针剂类、粉剂类、水剂类、片剂类这四大类。该分类方法虽然较牵强，不够严谨，如将胶囊剂归入片剂。但其优点是可以根据医药商品的外观简单地进行分类；这四大类商品每类都有很多共同点，所以在包装、运输、保管和销售等方面提供了很多便利；此种分类的方法还具有能适应企业计划、统计、财会账目登记的需要等优点，故在医药商业中被普遍采用。

1. 针剂类　包括注射液、注射用无菌粉末和大输液。

2. 粉剂类　包括原料药、颗粒剂及散剂等。

3. 水剂类　包括液体制剂、栓剂、半固体制剂和气雾剂。

4. 片剂类　包括片剂、丸剂及胶囊剂。

（四）根据药品的特殊性分类

按药品的特殊性可以将药品分为普通药品和特殊管理的药品，特殊管理药品包括麻醉药品、精神药品、医用毒性药品、放射性药品。

1. 普通药品　是指毒性较小、安全范围较大、不良反应较少的药品，如沙丁胺醇、葡萄糖、氯雷他定等。

2. 特殊管理药品　指国家规定有特殊管理办法的医疗用诊断或治疗药品。

（1）麻醉药品　指连续使用后易使身体产生依赖性、能成瘾的药品，如吗啡类、哌替啶、布桂嗪等。

（2）精神药品　指对中枢神经系统有不同程度的兴奋或抑制作用，从而影响人的精神活动，连续使用能使人产生生理依赖性和精神依赖性的药品。依据联合国《1971 年精神药物公约》使人体产生的依赖性的潜力和危害人体健康的程度，可将这类药品分为第一类和第二类精神药品。

国务院药品监督管理部门会同国务院公安部门和卫生主管部门分别于 2007 年 10 月和 2013 年 11 月两次统一发布《麻醉药品和精神药品品种目录》，继续保持麻醉药品和第一类、第二类精神药品统一、分类管理的制度。2015 年 9 月，多部门联合发布《非药用类麻醉药品和精神药品管制品种增补目录》，首次规定我国"麻醉药品和精神药品按照药用类和非药用类分类列管"，之后进行常态化增列。截至 2022 年 7 月，我国现已列管 449 种麻醉品、精神物质（121 种麻醉药品、154 种精神药品、174 种非药用类麻醉药品和精神药品），整类列管芬太尼类物质、合成大麻素类物质。第一类精神药品如马吲哚、司可巴比妥、丁丙诺啡等不能在药店零售。第二类精神药品如异戊巴比妥、地西泮、曲马多、咖啡因、艾司唑仑等，在零售药店应凭执业医师开具的处方，按规定剂量购得。

（3）毒性药品 指毒性剧烈、治疗剂量与中毒剂量相近，使用不当会致使人中毒或者死亡的药品，如阿托品、毛果芸香碱等。

（4）放射性药品 指用于临床诊断或治疗的放射性核制剂或者其他标记药品。包括裂变制品、推照制品、加速器制品、放射性核素发生器及其配套药盒、放射免疫分析药盒等。

3. 新药与仿制药 我国《药品管理法》指出："国家鼓励研究和创制新药。"

（1）新药 指未在中国境内外上市销售的药品。根据物质基础的原创性和新颖性，将新药分为创新药和改良型新药。

（2）仿制药 仿制药是指仿制的与原研药品质量和疗效一致的药品。

（五）根据我国药品管理制度分类

1. 处方药和非处方药 《药品管理法》规定：国家对药品实行处方药与非处方药分类管理。

（1）处方药 指凭执业医师和执业助理医师的处方才可调配、购买，在医师、药师或其他医疗专业人员监督或指导下方可使用的药品，这类药品一般专属性强或副作用大。

（2）非处方药 指不需要凭执业医师和执业助理医师处方，消费者可以自行判断、购买和使用的药品。在国外，非处方药称为"柜台药"，英文写作 over-the-counter drugs，简称 OTC 药。

被列为非处方药的药品具有以下特点。①药品适应证可自我诊断、自我治疗，通常限于自身疾病。②药品的毒性在公认的安全范围内，其效用 – 风险比值大。③药品滥用、误用的潜在可能性小。④药品作用不掩盖其他疾病。⑤药品不致细菌耐药性。⑥一般公众能理解药品标签的忠告性内容，无须医师监督和实验监测即可使用。

此外，根据药品的安全性，非处方药又分为甲、乙两类。非处方药的包装、标签、说明书上均有其特有标识 OTC。红色为甲类，必须在医疗机构、药店出售。绿色为乙类，除医疗机构、药店外，还可在药监部门批准的宾馆、商店等商业企业中零售。相对而言，乙类比甲类更安全。

处方药与非处方药之间的关系不是一成不变的，非处方药来源于处方药。一般情况下，处方药如果经过较长时间（通常是 6～12 年）临床实践被证明是应用安全、疗效确切、质量稳定、使用方便，即使是非医疗专业人员也能按照说明书自行使用，经国家药品监督管理局批准即可转为非处方药。当处方药转为非处方药后，在适应证及剂量等方面都会有所变化，甚至同一药品由于剂型与剂量的不同也可分为处方药与非处方药。

2. 国家基本药物、基本医疗保险用药

（1）国家基本药物 世界卫生组织于 1975 年开始推荐一些国家制定基本药物，并将此做法作为该组织药品政策的战略任务，目的是使其成员国特别是发展中国家绝大多数人口得到基本的药品供应，促进合理用药，从而降低医疗费用。

基本药物是适应基本医疗卫生需求，剂型适宜，价格合理，能够保障供应，公众可公平获得的药品。政府举办的基层医疗卫生机构全部配备和使用基本药物，其他各类医疗机构也都必须按规定使用基本药物。国家基本药物制度是对基本药物的遴选、生产、流通、使用、定价、报销、监测评价等环节实施有效管理的制度，与公共卫生、医疗服务、医疗保障体系相衔接。国家基本药物制度的建立和实施，对健全药品供应保障体系、保障群众基本用药、减轻患者用药负担发挥了重要作用。

（2）基本医疗保险用药 为保障参保人员基本用药需求，提升基本医疗保险用药科学化、精细化管理水平，提高基本医疗保险基金使用效益而规定的基本医疗保险用药药品。

基本医疗保险用药范围通过制定《基本医疗保险药品目录》（以下简称《药品目录》）进行管理。包括化学药、生物制品、中成药（民族药），以及按国家标准炮制的中药饮片，并符合临床必需、安全有效、价格合理等基本条件。符合《药品目录》的药品费用，按照国家规定由基本医疗保险基金支付。

国家《药品目录》中的化学药和中成药分为"甲类药品"和"乙类药品"。"甲类药品"是临床治疗必需、使用广泛、疗效确切、同类药品中价格或治疗费用较低的药品。"乙类药品"是可供临床治疗选择使用，疗效确切、同类药品中比"甲类药品"价格或治疗费用略高的药品。协议期内谈判药品纳入"乙类药品"管理。各省级医疗保障部门按国家规定纳入《药品目录》的民族药、医疗机构制剂纳入"乙类药品"管理。中药饮片的"甲乙分类"由省级医疗保障行政部门确定。参保人使用"甲类药品"按基本医疗保险规定的支付标准及分担办法支付；使用"乙类药品"按基本医疗保险规定的支付标准，先由参保人自付一定比例后，再按基本医疗保险规定的分担办法支付。"乙类药品"个人先行自付的比例由省级或统筹地区医疗保障行政部门确定。

（六）根据药理作用和临床用途分类

这种分类方法将药品分为作用于神经系统、心血管系统、血液系统、内分泌系统、呼吸系统、免疫系统、消化系统、泌尿系统等的药物以及抗微生物药物、诊断用药等，即按药理学分类的方法。这种分类方法的优点是方便指导患者使用，使治疗不同疾病的药品名目清晰，更重要的是便于消费者在用药的基础上学习医药商品知识；缺点是各类药品剂型复杂，给贮存与保管带来诸多不便。

第二节　医疗器械分类

医疗器械的安全有效直接关系人民群众身体健康和社会和谐稳定，是重大的民生和公共安全问题。《医疗器械监督管理条例》（2021年6月）规定："医疗器械，是指直接或者间接用于人体的仪器、设备、器具、体外诊断试剂及校准物、材料以及其他类似或者相关的物品，包括所需要的计算机软件"。医疗器械的效用主要通过物理等方式获得，不是通过药理学、免疫学或者代谢的方式获得，或者虽然有这些方式参与，但是只起辅助作用。其目的是：①疾病的诊断、预防、监护、治疗或者缓解。②损伤的诊断、监护、治疗、缓解或者功能补偿。③生理结构或者生理过程的检验、替代、调节或者支持。④生命的支持或者维持。⑤妊娠控制。⑥通过对来自人体的样本进行检查，为医疗或者诊断目的提供信息。

医疗器械的种类多，规格更多，从一把普通刀片到磁共振成像装置之间，按照技术特性分类，存在千种以上产品，这些产品的预期用途、结构组成以及产品的风险各不相同。

一、医疗器械相关术语

1. 预期目的　指产品说明、标签或宣传资料载明的，使用医疗器械应当取得的作用。

2. 无源医疗器械　不依靠电能或者其他能源，但是可以通过由人体或者重力产生的能量，发挥其功能的医疗器械。

3. 有源医疗器械　任何依靠电能或者其他能源，而不是直接由人体或者重力产生的能量，发挥其功能的医疗器械。

4. 侵入器械　借助手术全部或者部分通过体表侵入人体，接触体内组织、血液循环系统、中枢神经系统等部位的医疗器械，包括介入手术中使用的器材、一次性使用无菌手术器械和暂时或短期留在人体内的器械等。本规则中的侵入器械不包括重复使用手术器械。

5. 重复使用手术器械　用于手术中进行切、割、钻、锯、抓、刮、钳、抽、夹等过程，不连接任何有源医疗器械，通过一定的处理可以重新使用的无源医疗器械。

6. 植入器械　借助手术全部或者部分进入人体内或腔道（口）中，或者用于替代人体上皮表面或眼表面，并且在手术过程结束后留在人体内 30 日（含）以上或者被人体吸收的医疗器械。

7. 接触人体器械　直接或间接接触患者或者能够进入患者体内的医疗器械。

8. 使用时限

（1）连续使用时间　医疗器械按预期目的、不间断的实际作用时间。

（2）暂时使用　医疗器械预期的连续使用时间在 24 小时以内。

（3）短期使用　医疗器械预期的连续使用时间在 24 小时（含）以上、30 日以内。

（4）长期使用　医疗器械预期的连续使用时间在 30 日（含）以上。

9. 皮肤　指未受损皮肤表面。

10. 腔道（口）　口腔、鼻腔、食管、外耳道、直肠、阴道、尿道等人体自然腔道和永久性人造开口。

11. 创伤　各种致伤因素作用于人体所造成的组织结构完整性破坏或者功能障碍。

12. 组织　人体体内组织，包括骨、牙髓或者牙本质，不包括血液循环系统和中枢神经系统。

13. 血液循环系统　血管（毛细血管除外）和心脏。

14. 中枢神经系统　脑和脊髓。

15. 独立软件　具有一个或者多个医疗目的，无须医疗器械硬件即可完成自身预期目的，运行于通用计算平台的软件。

16. 具有计量测试功能的医疗器械　用于测定生理、病理、解剖参数，或者定量测定进出人体的能量或物质的医疗器械，其测量结果需要精确定量，并且该结果的准确性会对患者的健康和安全产生明显影响。

17. 慢性创面　各种原因形成的长期不愈合创面，如静脉性溃疡、动脉性溃疡、糖尿病性溃疡、创伤性溃疡、压力性溃疡等。

二、医疗器械分类的方法

医疗器械风险程度应当根据医疗器械的预期目的，通过结构特征、使用形式、使用状态、是否接触人体等因素综合判定。

基于产品使用风险的管理分类是当前世界各国最主要的医疗器械分类方法，以确保医疗器械的临床安全性和有效性。该分类一般由各国和地区的医疗器械监管部门执行。多数国家对医疗器械按照风险程度进行分类，其中美国药品监督管理局、我国国家药品监督管理局均将医疗器械分为三类，分别为第一类、第二类、第三类。这种分类方法是目前最常见、也是最有效的分类方式。欧盟将医疗器械分为四类，即Ⅰ类、Ⅱa类、Ⅱb类、Ⅲ类。全球协调任务力量组织（GHTF）也将医疗器械分为四类。

我国对医疗器械按照风险程度实行分类管理，由国务院药品监督管理部门负责制定医疗器械的分类规则和分类目录。医疗器械按照风险程度由低到高，管理类别依次分为第一类、第二类和第三类。第一类是指风险程度低，实行常规管理可以保证其安全、有效的医疗器械。第二类是指具有中度风险，需要严格控制管理以保证其安全、有效的医疗器械。第三类是指具有较高风险，需要采取特别措施严格控制管理以保证其安全、有效的医疗器械。评价医疗器械风险程度，应当考虑医疗器械的预期目的、结构特征、使用方法等因素。《医疗器械注册与备案管理办法》规定，第一类医疗器械实行产品备案管理，第二类、第三类医疗器械实行产品注册管理。《医疗器械经营监督管理办法》规定，经营第一类医疗器械不需许可和备案，经营第二类医疗器械实行备案管理，经营第三类医疗器械实行许可管理。

基于风险分类制度主要是从有效监管的角度出发而建立的，但上述分类方法不能提供各种产品的共性技术特征，不适用于医疗器械的产业技术创新活动组织。

2022年9月，国家药品监督管理局综合司发布关于加强医疗器械生产经营分级监管工作的指导意见（药监综械管〔2022〕78号），要求各级药品监督管理部门认真贯彻落实《医疗器械监督管理条例》《医疗器械生产监督管理办法》《医疗器械经营监督管理办法》，按照"风险分级、科学监管，全面覆盖、动态调整，落实责任、提升效能"的原则，开展医疗器械生产经营分级监管工作。

（1）监管级别划分原则　①对风险程度高的企业实施四级监管，主要包括生产本行政区域重点监管品种目录产品，以及质量管理体系运行状况差、有严重不良监管信用记录的企业。②对风险程度较高的企业实施三级监管，主要包括生产除本行政区域重点监管品种目录以外第三类医疗器械，以及质量管理体系运行状况较差、有不良监管信用记录的企业。③对风险程度一般的企业实施二级监管，主要包括生产除本行政区域重点监管品种目录以外第二类医疗器械的企业。④对风险程度较低的企业实施一级监管，主要包括生产第一类医疗器械的企业。涉及多个监管级别的，按照最高级别进行监管。

（2）分级监管检查原则　①对实施四级监管的企业，每年全项目检查不少于一次。②对实施三级监管的，每年检查不少于一次，其中每两年全项目检查不少于一次。③对实施二级监管的，原则上每两年检查不少于一次。④对实施一级监管的，原则上每年随机抽取本行政区域25%以上的企业进行监督检查，并对新增第一类医疗器械生产企业在生产备案之日起3个月内开展现场检查，必要时对生产地址变更或者生产范围增加的第一类医疗器械生产企业进行现场核查。监督检查可以与产品注册体系核查、生产许可变更或者延续现场核查等相结合，提高监管效能。

依据影响医疗器械风险程度的因素，医疗器械的分类可以有以下几种情形。

1. 按医疗器械结构特征分类　分为无源医疗器械和有源医疗器械。

2. 按医疗器械是否接触人体分类　分为接触人体器械和非接触人体器械。

3. 按医疗器械使用形式分类　根据不同的结构特征和是否接触人体，医疗器械的使用形式如下。

（1）无源接触人体器械　液体输送器械、改变血液体液器械、医用敷料、侵入器械、重复使用手术器械、植入器械、避孕和计划生育器械、其他无源接触人体器械。

（2）无源非接触人体器械　护理器械、医疗器械清洗消毒器械、其他无源非接触人体器械。

（3）有源接触人体器械　能量治疗器械、诊断监护器械、液体输送器械、电离辐射器械、植入器械、其他有源接触人体器械。

（4）有源非接触人体器械　临床检验仪器设备、独立软件、医疗器械消毒灭菌设备、其他有源非接触人体器械。

4. 按医疗器械使用状态分类　根据不同的结构特征、是否接触人体以及使用形式，医疗器械的使用状态或者其产生的影响包括以下情形。

（1）无源接触人体器械　根据使用时限分为暂时使用、短期使用、长期使用；接触人体的部位分为皮肤或腔道（口）、创伤或组织、血液循环系统或中枢神经系统。

（2）无源非接触人体器械　根据对医疗效果的影响程度分为基本不影响、轻微影响、重要影响。

（3）有源接触人体器械　根据失控后可能造成的损伤程度分为轻微损伤、中度损伤、严重损伤。

（4）有源非接触人体器械　根据对医疗效果的影响程度分为基本不影响、轻微影响、重要影响。

5. 按医疗器械预期用途分类　医疗器械最终是为人体使用的，因此按其用途分类是一种广泛采用并具实用价值的分类方法，这种分类方法因其分类的简明、通用和科学得到了最普遍的认同，见表3-1。

表3-1　按医疗器械预期用途分类

序号	类型	主要用途	品名举例
1	医用诊断器械（含监护）	确定由于疾病或损伤造成的功能失常的原因、监控治疗过程中病情的变化	临床检验仪器、内窥镜、B超机、X射线机、监护仪等
2	医用治疗器械（含康复）	实现包括内外科在内的治疗方法，导致功能增强或变更病程	手术器械、血透机、治疗用医用材料、口腔设备、上肢综合训练器等
3	医用辅助器械	间接为医疗诊断和治疗器械作用，辅助完成医疗过程	制冷系统、消毒器械、供氧系统等

6. 按临床应用分类　许多医疗机构特别是医院常根据其医院管理的模式和方便性把医疗器械按设备所适用的临床科目进行分类，见表3-2。

表3-2　按临床应用分类

序号	类型	对应临床科室	品名举例
1	检验科器械	检验科	生化分析仪、血细胞分析仪、全自动酶标仪、血气分析仪、电解质分析仪等
2	特诊科器械	电检科	B超机、心电图机、电子内窥镜、脑地形图仪等
3	放射科器械	放射科	CT机、X射线机、MRI机、医用电子加速器等
4	内科器械	内科	呼吸机、除颤监护仪、血透机、心电图机、支气管镜、肺功能仪等

续表

序号	类型	对应临床科室	品名举例
5	外科器械（手术室器械）	外科	手术床、无影灯、监护仪、高频电刀、呼吸/麻醉机、牵引床、手术显微镜、外科手术器械等
6	妇产科器械	妇产科	妇科检查床、多普勒胎动仪、胎儿监护仪等
7	儿科器械	儿科	婴儿恒温箱、小儿抢救治疗床、小儿呼吸机等
8	五官科器械	五官科	裂隙灯、眼压计、纤维喉镜、手术显微镜等
9	口腔科器械	口腔科	口腔综合治疗椅、牙钻机、洁牙机等

　　由表3-2可见，根据临床科目进行分类对医疗机构来说十分方便，可按科室对设备进行管理。但由于这种分类方法过于机械和简单，分类范畴重叠性大，不能明确医疗器械种类，适合一些中小型医疗机构。

三、医疗器械分类的判定原则

　　医疗器械的分类应当根据医疗器械分类判定表进行分类判定，见表3-3。有以下情形的，还应当结合下述原则进行分类。①如果同一医疗器械适用两个或者两个以上的分类，应当采取其中风险程度最高的分类；由多个医疗器械组成的医疗器械包，其分类应当与包内风险程度最高的医疗器械一致。②可作为附件的医疗器械，其分类应当综合考虑该附件对配套主体医疗器械安全性、有效性的影响；如果附件对配套主体医疗器械有重要影响，附件的分类应不低于配套主体医疗器械的分类。③监控或者影响医疗器械主要功能的医疗器械，其分类应当与被监控、影响的医疗器械的分类一致。④以医疗器械作用为主的药械组合产品，按照第三类医疗器械管理。⑤可被人体吸收的医疗器械，按照第三类医疗器械管理。⑥对医疗效果有重要影响的有源接触人体器械，按照第三类医疗器械管理。⑦医用敷料如果有以下情形，按照第三类医疗器械管理。包括预期具有防组织或器官粘连功能，作为人工皮肤，接触真皮深层或其以下组织受损的创面，用于慢性创面，或者可被人体全部或部分吸收的。⑧以无菌形式提供的医疗器械，其分类应不低于第二类。⑨通过牵拉、撑开、扭转、压握、弯曲等作用方式，主动施加持续作用力于人体、可动态调整肢体固定位置的矫形器械（不包括仅具有固定、支撑作用的医疗器械，也不包括配合外科手术中进行临时矫形的医疗器械或者外科手术后或其他治疗中进行四肢矫形的医疗器械），其分类应不低于第二类。⑩具有计量测试功能的医疗器械，其分类应不低于第二类。⑪如果医疗器械的预期目的是明确用于某种疾病的治疗，其分类应不低于第二类。⑫用于在内窥镜下完成夹取、切割组织或者取石等手术操作的无源重复使用手术器械，按照第二类医疗器械管理。

　　对新研制的尚未列入分类目录的医疗器械，申请人可以直接申请第三类医疗器械产品注册，也可以依据分类规则判断产品类别并向国家药品监督管理局申请类别确认后，申请产品注册或者进行产品备案。

表 3-3 医疗器械分类判定表

接触人体器械

使用形式（无源医疗器械）		暂时使用 皮肤/腔道（口）	暂时使用 创伤/组织	暂时使用 血循环/中枢	短期使用 皮肤/腔道（口）	短期使用 创伤/组织	短期使用 血循环/中枢	长期使用 皮肤/腔道（口）	长期使用 创伤/组织	长期使用 血循环/中枢
1	液体输送器械	Ⅱ	Ⅱ	Ⅲ	Ⅱ	Ⅱ	Ⅲ	Ⅱ	Ⅱ	Ⅲ
2	改变血液体液器械	—	—	Ⅲ	—	—	Ⅲ	—	—	Ⅲ
3	医用敷料	Ⅰ	Ⅱ	Ⅱ	Ⅰ	Ⅱ	Ⅱ	—	Ⅲ	Ⅲ
4	侵入器械	Ⅰ	Ⅱ	Ⅲ	Ⅱ	Ⅱ	Ⅲ	—	—	—
5	重复使用手术器械	Ⅰ	Ⅰ	Ⅱ	—	—	—	—	—	—
6	植入器械	—	—	—	—	—	—	Ⅲ	Ⅲ	Ⅲ
7	避孕和计划生育器械（不包括重复使用手术器械）	Ⅱ	Ⅱ	Ⅲ	Ⅲ	Ⅲ	Ⅲ	Ⅲ	Ⅲ	Ⅲ
8	其他无源器械	Ⅰ	Ⅱ	Ⅲ	Ⅱ	Ⅱ	Ⅲ	Ⅱ	Ⅲ	Ⅲ

使用形式（有源医疗器械）		轻微损伤	中度损伤	严重损伤
1	能量治疗器械	Ⅱ	Ⅱ	Ⅲ
2	诊断监护器械	Ⅱ	Ⅱ	Ⅲ
3	液体输送器械	Ⅱ	Ⅱ	Ⅲ
4	电离辐射器械	Ⅱ	Ⅱ	Ⅲ
5	植入器械	Ⅲ	Ⅲ	Ⅲ
6	其他有源器械	Ⅱ	Ⅱ	Ⅲ

非接触人体器械

使用形式（无源医疗器械）		基本不影响	轻微影响	重要影响
1	护理器械	Ⅰ	Ⅱ	—
2	医疗器械清洗消毒器械	—	Ⅱ	Ⅲ
3	其他无源器械	Ⅰ	Ⅱ	Ⅲ

使用形式（有源医疗器械）		基本不影响	轻微影响	重要影响
1	临床检验仪器设备	Ⅰ	Ⅱ	Ⅲ
2	独立软件	—	Ⅱ	Ⅲ
3	医疗器械消毒灭菌设备	—	Ⅱ	Ⅲ
4	其他有源器械	Ⅰ	Ⅱ	Ⅲ

注：1. 本表中"Ⅰ""Ⅱ""Ⅲ"分别代表第一类、第二类、第三类医疗器械。

2. 本表中"—"代表不存在这种情形。

四、医疗器械分类目录

根据《医疗器械分类规则》规定，《医疗器械分类目录》是将部分已上市产品按《医疗器械分类规则》规定的分类原则进行划分。医疗器械行业经过10余年的高速发展，产品种类增长迅速，技术复杂的产品不断涌现，2018年在2002版目录基础上新版《医疗器械分类规则》发布实施，主要以技术领域为主线，更侧重从医疗器械的功能和临床使用的角度划分产品归属，分为22个子目录，子目录由一级产品类别、二级产品类别、产品描述、预期用途、品名举例和管理类别组成，见表3-4。由于医疗器械产品本身品种繁多，因此不可能将已上市产品全部罗列出来，《医疗器械分类目录》只能采用产品列举法。根据医疗器械风险变化情况，参考国际经验，遵循符合最新科学认知、立足监管实际、鼓励创新、推动产业高质量发展的原则进行动态调整。随着科学技术水平的日益发展和医疗器械监督管理能力的不断提高，预示着第一类、第二类管理产品比重不断增加和第三类产品不断减少将是一个必然的趋势。

表3-4　医疗器械分类目录

01 有源手术器械	02 无源手术器械
03 神经和心血管手术器械	04 骨科手术器械
05 放射治疗器械说明	06 医用成像器械
07 医用诊察和监护器械	08 呼吸、麻醉和急救器械
09 物理治疗器械	10 输血、透析和体外循环器械
11 医疗器械消毒灭菌器械	12 有源植入器械
13 无源植入器械	14 注输、护理和防护器械
15 患者承载器械	16 眼科器械
17 口腔科器械	18 妇产科/辅助生殖/避孕器械
19 医用康复器械	20 中医器械
21 医用软件	22 临床检验器械

第三节　药品编码

药品编码是指在药品研制、生产、经营、使用和监督管理中由计算机使用的表示特定信息的编码标识。它以数字或数字与字母组合的形式体现，是药品的"身份证"。

一、药品编码的原则

实施药品编码有利于药品的分类实现通用性、标准化和科学化。药品编码应遵循以下原则。

1. 唯一性原则　药品编码必须实行一品一码、一码一品的唯一性原则，即药品编码能且只能有唯一的一个。

2. 稳定性原则　药品编码必须稳定，不应频繁变动，否则不仅造成人力、物力及财力的浪费，而且给管理部门带来诸多不便。因此，药品编码时应考虑其最小变化的可能性，一旦确定后就不宜变更。

3. 可识别性原则　药品编码时必须有明显的识别标志，以便于识别、查询，即按药品的类别、属性进行分项编码。

4. 可扩性原则 负责药品编码的机构在编制编码结构设计、分配编码时，要充分考虑到药品的更新换代和新产品的开发，为新类目的增加留有余地。

5. 简明性原则 药品编码时应简明，编码长度应最短，以便于阅读、操作，尽可能减少计算机处理时间和储存空间，达到减少差错、提高工作效率的目的。

6. 层次性原则 药品编码时层次要清楚，要做到准确地反映药品分类体系的并列与从属关系及药品目录的层次性，使编码具有一定规律性。

7. 自检能力原则 药品编码是一项复杂而又十分精细的工作，要求必须做到编码校验、校正的方便性，同时要求计算机做到有自动检测差错的核对性能。

二、药品编码的分类

药品编码包括本位码、监管码和分类码。

（一）药品本位码

本位码是药品唯一的身份标识，用于国家药品注册信息管理，在药品包装上不体现。国家药品监督管理局发布的《关于实施国家药品编码管理的通知》，确定了国家药品编码本位码编制规则。国家药品编码本位码共14位，由药品国别码、药品类别码，药品本位码和校验码依次连接组成，不留空格，见图3-1。

图3-1 药品编码为86900001000016。其中，国别码为"86"，代表在中国境内生产、销售的所有药品；国家药品编码本位码类别码为"9"，代表药品；国家药品编码本位码本体码的前5位为药品企业标识，根据《企业法人营业执照》《药品生产许可证》，遵循一照一证的原则，按照流水的方式编制；国家药品编码本位码本体码的后5位为药品产品标识，是指前5位确定的企业所拥有的所有药品产品。药品产品标识根据药品批准文号，依据药品名称、剂型、规格，遵循一物一码的原则，按照流水的方式编制。国家药品本位码由药品监督管理部门授权的维护管理机构统一编制赋码。校验码是国家药品编码本位码中的最后一个字符，通过特定的数学公式来检验国家药品编码本位码中前13位数字的正确性，计算方法按照"GB 18937"执行。

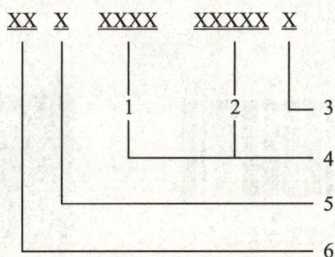

1. 企业标识；2. 产品标识；3. 校验码；4. 药品本体码；5. 药品类别码（9）；6. 药品国别码（86）。

示例 86900001000016

图3-1 国家药品编码本位码

（二）药品监管码

监管码用于药品监控追溯系统，通过条码的形式标记，直接体现于药品包装上。监管码被激活后可以在该产品进入流通或使用过程中进行查询、管理。通过扫描识读或肉眼识读并反映相关产品信息。

1. 药品追溯码 药品追溯码用于唯一标识药品各级销售包装单元的代码，由一系列数字、字母和（或）符号组成。在国家药品监督管理局药品注册司、药品监管司的指导下，国家药监局信息中心组织编制了《药品追溯码标识规范》（NMPAB/T 1011–2022）《药品追溯消费者查询结果显示规范》（NMPAB/T 1012–2022）两个标准。《药品追溯码标识规范》规定了药品追溯码标识的原则、一般要求、样式要求、位置要求和质量要求，适用于规范和指导药品上市许可持有人和生产企业在中国境内销售和使用药品的各级销售包装单元上以印刷、粘贴等方式进行药品追溯码的标识。

（1）药品追溯码标识原则 药品追溯码应做到易识别，清晰、显著性原则。

1）易识别性 药品追溯码标识应保证能够被使用者和相关设备方便、准确地识读。

2）清晰性 药品追溯码标识应保证图像清晰、颜色与底色对比分明。

3）显著性 药品追溯码应标识在明显可见之处，便于使用者快速寻找和定位。

（2）药品追溯码标识的一般要求 ①药品追溯码标识应符合国家相关法律法规和标准的要求。②药品追溯码标识应清晰可读，可被扫码设备和人眼识读。

（3）药品追溯码标识样式要求 ①药品追溯码标识的内容应包括"药品追溯码"字样、药品追溯码人眼识读的字符和药品追溯码设备识读的符号（包括一维条码或二维码），药品追溯码标识见图3-2、图3-3。②应在药品追溯码设备识读符号临近位置标识"药品追溯码"字样，最小字高不宜低于1.8mm。③应在药品追溯码标识位置附近增加有关查询方式的说明。

（4）药品追溯码标识位置要求 ①应在药品各级销售包装单元上标识药品追溯码（另有规定的除外）。②应在药品包装明显可见之处标识药品追溯码，且在同级销售包装单元的标识位置应相对统一，并与其他条码有一定间隔。③应确保药品追溯码标识不遮挡药品包装上的药品通用名称、批准文号、生产日期、有效期等药品相关信息。④应在药品包装上选择合理的药品追溯码标识位置，以确保药品追溯码能够被正常扫描和识别；在透明包装上标识药品追溯码时，应采取相应措施，确保本级药品追溯码识别的准确性，不得与相邻级别包装单元上的药品追溯码相重叠。⑤药品追溯码条码符号与药品包装邻近边缘的间距不宜过小，以避免由于药品包装印制、模切的偏差等原因造成药品追溯码不完整。⑥在药品大包装标识药品追溯码时，宜在两个及以上的平面上标识，以方便产品堆放时的扫码作业。

图3-2 一维条码的药品追溯码标识图

图3-3 二维条码的药品追溯码标识图

（5）药品追溯消费者查询结果相关要求 《药品追溯消费者查询结果显示规范》规定了通过药品追溯码在药品追溯系统查询到的药品追溯信息结果的总体要求、显示方式要求和显示内容要求。消费者通过手机淘宝扫码或支付宝扫码即可直接显示药品追溯信息，药品追溯消费者查询结果应包含"药品追溯信息"字样。药品追溯信息包括药品的基本信息、生产信息、类别属性、厂商信息等。

2. 条形码 条形码是商品的识别标识，是由一组按一定编码规则排列的条、空符号，用以表示一定的字符、数字及符号组成的商品信息的符号，又称商品代码。目前世界上常用的码制有

EAN（European article number）条形码、二五条形码、三九条码和 128 条码等，国际上使用最广泛的一种商品条码就是 EAN 商品条形码。EAN 商品条码亦称"通用商品条码"，是国际通用的商品代码。它能反映出该商品的有关资料，如商品注册的国家和地区、生产厂商的名称等。商品采用条形码是企业进入国际市场的必备条件。

每一种物品的条形码都是唯一的，故 EAN–13 通用商品条形码一般由前缀部分、制造厂商代码、商品代码和校验码共 13 位数码组成。第 1 ～ 12 位为商品代码，第 13 位为校验码，是为了防止误入而设置的。商品条形码中前 3 位是国别码亦称前缀码，是用来标识国家或地区的代码，赋码权在国际物品编码协会，690 ～ 696 代表商品在中国大陆注册。

3. 药品追溯码与条形码的区别 药品追溯码为药品的最小销售包装赋予的标识是"一物一码"；而同种规格同种商品对应同一个条形码，即"一类一码"。例如，同种规格同种药品最小包装的药品追溯码各不相同，但它们的条形码是完全一样的。

（三）药品分类码

分类码用于医保、药品临床研究、药品供应及药品分类管理等，在药品包装上不体现。

复习思考题

1. 名词解释：药品追溯码。
2. 按照不同的生产方式，药品可以分为哪几类？
3. 按照风险程度，第一类、第二类、第三类医疗器械分别指的是什么？
4. 国家药品编码本位码的组成有哪些？

第四章

医药商品包装

商品化后的任何产品都需要包装，包装是现代商品生产、储运、销售和人类社会生活中不可缺少的重要组成部分。在我国国家标准中包装的定义是"为在流通过程中保护产品，方便储运，促进销售，按一定技术方法而采用的容器、材料及辅助物等的总体名称；也指为了达到上述目的而采用容器、材料和辅助物的过程中施加一定技术方法等措施"。可以看出，现代商品包装不仅仅是保护商品质量和数量的工业包装，而且还可以起到方便储运、促进销售、指导消费的作用。

第一节　医药商品包装概述

医药商品是特殊的商品，医药商品包装是医药商品品质的重要组成部分。对医药商品包装的规范管理是保证人民用药安全的重要措施。医药商品包装也是实现和增加医药商品价值和使用价值的一种手段。

一、医药商品包装的定义

医药商品包装是指生产、流通和使用过程中保护医药商品质量的安全，方便储运，促进销售，按一定技术方法所采用的容器、材料及辅助物等的总称；也指为了达到上述目的而采用容器、材料和辅助物的过程中施加一定技术方法的操作过程。

商品包装具有从属性和商品性的二重属性。就商品包装的从属性而言，包装是随着商品生产的发展和流通范围的扩大而不断产生和发展起来的，受到内装商品的影响和制约。就商品包装的商品性而言，包装与其他商品生产一样，是一般人类劳动的凝结，具有商品所具有的两个要素，即使用价值和价值。包装使用价值的发挥，有利于促进内装商品使用价值和价值的实现。

二、医药商品包装的作用与基本原则

（一）医药商品包装的作用

医药商品的包装是医药商品生产的重要环节，是其进入流通领域的必要条件，是实现医药商品使用价值和价值的必要手段。在购销、运输和储存的流通环节中，医药商品包装的主要作用如下。

1. 保护医药商品质量的安全及数量的完整　医药商品在流通过程中需经过装卸、运输、储藏、批发、零售等环节，难免会跌落、摩擦，碰撞。医药商品通过合理包装，可以有效地防止摩擦、碰撞、破损及丢失；同时会减少因受到空气、水分、光线、微生物等作用对医药商品质量产

生的影响。

2. 有利于医药商品价值的增加及使用价值的发挥　精心构思与设计的包装，精致的装潢是一种复杂劳动，体现了很高的价值，当这种复杂劳动附加在医药商品上时，会在销售环节得到补偿，因而提高了医药商品的价值。优良的包装有利于发挥医药商品的使用价值，甚至会对患者产生心理影响，进而影响疗效。

3. 便于医药商品的计数、计量和使用　在商品流通过程中，买卖双方要对医药商品进行计数、计量，合理的包装不仅方便商品计数、计量，提高工作效率，而且便于消费者使用。

4. 促进医药商品的销售　良好的包装是无声的广告，帮助企业建立好的销售形象，特别是在国际市场上，医药商品包装的质量显得更为重要。

5. 指导医药商品的消费　由于医药商品具有较强的专业性质，一般消费者如不借助医药商品包装（如标签、说明书），很难正确掌握医药商品的使用方法。因此，医药商品包装可以指导消费者正确地了解、使用医药商品。

（二）医药商品包装的基本原则

由于医药商品种类繁多，形态不同，性质各异。为了更好地发挥包装对医药商品的作用，在进行商品包装时，应符合"科学、经济、安全、美观、适用"的基本原则。①医药商品包装必须采用科学的术语、图案、文字等对商品的质量、用法用量、疗效及不良反应等进行恰当、科学的标识，便于储运，促进销售和消费。②在保证商品质量的前提下，力求包装材料适用、经济，以降低包装成本，合理压缩包装体积，提高运输和装卸能力，充分利用仓库容量。③药品包装要绿色环保。④美观的医药商品包装，不仅具有保护商品、促进销售、方便消费的作用，而且能实现医药商品实体结构和装潢艺术的统一。⑤医药商品包装必须根据其相应的特性采用相应的材料与技术，使包装完全符合医药商品理化性质的要求，容器所使用的材料不能与所装物品发生反应。例如硝酸甘油，光线照射易变性，应采用遮光容器。

三、医药商品包装的分类

医药商品包装品目繁多，其性能、外形等方面各有差别，不同的医药商品在流通领域中对包装的要求也不同，所以医药商品的包装类别也相应地有所不同。

（一）按包装在流通领域中的作用分类

按包装在医药商品流通领域中的作用不同，可分为储运包装和销售包装。

1. 储运包装　储运包装是用于安全运输、储存，保护商品的较大单元的包装形式，又称为外包装或大包装。例如，纸箱、木箱、桶、集合包装、托盘包装等。储运包装一般体积较大，外形尺寸标准化程度高，坚固耐用，广泛采用集合包装，表面印有明显的识别标志，主要功能是保护商品，方便运输、装卸和储存。常见的储运包装形式有以下几种：压缩包装、拆装包装、套装包装、集合包装等。

为防止因医药商品本身的自然属性和外界环境因素对商品质量的影响，要求医药商品的储运包装采取相应的防护措施，以确保医药商品在储运过程中质量的安全，在广泛的防护措施中以防受潮、防震动、防光照、防污染、防霉变等较为重要。

2. 销售包装　销售包装是指一个商品为一个销售单元的包装形式，或若干个单体商品组成一个小的整体包装，亦称为个包装、零售包装或小包装。销售包装在直接起着保护、宣传和促进医药商品销售作用的同时，也起着保护优质名牌商品以防假冒的作用。

销售包装具有包装件小，美观、新颖、安全、卫生、易于携带，印刷装潢要求较高等特点。由于销售包装随医药商品销售给顾客，因此销售包装应结构新颖、造型美观；外表的图案、色彩及文字说明的设计要给予消费者美感，符合医药商品的特点；同时应便于陈列和展销，达到促进消费的目的。从整体看，医药商品销售包装向着艺术性和实用性的高度统一方向发展。

（二）按运输方式分类

医药商品包装按运输方式分为铁路运输包装、公路运输包装、船舶运输包装、航空运输包装4类。

1. 铁路运输包装　铁路运输包装的特点是大、中、小货物均可，运费低廉，为医药商品常用运输包装，但在装卸车时，容易受到振动冲击，所以只限于铁路直接通达之处。

2. 公路运输包装　公路运输包装也是医药商品常用运输包装，但在运输途中受到振动而坏损情况较为严重。

3. 船舶运输包装　船舶运输包装较为经济，可将大量物品一次输送，但多数情况下需要经过转运才能到达目的地，如原料药商品、中药材商品的出口等，包装件上下船装卸时易受到振动。

4. 航空运输包装　航空运输包装的输送速度要比其他3种运输方式快得多，如用于急救的药品等，可迅速到达目的地。但包装件的体积、重量、运输费用等方面均受到限制。

根据医药商品性质及到达目的地的远近，常需要考虑适应两种及以上运输工具的包装，如国际贸易，也就是说，医药商品包装一定要能配合运输工具。

（三）按照包装的形态分类

1. 内包装　内包装是指直接接触医药商品的包装，如安瓿、输液瓶（袋）、药用铝箔等。直接接触药品的包装材料和容器，称作"药包材"。药包材是药品不可分割的一部分，伴随药品生产、流通及使用的全过程。药包材的质量和安全性，会直接影响药物制剂的质量。直接接触药品的包装材料和容器要随着药品审批时一并审批后才可使用，不得擅自更改或替换。内包装应标示药品的名称、规格、容量或剂量、批号和有效期等信息，防止因混淆出现差错、事故等。有些内包装也是销售包装。

2. 外包装　是指内包装以外的包装，按由里向外分为中包装和大包装。中包装多为销售包装，大包装又称储运包装。外包装应根据医药商品的特性，选用不易破损、防潮、防冻、防虫鼠的包装，以保证医药商品在运输、贮藏、使用过程中的质量，促进医药商品的销售及合理指导消费者安全使用医药商品。

（四）按包装的技术与目的分类

随着科学技术的发展，新材料和新技术不断涌现，医药商品的包装技术得到了迅猛发展，具体体现在销售包装技术和储运包装技术两方面。

1. 销售包装技术　主要包括真空包装、充气包装、脱氧包装、无菌包装、收缩包装、条形包装、喷雾包装、儿童安全包装等。

（1）真空包装　指将商品装入气密性包装容器中，抽去容器内部的空气，使密封后的容器达到预定真空的包装方法。

（2）充气包装　系利用二氧化碳或氮气等气体置换密封包装容器中空气的包装方法。该方法降低了密封容器中氧气的浓度，抑制微生物的生理活动及酶的活性，达到防霉、防腐的目的。

（3）脱氧包装 是在真空包装和充气包装之后出现的一种新型除氧包装方法，在密封包装容器中，使用能与氧发生化学反应的脱氧剂与氧作用，从而除去氧以达到保护内装物的目的。

（4）无菌包装 系将产品、包装容器、材料或包装辅助物等灭菌后，在无菌的环境中进行填充和封合的包装方法。

（5）收缩包装 采用收缩薄膜裹包物品后对其进行适当加热处理，使薄膜收缩并紧贴于物品的包装方法。收缩薄膜是经过特殊拉伸和冷却处理的聚乙烯薄膜。

（6）条形包装 指将一个或一组药片、胶囊等小型药品包封在双层连续的带状包装材料内，使每个或每组药品周围热封合形成一个单元的包装方法。每个单元可单独撕开或剪开，便于使用或销售。

（7）喷雾包装 指将药物、抛射剂等装入带有特制阀门的密闭耐压容器中，使用时借助抛射剂的压力将内容物呈细雾状、泡沫状或其他形态喷出的一种包装方法。

（8）儿童安全包装 系能够保护儿童安全的一种包装方法。其结构设计为使多数儿童在一定时间内很难开启或难以取出一定数量药品。

（9）危险药品包装 危险药品通常指易燃、易爆、有毒、有腐蚀性或有辐射性的药品。危险药品包装应能控制温度、防潮、防止混杂、防震、防火并将包装与防爆、灭火等急救措施相结合。

2. 储运包装技术 主要包括防震包装、防锈包装、防虫包装、防潮包装等。

（1）防震包装 又称缓冲包装，指为减缓内装物受到冲击和振动，保护其免受损坏而采取的一定防护措施的包装。防震包装技术常常在内装物和包装材料或容器之间填满缓冲材料并固定，对产品起保护作用。缓冲材料可以是丝状、颗粒状，泡沫塑料等，对不规则的或要求较高的产品，可通过现场发泡技术实现防震包装。

（2）防锈包装 主要包括防锈油防锈和气相防锈。前者将金属涂封，防止金属表面与空气中的氧气、水蒸气及其他有害气体等相互作用，进而实现防止金属锈蚀的目的。后者是用气相缓蚀剂，在密封包装容器中对金属制品进行防锈处理的技术。

（3）防虫包装 即在包装容器中放入有一定毒性和气味的驱虫剂，利用驱虫剂挥发性气体杀灭和驱除各种害虫。常用驱虫剂有萘、对位二氯化苯、樟脑精等。也可采用真空包装、充气包装、脱氧包装等技术，使害虫无生存环境，从而防止虫害。

（4）防潮包装 选用防潮包装材料，以隔绝水蒸气对内装商品的影响，在有效期内确保商品质量的包装方法。常采用的防潮包装材料有耐油纸、铝箔纸、玻璃纸、塑料纸、塑料薄膜以及金属、玻璃容器等。

（5）集合包装 集合包装又称集装化包装或组合式包装，指为便于装卸、储存、运输和销售，将若干包装件或产品包组装在一起，形成一个适合的搬运单元或销售单元。集合包装具有安全、高效、经济、快捷的特点。常见的集合包装有集装袋、集装箱和托盘包装等。

无论哪种形式的包装，都必须有利于保护医药商品的质量，有利于医药商品的装卸、运输、储存、销售及使用。

（五）按包装材料分类

按包装材料医药商品包装分为塑料类、纸类、纤维织品类、金属类、玻璃类、陶瓷类、木材类和复合材料类包装八大类。

（六）其他包装方法分类

按包装材料的物理性质柔软性分类，分为软包装与硬包装。按包装容器结构形态分类，分为盒、瓶、袋、箱、筐、桶、篓、缸、笼等包装。

四、医药商品包装的基本要求

合理的医药商品包装既要符合国情，又要满足消费者需要并取得最佳的经济和社会效益。使用材料、容器、技术等不合理，追求奢华的过分包装、愚弄消费者的虚假包装等现象都是不可取的。一般而言，医药商品包装应符合以下要求。

1. 医药商品包装要符合标准化　要求包装标准化，就是使商品包装达到定型化、规格化和系列化。对于同类或同种商品的包装，包装标准化的要求可以概括为"七个统一"，即统一包装材料，统一造型结构，统一规格尺寸，统一包装容量（重量），统一包装标记，统一封装方法和统一捆扎方法。符合标准化要求的包装有利于保证医药商品质量；便于识别与计量；便于医药商品装卸、运输与储存；有利于减少运杂费；有利于现代化港口的机械化。

2. 医药商品包装应和内容物相适应　医药商品的包装主要是保护商品质量的安全，因此包装应结合所盛装医药商品的理化性质、形态等特点，分别采取不同措施，保护医药商品质量的安全及数量的完整。如遇光易分解、氧化变质的医药商品，应采用遮光容器；对瓶装的液体药品，应采取防震、防压等措施。

3. 医药商品包装应适应不同流通条件的需要　我国地域辽阔，医药商品运输路程远，耗时长，而且同一时间内各地温度与湿度差异较大，因此医药商品的包装要与运输装卸、储存时间和气候变化等条件相适应。如药品包装应按相对湿度最大的地区考虑；怕冻药品在发往寒冷地区时，应加防寒措施；对出口医药商品进行包装时，应充分考虑出口国的具体情况，将因包装而影响医药商品质量的可能性降低到最低限度。

此外，医药商品包装还涉及一些具体要求，如特殊管理药品、第一类疫苗、非处方药品及外用药品的销售包装上必须印有或贴有规定的专用标志。

4. 药品包装要做到绿色环保　药品包装的绿色环保要求从两个方面认识。首先，材料、容器、技术本身应是安全卫生的。其次，包装的技法、材料、容器等对环境而言，是绿色安全的。在选取材料和制作上，遵循可持续发展原则，做到节能、低耗、高功能、防污染，可回收，可降解。

5. 一次性使用无菌医疗器械初包装的要求　一次性使用无菌医疗器械的初包装不仅要满足上述医药商品包装要求，而且必须做到：①一次性使用无菌医疗器械初包装是提供一次性使用的最小包装，若多个同一规格的产品包装在同一包装内，每一产品之间应互相隔开。②无菌产品的包装应密封，并保证产品在灭菌失效日期前无菌直至开封。③无菌包装一旦开封应立即使用，一次性使用的产品禁止二次使用；无菌包装一旦破损应禁止使用，并应有醒目的警示标志。

第二节　医药商品包装材料及容器

医药商品是特殊商品，医药商品包装材料与容器的质量直接影响着药品包装的作用。应根据医药商品的特性、包装的目的等因素，选用符合要求的包装材料和容器。包装材料的选择应从如下几方面考虑。首先与医药商品直接接触的包装材料或容器必须对人体无毒、无害，不发生组分游离或微粒脱落；能够保护内装物，防止其变质，保证其质量。其次，包装材料应易于加工、包装、填充、封合，能适应自动包装机械操作。再次，包装材料要有利于环保，有利于节省资源；材料的形、色、纹理美观，能产生陈列效果，提高商品身价，激发消费者的购买欲望。

一、医药商品包装材料分类

医药商品常用的包装材料包括纸、塑料、玻璃、金属、陶瓷、橡胶、复合材料、木制及竹制、藤制、麻类等天然包装材料、可服用医药包装材料等。

1. 纸质包装材料 纸制品原料来源广泛，成本较低；无毒、无味、对包装物品不产生污染，可以回收利用；重量较轻、加工性能好、便于成型，适合大规模机械化生产；易于印刷，图案、字迹清晰牢固；涂上防潮涂料后具有一定的防潮性能；具有一定的弹性和强度，可与塑料薄膜、铝箔等复合，成为性能更优良的包装材料；品种多样，可以满足不同医药商品的包装需要。缺点是撕破强度低、易变形。

纸质包装材料既可以用于商品的外包装，又可用于内包装和包装内衬。纸质包装的用量约占储运包装的 50% ～ 60%，占销售包装的 40% ～ 50%。常用的纸质包装有包装纸、袋和运输袋，纸盒和纸板盒，瓦楞纸箱、纸罐、纸筒、纸板桶等。

2. 塑料包装材料 塑料包装材料在医用包装材料中占有越来越重要的位置，塑料因具有强度高、阻隔性好、色泽鲜艳、透明美观、质轻、携带方便、价格低廉等优点而成为现代医用包装中主要的材料，可用于医药商品的内、外包装。在药品的包装方面，除了各种塑料袋（包括输血袋等）、塑料瓶等，片剂的泡罩包装是借助塑料才得以发展的一种新包装。用塑料制成的合成纸，可阻挡细菌透过，为实现无菌纸包装提供了条件。

但由于塑料在生产过程中加入附加剂，如增塑剂、稳定剂、抗氧剂、防腐剂及着色剂等，作为直接接触药品或一次性使用无菌医疗器械的包装材料，这些附加剂可能与医药商品发生化学反应，以致医药商品质量发生变化。塑料还具有透气、透光、易吸附等缺点，这些缺点均可加速医药商品氧化变质的速度，引起变质。此外，塑料包装物难以降解，易污染环境。

塑料编织袋适用于质地坚硬、受压不易变形、抗霉防蛀能力较强的中药材的包装。

3. 玻璃包装材料 玻璃因具有防潮、易密封、光洁透明，化学性质较稳定、耐腐蚀、不污染内装物、造型美观、可回收利用、成本低等优点，是目前使用最多的药品包装材料之一。但玻璃也有许多缺点，如质重、质脆、易碎，还可因受到水溶液的侵蚀而释放出碱性物质和不溶性脱片。为了保证药品的质量，《中国药典》规定安瓿、大输液必须使用硬质中性玻璃；在盛装遇光易变质的药品时，应选用棕色玻璃制成的容器。

4. 金属包装材料 金属包装材料具有坚固性强、密封性好、强度大、耐压等优点。金属包装主要是以薄钢板、马口铁、镀锌铁皮、铝及铝合金等金属材料加工制作而成的包装物。该类包装耐压、密封性能好，但是成本比较高。

金属作包装材料一般用于盛装需要密封的软膏、液体药物、化学危险品、压缩气体等。

优质铝合金易开启铝盖与橡胶塞配套使用，用于严封包装抗生素粉针剂、冻干粉、输液、血浆等瓶装药品。

5. 木制及竹制、藤制、麻类等天然包装材料 如木箱、木桶、竹筐、竹篓、竹箱、竹盒、藤篮、藤筐、藤篓、麻袋、麻布包、麻绳等。

6. 复合材料 塑料、纸、铝箔等进行多层复合而制成的包装材料，是包装材料中的新秀。常用的有铝箔 – 聚乙烯复合材料、铝箔 – 聚氯乙烯、纸 – 塑复合材料等。这些复合材料具有良好的机械强度及耐生物腐蚀性能，能保持真空和耐高压性能等。

7. 橡胶制品 药品包装上使用橡胶制品最多的是各种瓶塞，主要用于严封包装的抗生素粉针剂、输液、冻干粉针、血浆等瓶装药品。因与药品直接接触，故要求其具有良好的生化稳定性和优良的密封性，以确保药品在有效期内不因空气或湿气的渗透而变质。

8. 可服用医药包装材料 主要是胶囊、微囊和辅料。常用的有食用淀粉、明胶、乙基纤维素、聚乙烯醇等。

二、医药商品常用的包装容器

医药商品是特殊商品，为了保证其质量完好，医药商品的包装容器应按注册标准组织生产。国家对直接接触医药商品的包装容器的生产逐步实施生产许可证制度，有计划地淘汰质量低劣、能耗高、使用不便、破损严重的落后产品，积极推广并开发新型、优质的材料及容器。常见的包装容器有4类。

1. 密闭容器 指能防止尘土及异物进入的容器，如玻璃瓶、塑料袋、纸盒等。密闭容器适用于受空气、二氧化碳、湿度等因素影响不大，仅为防止损失或尘埃等杂质混入的医药商品。

2. 密封容器 指能防止挥发、吸湿、风化或异物污染的容器，如带有紧密木塞或玻璃塞的玻璃瓶、铁听等，最好用适宜的封口材料密封。密封容器适用于盛装易风化、挥发、吸湿、氧化的固体以及易挥发的液体物质。

3. 熔封和严封容器 系将容器熔封或以适宜的材料严封，以防止空气、水分的侵入并防止菌污染的容器，如玻璃安瓿或输液瓶等。熔封和严封容器适用于注射剂、血浆、血清及各种输液。

4. 遮光容器 指不透光的容器，如棕色容器或黑纸包装材料包裹的无色透明、半透明容器。遮光容器主要适用于盛装遇光易变质的物质。

三、药品包装材料的管理

（一）登记管理

为落实中共中央办公厅、国务院办公厅《关于深化审评审批制度改革鼓励药品医疗器械创新的意见》，国家食品药品监管总局发布了《关于调整原料药、药用辅料和药包材审评审批事项的公告》（2017年第146号）。各级药品监督管理部门不再单独受理原料药、药用辅料和药包材注册申请，国家药品监督管理局药品审评中心建立原料药、药用辅料和药包材登记平台与数据库，有关企业或者单位可通过登记平台按本公告要求提交原料药、药用辅料和药包材登记资料，获得原料药、药用辅料和药包材登记号，待关联药品制剂提出注册申请后一并审评。

药包材登记资料主要内容包括企业基本信息、药包材基本信息、生产信息、质量控制、批检验报告、稳定性研究、安全性和相容性研究等。具体内容应当符合2016年第155号通告中药包材申报资料要求。

（二）对直接接触药品的包装材料和容器的管理

药包材生产现场检查参照《直接接触药品的包装材料和容器管理办法》（原国家食品药品监督管理局局令第13号）中所附《药包材生产现场考核通则》开展检查。各省（区、市）药品监督管理局可根据监管需要进一步完善相关技术规范和检查标准，促进辅料和药包材质量水平稳步提升。

（三）中药材及饮片包装材料和容器的管理

中药材发运时必须有包装。每件包装上必须注明品名、产地、日期、调出单位，并附有质量合格的标志。包装必须符合国家规定的有关标准，如《药材运输包装标准》等。包装标准对包装材料的规格，包装技术要求，包件重量、体积标志等均做了明确规定，储运工作中必须遵照执行。

《药材运输包装标准》中具体规定了 300 多种常用药材的包装方法，药材包装方法必须严格按标准执行。通常贵重药材、易碎药材、易变质药材以及玻璃器皿做内包装的药材，宜用纸箱装，箱内衬防潮纸或塑料薄膜，箱外涂防潮油或用麻布、麻袋等裹包，再用塑料带捆扎成十字形或井字形。质地轻薄，受压不易变形、破碎的药材宜用打包机压缩打包，并在药材外面用符合运输标准要求的麻布、粗平布或塑料编织布包裹，必要时内衬防潮纸，按照运输标准规定的规格尺寸打成包件。质地较软的药材，如花、叶、草类，还需在外面加竹片、荆条等支撑物，然后用麻绳、棕绳或铁丝等捆扎。

中药饮片应当选用与药材性质相适应的包装材料和容器。包装不符合规定的中药饮片，不得销售。

中药材及饮片的包装应符合下列 6 项基本要求。

1.牢固安全　包装材料应有一定机械强度，不得在正常的装卸、运输、储藏过程中发生松散、破损及泄漏现象。要求包装材料干燥清洁，不得影响中药材及其饮片质量。

2.体积适度　要求所选包装器材、包装件体积和包装方法应适合药材自身的特点，适合储运要求。如轻泡货，每件重量应为 10 ～ 50kg；重实货，每件重量最好为 25 ～ 50kg。包装的体积大小应以搬运、堆码方便为宜。

3.外形合理　包装外形要适合储运、堆码；一般包装件为长方体，最少每件有两个平面，避免圆球形包装。缝合、捆扎时为方便搬运，应注意留有抓提处。

4.用料经济　在保证包装质量的前提下，应当因地制宜，就地取材，尽量采用廉价包装材料或将旧包装重复利用，以降低包装费用。但装过农药，化肥或危险品的旧包装，不得再装中药。

5.美观整齐　同一品种的包装用料以及外观必须保持一致，如包装外表颜色、体积、标识及捆扎方法等必须一致，做到整齐美观，包装的装潢设计要尽量给人以美好的感受。

6.标志齐全　包装件外表应按国家有关规定粘贴发货标识和包装储运指示标识，并注明品名、产地、日期、调出单位等；包装件内应附中药质量检验合格证书。

四、最终灭菌医疗器械包装材料的管理

医疗器械是特殊的商品，最终灭菌医疗器械的包装材料和包装容器必须符合使用要求。2005年，国家质量监督检验检疫总局与国家标准化委员会联合颁发的中华人民共和国标准《最终灭菌医疗器械的包装》（GB/T 19633–2005），对最终灭菌医疗器械的包装做出了严格的规定。

最终灭菌医疗器械的包装目的是使产品在预期的使用、贮存寿命、运输和贮存条件中保持产品的无菌性。包装材料用的原材料可以是初次使用的材料，也可以是回收材料，但前提是应了解所有原材料特别是回收材料的来源、历史和可追溯性。并能对它们加以控制，以确保最终产品完全符合 GB/T 19633–2005。

（一）包装材料通用要求

一般包装材料如包裹材料，纸、塑料薄膜等应符合下列要求。①材料不应有足以影响其性能

和安全性的释放物和异味，对与之接触的医疗器械不应产生不良影响。②材料上不应有穿孔、裂缝、开裂、皱褶或局部薄厚不均等影响材料功能的缺陷。③质量应与生产者的标称值一致。④材料应具有可接受的清洁度水平。⑤应确定最低物理特性，如拉伸强度、厚度变化、抗撕裂、气体渗入和胀破强度，以满足医疗器械包装和灭菌过程或最终包装的要求。⑥应确定各化学性能的特性值，如 pH 值，氯和硫的含量，以满足医疗器械包装和灭菌过程的要求。⑦在使用条件下，不论是灭菌前、灭菌中或灭菌后，包装材料和（或）系统不应释放出足以损害健康的毒性物质。⑧如有必要，应结合医疗器械的预定使用来评价包装材料和（或）系统的生物相容性。

（二）涂黏合层包装材料要求

涂黏合层包装材料除具备上述通用要求外，还应满足以下要求。①涂层应是连续的，不应出现空白或裂纹，以免导致在密封处形成间断。②涂布量应与生产者标示值一致。③材料所规定的最小密封强度应得到证实。

（三）成型包装要求

灭菌前、灭菌中及灭菌后，材料、黏结剂涂层、印墨或化学指示物等成分不应与产品发生反应、污染产品以及向产品迁移或对产品产生副作用。

成型包装，如纸袋、热封袋和筒，除具备上述通用要求、涂黏合层包装材料要求外，还应满足如下要求。①包装应满足生产者和制造者对密封宽度、胀破和（或）密封强度所提出的技术规范。②印于包装上的过程指示物应符合 GB 18282.1–2015（ISO 11140–1）。③具有可剥开特性的包装，其剥开层应连续、均匀，不应使材料剥离或撕裂而影响内装物的无菌性。

另外，纸袋、可热封的袋和筒除具有性能要求外，还有结构和包装设计要求。

（四）可重复使用容器要求

可重复使用容器除具备包装通用材料要求，还应满足下列要求。①每一容器应有一指示系统，当闭合完好性被破坏时，能提供清晰的指示。②在从灭菌器内取出、运输和贮存过程中，灭菌剂的释放口应具有微生物屏障；包装材料的微生物屏障特性对保障包装完好性和产品的安全性十分重要。③密封垫（或）圈应具有 GB/T 19633–2005 中规定的微生物屏障。④容器的结构应易于目力检测所有基本部件，在重复使用之前，生产者应规定用目力检测的接收准则。⑤生产者应规定服务、清洁过程以及检测、维护和部件更换方式。

（五）与标签系统适应性要求

标签系统应满足以下要求。①不对包装材料和（或）系统与所用灭菌过程的适应性有不利影响。②不会因所用的灭菌过程而导致难以辨认。③不使用会引起墨迹向医疗器械迁移、与包装材料和（或）系统发生反应从而损害包装材料的墨打印或书写。④固定在包装材料和（或）系统表面的标签，其黏接系统应能经得起灭菌过程和制造者规定的贮存和运输条件。

此外，包装材料在贮存过程中，可能会变质，因此制造者应按 GB/T 19633–2005 中规定，采用适当的方法为保持其特性提供必要的保护，确保包装材料的特性保持在规定的限度内，并按 GB/T 19633–2005 相关要求，对最终灭菌医疗器械包装进行检测，如无菌包装完好性的目力检测、密封强度检测等。

第三节　医药商品包装标识

包装标识是包装辅助物，是为了方便商品的储运、装卸、销售和使用，在商品的包装容器上用醒目的图形及文字所做的特定记号和说明，如包装储运指示标识。医药商品包装标识是指在包装上标有反映医药商品主要特征的图形、符号及文字说明。

一、医药商品包装标识的分类

常见的医药商品包装标识有运输包装收发货标识、包装储运指示标识等。

1. 运输包装收发货标识　收发货标识又称识别标识，指在商品的外包装件上商品的分类图示标识、其他标识及文字说明、排列格式的总称。主要供收发货人识别的标识，通常由简单的几何图形和文字组成。收发货标识的运用可使货物在装卸时易于识别，防止贵重物品被窃取等。如分类标识、品名、供货号、货号、规格、重量（毛重、净重）、生产单位、体积、生产日期、有效期限、收货地址和单位、发货单位、数量、运输号码、发运件数等。其中分类标识必须有，其余各项合理选用。

2. 包装储运指示标识　指示标识又称操作标识，系根据商品运输、装卸、储存等方面所提出的要求及需要注意的有关事项，以确保商品安全，正确对待货物的图案标识。指示标识通常由图形和文字组成，符合 GB/T 191–2008（包装储运图示标志）。

3. 特殊管理药品包装标识　特殊管理的药品，即麻醉药品、精神药品、医用毒性药品、放射性药品。该类药品其包装上必须印有相应特殊管理药品标识，见图 4–1。

■ 蓝 □ 白　　　■ 绿 □ 白　　　■ 黑 □ 白　　　■ 红 □ 黄

图 4–1　特殊药品的包装标识

4. 纳入国家免疫规划疫苗、非处方药及外用药标识　疫苗生产企业供应的纳入国家免疫规划疫苗的最小外包装的显著位置，标明"免费"字样以及卫生和计划生育委员会规定的"免疫规划"专用标识。非处方药应在其销售包装的显著位置印有专用标识，甲类非处方药印有红色椭圆形底色内标注白色"OTC"标识，乙类非处方药印有绿色椭圆形底色内标注白色"OTC"标识。外用药应在其销售包装的显著位置印有红色方框底色内标注白色"外"字的专用标识。

5. 危险药品包装标识　危险品必须在其包装上印有相应的有国家标准的危险货物包装标识。

6. 无菌器具包装上的标识　包装标识不仅是用来正确指导无菌器具的运输、贮存、拆包和使用，更重要的是从标识上能评价识别优质产品。对无菌器具包装上的标识应有以下要求。

（1）标识应明显、清晰、牢固　包装上的标识应明显、清晰、牢固，不应因经受所采用的灭菌、运输和贮存而脱落或模糊不清。

（2）标识应不影响内装物的质量　单包装上的标识应印制在表面上，要考虑油墨向包装内部迁移而影响内装物的质量。

（3）无菌器具单包装上的标识　①产品的名称、型号或规格。②"无菌"字样或无菌图形符号。"用后销毁"等字样。③无热原。④"包装破损禁止使用"字样的警示。⑤一次性使用说明或图形符号。⑥产品的生产批号，以"批"字开头或图形符号。⑦失效年月、有效期。⑧制造商名称、地址和商标。⑨如配有针头，应注明规格。⑩输液器应标识滴管滴出 20 滴或 60 滴蒸馏水相当于 1±0.1mL 的说明。⑪注射器的开口处应标在按手处。⑫应有正确的生产许可证和医疗器械注册证号。

（4）中包装上的标识　①产品的名称、型号、数量。②产品生产批号或日期。③失效年月。④制造商名称、地址和商标。

（5）外包装上的标识　①产品的名称、型号和数量。②"无菌"字样或图形符号。③产品生产批号或日期。④灭菌批号或日期。⑤失效年月及灭菌的化学指示标识。⑥一次性使用的说明或图形符号。⑦制造商名称、地址和商标。⑧毛重、体积（长×宽×高）。⑨"怕湿""怕热""怕压"等字样。⑩外包装、中包装、单包装上的相同标识一致。⑪单包装各封口处的规范。

二、药品说明书与标签的管理

说明书与标签是介绍药品特性、指导患者合理用药和普及医药知识的媒介，是药品的重要包装内容之一，也是药品信息的重要来源之一，因此药品说明书和标签的文字表述必须科学、规范、准确。世界各国对药品说明书与标签的要求都非常严格，如美国、英国、日本等国的药政法规都明确规定药品说明书是医疗上的重要文件，是医生开方和药师配方的依据，具有科学及法律上的意义。我国药品说明书和标签由国家药品监督管理局予以核准。为规范管理，国家药品监督管理局于 2006 年 3 月 15 日颁布《药品说明书和标签管理规定》，自 2006 年 6 月 1 日起施行。

（一）药品说明书的管理

《药品管理法》规定，药品必须附有说明书。药品说明书是载明药品的重要信息的法定文件，也是医师、药师、护士和患者治病用药的科学依据。根据《药品说明书和标签管理规定》，药品说明书的基本作用是指导安全、合理使用药品。

药品说明书可以作为药品管理领域一系列法律事实的认定依据，包括判定假药劣药、虚假药品广告和药品召回对象的认定依据。

药品说明书包括药品批准文号、法定通用名称、主要成分、适应证或功能主治、用法与用量、规格、装量、生产企业、不良反应、禁忌、注意事项、生产日期、批号、有效期及储藏要求等项内容。

我国药品说明书在药品注册申请时一并向国家药品监督管理局申报，经批准后方可使用。药品说明书应当包含药品安全性、有效性的重要科学数据、结论和信息；应当列出全部活性成分或者组方中的全部中药药味，注射剂和非处方药还应当列出所用的全部辅料名称，药品处方中含有可能引起严重不良反应的成分或者辅料的，应当予以说明。生产企业应当主动跟踪药品上市后的安全性、有效性情况，需要对药品说明书进行修改的，应当及时提出申请。生产企业未及时修改说明书或未将药品不良反应在说明书中充分说明的，由此引起的不良后果由该生产企业承担。药品说明书应当充分包含药品不良反应信息，详细注明药品不良反应；其核准日期和修改日期应在说明书中醒目标示。

（二）药品标签的管理

药品的标签是指药品包装上印有或者贴有的内容，分为内标签和外标签。

1. 内标签　药品内标签是指直接接触药品的包装的标签。药品的内标签应当包含药品通用名称、适应证或者功能主治、规格、用法用量、生产日期、产品批号、有效期、生产企业等内容。包装尺寸过小无法全部标明上述内容的，至少应当标注药品通用名称、规格、产品批号、有效期等内容。

2. 外标签　药品的外标签是指内标签以外的其他包装的标签，药品外标签应当注明药品通用名称、成分、性状、适应证或者功能主治、规格、用法用量、不良反应、禁忌、注意事项、贮藏、生产日期、产品批号、有效期、批准文号、生产企业等内容。适应证或者功能主治、用法用量、不良反应、禁忌、注意事项不能全部注明的，应当标出主要内容并注明"详见说明书"字样。

用于运输、储藏的包装的标签，至少应当注明药品通用名称、规格、贮藏、生产日期、产品批号、有效期、批准文号、生产企业，也可以根据需要注明包装数量、运输注意事项或者其他标记等必要内容。

原料药的标签应当注明药品名称、贮藏、生产日期、产品批号、有效期、执行标准、批准文号、生产企业，同时还需注明包装数量及运输注意事项等必要内容。

同一药品生产企业生产的同一药品，药品规格和包装规格均相同的，其标签的内容、格式及颜色必须一致，药品规格或者包装规格不同的，其标签应当明显区别或者规格项明显标注。同一药品生产企业生产的同一药品，分别按处方药与非处方药管理的，两者的包装颜色应当明显区别。对贮藏有特殊要求的药品，应当在标签的醒目位置注明。

药品标签中的有效期应当按照年、月、日的顺序标注，年份用四位数字表示，月、日用两位数表示。有效期若标注到日，应当为起算日期对应年月日的前一天，若标注到月，应当为起算月份对应年月的前一月。

（三）药品名称的管理

药品说明书和标签中标注的药品名称必须符合国家药品监督管理局公布的药品通用名称和商品名称的命名原则，并与药品批准证明文件的相应内容一致。

1. 药品通用名称　《药品管理法》（2019 年修订）中关于药品通用名称的定义："列入国家药品标准的药品名称为药品通用名称"。已经作为药品通用名称的，该名称不得作为药品商标使用。

药品通用名称应当显著、突出，其字体、字号和颜色必须一致，并符合以下要求。①对于横版标签，必须在上三分之一范围内显著位置标出；对于竖版标签，必须在右三分之一范围内显著位置标出。②不得选用草书、篆书等不易识别的字体，不得使用斜体、中空、阴影等形式对字体进行修饰。③字体颜色应使用黑色或者白色，与相应的浅色或者深色背景形成强烈反差。④除因包装尺寸的限制而无法同行书写的，不得分行书写。⑤药品的通用名称不得作为商品名称进行商标注册。

2. 药品商品名称　药品商品名称是由该药品生产企业命名并向所在国相关部门注册的药品的牌名。

药品商品名称不得与通用名称同行书写，其字体和颜色不得比通用名称更突出和显著，其字体以单字面积计不得大于通用名称所用字体的二分之一。药品说明书和标签中禁止使用未经注册的商标以及其他未经国家药品监督管理部门批准的药品名称。药品标签使用注册商标的，应当印刷在药品标签的边角，含文字的，其字体以单字面积计不得大于通用名称所用字体的四分之一。

（四）其他规定

麻醉药品、精神药品、医疗用毒性药品、放射性药品、外用药品和非处方药品等国家规定有专用标识的，其说明书和标签必须印有规定的标识。非处方药说明书单色印刷时，应在 OTC 标识下注明甲类或乙类。国家对药品说明书和标签有特殊规定的，应服从其规定。中药材、中药饮片的标签管理规定由国家药品监督管理部门另行制定。

《药品注册管理办法》（2020 年）规定，境内生产药品批准文号格式：国药准字 H（Z、S）+ 四位年号 + 四位顺序号。中国香港、澳门和台湾地区生产药品批准文号格式：国药准字 H（Z、S）C+ 四位年号 + 四位顺序号。

境外生产药品批准文号格式：国药准字 H（Z、S）J+ 四位年号 + 四位顺序号。

其中，H 代表化学药，Z 代表中药，S 代表生物制品。

药品批准文号不因上市后的注册事项的变更而改变。中药另有规定的从其规定。

国家标准化委员会发布了 GB/T 37105–2018《包装 药品包装上的盲文》，该标准规定了药品标签上盲文使用的要求和指南。

三、医疗器械说明书与标签的管理

医疗器械说明书的形式一般分为使用说明书和技术说明书，对大部分简单重复产品可将技术说明与使用说明合并为使用说明书。国家药品监督管理总局根据《医疗器械监督管理条例》制定了《医疗器械说明书和标签管理规定》，并于 2014 年 10 月 1 日起施行。

医疗器械说明书是由医疗器械注册人或者备案人制作，随产品提供给用户，涵盖该产品安全有效的基本信息，用以指导正确安装、调试、操作、使用、维护、保养的技术文件。

医疗器械标签是指医疗器械或者其包装上附有的用于识别产品特征和标明安全警示等信息的文字说明及图形、符号。

（一）医疗器械说明书及标签的相关规定

按照《医疗器械说明书和标签管理规定》，医疗器械说明书和标签应符合以下规定。①说明书和标签内容应当科学、真实、完整、准确，并与产品特性相一致，与经注册或者备案的相关内容一致。②说明书和标签对疾病名称、专业名词、诊断治疗过程和结果的表述，应当采用国家统一发布或者规范的专用词汇。③说明书和标签中使用的符号或者识别颜色应当符合国家相关标准的规定；无相关标准规定的，该符号及识别颜色应当在说明书中描述。④医疗器械最小销售单元应当附有说明书。⑤医疗器械的产品名称应当使用通用名称，通用名称应当符合国家药品监督管理总局制定的医疗器械命名规则。第二类、第三类医疗器械的产品名称应当与医疗器械注册证中的产品名称一致。⑥产品名称应当清晰地标明在说明书和标签的显著位置。⑦说明书和标签文字内容应当使用中文，中文的使用应当符合国家通用的语言文字规范。医疗器械说明书和标签可以附加其他文种，但应当以中文表述为准。⑧说明书和标签中的文字、符号、表格、数字、图形等应当准确、清晰、规范。

（二）医疗器械说明书及标签内容

1. 医疗器械说明书内容 说明书包括以下内容：①产品名称、型号、规格；医疗器械注册证编号或者备案凭证编号；产品技术要求的编号；产品性能、主要结构组成或者成分、适用范围。②注册人或者备案人的名称、住所、联系方式及售后服务单位，进口医疗器械还应当载明代理人的名称、住所及联系方式。③生产企业的名称、住所、生产地址、联系方式及生产许可证编号或者生产备案凭证编号，委托生产的还应当标注受托企业的名称、住所、生产地址、生产许可证编号或者生产备案凭证编号。④禁忌证、注意事项、警示及提示的内容。⑤安装和使用说明或者图示，由消费者个人自行使用的医疗器械还应当具有安全使用的特别说明。⑥产品维护和保养方法，特殊储存、运输条件、方法。⑦生产日期，使用期限或者失效日期。⑧配件清单，包括配件、附属品、损耗品更换周期以及更换方法的说明等。⑨医疗器械标签所用的图形、符号、缩写等内容的解释。⑩说明书的编制或者修订日期及其他应当标注的内容。

2. 医疗器械标签内容 标签包括以下内容：①产品名称、型号、规格；医疗器械注册证编号或者备案凭证编号。②注册人或者备案人的名称、住所、联系方式，进口医疗器械还应当载明代理人的名称、住所及联系方式。③生产企业的名称、住所、生产地址、联系方式及生产许可证编号或者生产备案凭证编号，委托生产的还应当标注受托企业的名称、住所、生产地址、生产许可证编号或者生产备案凭证编号。④生产日期、使用期限或者失效日期。⑤电源连接条件、输入功率。⑥根据产品特性应当标注的图形、符号及其他相关内容。⑦必要的警示、注意事项。⑧特殊储存、操作条件或者说明。⑨使用中对环境有破坏或者负面影响的医疗器械，其标签应当包含警示标志或者中文警示说明。⑩带放射或者辐射的医疗器械，其标签应当包含警示标志或者中文警示说明。

医疗器械标签因位置或者大小受限而无法全部标明上述内容的，至少应当标注产品名称、型号、规格、生产日期和使用期限或者失效日期，并在标签中明确"其他内容详见说明书"。

（三）医疗器械说明书及标签中有关注意事项、警示及提示性内容

1. 医疗器械说明书中有关注意事项、警示及提示性内容 医疗器械说明书应注意：①产品使用的对象。②潜在的安全危害及使用限制。③产品在正确使用过程中出现意外时，对操作者、使用者的保护措施以及应当采取的应急和纠正措施。④必要的监测、评估、控制手段。⑤一次性使用产品应当注明"一次性使用"字样或者符号，已灭菌产品应当注明灭菌方式以及灭菌包装损坏后的处理方法，使用前需要消毒或者灭菌的应当说明消毒或者灭菌的方法。⑥产品需要同其他医疗器械一起安装或者联合使用时，应当注明联合使用器械的要求、使用方法、注意事项。⑦在使用过程中，与其他产品可能产生的相互干扰及其可能出现的危害。⑧产品使用中可能带来的不良事件或者产品成分中含有的可能引起副作用的成分或者辅料。⑨医疗器械废弃处理时应当注意的事项，产品使用后需要处理的，应当注明相应的处理方法。⑩根据产品特性，应当提示操作者、使用者注意的其他事项。

此外，重复使用的医疗器械应当在说明书中明确重复使用的处理过程，包括清洁、消毒、包装及灭菌的方法和重复使用的次数或者其他限制。

2. 医疗器械说明书和标签不得出现的内容 医疗器械说明书和标签不得出现：①含有"疗效最佳""保证治愈""包治""根治""即刻见效""完全无毒副作用"等表示功效的断言或者保证的。②含有"最高技术""最科学""最先进""最佳"等绝对化语言和表示的。③说明治愈率或

者有效率的。④与其他企业产品的功效和安全性相比较的。⑤含有"保险公司保险""无效退款"等承诺性语言的。⑥利用任何单位或者个人的名义、形象作证明或者推荐的。⑦含有误导性说明，使人感到已经患某种疾病，或者使人误解不使用该医疗器械会患某种疾病或者加重病情的表述，以及其他虚假、夸大、误导性的内容。⑧法律、法规规定禁止的其他内容。

除以上规定外，医疗器械说明书和标签还应符合下列要求：①医疗器械说明书应当由注册申请人或者备案人在医疗器械注册或者备案时，提交药品监督管理部门审查或者备案，提交的说明书内容应当与其他注册或者备案资料相符合。②经药品监督管理部门注册审查的医疗器械说明书的内容不得擅自更改。③已注册的医疗器械发生注册变更的，申请人应当在取得变更文件后，依据变更文件自行修改说明书和标签。④说明书的其他内容发生变化的，应当向医疗器械注册的审批部门书面告知，并提交说明书更改情况对比说明等相关文件。审批部门自收到书面告知之日起20个工作日内未发出不予同意通知件的，说明书更改生效。⑤已备案的医疗器械，备案信息表中登载内容、备案产品技术要求以及说明书其他内容发生变化的，备案人自行修改说明书和标签的相关内容。

说明书和标签不符合规定要求的，由县级以上药品监督管理部门按照《医疗器械监督管理条例》规定予以处罚。

复习思考题

1. 简述医药商品包装的作用。
2. 简述中药材及饮片包装的基本要求。
3. 简述药品说明书的作用及内容。
4. 简述药品内标签的定义及应当标注的内容。

第五章

医药商品储存、养护与运输

扫一扫，查阅本章数字资源，含PPT、音视频、图片等

医药商品是特殊商品，其质量优劣直接关系到人民群众的用药安全及身体健康。医药商品从生产到最后消费者使用，需要经过一系列的流通环节。在流通环节中要保证医药商品质量，满足医药市场供应，必然要依据其质量特性，合理地进行储存、养护及运输。

第一节　医药商品储存

国家标准（GB/T4122.1-1996）对储存的定义十分简单，认为储存就是"保护、管理、贮藏物品"。医药商品储存不仅可以调节医药商品产销在时间上和地域上的差异，而且可以发挥类似蓄水池的作用。

一、医药商品储存的定义与任务

（一）医药商品储存的定义

医药商品储存是指医药商品离开生产领域之后，进入消费领域之前的流通过程中经过多次停留而形成的储备，包括商品的在库储存及运输途中、中转仓库、陈列待销的商品滞留。在此过程中，应根据医药商品的特性、说明书或标签上注明储藏条件，进行妥善保管。

（二）医药商品储存的任务

医药商品由生产到消费之间往往存在一定的时间间隔，必然使一部分医药商品停留在仓库，这决定了医药商品储存的必要性。

由于医药商品是特殊商品，有其不同的理化性质，在储存过程中，受内在因素和外在环境的影响，会发生质量变化。因此，医药商品储存是医药商品质量管理的重要环节，也是保证医药商品质量的一项重要工作。

医药商品储存的任务是确保医药商品在储存过程中的安全，保证医药商品的质量，降低耗损；加强医药商品的流通，满足人民防治疾病的需要；保证医药商品安全有效，维护用户的利益；降低流通费用，最大限度实现医药商品的使用价值。加速资金周转，提高企业的经济效益。简单概括为：安全储存、避免事故；科学养护、保证质量；收发迅速、降低损耗。

二、医药商品仓库

（一）药品仓库

1. 药品仓库设置　药品仓库作为生产和流通的中转站，其设置应与药品生产的布局相适应，也应与企业药品经营规模相适应。如企业经营的品种、数量、货值、周期等。

经营规模是指企业上一年的实际物流规模，包括入库量、在库量、出库量。衡量物流规模应当以上一年经营范围中各类别药品的最大量分别判断。

（1）**药品仓库环境及库区要求**　药品仓库选址应考虑经济区域和药品的合理流向，以保证运输通畅。药品仓库应建立在地质坚固，地势干燥平坦，给水充足，用电方便的地区。避免设在外环境有污染源如粉尘、热源等区域。库区应与外界建立有效的隔离措施，库房主体建筑应选用有利于保温、隔热的材料，保护库房的恒温要求；应与经营范围、仓储设施规模相适应，并能满足药品安全、合理储存的要求及条件。住宅用房不得用作药品仓库。

（2）**特殊管理药品仓库设置**　①麻醉药品和第一类精神药品设专库，必须位于库区建筑群之内，不靠外墙，采用无窗建筑形式，整体为钢筋混凝土结构，具有抗撞击能力；入口采用钢制保险库门，仓库产权归企业所有。实行双人双锁管理，配备相应的监控设备、自动报警装置和防火设施，自动报警装置应与公安机关报警系统联网。专人负责管理，建立专用账册，入库双人验收，出库双人复核，做到账物相符。②第二类精神药品、医疗用毒性药品、药品类易制毒化学品、蛋白同化制剂、肽类激素，应储存于专库或者药品仓库中的专柜，建立专用账册，实行专人管理。

（3）**冷库要求**　冷库设计应当符合国家相关标准要求。冷库应当合理划分冷库收货验收、储存、包装材料预冷、装箱发货、待处理药品存放等区域，并有明显标示。配备相应的冷藏、冷冻储运设施设备及温湿度自动监测系统，并对设施设备进行维护管理。经营生物制品以及经营冷藏、冷冻药品，应配备与其经营规模和品种相适应的冷库，冷库容积应不少于 $50m^3$。如专营体外诊断试剂企业的仓库面积不少于 $60m^2$，并设有容积不小于 $20m^3$ 的冷库。

（4）**中药材、中药饮片仓库设置**　中药材、中药饮片应分别设置专用库房，养护场所可以共用。中药样品室（柜）收集的样品用于直接收购地产中药材时应当对照验收。

2. 药品仓库的库区布局

（1）**仓库总平面布局**　总平面布局应考虑：①方便仓库作业和药品的安全储存，最大限度地利用仓库的面积。②能有效划分各储存作业区、辅助作业区、办公生活区。③特殊区域的药品和其他药品有区别，不能混淆。④库房的建造、改造和维护要符合药品储存温湿度控制、安全管理的要求，便于堆垛、搬运、装卸等操作；有利于充分使用仓库设施和机械设备，符合仓库安全及消防要求，方便搬运装卸等操作。⑤库区和库房的人流、物流走向要合理，能有效防止污染、交叉污染、混淆和差错。

（2）**库区分区管理的基本要求**　①办公区、生活区的人员活动不得交叉，不得对药品储存作业造成干扰。②储存作业区（库房、装卸作业场所、运输车辆停放场所、保管员工作室等）、辅助作业区（票据管理室、物料间等）、办公生活区（非物流办公室、宿舍、车库、食堂等）分开一定距离，实现有效隔离。③室外装卸、搬运、接收、发运等作业场所应通过设置顶棚、雨篷等防护措施，防止药品被雨雪等污染。

（3）**仓储作业区基本要求**　仓储作业区是药品库房的主要区域，包括库房、装卸作业场所等。①库房地面平整，不起尘；内墙、屋顶应平整、光洁，无脱落物、裂痕、霉斑、水迹等。

②门窗结构严密，库房门应设空气幕等隔离措施；无鼠、鸟等可进入的缝隙，符合安全用电要求的照明设备。③配备通风、排水防潮设备。④配备自动监测记录库房温湿度的设备。⑤仓库应配备有避免阳光直射的避光设备，应有完好、有效的通风的设施设备，有风帘、挡鼠板、灭蝇灯、粘鼠胶等防虫、防鼠设备。⑥库房内应划分专用的零货储存区，便于零货拣选；有专用于零货拣选、拼箱发货操作及复核的作业区域和设备，如零货箱、周转箱、运输箱、封口胶、标签等设备。

（4）**色标管理** 人工作业的库房储存药品按质量状态实行色标管理。待验药品、退货药品库（区）为黄色，该区域应符合待验药品及退货药品的储存温度要求。合格品库（区）、零货称取库（区）、待发药品库（区）为绿色。不合格药品库（区）为红色，需单独存放，并有明显标志。

（5）**温湿度监测** 冷库应配备温湿度自动监测系统，实时采集、显示、记录、传送储存过程中的温湿度数据，具有远程及就地实时报警功能，且可通过计算机读取和存储所记录的监测数据。此外，冷库应有电力保障措施，配有备用发电机组或双回路供电系统。发生电力故障时，能够及时开启备用发电机或切换供电线路，确保冷库制冷用电不间断。

（二）医疗器械仓库

从事医疗器械经营活动，应当有与经营规模和经营范围相适应的经营场所和贮存条件，以及与经营的医疗器械相适应的质量管理制度和质量管理机构或者人员。医疗器械贮存作业区、辅助作业区应与办公区和生活区分开一定距离或者有隔离措施。

1. 医疗器械仓库环境及库区要求 库房的条件应符合医疗器械 GSP 要求：①库房内外环境整洁，无污染源。②库房内墙光洁，地面平整，房屋结构严密。③有防止室外装卸、搬运、接收、发运等作业受异常天气影响的措施。④库房有可靠的安全防护措施，能够对无关人员进入实行可控管理。

2. 仓储作业区布局 库房应配备与经营范围和经营规模相适应的设施设备，包括：①医疗器械与地面之间有效隔离的设备，包括货架、托盘等。②避光、通风、防潮、防虫、防鼠等设施。③符合安全用电要求的照明设备。④包装物料的存放场所。⑤有特殊要求的医疗器械应配备的相应设施设备。

库房温度、湿度应当符合所经营医疗器械说明书或者标签标示的要求。对有特殊温湿度贮存要求的医疗器械，应当配备有效调控及监测温湿度的设备或者仪器。批发需要冷藏、冷冻贮存运输的医疗器械，应当配备以下设施设备：①与其经营规模和经营品种相适应的冷库。②用于冷库温度监测、显示、记录、调控、报警的设备。③能确保制冷设备正常运转的设施（如备用发电机组或者双回路供电系统）。④根据相应的运输规模和运输环境要求配备冷藏车、保温车，或者冷藏箱、保温箱等设备。⑤对有特殊温度要求的医疗器械，应当配备符合其贮存要求的设施设备。

3. 色标管理 医疗器械仓库按质量状态采取分区或分类管理，仓库划分为待验区、合格品区、发货区、不合格品区、退货区等专用区域，以上各区应有明显标识。合格品和发货区使用绿色标识；待验区使用黄色标识；不合格区使用红色标识；退货产品应当单独存放。

三、医药商品入库

（一）药品入库

购货单位首先确定供货单位的合法性。经质量管理部门审核同意方可采购，采购的药品要办理入库手续，由送货人员向收货员逐件交接，验收员验收合格才能办理入库手续。

1. 资质审核　明确首营企业、首营品种的审核要求。首营企业指采购药品时，与本企业首次发生供需关系的药品生产或经营企业。首营品种指本企业首次采购的药品。

对首营企业的审核，应查验加盖其公章原印章的以下资料，确认真实、有效。①《药品生产许可证》或者《药品经营许可证》复印件、营业执照复印件及其上一年度企业年度报告公示情况。②相关印章、随货同行单（票）样式、开户户名、开户银行及账号、《税务登记证》和《组织机构代码证》复印件。

首营品种应当审核药品的合法性，索取加盖供货单位公章原印章的药品生产或者进口批准证明文件复印件并予以审核，审核无误的方可采购。应核实、留存供货单位销售人员以下资料：①加盖供货单位公章原印章的销售人员身份证复印件。②加盖供货单位公章原印章和法定代表人印章或者签名的授权书。③授权书应当载明被授权人姓名、身份证号码，以及授权销售的品种、地域、期限、供货单位及供货品种相关资料。

2. 收货　收货是从药品生产企业、药品经营企业发送的药品，到达仓库或库房进行接货、验收、入库、入账等一系列工作。药品仓库管理人员应提前知道进货部门签订的进货合同或采购进货计划及到货时间等信息，提前做好收货准备工作。

（1）接货　药品到达仓库时，接货人员必须检查：①运输工具是否密闭，拆除药品的运输防护包装后检查药品外包装是否完好，对出现破损、污染、雨淋、腐蚀、标识不清等情况，应当拒收。②按照随货同行单，核对药品实物。③根据运输单据所载明的启运日期，检查是否符合协议约定的在途时限，对不符合约定时限的，需报质量管理部门处理。供货方委托运输药品的，企业采购部门应当提前向供货单位索要委托的承运方式、承运单位、启运时间等信息，并将上述情况提前告知接货人员。要逐一核对承运方式、承运单位、启运时间等信息，不一致的应当通知采购部门并报质量管理部门处理。④查验随货同行单（票）及相关的药品采购记录。无随货同行单（票）或无采购记录的应当拒收。随货同行单（票）记载的供货单位、生产厂商、药品的通用名称、剂型、规格、批号、数量、收货单位、收货地址、发货日期等内容与采购记录以及本企业实际情况不符的，应当拒收，并通知采购部门处理。⑤依据随货同行单（票）核对药品实物。随货同行单（票）中药品的通用名称、剂型、规格、批号、数量、生产厂商等内容与药品实物不符的，应当拒收，并通知采购部门进行处理。⑥对于随货同行单（票）内容中除数量以外的其他内容与采购记录、药品实物不符的，经采购部门向供货单位核实确认后，由供货单位提供正确的随货同行单（票）后，方可收货。⑦对于随货同行单（票）与采购记录、药品实物数量不符的，经供货单位确认后，应当按照采购制度由采购部门确定并调整采购数量后，方可收货。⑧供货单位对随货同行单（票）与采购记录、药品实物不相符的内容不予确认的，到货的药品应当拒收。⑨冷藏、冷冻药品到达仓库时，接货人员除按照上述相关检查外，还要查验冷藏车、车载冷藏箱或保温箱的温度状况，核查并留存运输过程和到货时的温度记录；发现冷藏温度不符合要求应拒收。

核对无误的药品放置于相应的待验区域内，并在随货同行单（票）上签字。接货人员对符合收货要求的药品，通知验收人员验收。

（2）验收　验收人员按照验收规定，对到货药品进行逐批抽样验收。同一批号的样品应当至少检查一个最小包装；对于破损和拼箱的药品抽样，应逐件开箱检查至最小包装。冷藏药品应在冷库进行。验收药品应当按照药品批号查验同批号的检验报告书，如从生产企业购进，应当有加盖质量检验原印章的检验报告书原件；如从批发企业购进，应加盖批发企业质量管理专用章原印章。

　　1）包装检查　验收人员对抽样药品的包装、标签、说明书逐一进行检查、核对。如检查运输储存包装的封条有无损坏，包装上是否清晰注明药品通用名称、规格、生产厂商、生产批号、生产日期、有效期、批准文号、贮藏、包装规格及储运图示标志，以及特殊管理的药品、外用药品、非处方药的标识等标记。检查最小包装的封口是否严密、牢固，有无破损、污染或渗液，包装及标签印字是否清晰，标签粘贴是否牢固。检查每一最小包装的标签是否有药品通用名称、成分、性状、适应证或者功能主治、规格、用法用量、不良反应、禁忌、注意事项、贮藏、生产日期、产品批号、有效期、批准文号、生产企业等内容。对注射剂瓶、滴眼剂瓶等因标签尺寸限制无法全部注明上述内容的，至少标明药品通用名称、规格、产品批号、有效期等内容。中药蜜丸蜡壳至少注明药品通用名称。

　　特殊管理的药品、外用药品的包装、标签及说明书上均有规定的标识和警示说明。处方药和非处方药的标签及说明书上有相应的警示语或忠告语。非处方药的包装有国家规定的专有标识。蛋白同化制剂和肽类激素及含兴奋剂类成分的药品有"运动员慎用"警示标识。进口药品的包装、标签以中文注明药品通用名称、主要成分以及注册证号，并有中文说明书。中药饮片的包装或容器与药品性质相适应且符合药品质量要求。中药饮片的标签需注明品名、包装规格、产地、生产企业、产品批号、生产日期。整件包装上有品名、产地、生产日期、生产企业等，并附有质量合格的标志。实施批准文号管理的中药饮片，还需注明批准文号。中药材包装应标明品名、规格、产地、供货单位、收购日期、发货日期等。实施批准文号管理的中药材，还需注明批准文号。验收地产中药材时，如果对到货中药材存在质量疑问，应当将实物与企业中药样品室（柜）中收集的相应样品进行比对，确认后方可收货。

　　2）实施批签发管理及进口药品的检查　验收实施批签发管理的生物制品时，应当有加盖供货单位药品检验专用章或质量管理专用章原印章的《生物制品批签发合格证》复印件。验收进口药品应当有加盖供货单位质量管理专用章原印章的相关证明文件：《进口药品注册证》或《医药产品注册证》；进口麻醉药品、精神药品以及蛋白同化制剂、肽类激素应当有《进口准许证》。进口药材应当有《进口药材批件》《进口药品检验报告书》或注明"已抽样"字样的《进口药品通关单》。进口国家规定的实行批签发管理的生物制品，必须有批签发证明文件和《进口药品检验报告书》。包装是否严密，有无破损、渗液，标签是否清晰、牢固，说明书内容是否全面。抽样检查一般不影响药品质量的最小单元。对于外包装及封签完整的原料药品、实施批签发管理的药品、贴有法定机构封签的诊断试剂等可以免抽样。

　　3）样品抽取　验收抽取的样品应当具有代表性。对到货的同一批号的整件药品按照堆码情况随机抽样检查。整件数量在2件及以下的应当全部抽样检查。整件数量在2件以上至50件以下的至少抽样检查3件。整件数量在50件以上的每增加50件，至少增加抽样检查1件，不足50件的按50件计。对抽取的整件药品应当开箱抽样检查。应当从每整件的上、中、下不同位置随机抽取3个最小包装进行检查，对于销售退回或存在封口不牢、标签污损、有明显重量差异或外观异常等情况的，至少再加一倍抽样数量进行检查。对于破损、污染等异常情况和拼箱的药品抽样，应逐件开箱检查，并检查至每批次的最小销售单元。

　　4）中药材及饮片验收　中药材验收包括检查品名、产地、供货单位、到货数量、验收合格数量等内容，实施批准文号管理的中药材，还要记录批准文号。中药饮片验收检查包括品名、规格、批号、产地、生产日期、生产厂商、供货单位、到货数量、验收合格数量等内容，实施批准文号管理的中药饮片还要记录批准文号。

　　5）直调药品验收　供货企业与购货单位需签订委托验收协议，明确质量责任；购货单位应当指定专门验收人员负责直调药品的验收，建立专门的直调药品验收记录。验收当日应当将验收记录相关信息传递给委托验收方。

验收结束，应当将抽取完好的样品放回原包装，加封并标示，做好验收记录。认真填写质量验收记录，并签名盖章。

（3）入库　企业应当建立入库记录，验收合格的药品放入合格药品库，验收不合格的药品放入不合格库。对实施电子监管的药品，在入库前必须进行电子监管码扫描，并及时将数据上传至中国电子监管系统平台。

（二）医疗器械入库

1. 资质审核　企业应当审核供货者的合法资格、所购入医疗器械的合法性并获取加盖供货者公章的相关证明文件或者复印件，包括：①营业执照。②医疗器械生产或者经营的许可证或者备案凭证。③医疗器械注册证或者备案凭证。④销售人员身份证复印件，加盖本企业公章的授权书原件。授权书应当载明授权销售的品种、地域、期限，注明销售人员的身份证号码。必要时，企业可以派人对供货者进行现场核查，对供货者质量管理情况进行评价；发现供货方存在违法违规经营行为时，应当及时向企业所在地药品监督管理部门报告。

2. 接货　接货人员在接收医疗器械时，应当核实运输方式及产品是否符合要求，并对照相关采购记录和随货同行单与到货的医疗器械进行核对。交货和收货双方应当对交运情况当场签字确认。对不符合要求的货品应当立即报告质量负责人并拒收。

随货同行单应当包括供货者、生产企业及生产企业许可证号（或者备案凭证编号）、医疗器械的名称、规格（型号）、注册证号或者备案凭证编号、生产批号或者序列号、数量、储运条件、收货单位、收货地址、发货日期等内容，并加盖供货者出库印章。

接货人员对符合收货要求的医疗器械，应当按品种特性要求放于相应待验区域，或者设置状态标示，并通知验收人员进行验收。需要冷藏、冷冻的医疗器械应当在冷库内待验。

3. 验收　验收工作应当在合同约定的期限内完成。验收尚未完成的医疗器械，不得使用。

验收人员应当对医疗器械的外观、包装、标签以及合格证明文件等进行检查、核对，并做好验收记录，包括医疗器械的名称、规格（型号）、注册证号或者备案凭证编号、生产批号或者序列号、生产日期和有效期（或者失效期）、生产企业、供货者、到货数量、到货日期、验收合格数量、验收结果等内容；并标记验收人员姓名和验收日期。验收不合格的还应当注明不合格事项及处置措施。

对需要冷藏、冷冻的医疗器械进行验收时，应对其运输方式及运输过程的温度记录、运输时间、到货温度等质量控制状况进行重点检查并记录，不符合温度要求的应拒收。

企业委托为其他医疗器械生产经营企业提供贮存、配送服务的医疗器械经营企业进行收货和验收时，委托方应担质量管理责任。委托方应与受托方签订具有法律效力的书面协议，明确双方的法律责任和义务，并按照协议承担和履行相应的质量责任和义务。

4. 入库　企业要建立入库记录，验收合格的医疗器械及时入库登记；验收不合格的，应注明不合格事项，并放置在不合格品区，按照有关规定采取退货、销毁等处置措施。

四、药品储存

药品存放的具体要求如下：①保持药品与地面有一定距离的设备。②药品按批号堆码，不同批号的药品不得混垛，垛间距不小于5cm，与库房内墙、顶、温度调控设备及管道等设施间距不小于30cm，与地面间距不小于10cm。③药品与非药品、外用药与其他药品分开存放；中药材、中药饮片分库存放。④麻醉药品、第一类精神药品应设立专库或者专柜储存，专库应当设有防火防盗设施并安装报警装置，专柜应当使用保险柜，专库和专柜应当实行双人双锁管理，配备专人负责管理工作，建立专用账册，入库双人验收，出库双人复核，做到账物相符；第二类精神药品、医疗用毒性药品、药品类易制毒化学品、蛋白同化制剂、肽类激素，应储存于专库或者药品仓库中的专柜，建立专用账册，实行专人管理；放射性药品由专人负责保管。⑤按包装标示的温度要求储存药品，包装上没有标示具体温度的，按照《中国药典》规定的贮藏要求储存。如阴凉处指不超过20℃；凉暗处指避光并不超过20℃；冷处指2～10℃；常温指10～30℃；储存药品相对湿度为35%～75%。

五、医疗器械储存

医疗器械仓库的温度、湿度控制应当符合医疗器械说明书和标签标示的要求，并进行记录。医疗器械应当根据产品特性，按照以下规定储存：①性质相互抵触的医疗器械应隔离存放。②橡胶、乳胶、塑料和高分子产品应防止阳光直射，远离热源，避免与酸碱、油类和腐蚀性气体接触。③医用电子电气设备应严格防潮。④X射线胶片应存放于阴凉、干燥库内，并远离放射源和化学物理污染源。⑤需无菌使用的医疗器械储存区域应避光、通风，具有防尘、防污染、防蚊蝇、防虫鼠和防异物混入等设施。⑥为便于出入和消防，器械在储存堆垛时要留出一定的距离，通称"五距"。顶距：距房顶50cm（人字形屋顶不超过大梁）。灯距：50cm。墙距：30cm。柱距：10～20cm。垛距：100cm以上，以便于垛下通风散潮。堆垛医疗器械时，应严格遵守医疗器械外包装图示标志的要求。效期产品应按效期顺序码放。

第二节　医药商品养护

医药商品种类繁多，影响医药商品质量的因素错综复杂。一般来说，影响医药商品质量的主要因素包括医药商品本身的内在因素和储存环境的外界因素。两种因素相互影响、相互促进。因此，科学的储存条件和养护方法对医药商品的质量至关重要。

一、医药商品养护的定义

医药商品养护是指运用现代科学技术与方法对储存过程中的医药商品进行保养与维护。通过科学的养护，可以减少损耗，保证医药商品质量，提高企业经济效益。

二、医药商品养护的原则

医药商品储存过程中，因其自身的理化性质及受到外界各种因素的影响，可能会引起医药商品质量变化。当医药商品外观性状发生变化时，应及时检查和处理。而有的医药商品，如某些抗生素的内在质量变化不一定引起外观的变化，需要用化学或其他方法检验才能确定。所以医药商品养护应坚持"预防为主""先产先出""易变先出""近期先出"及在库定期检查的原则，做到安全储存、保证质量、减少消耗、促进流通、收发迅速、避免事故。

三、影响医药商品质量的因素

影响医药商品质量的主要因素包括商品本身的内在因素和储存环境的外界因素。

内在因素又称为"基原因素"，是指医药商品本身所含的成分因受自然界的影响而引起变异，导致其质量变化。外在因素又称"环境因素"，是导致医药商品变质的自然因素，直接或间接影响其质量。

（一）影响医药商品质量的内在因素

1. 影响药品质量的内在因素　药品的理化性质是影响药品质量的内在因素。

药品物理性状的改变，如挥发、吸湿、潮解、风化等，使药品质量变化或不能使用。

（1）挥发性　是指液态药品能变为气态扩散到空气中的性质。具有挥发性的药品如果包装不严或贮存时的温度过高，可造成挥发。如薄荷在常温下即有强烈的挥发性。

（2）吸湿性　指药品自外界空气中不同程度地吸附水蒸气的性质，且吸湿后会引起药品变性，如阿司匹林吸水后发生水解。药品的吸湿性并不限于水溶性药物，某些高分子药品和水不溶性药品同样可以吸湿。药品不纯或经混合后，吸湿性可增加。如纯度很高的氯化钠并不吸湿，但当含有少量的氯化镁杂质时，则表现出显著的吸湿性。

（3）风化性　某些含结晶水的药品在干燥的空气中易失去全部或部分结晶水，虽然药效未改变但会影响药品的使用剂量。如阿托品、磷酸可待因等。

（4）升华性　亦称串味。药品能够吸收空气中的有害气体或特殊臭气的性质。如淀粉、药用炭、滑石粉等。

（5）熔化性　药品中的杂质影响其熔点。如氨基比林、安替比林等。

（6）冻结性　以水或乙醇为溶剂的液体药品遇冷凝结成固体，会导致药品体积膨胀而引起容器破裂。

药品的化学性质不稳定，同样会导致药品变质。药品化学不稳定性主要表现为水解、氧化、分解、变旋、聚合等化学反应。

（7）易水解性　当药品的化学结构中含有酯酰胺、酰脲、醚苷键等时，易发生水解。如青霉素的分子结构中含有 β–内酰胺环，在酸性、中性或碱性溶液中易发生降解反应，其降解产物均无抗菌活性。

（8）易氧化性　当药品的化学结构中含有酚羟基、巯基、芳香胺、醇、醛、双键等时，易发生氧化反应。如维生素 C 在空气中易被氧化生成去氢维生素 C，使其活性降低。

（9）光学异构　有些药物结构中有不对称碳原子（或其他不对称因素），因而具有旋光性。多数左旋体药物的药理作用大于右旋体，如肾上腺素的生理活性要比右旋肾上腺素大 14 倍，但这两种异构体极易互变，尤其在溶液状态更易发生。

2. 影响医疗器械质量的内在因素　医疗器械材质的理化性能及其生物兼容性是影响医疗器械质量的内在因素。

医疗器械的物理性能主要体现在材料的物理及机械性能，产品的成型加工性能和产品的使用性能等方面，对这些性能的技术要求是为了满足临床上的使用要求并保证使用安全。

医疗器械常见的物理及机械性能主要包括强度、硬度、透明度、抗疲劳性、导电性、导热性等。常见的化学性能包括抗腐蚀性、溶出物限量（如还原性、重金属含量、酸碱度）、残留物、降解物等。

医疗器械种类繁多，不可能一一列举和说明，仅介绍几个典型医疗器械的理化性质要求。

（1）一次性使用输液（血）器具　该类产品数量大，范围广，多用医用聚氯乙烯、聚丙烯、聚乙烯等高分子材料组成，这类产品的总体理化性能包括：①物理性能，如外观、尺寸、各种力学强度、微粒污染、各种组件的配合性能、流量、滤除效率等要求。②化学性能，如金属离子、易氧化物、蒸发残渣、酸碱度、紫外吸收、材料鉴别等，对于血液和输液包装的产品还应有醇溶出物的要求。

（2）**整形材料及人工器官**　用于人体的整形材料主要有硅橡胶、聚甲基丙烯酸酯等。作为人体的修补材料，必须具备如下性能：①柔软并具有一定强度。②容易加工成所需要的复杂形状。③容易染色。④重量轻，容易清洗。⑤良好的生物兼容性。

（二）影响医药商品质量的外在因素

1. 影响药品质量的外在因素　主要有日光、空气、湿度、温度、时间及微生物等。上述因素对药品的影响往往不是单独进行的，而是互相促进、互相影响，加速了药品变质。因此，应根据药品的特性，全面考虑可能引起变质的各种因素，选适当的储存条件和保管方法，以防止药品变质或延缓其变质的速度。

（1）**日光**　日光中的紫外线对药品变化常起着催化作用，能加速药品的氧化、分解等。

（2）**空气**　空气是不同气体的混合物，主要成分为氮气、氧气、二氧化碳及氩、氖等稀有元素。此外，空气中还含有水蒸气和尘埃等。与药品的质量有关的主要是氧气、二氧化碳。氧气由于性质活泼，易使某些药物发生氧化作用而变质，许多具有还原性的药品可被空气中的氧所氧化，如异丙肾上腺素被氧化后，可由白色变为粉红色，此时不可供药用。二氧化碳则是被药品吸收，发生碳酸化而使药品变质，如磺胺类钠盐与二氧化碳作用后，可生成难溶于水的游离磺胺而结晶析出。

（3）**温度**　温度过高或过低都能使药品变质。温度升高可加速药品的变质，如生物制品、血液制品在室温下保管容易失效，需要 2～10℃低温冷藏；温度升高可加速药品的挥发与风化，如咖啡因可失去分子中的结晶水；温度升高可破坏药品的剂型，如可使栓剂、胶囊剂软化变形，使糖衣片粘连，使软膏剂熔化分层等。温度降低可使一些生物制品、含蛋白制剂、乳剂及胶体制剂析出沉淀或变性分层，如甲醛溶液在9℃以下时易聚合成为多聚甲醛而使溶液呈现浑浊或析出白色沉淀；温度降低可使许多液体制剂析出结晶，其中一些药品因结晶而失效，如葡萄糖酸钙注射液等饱和溶液久置冷处易析出结晶不再溶解，而不能药用；温度降低可致容器因药液体积增加而破裂等。

（4）**湿度**　相对湿度与药品质量关系密切。相对湿度大，药品容易发生潮解、长霉、生虫或分解变质；相对湿度小，会使药品发生风化或干裂。

含有结晶水的药物，常因露置在干燥的空气中，其所含结晶水的一部分或全部丢失称为风化，如硫酸阿托品、硫酸可待因、硫酸镁、硫酸钠及明矾等。风化后的药品，其化学性质一般并未改变，但在使用时剂量难以掌握，可能因超过用量而造成事故。

大多数药品在湿度较高的情况下能吸收空气中的水蒸气而引湿，其结果使药品出现稀释、潮解、变形、发霉等现象。如甘油在潮湿的空气中吸收水分而被稀释；颗粒状氯化钙易吸潮而结成团块；某些栓剂吸潮软化变形；片剂中的淀粉因吸潮而膨胀破裂。

（5）**时间**　有些药品因其性质或效价不稳定，尽管储存条件适宜，时间过久也会逐渐变质、失效。

药品的有效期指药品在规定的储存条件下，能够保持质量合格的期限，要求使用单位和个人在规定的期限内使用。

（6）**微生物与昆虫**　药品露置在空气中，微生物和昆虫、螨等极易侵入，它们的侵入和繁殖是药品腐败、发酵等变质的一个主要原因。

2. 影响医疗器械质量的外在因素 主要有日光、空气、湿度、温度、时间及微生物等。

医疗器械仓库应按照相关要求采取避光、通风、防潮、防虫、防鼠、防火等措施，控制好库内温湿度。地面潮湿会引起器械变质，所以底层库房、货棚、堆垛器械时，一定要用枕木、石块垫板等垫底，并且用苇席、油毡等铺垫隔潮。日光会加速塑料、塑胶及医用橡胶制品老化。对库存医疗器械有效期进行跟踪和控制，采取近效期预警，超过有效期应禁止销售。

四、药品养护

药品养护是指运用现代科学技术与方法，研究药品储存保养技术及药品质量变化规律，防止药品变质，保证药品质量。

（一）药品养护的基本职责

药品养护的基本工作职责是安全储存，降低损耗，科学养护，保证质量，避免事故。

1. 对药品储存条件进行检测和调控 养护人员应对药品储存环境如温湿度、防护措施、仓储设施、设备，以及药品性状进行质量检查、维护工作。药品储存环境温湿度超出规定范围，养护人员应及时采取通风、降温、除湿、保温等措施进行有效调控，经调控后，库房的温湿度应在规定的范围内，超标要有相应的调控前和调控后的记录，如对药品包装、外观、性状、有效期等。

2. 建立药品养护档案 循环养护检查一般按季度进行，每季度循环检查一次。购进药品应在入库后 3 个月起进行第一次库存药品的检查，养护时对库房仓间温、湿度，药品的外观、包装等质量状况进行检查，并建立养护记录。对储存条件有特殊要求的或有效期较短的品种（包括首营品种、易变品种、老批号品种），应当进行重点养护。

根据中药材和中药饮片的特性和包装制定养护方法，采取干燥、熏蒸等方法养护，通过晾晒、通风、干燥、吸湿、熏蒸等方法防霉变腐烂；通过暴晒、加热、冷藏、熏蒸等方法防虫害；通过密封、降温等方法防挥发；通过避光、降温等方法防变色、泛油。但对包装严密的中药饮片不宜采用熏蒸、加热等方法，应当采用冷藏、避光等方法。所采取的养护方法不得对药品造成污染。发现有问题的药品应当及时在计算机系统中锁定和记录，并通知质量管理部门处理。定期汇总、分析和上报养护检查、近效期或长时间储存的药品等质量信息，如库房药品的结构、数量、批次，发现问题分析产生的原因及改进措施等。负责养护用仪器设备、温湿度检测和监控仪器、仓库在用计量仪器及器具等的管理工作。

（二）易受光、热、空气等因素影响的药品养护

药品因破损而导致液体、气体、粉末泄漏时，应当迅速采取安全处理措施，防止对储存环境和其他药品造成污染。药品破损采取的措施包括稀释、清洗、通风、覆盖、吸附、除尘、灭活等，被污染的药品不得再行销售。

1. 易受光线影响而变质的药品保管方法 凡遇光易引起变化的药品，如银盐、过氧化氢等可采用棕色瓶或用黑色纸包裹的玻璃容器包装，以防止紫外线的射入。需要避光保存的药品，应放在阴凉干燥，且阳光不易直射的地方。门、窗可悬挂遮光用的黑布帘、黑纸，以防阳光照入。不常用的怕光药品可储存于严密的药箱内，存放怕光的常用药品的药橱或药架应以不透光的布帘遮蔽。见光容易氧化、分解的药物如肾上腺素、乙醚等必须保存于密闭的遮光容器中，并尽量采用小包装。

2.易受湿度影响而变质的药品保管方法　对易吸湿的药品，可用玻璃瓶配软木塞塞紧、蜡封、外加螺旋盖旋紧。对易挥发的药品，应密封，置于阴凉干燥处。控制药库内的湿度，以保持相对湿度在70%左右为宜，可辅用吸湿剂如石灰、木炭，有条件者，可设置排风扇或通风器，尤其在雷雨季节，更要采取有效的防霉措施。除上述防潮设备外，药库应根据天气条件，分别采取下列措施。如晴朗干燥的天气，可打开门窗，加强自然通风；当起雾、下雨或室外湿度高于室内时，应紧闭门窗，以防止室外潮气侵入；对少量易受潮药品，可采用石灰干燥器储存，即用木箱瓦缸等容器装入块状石灰1/4容量左右，石灰层上面存放药品，待石灰吸湿成粉状后，应及时换掉。

3.易受温度影响而变质的药品保管方法　通常情况下，当多数药品储藏温度在2℃以上时，温度越低，对保管越有利。对怕热药品，可根据药品不同性质要求，分别存放于"阴凉处"或"冷处"。常用的电冰箱可调节至2～10℃。对挥发性大的药品如浓氨溶液、乙醚等，在温度高时容器内压力大，不应剧烈震动。开启前应充分降温，以免药液冲出（尤其是氨溶液）造成伤害事故。对易冻和怕冻的药品必须保温储藏，保温措施如下。

（1）保温箱　用严密木箱，内放瓦楞木箱，两层之间填充木屑或木箱内贴油毛毡，内放三合板箱。两层之间填充稻壳或用棉花作为保温材料，加双层盖。

（2）保暖库　有条件的地方可建立保暖库。

4.易燃、易爆危险品保管方法　易燃、易爆危险品指易受光、热、空气等外来因素影响而引起自燃、助燃、爆炸或具有强腐蚀性、刺激性、剧烈毒性的药品，如果处置不当、保管不当，都能引起爆炸、燃烧等严重事故，给人民生命财产带来极大的损失。此类药品应储存于危险品库内，不得与其他药品同库储存，并远离电源，同时应有专人负责保管。危险品应分类堆放，严禁烟火。危险品的包装和封口必须坚实、牢固、密封，并应经常检查是否完好无损、渗漏，一经发现必须立即进行安全处理。

（三）不同剂型的药品的养护

1.丸剂　湿度过大易吸潮、易霉变；湿度过小则易变干变硬，丸裂而影响使用。另外，丸剂易受虫蛀。储存时按其特性应防潮、防霉变、防虫蛀，应置干燥阴凉处。养护时检查包装应完整牢固，丸剂外观应圆整均匀、色泽一致、光滑、无裂纹。

2.散剂　散剂易吸湿、易结块、易霉变，某些散剂中含有挥发性成分过高易挥发。储存时应按其特性密闭储存，置阴凉干燥处。养护时检查包装应完整牢固，外观应干燥、无结块、色泽一致、无霉变、无异臭。

3.颗粒剂　颗粒剂易吸湿，易潮解，易结块。储存时应按其特性密闭储存，置阴凉干燥避光处。养护时检查包装应完整牢固，外观应干燥，颗粒均匀，色泽一致，无结块、潮解等现象。

4.片剂　片剂易受温度、湿度、光线、空气的作用而开裂、霉变、变色，糖衣片易变色、发黏等。储存时应置干燥、阴凉、避光处密闭保存，养护时检查包装应完整牢固，外观完整，色泽均匀，无变色。

5.胶囊剂　胶囊剂易吸潮使胶囊发软粘在一起；中药胶囊剂遇潮易变质；遇热易软化；过于干燥胶囊易失水开裂。储存时应置于阴凉、干燥、避光处密闭保存。养护时检查包装应完整牢固，胶囊应无结块、变形、破裂。

6.酒剂、酊剂　酒剂、酊剂性质较稳定，不易受微生物影响而变质，但易挥发，储存时应按其特性置于阴凉处密闭储存。养护时注意检查包装应牢固，无内容物渗漏，内容物应澄清。

7. 注射剂　注射剂气温太低时应注意防冻；粉针剂易潮易粘瓶结块；大输液剂不得横置倒放，严格控制堆码高度，避免压碎。储存时按其特性应置于阴凉处或冷处储存。冬季要防冻。

8. 栓剂　栓剂遇热、遇潮易软化而发黏、变形，在温热状态下易霉变，过于干燥则易先失去水分而变干开裂。储存时栓剂应置于干燥阴凉处密闭储存。养护时检查包装应完整牢固，外观应完整、光滑、无变形、发霉等。

9. 糖浆剂　糖浆剂是指含有药物、药材提取物或芳香物质的口服浓蔗糖水溶液，易受微生物的影响而霉变、酸败、沉淀等。储存时要按其特性置于阴凉处密闭储存。养护时检查包装应完整牢固，无漏气漏液现象。糖浆剂应澄清，无酸败、异臭或其他变质现象。

（四）规定有效期药品养护

企业应当采用计算机系统对库存药品的有效期进行自动跟踪和控制，采取近效期预警及超过有效期自动锁定停销等措施，防止过期药品销售。近效期药品预警的期限应当根据企业在供应链所处的位置、销售对象、药品正常使用完毕的合理期限等综合评估并确定。对于预警药品，在保管过程中，应经常注意期限，随时检查；超过有效期的药品应停止出库销售。

1. 有效期并不等于保质期　必须按照药品性质于规定条件下予以储存。例如储存温度超过规定范围或保管不善，即使在有效期限内，也可能已降效或变质。

2. 包装容器不同，有效期不同　如注射用青霉素钠，虽同一药品，用安瓿熔封的有效期是 4 年，以橡皮塞轧口小瓶（属"严封"）的，有效期仅 2 年。

3. 同一原料药因剂型不同，有效期不同　如硫酸新霉素片及其软膏有效期 3 年，其眼药水仅 1 年。

4. 药品存在质量问题，应采取措施　对存在质量问题的药品，如包装、标签、说明书破损、污染、模糊、脱落、渗液、封条损坏等，应当采取以下措施。①在计算机系统中锁定，同时报告质量管理部门确认。②存放于色标为红色的不合格品专用场所，并有效隔离，不得销售。③怀疑为假药的，及时报告药品监督管理部门；属于特殊管理的药品，按照国家有关规定处理。④不合格药品的处理过程应当有完整的报损审批和销售记录，查明并分析原因，分清质量责任，及时总结分析，采取预防措施，防止再发生。

（五）中药材及饮片养护

中药材及饮片种类繁多，性质各异，应根据其特性加以妥善保管。如保管不当将会发生霉变、虫蛀、失性、变色等现象而影响质量，甚至完全失效。中药材及饮片除受空气、湿度、日光和温度等因素的影响外，还受到昆虫和微生物的侵蚀。为使中药材及饮片的外部形态和有效成分在储存期间尽量不起变化，必须掌握各种中药材的理化性质，采取合理的保管措施，以防止霉变及防治虫蛀。养护方法主要有以下方面。

1. 干燥养护法　干燥可以除去药材及饮片中过多的水分，同时可杀死霉菌、害虫及虫卵，起到防治虫、霉，久贮不变质的效果。

2. 摊晾法　也称阴干法，即将药材及饮片置于室内或阴凉处所，使其借温热空气的流动，吹去水分而干燥，适用于芳香性叶类、花类、果皮类中药材等。

3. 高温烘燥法　对含水量过多的药材及饮片，可以采用加热增温以去除水分，有火盆烘干、烘箱烘干与干燥机烘干三种方法。此法适用于大多数药材。

4. 石灰干燥法　凡容易变色、价值贵重、质量娇嫩、容易走油、溢糖而生霉虫蛀、回潮后不宜曝晒或烘干的品种，如人参、枸杞子、鹿茸等，均可采用石灰箱、石灰缸或石灰吸潮袋的干燥法。

5. 木炭干燥法 先将木炭烘干，然后用皮纸包好，夹置于易潮易霉的药材及饮片内，可以吸收侵入的水分而防霉虫。

6. 翻垛通风法 翻垛就是将垛底中药材翻到垛面，或堆成通风垛，使热气及水分散发。一般在梅雨季节或发现药材含水量较高时采用此法，并可利用电风扇、鼓风机等机械装置加速通风。

7. 密封吸湿法 利用严密的库房及缸、瓶、塑料袋或其他包装器材，将药材及饮片密封，与外界空气隔绝，尽量减少湿气侵入的机会，保持药材及饮片原有的水分，以防霉变与虫蛀。加入石灰、硅胶等吸湿剂以吸潮，两者结合应用，更能增强干燥防虫霉的效果。贵重药材及饮片最好采用无菌真空密封。

8. 冷藏养护法 采用低温（0～10℃）贮存药材及饮片可以有效防止不宜烘、晾中药的生虫、发霉、变色等现象发生。此法主要用于贵重药材及饮片、特别容易霉蛀的药材及无其他较好办法保管的药材及饮片。

9. 埋藏养护法

（1）**石灰埋藏法** 用双层纸将药材及饮片包好，注明名称，然后置入大小适宜的缸或木箱中，以石灰恰好埋没为度。本法适用于肉性和昆虫类药材及饮片。

（2）**砂子埋藏法** 容器用缸或木箱，砂子需充分干燥后使用。容器底部先用砂子铺平，再将中药材分层平放，每层均撒盖砂子。本法适用于少数完整中药材。

（3）**糠壳埋藏法** 利用糠壳的隔潮性能，将药材及饮片埋入糠中，使外界湿气不致侵入，保持药材及饮片干燥，亦可避免虫蛀、霉变。

（4）**地下室贮藏法** 由于气温较低，不受阳光照射，气候较干燥，对于怕光、怕热、怕风、怕潮、怕冻的药材及饮片有一定的养护作用。

10. 化学药剂养护法 就是利用化学药剂散发的气体杀死中药害虫、霉菌的养护方法。硫黄熏蒸：将一定数量的硫黄碎块置于瓦容器内，点燃后放入熏房，密封门、窗和一切缝隙，利用硫黄的有毒气体窒杀熏房内药材及饮片中害虫的成虫、卵、蛹和幼虫，并杀灭初萌的霉菌。磷化铝熏蒸：采用塑料帐密封货垛或全仓密封熏蒸，根据货垛体积采用在垛上和走道地面上设多点投药，药片不要直接接触包装和药材及饮片，可采用铁盘、木盘、搪瓷盘等，把药片摊开，帐幕熏蒸可将药片盘放在货垛边。

11. 对抗同贮养护法 即将一种中药与另一种中药一起贮存，利用不同性能的中药具有相互制约虫害的作用来进行中药贮藏保管的一种养护方法。如蛤蚧常用花椒拌存，以防虫蛀。

12. 气调养护法 即在密闭条件下，人为调整空气的组成，造成低氧的环境，抑制害虫和微生物的生长繁殖及中药自身的氧化反应，以保持中药材品质的一种方法。

五、医疗器械养护

医疗器械仓库应有明显的标示和区域划分。根据库房条件、外部环境、医疗器械有效期要求等应对医疗器械进行定期检查，建立检查记录。内容包括：①检查并改善贮存与作业流程。②检查并改善贮存条件、防护措施、卫生环境。③每天上、下午不少于2次对库房温湿度进行监测记录。④对库存医疗器械的外观、包装、有效期等质量状况进行检查。⑤对冷库温度自动报警装置进行检查、保养。

1. 塑料制品养护 塑料制品应存放于干燥、通风的阴暗场所，勿被太阳暴晒。热塑性制品不耐高温、怕热、易变形。门窗要有遮光设备，仓库消防设备要完好，库内温度要保持在30℃以下，最高不超过35℃，相对湿度保持在50%～80%。储存时间不应过久。要注意防水，防冻，否则塑料会碎裂。勿与能析出挥发性气味的有机溶液和酸类同时存放。塑料制品应防止碰击与重压，商品堆码要避免底层承重过大。注意仓库卫生，防止受潮生霉。

2. 医用橡胶制品养护 宜存放于空气流通的阴暗场所，勿被太阳直接曝晒。橡胶制品不要互相挤压、折叠，成卷的橡皮布为了避免接触、挤压，最好将其卷轴的两端，水平地悬挂在木架上。不要接近挥发性气体（如汽油、石油、苯等）、酸性或碱性物质及煤气，不要长期玷污油料。贮存温度为0～30℃，相对湿度80%以下。货架与地面的距离在10cm以上，距热源1m以上。

3. 塑胶制品养护 塑胶制品应存放于干燥、通风的阴暗场所，勿被太阳暴晒。室内应有良好的密封、吸潮设备。严格控制室内温度和湿度，温度应保持在30℃以下，相对湿度应保持在75%以下。塑胶制品不能重压、折叠，并应远离放射源和化学物理污染源。

4. 搪瓷制品养护 搪瓷制品库内温度应保持在35℃以下，相对湿度应保持在50%～80%。

5. 卫生材料、敷料养护 卫生材料、敷料应存储在干燥、通风的场所，库内应有良好的密封、吸潮设备。卫生材料、敷料入库时要严格验收，重点检查包装有无残损、摩擦，有无沾染泥水、油污或雨淋、潮湿现象，以及含水量是否超过安全范围。严格控制室内温度、湿度，温度应保持在30℃以下，相对湿度应保持在75%以下。

6. 木制品养护 加强库内温湿度管理，库内温度控制为35℃以下，相对湿度控制在60%～80%。

7. 皮革制品养护 皮革制品必须存放在干燥、阴凉、清洁的库内，温度控制在30℃以下，相对湿度保持在60%～75%。

对储存的医疗器械进行定期检查与保养，对储存的设备进行定期维护，并做好相应的记录。对过期、失效、淘汰的医疗器械或直接接触产品的包装破损的无菌医疗器械以及其他不合格的医疗器械，应当及时处理，不得使用。

第三节 医药商品运输

组织医药商品运输一定要统筹安排，保证重点，贯彻"及时、准确、安全、经济"的原则，特别是急救医药商品更要分秒必争，发扬救死扶伤的人道主义精神。选择合理运输路线和运输方式，有效地利用运输工具，可以使医药商品从生产领域有序地进入消费领域，有利于加速医药商品流转，满足人民防治疾病的需要；有利于减少医药商品在途损耗，提高运输质量；降低流通费用，加速资金周转，提高企业的经济效益，增加企业的利润。

一、医药商品运输的定义

医药商品运输是指借助于运输工具，实现医药商品从产地到销地的商品实体空间位移，包括集货、分配、搬运、中转、装入、卸下、分散等一系列操作。

医药商品只有完成这种空间位移，才能促进医药生产、经营企业发展，满足消费者需求。因此，医药商品运输是医药商品流通过程中不可缺少的重要环节，是医药商品实现其价值与使用价值的必要条件。

二、医药商品出库

（一）药品出库

1. 购货单位审核　销售药品前应审核购货单位的证明文件、采购人员及提货人员的身份，审核合格方可销售。对购货单位合法资质进行审核，其目的在于保障药品销售对象资质、渠道合法，药品实际销售真实。采购人员是指经购货单位法定代表人授权，负责向本单位采购药品及办理相关事宜的人员。提货人员是指经购货单位法定代表人授权，代表购货单位提取所采购的药品并履行签收手续的人员。

若购货单位为药品生产企业，应审核其《营业执照》及其年检证明、《药品生产许可证》《组织机构代码证》《税务登记证》复印件；若购货单位为药品经营企业，应审核其《营业执照》《药品经营许可证》等复印件；若购货单位为医疗机构，应审核其《医疗机构执业许可证》，营利性的医疗机构还应有《营业执照》及其年检证明复印件，若销售终止妊娠药品，还应有《母婴保健技术职业机构许可证》或《计划生育技术服务机构执业许可证》。采购人员及提货人员的身份审核材料包括采购人员及提货人员法人委托书以及被委托人身份证明；法人委托书应当载明被委托人姓名，身份证号码、委托期限、委托范围等内容，并有法定代表人印章或签名；以上资料应合法，且加盖其公章原印章并在效期内。

2. 出库复核　严格审核购货单位的生产范围、经营范围或者诊疗范围，并按照相应的范围销售药品。通过计算机系统对各购货单位的法定资质能够自动识别并审核，防止超出经营方式或经营范围的销售行为发生。

（1）**药品出库**　药品出库复核时发现以下情况，不得出库，并报告质量管理部门处理。①药品包装出现破损、污染、封口不牢、衬垫不实、封条损坏等问题。②包装内有异常响动或者液体渗漏。③标签脱落、字迹模糊不清或者标识内容与实物不符。④药品已超过有效期。⑤其他异常情况的药品。药品出库复核应当建立记录，包括购货单位、药品的通用名称、剂型、规格、数量、批号、有效期、生产厂商、出库日期、质量状况和复核人员等内容。

（2）**特殊管理药品出库**　严格执行特殊管理药品出库复核制度。认真核对实物与销售出库单是否相符，确保药品送达购买方《药品经营许可证》所载明的仓库地址、药品零售企业注册地址或者医疗机构的药库。销售麻醉药品、精神药品、含特殊药品的复方制剂，在药品送达后，购买方应查验货物，无误后由入库员在随货同行单上签字。随货同行单原件留存，复印件加盖收货印章后及时返回销售方。

3. 发货　拼箱发货是指将零货药品集中拼装至同一包装箱内发货的方式。代用包装是指专用的包装纸箱、标准周转、重复使用的其他包装纸箱。当使用重复使用的其他包装纸箱的代用包装箱时，应当加贴可明显识别的药品拼箱标志，以防止代用包装原标识内容造成误导和错判。通过对药品拼箱发货使用的代用包装进行规范管理，确保拼箱有醒目标识，易于辨认。

冷链装箱、装车的作业要求：①冷藏、冷冻药品的装箱、装车等项作业应由专人负责，并经过冷链培训。②使用冷藏车运送冷藏、冷冻药品的，启运前应当按照经过验证的标准操作规程进行操作。③使用冷藏箱、保温箱运送冷藏药品的，应当按照经过验证的标准操作规程，进行药品包装和装箱的操作。

冷藏箱、保温箱预冷是指在使用前，应当在冷藏库中对拟使用的冷藏箱或保温箱进行开盖预冷处理，使箱体内壁材料充分预冷，达到规定的控制温度范围后，再进行装箱作业的过程。装箱前将冷藏箱、保温箱预热或预冷至符合药品包装标示的温度范围内。按照验证确定的条件，在保温箱内合理配备与温度控制及运输时限相适应的蓄冷剂。药品装箱后，冷藏箱启动动力电源和温度监测设备，保温箱启动温度监测设备，检查设备运行正常后，将箱体密闭。冷藏、冷冻药品装箱、封箱等作业活动，必须在冷库内完成。

使用冷藏车运送冷藏、冷冻药品的，启运前应当按照经过验证的标准操作规程进行操作。提前打开制冷机组和温度监测设备，对车厢内预热或预冷至规定的温度。开始装车时关闭制冷机组，并尽快完成药品装车。药品装车完毕，及时关闭车厢厢门，检查厢门密闭情况，并上锁。启动温度调控设备，检查温度调控和监测设备运行状况，运行正常方可启运。

车载冷藏箱、保温箱的预冷时间、蓄冷剂放置的数量应有记录可查，冷藏车的预冷应记录开启预冷时间、温度达到时间以及室外温度状况、设备运转状况等。冷藏、冷冻药品发运记录内容包括运输工具、启运时间、启运温度等。

（二）医疗器械出库

医疗器械出库时，应当对医疗器械进行核对，发现以下情况不得出库，并报告质量管理机构或专（兼）职质量管理人员处理。①医疗器械包装出现破损、污染、封口不牢、封条损坏等问题。②标签脱落、字迹模糊不清或者标识内容与实物不符。③医疗器械超过有效期。④国家明令淘汰或召回的医疗器械。⑤存在其他异常情况的医疗器械。

搬运装卸时要轻拿轻放，严格按照医疗器械外包装图示要求堆放。

三、医药商品运输工具

运输医药商品应当根据医药商品的包装、质量特性并针对车况、道路、天气等因素，选用适宜的运输工具，并采取相应措施（包括温度控制、装车方式、货物固定、防颠簸等措施）防止出现破损、污染等问题。运输医药商品应当使用封闭式货物运输工具，一般指符合《中华人民共和国道路运输管理条例》的厢式货车、集装箱货车、普通封闭式货车（面包车）。封闭式运输工具车厢体应当整体封闭、结构牢固、货箱门严密可锁闭，可有效防尘、防雨淋、防阳光直射、防污染、防遗失等，有效地保证医药商品在运输途中的质量和安全。运输设施设备的定期检查、清洁和维护应当由专人负责，并建立记录和档案。

冷藏、冷冻药品的运输应根据药品数量、运输距离、运输时间、温度要求、外部环境温度等情况，选择适宜的运输工具和温控方式，确保运输过程符合温度要求。冷藏、冷冻药品的运输须使用冷藏车或配备冷藏设备的运输车。

冷藏车的配置应符合国家相关标准要求，有制冷压缩机自动调控温度，能保证冷链药品运输温度符合要求。冷藏车厢具有防水、密闭、耐腐蚀等性能。冷藏车厢内的药品与厢内前板距离不小于10cm，与后板、侧板、底板不小于5cm。冷藏车厢内部留有保证气流充分循环的空间。车载冷藏箱及保温箱应具有外部显示和采集箱体内温度数据的功能，能保证冷链药品运输温度符合要求。冷藏箱、保温箱具有良好的保温性能。冷藏箱应具备自动调控温度的功能；保温箱配备蓄冷剂以及与药品隔离的装置。

四、药品运输

在运输中应按照药品性质采取必要的防潮、防晒、防震和防冻措施，保证包装牢固，标识清楚。合理堆码，妥善加垫，在堆码时应注意堆放高度和宽度限制，并注意分类堆放。药品运输过程中必须各种手续完整、责任分明；各种凭证字迹清楚，项目齐全，单货相符，交接手续完备。企业应当采取运输安全管理措施，防止在运输过程中发生偷盗、侵吞、遗失、调换等事故，提高药品运输质量。

1. 对温度有特殊要求的药品运输 对有温度要求的药品运输，应根据季节温度变化和运程采取必要的保温或冷藏措施。企业应当根据药品的温度控制要求，在运输过程中采取必要的保温或者冷藏、冷冻措施。冷藏药品温度符合 2 ~ 10℃的储藏运输条件。冷冻药品温度符合 –10 ~ –25℃的储藏运输条件。运输过程中，药品不得直接接触冰袋等蓄冷剂，防止对药品质量造成影响。

冷藏药品运输方式选择应确保温度符合要求，应根据药品数量多少、路程、运输时间、贮存条件、外界温度等情况选择合适的运输工具。冬季应注意保温，夏季应存放在阴凉处，雨雪天气应注意防潮，冷藏冷冻药品宜采用冷藏车或冷藏（保温）箱运输。药品不得直接接触冰袋、冰排，防止药品因接触低温物质而发生冻结的现象。运输人员出行前应对冷藏车及冷藏车的制冷设备、温度记录显示仪进行检查，要确保所有的设施设备正常并符合温度要求。温度报警装置应能在临界状态下报警，应有专人及时处理，并做好温度超标报警情况的记录。冷藏车在运输途中要使用自动监测、自动调控、自动记录及报警装置，对运输过程中进行温度的实时监测并记录，手工记录的温度监测数据应保留原始单据，自动温度监测数据可读取存档。冷库温度记录间隔时间每次不得超过 30 分钟，冷藏车、冷藏（保温）箱的温度记录间隔时间不超过 10 分钟 / 次，数据可读取。

温度记录要随药品移交收货方。冷藏药品的温度记录至少保留 3 年。采用保温箱运输时，根据保温箱的性能验证结果，符合药品贮藏条件的保温时间内送达。应按规定对自动温度记录设备、温度自动监控及报警装置等设备进行校验，保持准确完好。

2. 危险药品的运输 托运、承运和自行运输麻醉药品和精神药品的，应当使用封闭车辆，专人押运，途中不停车，并采取安全保障措施，防止麻醉药品和精神药品在运输途中被盗、被抢、丢失。托运或者自行运输麻醉药品和第一类精神药品的单位，应当向所在地区的市级药品监督管理局申请领取运输证明。运输证明有效期为 1 年。运输时随车携带运输证明。承运人应当查验、收存运输证明副本、附件以备查验并检查货物包装。没有运输证明或货物包装不合规定的，承运人不得承运。邮寄麻醉药品和精神药品，寄件人应当提交所在地区的市级药品监督管理部门出具的准予邮寄证明。运输易制毒化学品，应按相关规定申请运输许可证或者进行备案。运输危险品时运输车辆要悬挂危险品标志，采取防火、防爆措施。运输放射性药品时要按照《放射性药品管理办法》规定执行，保证人员安全。在运输途中发生被盗、被抢、丢失的，承运单位应立即报告当地公安机关，并通知收货单位，收货单位应立即报告当地药品监督管理部门。企业应该制定《特殊管理药品运输应急预案》，对在运输途中发生的意外事件，如发生车辆设备故障、异常天气变化、交通拥堵等情况时，要及时采取相应的应对措施。

3. 配送 在经济合理区域范围内，根据客户要求，对物品进行拣选、加工、包装、分割、组配等作业，并按时送达指定地点的物流活动。配送属于运输的范畴，是运输在功能上的延伸。

4. 药品直调 指将已采购的药品不入本企业仓库，直接从供货单位发送到购货单位。药品直调分为"厂商直调"和"商商直调"两种。厂商直调即本企业将经营的药品从药品生产厂商直接发运至药品购进单位的经营形式；商商直调即本企业将经营的药品从药品经营企业直接发运至药品购进单位的经营方式。

非特殊情况的日常经营中，一律不得采用直调的方式经营药品。只有在发生灾情、疫情、突发事件或者临床紧急救治等特殊情况，以及其他符合国家有关规定的情形，企业可采用直调方式购销药品并建立专门的采购记录，保证有效的质量跟踪和追溯。

5. 委托运输　指商品经营者将商品的运输活动委托第三方物流机构。企业委托其他单位运输药品时，应当对承运方运输药品的质量保障能力进行审计，索取运输车辆的相关资料，符合要求方可委托。

对承运方运输能力进行考察，主要从以下几方面入手：①企业各种证照和相关资质〔包括营业执照、组织机构代码证、税务登记证（国税、地税）、道路运输经营许可证、法人代表身份证明〕、信誉良好、车辆资源、运输能力、安全搬运装卸能力、质量管理体系。具有健全的管理制度、管理台账和专门的运输安全管理人员。②承运商自有和租赁车辆具有行驶证、保险卡、营运资格证、车主身份证明及驾驶员驾驶证、从业资格证等。③按规定的额度办理了车辆保险（交强险、车损险、第三者责任险）。④承运商订单跟踪、车辆定位、温度监控的能力和管理信息系统。承运商运输应急管理机制和体系功能。

企业委托运输药品应当与承运方签订明确药品质量责任、遵守运输操作规程和在途时限的运输协议。《药品运输服务协议》的关键内容包括：①明晰的运输工具、运输时限、提货送达地点、操作人员等运输质量要求。②提货时，双方共同检查药品外观，确保委托方托运的药品外观包装完整，无破损、受潮等问题；如客户收货后提出药品外包装受损等问题，视为承运方运输途中产生的问题，由承运方承担损害赔偿责任；提货时，承运方应按照药品外包装箱上图示进行存储、运输，确保药品安全送达。③要求阴凉储存的药品应在整个存储、运输途中保持规定的温度、运输装卸过程中均不得将药品置于阳光下暴晒；要求冷藏存储的药品除了满足上述要求外，还应使用有资质的冷藏设施的运输车辆，在整个存储、运输途中保持规定的温度。④承运方应及时将货物发往委托方指定地点，根据收货地区路途差异，承运方应在附件约定的工作日天数内送达货物。⑤委托方将定期或不定期征询客户关于运输质量问题的意见，并根据反馈意见（包括客户投诉），取消承运方全部或部分承运业务。⑥药品送达客户后，承运方应取得有客户真实有效签章的《出库跟踪复核记录表》（即送货回执单，一式三联），并在约定时限内将上述回单的第一联交回委托方。

企业委托运输药品应当有记录，实现运输过程的质量追溯。记录至少包括发货时间、发货地址、收货单位、收货地址、货单号、药品件数、运输方式、委托经办人、承运单位，采用车辆运输的还应载明车牌号，并留存驾驶人员的驾驶证复印件。记录应当至少保存5年。

已装车的药品应当及时发运并尽快送达。委托运输的，企业应当要求并监督承运方严格履行委托运输协议，防止因在途时间过长影响药品质量。委托运输时应当根据运输距离和经验数据严格规定运输时限。冷藏药品应在30分钟内由库区转移到符合配送要求的运输设备，冷冻药品应在15分钟内完成。

企业委托其他单位运输冷藏、冷冻药品时，应当保证委托运输过程符合GSP要求。索取承运单位的运输资质文件、运输设施设备和监测系统证明及验证文件、承运人员资质证明、运输过程温度控制及监测等相关资料。对承运方的运输设施设备、人员资质、质量保障能力、安全运输能力、风险控制能力等进行委托前和定期审计，审计报告存档备查。承运单位冷藏、冷冻运输设施设备及自动监测系统不符合规定或未经验证的，不得委托运输。根据承运方的资质和条件，必要时对承运方的相关人员进行培训和考核。

五、医疗器械运输

医疗器械在运输中应严格按照医疗器械外包装图示进行必要的防潮、防震和防冻措施。企业应当采取运输安全管理措施，防止在运输过程中发生偷盗、侵吞、遗失、调换等事故，提高医疗器械的运输质量。委托其他机构运输医疗器械，应对承运方运输医疗器械的质量保障能力进行考核评估，明确运输过程中的质量责任，确保运输过程中的质量安全。

对有温度要求的医疗器械、体外诊断运输，应根据季节温度变化和运程采取必要的保温、冷藏措施。需要冷藏、冷冻运输的医疗器械装箱、装车作业时，应当由专人负责，并符合以下要求。①车载冷藏箱或者保温箱在使用前应当达到相应的温度要求。②在冷藏环境下完成装箱、封箱工作。③装车前应当检查冷藏车辆的启动、运行状态，达到规定温度后方可装车。

运输需要冷藏、冷冻医疗器械的冷藏车、车载冷藏箱、保温箱应符合医疗器械运输过程中对温度控制的要求。冷藏车具有显示温度、自动调控温度、报警、存储和读取温度监测数据的功能。

复习思考题

1. 简述药品存放的要求。
2. 简述医疗器械仓库环境及库区要求。
3. 简述对存在质量问题药品的处理措施。
4. 简述中药商品的养护方法。
5. 简述哪些情况下医疗器械不得出库。

医药商品商标与品牌管理

医药产业是关系国民健康的重要行业，也是未来最具发展潜力的经济领域之一。但是随着市场经济的改革和发展以及现代经营和营销理念的深入，医药商品企业也需要顺应改革发展来参与市场竞争。医药商品生产和经营企业除了关注医药商品的质量、包装、运输、储存和养护以及广告宣传外，对医药商品商标和品牌的关注将更加有助于商品价值的实现和价值增值。

第一节　医药商品商标

商标是市场经济的产物，是生产经营者在其商品上使用的标识。商标的作用在于使消费者能够区别商品的来源。商标注册及管理对于医药商品企业创品牌、争效益、保证商品质量、提高竞争力有着重要的意义。

一、商标的定义与特征

（一）商标的定义

《中华人民共和国商标法》（以下简称《商标法》）规定"任何能够将自然人、法人或者其他组织的商品与他人的商品区别开的标志，包括文字、图形、字母、数字、声音、三维标志和颜色组合等，以及上述要素的组合，均可以作为商标申请注册"。

本法有关商品商标的规定，适用于服务商标。

（二）商标的特征

1. 显著性　商标为区别于他人商品或服务的标志，具有特别显著性的区别功能，从而便于消费者识别。

2. 独占性　注册商标所有人对其商标具有专用权，受到法律的保护。未经商标权所有人的许可，任何人不得擅自使用与该注册商标相同或相类似的商标，否则即构成侵犯注册商标权所有人的商标专用权，将承担相应的法律责任。

3. 价值性　商标代表着商标所有人生产或经营的质量信誉和企业信誉、形象，商标所有人通过商标的创意、设计、申请注册、广告宣传及使用，使商标具有了价值，也增加了商品的附加值。商标的价值可以通过评估确定。商标可以有偿转让，经商标所有权人同意，许可他人使用。

4. 竞争性　商标是商品信息的载体，是参与市场竞争的工具。生产经营者的竞争就是商品或服务质量与信誉的竞争，其表现形式就是商标知名度的竞争，商标知名度越高，其商品或服务的竞争力就越强。

5. 依附性　商标是用于商品或服务上的标记，与商品或服务不能分离，并依附于商品或服务。

二、商标的分类

随着商品经济的发展，商品的品种越来越多，商标的使用也越来越广泛，按照《商标法》规定，经国家知识产权局商标局核准注册的商标，包括以下几类。

1. 商品商标　指商品的生产者或经营者为了将自己生产或经营的商品与他人生产或经营的商品区别开来，而使用的文字、图形或其组合标志。如"同仁堂""汇仁"等。

2. 服务商标　又称服务标记或劳务标志，指提供服务的经营者为将自己提供的服务与他人提供的服务相区别而使用的标志。如"九州通""康爱多"等。

3. 集体商标　是指以团体、协会或者其他组织名义注册，供该组织成员在商事活动中使用，以表明使用者在该组织中的成员资格的标志。如世界中医药学会联合会申请的集体商标"世中联"。

4. 证明商标　是指由对某种商品或者服务具有监督能力的组织所控制，而由该组织以外的单位或者个人使用于其商品或者服务，用以证明该商品或者服务的原产地、原料、制造方法、质量或者其他特定品质的标志。如"绿色食品""抚松人参"等。

三、商标的作用

从广义上讲，商标对商标注册人是一种奖励，使其商品或服务获得承认和经济效益，并鼓励创新。商标制度主要在于维护市场公平竞争，能使市场主体在尽可能公平的条件下，进行商品或服务的生产与销售，从而促进经济贸易的发展。

商标在不同性质的社会中所起的作用有所不同，但排除社会的政治、经济因素对商标的影响外，商标一般都具有以下几方面的作用。

1. 指示商品或服务来源及所有权　商标可以成为某一企业特定商品的象征，代表商品的信誉，直接关系对商品生产者和经营者的评价。企业也因为有自己独特的商标而显示出与众不同，进而使整个市场呈现出内在的活力。同时，商标注册人享有商标的专用权，并有权许可他人使用商标以获取报酬。指示商品或服务来源及所有权是商标最本质、最基本的作用。

2. 区别不同生产者生产商品质量的不同　消费者根据这些商品的商标信誉去选择，而商标信誉同商品质量是紧密联系在一起的。从这个意义上说，商标是代表商品一定质量的标志。企业使用商标加强了消费者对企业的监督，有利于增强企业责任心，保证和提高商品质量，努力争创名牌。

商标不仅是区别商品和服务来源的标志，而且是企业的信誉、竞争力强弱的象征，企业信誉的具体表现方式就是商标所标示的商品为消费者带来的满足感。商标凝结了所标示商品、服务，以及该商品经营者、服务提供者的信誉。商标是企业信誉的载体。

3. 有利于消费者认牌购货　企业用商标把商品的质量、等级、规格、花色、特点等区分开来，使消费者根据商标去识别商品、认牌购货，节约了消费者的购物时间，增强了消费者的购物信心，引导了消费者的购物取向。同时商标也成为消费者同商品生产者和经营者之间联系的纽带。商标是消费者眼中的识别码。

4. 有利于商品广告宣传　商标作为一种标志体现了商品的质量和信誉，自然也就成了商品广告的非常有效的手段。利用商标宣传商品，言简意赅、醒目突出、便于记忆，能够增强广告效果，给消费者留下深刻印象，以吸引诱发其"从速购买"的欲望，从而达到创品牌、扩大销路的效果。

5. 有利于美化商品　一个设计美观的商标，等于给商品穿上了一件漂亮的外衣，可以增加商品的美感，提高商品的身价，扩大商品的销路。成功的商标设计都起到了美化商品、代表商品和服务层次的作用。当然，商品最重要的还是质量，只有在质量过硬的前提下，把商标设计得美观一些，才能真正增强竞争能力，相反，如果商品质量差，就是把商标设计得再美，也无济于事。

6. 有利于开展国际贸易　在国际贸易中离不开商标。在出口商品上使用商标，并及时在外国进行商标注册以得到对商标的法律保护，这对维护商品的合法权益，扩大出口，有着重要作用。同时，商标还标志着出口商品的技术水平，表明商品的质量，代表国家的生产水平和信誉，起到促进贸易的作用。树立商标信誉，在国际上争创驰名商标，对加强中国出口商品在国际市场上的竞争能力，促进中国对外贸易的发展非常重要。

7. 增加商品和服务的价值　商标的评估价值能增加企业的总资产额，而且越高价值的品牌越能体现出该商标的影响力和企业的经营情况，间接反映出消费者对该商标所标示商品的接受程度。商标作为一种无形资产，还可以通过转让，许可给他人使用，或质押来转换实现其价值。

8. 有利于开展正当竞争　商标是商品信誉好坏的标志。商品在市场上接受社会检验和监督，参与竞争，这种市场竞争是商品品种、质量、价格等多种因素的竞争，而这些信息则是通过商标这一桥梁传递给消费者的，所以，企业在市场上的公正竞争，必须借助商标的参与。商标的广泛使用，把企业推向市场，而企业则成功地运用商标取得明显经济效益，同时激励企业提高商品质量，增加品种，创立和保持商标信誉。

总之，商标是促进生产，繁荣市场，参与国际市场竞争，维护生产者和消费者利益的一个有力工具；是企业品牌文化的精髓；也是保护商品和服务不被侵权的盾牌。

四、商标的管理

（一）商标注册

商标注册是商标使用人取得商标专用权的前提和条件。

1. 商标注册条件　《商标法》中规定，国务院工商行政管理部门商标局主管全国商标注册和管理的工作。关于商标注册条件的规定主要有以下方面。

自然人、法人或者其他组织在生产经营活动中，对其商品或者服务需要取得商标专用权的，应当向商标局申请商标注册；两个以上的自然人、法人或者其他组织可以共同向商标局申请注册同一商标，共同享有和行使该商标专用权；法律、行政法规规定必须使用注册商标的商品，必须申请商标注册，未经核准注册的，不得在市场销售；申请注册和使用商标，应当遵循诚实信用原则；商标使用人应当对其使用商标的商品质量负责。各级工商行政管理部门应当通过商标管理，制止欺骗消费者的行为；申请注册的商标，应当有显著特征，便于识别，并不得与他人在先取得的合法权利相冲突。商标注册人有权标明"注册商标"或者注册标记。

《商标法》第十条规定不得作为商标使用的标志：①同中华人民共和国的国家名称、国旗、国徽、国歌、军旗、军徽、军歌、勋章等相同或者近似的，以及同中央国家机关的名称、标志、所在地特定地点的名称或者标志性建筑物的名称、图形相同的。②同外国的国家名称、国旗、国徽、军旗等相同或者近似的，但经该国政府同意的除外。③同政府间国际组织的名称、旗帜、徽记等相同或者近似的，但经该组织同意或者不易误导公众的除外。④与表明实施控制、予以保证的官方标志、检验印记相同或者近似的，但经授权的除外。⑤同"红十字""红新月"的名称、标志相同或者近似的。⑥带有民族歧视性的。⑦带有欺骗性，容易使公众对商品的质量等特点或者产地产生误认的。⑧有害于社会主义道德风尚或者有其他不良影响的。

县级以上行政区划的地名或者公众知晓的外国地名，不得作为商标。但是，地名具有其他含义或者作为集体商标、证明商标组成部分的除外；已经注册的使用地名的商标继续有效。

不得作为商标注册的还有：①仅有本商品的通用名称、图形、型号的。②仅直接表示商品的质量、主要原料、功能、用途、重量、数量及其他特点的。③其他缺乏显著特征的。

2. 商标注册程序　商标申请和注册程序如下：①商标申请人或者商标代理机构按规定的商品分类表填报使用商标的商品类别和商品名称。②商标局对符合《商标法》有关规定的商标的注册申请进行初步审定，予以公告。③对初步审定的商标，自公告之日起三个月内无异议的予以核准注册，发给商标注册证，并予公告。

常见的关于商标的两个标记，图形 ® 和㊟（目前国内多用 ®）用来表示某个商标经过注册，并受法律保护。图形™表示某个标志是作为商标进行使用，但还未通过注册。（™表示该商标已经向国家商标局提出申请，并且获得《受理通知书》，进入了异议期，这样就可以防止他人提出重复申请，也表示现有商标持有人有优先使用权。在获得《注册商标证》后，™也就改为 ® 了。）

（二）注册商标的续展、变更、转让和使用许可

1. 注册商标续展　《商标法》规定，注册商标的有效期为 10 年，自核准注册之日起计算；注册商标有效期满，需要继续使用的，商标注册人应当在期满前十二个月内按照规定办理续展手续；在此期间未能办理的，可以给予六个月的宽展期。每次续展注册的有效期为十年，自该商标上一届有效期满次日起计算。期满未办理续展手续的，注销其注册商标。商标局应当对续展注册的商标予以公告。

2. 注册商标变更　注册商标需要变更注册人的名义、地址或者其他注册事项的，应当提出变更申请。

3. 注册商标转让　转让注册商标的，转让人和受让人应当签订转让协议，并共同向商标局提出申请。受让人应当保证使用该注册商标的商品质量；转让注册商标的，商标注册人对其在同一种商品上注册的近似的商标，或者在类似商品上注册的相同或者近似的商标，应当一并转让；对容易导致混淆或者有其他不良影响的转让，商标局不予核准，书面通知申请人并说明理由。转让注册商标经核准后，予以公告。受让人自公告之日起享有商标专用权。

4. 注册商标使用许可　商标注册人可以通过签订商标使用许可合同，许可他人使用其注册商标。商标使用许可包括普通使用许可、独占使用许可和排他使用许可。许可人应当监督被许可人使用其注册商标的商品质量。被许可人应当保证使用该注册商标的商品质量。经许可使用他人注册商标的，必须在使用该注册商标的商品上标明被许可人的名称和商品产地。许可他人使用其注册商标的，许可人应当将其商标使用许可报商标局备案，由商标局公告。商标使用许可未经备案不得对抗善意第三人。

五、医药商品商标管理

（一）我国医药商品商标发展现状

根据国家知识产权局商标局中国商标网发布的依据尼斯分类统计的《2022 年三季度全国省

市县商标主要统计数据》，截至 2022 年 9 月 15 日，全国药品类商标有效注册量为 1419918 件，全国医疗器械类商标有效注册量为 680402 件。近年来，医药商品商标保护意识不断增强，但仍存在以下问题。

1. 商标注册量不足　我国医药企业商标注册率远远落后于发达国家，国外制药公司的每一个专利药物都有特定的商标。日本著名制药公司武田株式会社拥有 7000 多件注册商标，每年新申请注册商标有近 300 件。2022 年我国医药类商品商标的有效注册量与 2021 年前三季度相比，其增长率为 –14.98%，说明还有较大的增长空间。

2. 商标意识淡漠，名牌遗失　在我国，注册商标的企业缺乏商标国内、国际的保护意识，我国老字号医药企业被海外公司抢注商标的事件屡见不鲜："同仁堂"商标被日本人抢先注册，即便挽回商标但仍面临巨大损失；"片仔癀""玉林"两家企业的商标均在印尼遭到抢先注册；广东老字号中药企业"陈李济"商标被人在香港注册，不得不与他人分享同一商标。部分知名医疗器械企业的商标在境外被人抢先注册，对企业的产品出口形成新的竞争压力。正是因为保护意识的欠缺，导致国内医疗器械企业的研发存在滞后性，研发产品较低端，阻碍我国医疗器械行业的质量提升和产品升级。

3. 商标的设计缺乏竞争性　好的商标离不开好的设计，显著的商标更能给消费者留下深刻的印象。世界各国医药企业为增强其产品竞争力，往往会在商标的设计上下功夫，彰显其独特性。而我国大多数医药企业在商标设计上仍是简单趋同和模式化特征，不能脱离绘画性、写实性的表现手法，其简单的几何线条无法表现企业产品的属性和企业精神的内涵。最具有代表性的错误就是"纽扣商标"，此种商标孤立地存在于药品包装的角落，其竞争力较弱，难以使消费者识别。

4. 药品通用名称与商标处理不当　《商标法》规定：商标不得使用本商品的通用名称，不得直接表示商品质量、主要原料、用途、重量、数量及其他特点。如"汇仁牌"乌鸡白凤丸，"汇仁牌"是商标名，表明此药品为汇仁制药专有。乌鸡白凤丸是药品通用名称，所有医药企业均可使用。我国部分医药企业仍存在使用如"乌鸡白凤丸"等通用名称作为商标名称的现象。大部分医药企业在进行药品广告宣传时，着重宣传这些药品的通用名称，较少重视对商标名称的宣传，使得消费者对药品的通用名称更为熟悉，但对商标名称记忆模糊，出现医药企业为他人做"嫁衣"的情况。

5. 道地中药材的注册商标量少　特定的生态环境是保证药材质量及临床疗效的重要因素，药材的品质好坏由其生长的地域和自然环境决定，而药材的商标注册在我国较为少见。我国幅员辽阔，拥有极为丰富、品种优良的中药资源：长白山人参、宁夏枸杞、四川黄连、吉林五味子等，但少有相应的注册商标，致使假冒者堂而皇之地替代道地药材。

（二）医药商品商标保护的意义

和其他商品一样，医药商品商标也可以起到指示产品来源和所有权、区别牌子和质量以及促进宣传和销售等作用。消费者无法依靠自身力量辨别医药商品的优劣，只能通过对医药商品的信任度决定使用哪一种医药商品。对于同一种医药商品的有效区分方式在于不同医药企业的商标，具有驰名商标的医药商品因其质量好，疗效确切，得到消费者的普遍宣传和喜爱。医药商品商标的保护对于医药企业打造品牌、提升效益、保证医药商品质量、提高医药企业竞争力等方面均具有重要意义。

1. 有助于树立医药企业的品牌形象，提升医药企业的核心竞争力　医药商品商标是医药企业的医药商品质量、名誉的载体，体现了医药企业的品牌形象。医药商品的质量是医药企业竞争优势的重要来源之一，关系到医药企业的生存和发展问题。

2. 有助于医药企业开拓和占领市场　商标对于消费者而言，是医药商品可信度的代名词。消费者在选购医药商品时往往会选择声誉更好、知名度更高的商标。当商标在消费者心中树立良好的形象后，自然而然地拥有更好的声誉，更有利于医药企业占据市场，实现利益最大化。

3. 有助于促进地方经济的发展　商标数量的多少，品牌知名情况，都是衡量地区经济的重要因素。一个地区拥有知名产业，更应该注重对其商标的保护，积极打造商标知名度，提高医药企业的竞争力，以促进地区的经济发展。

4. 有助于防止他人恶意抢注　商标是医药企业的无形资产，是医药企业在市场竞争中的重要竞争手段。《商标法》第三十一条规定我国商标核准注册采用的是申请在先原则，做好医药商品商标的核准注册和保护工作，防止恶意抢注事件的发生，对于维护医药企业的声誉，防止损害医药企业的良好声誉，维护医药企业利益至关重要。

（三）医药商品商标管理的有关规定

1. 药品商标管理有关规定　药品商标注册不得使用《商标法》第十条禁止作为商标的名称和图形。药品通用名称不能作为药品商标使用。生产、经销药品的企业，均可以申请商标注册。

中药企业多喜欢把药品的原料或药品的功能注册为商标，如前列康等。我国《商标法》明确规定，不得使用直接表示商品的质量、主要原料、功能、用途、重量、数量及其他特点的文字、图形作为商标。

2006年，国家食品药品监督管理局颁布了修订的《药品说明书和标签管理规定》（24号局令）规定，药品说明书和标签中禁止使用未经注册的商标，药品商标的使用应符合以下要求：①注册商标应当印制在药品包装容器或标签的显著位置上，"注册商标"字样或注册标记应当印制在商标附近。②药品包装容器或标签过小不便印制商标和标明注册标记的，必须在其较大的包装容器或标签上印制商标并标明"注册商标"字样或注册标记。③企业在注册商标核定使用的药品范围内新增加的品种，允许使用该注册商标，但必须将每种药品的名称、生产批准号连同所使用的商标名称、注册证号分别报送国家工商行政管理局商标局、企业所在地区省、县两级工商行政管理局、卫健委、医药管理局备案。超出注册商标核定使用的药品范围新增加的品种，应当重新申请注册商标。④进口药品不要求必须使用在我国注册的商标，但进口药品不得侵犯我国注册的商标的专用权，如果在我国注册商标，应当遵循我国商标注册的法律和使用规定。⑤进口药品分装出售时，必须在其说明书或包装上注明原商标或使用分装企业的注册商标，否则，禁止在市场上销售。

结合相关法律规定可以看出，在未取得注册商标的情况下，药品可以不使用任何商标。但是药品商标必须使用注册商标。经国家核准注册的商标称为"注册商标"，受法律保护。也就是说，企业获得"注册商标"后，就享有使用某个品牌名称和品牌标志的专用权，这个品牌名称和品牌标志受到法律保护，其他任何企业都不得仿效使用。

2. 医疗器械商标管理有关规定　《医疗器械通用名称命名规则》第八条规定，根据《商标法》第十一条第一款的规定，医疗器械通用名称不得作为商标注册。通用名称实际上是同品种医疗器械的共有名称，不能由企业作为独家的商标申请注册。

（四）医药商品商标管理策略

1. 提高医药企业的商标意识　对医药企业来说，实施商标战略的关键一点就是提高对商标以及整个医药商品知识产权的认识。

2. 精心设计选择独特的商标 充分发挥商标显著性特征，越是独特的商标，越能够给消费者留下深刻的印象。商标的设计应注意文字突出，图案鲜明，不仅要突出医药商品的属性，还要包含医药企业的精神内涵。同时要及时注册防止发生他人抢注现象。

3. 加强医药商品商标使用管理 商标是医药企业品牌的象征，需要对医药商品商标进行规划与管理。结合医药企业的实际情况，建立医药商品商标的管理组织，健全医药商品商标的管理制度，设立科学、完善的商标档案，为医药企业在生产经营的决策提供意见。

4. 积极宣传医药商品商标 任何医药商品的商标知名度都不是与生俱来的，在宣传方式较为传统的时代，商标的知名度依靠消费者口口相传。而在网络发达的现代，医药企业更需要利用现代宣传媒介和传统宣传媒介的方式，加强对商标的宣传力度，摒弃"酒香不怕巷子深"的传统市场营销观念。

5. 打击医药商品商标的侵权行为 企业必须增强商标保护意识，积极主动地与医药商品商标的侵权行为作斗争，维护自身商标的信誉度。在发现存在医药商标的侵权行为时，要及时向工商行政管理机关举报或向法院提起诉讼，用法律武器维护自身合法权益。

第二节　医药商品品牌

现代企业的核心竞争力已经越来越多地和产品品牌的竞争力联系在一起。品牌意味着承诺，也意味着责任。经过多年努力，我国自主品牌建设取得成效，品牌观念正逐渐深入人心，品牌意识不断增强。与其他行业一样，医药行业也将进入品牌竞争时代。

一、品牌的定义

品牌的定义有很多，其中比较权威的是美国市场营销学会的定义：品牌是一种名称、术语、标记、符号或图案，或是它们的相互组合，用以识别企业提供给某个或某群消费者的产品或服务，并使之与竞争对手的产品或服务相区别。

二、品牌的特征

作为企业的一种无形资产，品牌主要存在于消费者的意识中，以某种方式被消费者理解和接受，借以提高其对产品的忠诚度。品牌具有以下特征。

1. 品牌的差异化 产品差异化是创建一个产品或服务品牌所必须满足的第一个条件，公司必须将自己的产品同市场内的其他产品区分开来。

2. 品牌的关联性 指产品为潜在顾客提供的可用性程度。消费者只有在日常生活中实际看到品牌的存在，品牌才会有意义。

3. 品牌的表象性 品牌不具有独立的实体，因此必须通过一系列的物质载体来表现，使品牌形式化。品牌的直接载体主要是文字、图案和符号，间接载体主要有产品的质量，产品服务、知名度、美誉度、市场占有率。

4. 品牌的专有性或排他性 品牌是用以识别生产或销售者的产品或服务的。品牌拥有者经过法律程序的认定，享有品牌的专有权，有权要求其他企业或个人不能仿冒和伪造。这一点也是品牌的排他性。

5. 品牌的风险及不确定性 品牌创立后，在其成长的过程中，由于市场的不断变化，需求的不断提高，企业的品牌资本可能壮大，也可能缩小，甚至某一品牌在竞争中退出市场。因此品牌的建设和管理异常重要。

三、品牌的价值

1. 认知价值　这是创建一个有价值的品牌的要素。即使企业的产品同市场上的其他产品存在差异，潜在顾客发现别人也在使用这种产品，但如果他们感觉不到产品的价值，就不会去购买这种产品。

2. 品牌是企业的无形资源　品牌的价值还体现在品牌拥有者可以凭借品牌的优势不断获取利益，可以利用品牌进行市场开拓、形象扩张和资本增值。这种价值并不能像物质资产那样用实物的形式表述，但它能使企业的无形资产迅速增大，并且可以作为商品在市场上进行交易。

四、品牌的设计

品牌设计是实施品牌策划、传播企业品牌形象的重要一步。企业进行品牌设计的目的是将品牌个性化成为品牌形象，为了更好地实现这一目标，在进行品牌方案设计和实施时，应遵循下列原则。

1. 兼顾企业内外环境　企业导入品牌战略会涉及企业的方方面面。因此，品牌设计必须从企业内外环境、内容结构、组织实施、传播媒介等方面综合考虑，以利于全面地贯彻落实。

2. 以消费者为中心　品牌设计的目的是表现品牌形象，只有为公众所接受和认可，设计才会成功。设计品牌时要做到：①造型美观，简单明显，构思新颖。②突出特色，准确定位。③符合传统文化和习俗。

3. 实事求是　品牌设计不是空中建楼阁，而是要立足于企业的现实条件，按照品牌定位的目标市场和品牌形象的传播要求进行。实事求是有利于树立起真实可靠的企业形象。

4. 创新　创新就是要塑造独特的企业文化和个性鲜明的企业形象。品牌设计必须有创新，发掘企业独特的文化观念，设计不同凡响的视觉标志，运用新颖别致的实施手段。

5. 兼顾社会效益　现代社会中，越来越要求企业在追逐经济利益的同时，提升环境保护、生态平衡、社会和谐等理念内涵。因此，在品牌理念设计中也需要体现这一内涵。

五、品牌与商标的关系

虽然英文中"brand"同时有"商标"和"品牌"的含义，但是"品牌"不是"商标"，两者既有区别也有联系。

1. 品牌与商标的区别　①品牌指的是产品或服务的象征，是包括公司的名称、产品或服务的商标，可以有别于竞争对手的标示、广告等构成公司独特市场形象的无形资产；而商标指的是符号性的识别标记。因此，品牌含义更加深刻，是一个企业总体竞争，或企业竞争力的总和。②设计和注册一个商标相对容易，而建立一个品牌则显得更加困难和复杂；另一角度来看，商标是一个法律名词，而品牌是一个经济名词。③商标掌握在注册人手中，而品牌则植根于消费者心中。

2. 品牌与商标的联系　①品牌的法律保护由商标权利来保障，商标是品牌在法律上的形式体现；商标只有根据《商标法》核准注册成为注册商标后，才受到法律的保护，例如"同仁堂"既是一个商标，又是一个品牌，"同仁堂"商标的价值表现为法律意义上的专用权和垄断，而"同仁堂"品牌的价值则表现为该品牌的市场份额和超额利润率。②品牌首先是独占性的商业符号，也就是商标，但商标只是品牌的一个组成部分，如果把品牌比作一个巨大的冰山，商标就是露出水面的冰山一角。

六、医药商品品牌管理

（一）品牌对医药企业的意义

医药商品品牌发展可以分为三个阶段：第一阶段是商品的功能价值深入消费者内心的过程；第二阶段是产生附加价值和形成品牌的阶段；最后通过商品的逐步改进，品牌提升，在第三阶段，商品的附加价值甚至超过其功能价值。

在市场经济改革逐步深入的时代背景和新的市场环境下，中国医药企业主动或被动地走进了现代市场营销的舞台。品牌将是未来医药行业竞争的核心内容，品牌运作的成功与否将会影响企业发展壮大和未来的命运。因此，医药商品品牌管理的意义在于创造更多的商品附加价值，诸如产品的价格、包装、口味、剂型等。一般地，医药商品品牌对医药企业的意义主要在以下两个方面。

1. 提高国际竞争力，振兴民族医药　面对有强大研发实力和市场经验丰富的国际跨国医药巨头，以及国内各类规模不等的医药企业的非差异化竞争，医药企业唯有顺应大势，转变观念，研究市场，实施品牌战略方能紧跟市场趋势，实现价值创造。医药产品的品牌建设以及与之紧密关联的企业品牌建设将是未来医药企业必须选择的发展道路。同时，具有特色的民族医药也只有加强品牌建设和管理，才能走向更广阔的市场。

2. 加速产品升级换代，促使企业快速发展　品牌建设对企业非常重要，但却是一项较为艰巨复杂的系统工程，需要逐步地长时间地积累。而品牌树立的基础就是医药商品的质量、安全性、剂型等方面的良好信誉和市场培养。因此，医药企业做好品牌，必须努力在产品研发、创新等方面投入很多资金和精力。

（二）我国医药行业品牌发展现状

我国大多数医药企业都还处于创建品牌知名度的品牌营销的初级阶段，品牌目标较为模糊，品牌管理观念相对薄弱，缺乏品牌经营意识。

1. 品牌认识模糊　具体体现：①对优异的产品质量是品牌的关键认识不足，大部分国内企业科研实力弱，产品往往是仿制品，仅仅靠模仿领导者，是难以创造品牌的。②认为品牌就是广告，认为有销量就有品牌，往往事与愿违，短期集中的巨大广告投入并不能轻易换来长久的高价值的品牌。③从国内医药市场发展来看，典型的特点是"小市场，大营销"，在行业中单个产品销售额超过 10 亿元人民币的是凤毛麟角。因此，每个医药商品品牌所对应的市场规模并不算大，但是各类媒体里的医药广告投放量却体现出了"大营销"的特点。④品牌意识不强，只是为了完成销售任务，追求占领的市场份额，急功近利。

2. 传统品牌缺乏创新　主要体现：①不注意维护品牌的核心价值，即品牌传播时没有凸显产品的差异性，不能让消费者明确地识别并记住品牌的利益点和个性。②品牌定位不准，难以完全发挥医药商品的市场潜力。③传统医药、民族医药忽略品牌维护，主要体现在品牌商标在国外屡屡遭到抢注，当走出国门时阻力重重。

中国的医药行业已经经历了产量竞争、质量竞争、价格竞争、服务竞争，开始进入品牌竞争时代。随着医药产品同质化的日趋严重，医药企业实施自己的品牌战略已经刻不容缓。

（三）医药商品品牌管理

1. 医药商品品牌发展策略　医药企业在创立品牌的过程中，根据医药商品的特点和企业自身的情况，制定出适合自身的品牌发展策略。

（1）品牌建立策略　医药商品是特殊商品，所以在品牌塑造上有其独特的方面，企业品牌和产品品牌可以分开实施的。处方药的品牌推广者是医疗专业人员，非处方药的品牌推广者初期一般是以媒体为主，但所有的推广都离不开一个硬道理——安全有效，这是根基。

（2）品牌规划策略　医药企业可规划的品牌策略包括：①个别品牌策略，这是企业针对不同产品而采用的不同品牌的策略。②分类品牌策略，这是企业对生产经营的各类产品分别命名的一种品牌策略，这种策略考虑到对于不同用途的产品，不宜采取统一品牌策略，否则容易混淆，也难以区分其品牌所代表的产品特色。③统一品牌策略，是指企业的各种产品都以同一品牌推入市场的品牌策略。采用这种品牌策略不仅可以大大节约广告费，而且可以利用统一品牌建立广告传播体系，使用户具有强烈和深刻的印象。如华润三九医药股份有限公司所生产的各种药品都统一采用"999"品牌，可以利用已经成功的品牌推出新产品，使新产品能较快地打开销路。④企业与产品同名战略，其优势是推广品牌的同时也提升了企业品牌影响力。⑤主副品牌策略，以涵盖企业全部产品或若干产品的品牌作为主品牌，同时，给各个产品设计不同的副品牌，用副品牌来突出不同产品的个性。⑥品牌创新策略，是指企业改进或合并原有品牌，设立新品牌的策略。

（3）品牌定位策略　品牌定位可从以下方面考虑：①情感定位，品牌重点突出健康关怀。如成都地奥集团的"天地至爱，关怀今生"，中脉集团"共享健康，分享快乐"等。②理念定位，以企业发展理念推广和加深品牌认识，如仲景品牌"药材好，药才好"等。③历史定位，老字号医药企业品牌可以以历史积淀来寻找消费者认同，如民生制药"始创于1926年"等。④消费群体定位，如哈药集团"护彤""专治儿童感冒"，养生堂药业有限公司"成长快乐"儿童维生素等。⑤首席定位，如汇仁集团"争当现代中药先锋"等。

（4）多元化经营与品牌战略　医药企业可根据自身特点，采取：①主导型产品多元化，如东阿阿胶的所有类别产品均以"东阿阿胶"品牌主导。②关联型多元化，适合进行品牌延伸，如云南白药依靠其商品的"止血消炎"功效将其品牌延伸至相关联的牙膏产品之上，有利于多元化的实现。③非关联型产品多元化，非关联型产品多元化经营中，应当使用不同的品牌发展策略，否则品牌将容易受到质疑。

2. 医药商品品牌管理步骤　品牌管理是建立、维护、巩固品牌的全过程。做好品牌管理对医药企业尤其是已经拥有优质品牌的企业尤为关键。具体包括以下步骤：①深刻理解产业环境，确定医药企业核心竞争力和核心产品，并形成企业的长远发展目标及可操作的价值观。②建立完整的企业识别系统，并形成维护管理系统。③确认品牌与消费者的关系，进行品牌定位。④确定品牌策略，明确品牌责任归属，建立品牌机构，组织运作品牌。⑤品牌传播计划及执行、品牌跟踪与诊断，不断培养消费者的品牌忠诚度。⑥建立评估系统，跟踪品牌资产并持续投资和维护品牌。

复习思考题

1. 名词解释：商标、品牌。
2. 简述医药商品商标保护的意义。
3. 论述品牌与商标的关系。

扫一扫，查阅本章数字资源，含PPT、音视频、图片等

第七章

医药商品检验

国际标准 ISO 8402-86 和国家标准 GB/T6583-92 中对检验的定义："产品或服务的一种或多种特征进行测量、检查、试验、度量，并将这些特征与规定的要求进行全面比较以确定其符合性的活动。"换言之，商品检验就是根据标准和合同条款规定的质量指标，确定商品质量是否合格，通过验收与否以及判定商品等级的工作。

医药商品检验是一项神圣而严谨的工作。检验者必须具有良好的职业道德，不得违背事实依据，否则所生产的医药商品就有可能出现难以预料的恶果，甚至会直接影响到人的身体健康。

第一节　医药商品检验概述

检验在传统的商品质量管理中一直发挥着重要的作用。由于医药商品质量本身的特殊性，在生产环节或流通环节造成质量变化而引发质量事故时有发生，预防变质和控制质量并非总是有效的，医药商品的检验依然是质量保证的关键环节和重要内容，同时，检验也是医药商品质量监督管理的重要组成部分。

一、医药商品检验的定义

医药商品检验是指商品的制造商、经销商或第三方在一定的条件下，采用某种手段和方法，依据医药商品标准、法律、法规、规章制度及政策等，对商品的质量、规格及包装等方面进行检查，并作出合格与否或通过验收与否的判定。

药品检验的标准为国务院药品监督管理部门颁布的《中国药典》和其他药品标准；医疗器械的检验依据为强制性标准以及经注册或者备案的产品技术要求。狭义的医药商品检验即医药商品质量检验。

二、医药商品检验的目的与任务

医药商品检验的对象是药品及医疗器械。检验的目的是在一定条件下，借助科学、准确的方法与手段，对医药商品进行检验，正确地评定医药商品的质量，判断合格与否，以维护医药商品供销双方和消费者的合法权益，确保医药商品安全有效性并保证医药商品的正常交易秩序。

医药商品检验的任务是从医药商品的用途和使用条件出发，全面分析和研究其成分、性质、结构和外观等对医药商品质量的影响，确定其使用价值；不断探索完善医药商品质量的方向和途径，运用科学的检测手段评定商品的质量，并判定是否符合规定标准的要求；提高医药商品检验的精确性、可靠性和科学性，使检验工作更科学化和现代化；并为医药商品选择适宜的包装、养

护和运输方法提供依据。

三、医药商品检验的主体

医药商品检验包括生产企业对医药商品的检验、经营企业对医药商品的检验和第三方检验机构对医药商品的检验。

（一）生产企业对医药商品的检验

医药商品生产企业检验即生产检验，是指医药商品生产企业为维护企业信誉，达到保证商品质量的目的，根据药品及医疗器械检验标准的要求，对原材料、半成品和成品商品进行的检验活动，检验合格的商品应有"检验合格证"标识。

医药商品生产企业是保证产品质量的源头，在生产的各个环节中，检验是保证产品质量必要手段。生产企业应对原辅料、工艺过程、医药商品出厂等每道工序进行严格的质量检验。医药商品生产企业的检验是医药商品投入到市场前的内在质量检验，是确保医药商品质量的重要工作，主要包括产品生产质量控制检验和出厂合格检验。

1. 产品生产质量控制检验 我国《药品管理法》规定，从事药品生产活动的药品生产企业，应有能对所生产药品进行质量管理和质量检验的机构、人员及必要的仪器设备。《医疗器械监督管理条例》规定，从事医疗器械生产活动生产企业应有与生产的医疗器械相适应的生产场地、环境条件、生产设备以及专业技术人员；有能对生产的医疗器械进行质量检验的机构或者专职检验人员以及检验设备等。

生产企业对物料、中间产品、待包装产品和成品必须按照质量标准进行检查和检验，并有记录。

2. 产品出厂合格检验 我国《药品管理法》规定，药品生产企业应当对药品进行质量检验，不符合国家药品标准的不得出厂。《医疗器械监督管理条例》要求医疗器械注册人、备案人、受托生产企业应当按照医疗器械生产质量管理规范，严格按照经注册或者备案的产品技术要求组织生产，保证出厂的医疗器械符合强制性标准以及经注册或者备案的产品技术要求。

（二）经营企业对医药商品的检验

医药商品经营企业的检验为验收检验，是指医药商品的批发企业、零售企业等经营企业为了维护自身及其消费者的利益，保证其所购医药商品满足相应标准要求所进行的检验活动。

经营企业是医药商品流通环节的主体，在购销合同中应明确：①医药商品质量符合质量标准和有关质量要求。②医药商品附产品合格证。③购入进口医药商品，供应方应提供符合规定的证书及文件。④药品包装符合有关规定和货物运输要求。

1. 药品质量检验 严格按照《药品管理法》《药品经营质量管理规范》标准和合同规定的质量条款对购进药品、售后退回药品的质量进行逐批验收。

（1）接货 具体包括：①药品到货时，接货人员应核实运输方式是否符合要求，检查单（票）、账和药品是否相符。②随货同行单（票）应包括供货单位、生产厂商、药品通用名称、剂型、规格、批号、数量、收货单位、收货地址、发货日期等内容，并加盖供货单位药品出库专用章原印章。③冷藏、冷冻药品到货时，应对其运输方式及运输过程的温度记录、运输时间等质量控制情况进行重点检查并记录，对不符合温度要求的应当拒收。④对符合要求的药品，应当按品种特性要求放于相应的待验区域；冷藏、冷冻药品应在冷库内待验。

（2）验收 验收药品应当按照药品批号查验同批号的检验报告书。供货单位为批发企业的，检验报告书应加盖其质量管理专用章原印章。检验报告书的传递和保存可采用电子数据形式，但应保证其合法性和有效性。具体包括：①企业按照验收规定，对每次到货药品应进行逐批抽样验收，抽取的样品应具有代表性。②验收时应对抽样药品的外观、包装、标签、说明书以及相关的证明文件等逐一进行检查、核对；验收结束后，应将抽取的完好样品放回原包装箱，加封并标示。③特殊管理的药品应按照相关规定在专库或专区内验收。④验收应按有关规定做好验收记录，包括药品的通用名称、剂型、规格、批准文号、批号、生产日期、有效期、生产厂商、供货单位、到货数量、到货日期、验收合格数量、验收结果等内容；验收人员应在验收记录上签名及验收日期。⑤中药材验收记录应当包括品名、产地、供货单位、到货数量、验收合格数量等内容；中药饮片验收记录应当包括品名、规格、批号、产地、生产日期、生产厂商、供货单位、到货数量、验收合格数量等内容，实施批准文号管理的中药饮片还应记录批准文号。

2. 医疗器械质量检验 医疗器械经营企业应当建立进货查验记录制度，购进医疗器械时应当查验供货企业的资质，以及医疗器械注册证和备案信息、合格证明文件。从事第二类、第三类医疗器械批发业务以及第三类医疗器械零售业务的经营企业，还需建立销售记录制度。

进货查验记录包括：①医疗器械的名称、型号、规格、数量。②医疗器械注册证编号或者备案编号。③医疗器械注册人、备案人和受托生产企业名称、生产许可证号或者备案编号。④医疗器械的生产批号或者序列号、使用期限或者失效日期、购货日期等。⑤供货者的名称、地址以及联系方式。

销售记录包括：①医疗器械的名称、型号、规格、数量。②医疗器械的生产批号、使用期限或者失效日期、销售日期。③医疗器械注册人、备案人和受托生产企业的名称。④供货者或者购货者的名称、地址及联系方式。⑤相关许可证明文件编号等。

进货查验记录和销售记录应当真实、准确、完整和可追溯，并按照国务院药品监督管理部门规定的期限予以保存。

运输、贮存医疗器械，应当符合医疗器械说明书和标签标示的要求。对温度、湿度等环境条件有特殊要求的，应当采取相应措施，保证医疗器械的安全、有效。

（三）检验机构对医药商品的检验

检验机构的检验为第三方检验，又称公正检验、法定检验。是指医药商品处于买卖方利益之外的第三方，以公正、权威的非当事人身份根据有关法律、合同或标准所进行的商品检验，其目的在于维护各方合法利益。第三方检验因不涉及买卖双方的经济利益，不以营利为目的，具有公正立场。医药商品检验机构的检验是根据国家法律规定，代表国家对研制、生产、经营、使用的医药商品质量进行的检验，具有比生产检验或验收检验更高的权威性，在法律上具有更强的仲裁性。

四、医药商品检验的类型与内容

根据医药商品质量监督检验其目的和方法的不同分注册检验、抽查检验、委托检验、复核检验、技术仲裁检验、进出口检验等类型。

1. 注册检验 医药商品注册检验是指国家为审批医药商品所进行的检验活动。

（1）药品注册检验 药品注册检验包括标准复核和样品检验。根据检验目的，药品注册检验内容包括：新药上市申请检验、仿制药上市申请检验、进口药品上市检验、药品补充申请检验等。

药品注册检验由中国食品药品检定研究院或者经国家药品监督管理局指定的药品检验机构承担。

（2）医疗器械注册（备案）检验　医疗器械申请注册或者进行备案，应当按照产品技术要求进行检验，并提交检验报告。检验合格的，方可开展临床试验或者申请注册、进行备案。

医疗器械注册（备案）检验可以由申请人、备案人自检或者委托有资质的医疗器械检验机构进行检验。

2. 抽查检验　简称抽检，指医药商品检验机构定期或不定期对医药商品生产企业、经营企业和医疗机构的医药商品质量进行抽查和检验。抽检是强制性检验，不收取检验费和其他任何费用。抽检结果由省级以上药品监督管理部门发布药品质量公告及医疗器械质量公告。抽验分为监督抽验和评价抽验。监督抽检是指药品监督管理部门根据监管需要对质量可疑医药商品进行的抽检；评价抽检是指药品监督管理部门为评价某类或一定区域医药商品质量状况而开展的抽检。

3. 委托检验　指药品监督管理部门设定的检验机构或无检验条件的企业（或单位）委托医药商品检验机构，对需检验的样品进行有针对性项目的检验，双方签订委托检验合同。检验完毕后，检验机构出具检验报告书，报告书须盖章，检验结果具有法定效力。

4. 复核检验　又称复验，指被抽样的医药商品当事人对原检验结果存在异议时，按照法律法规规定向监督管理部门提出的复核检验。

（1）药品复核检验　被抽样单位对药品检验机构的检验结果有异议的，可以自收到检验报告书之日起7个工作日内提出复验申请。复验申请应当向原药品检验机构或者上一级药品监督管理部门设置或者确定的药品检验机构申请，也可以直接向中国食品药品检定研究院申请，其他药品检验机构不得受理复验申请。

（2）医疗器械复核检验　被抽样单位或者标示医疗器械注册人、备案人或者进口产品代理人对检验结果有异议的，可以自收到检验报告之日起7个工作日内优先向检验方案中推荐的复检机构提出复检申请。复检机构无正当理由不得拒绝。

5. 技术仲裁检验　即对有质量争议的医药商品进行的检验，检验的机构为中国食品药品检定研究院。技术仲裁检验的目的是公正判定、裁决有质量争议的医药商品，以保护当事人的正当权益。只对有争议的商品进行检验，必要时需抽查所涉及的企事业单位的质量保证体系条件，弄清质量责任。

6. 进出口检验　即对进出口医药商品实施的检验。进口的医药商品检验按我国进口医药商品管理办法和有关规定执行。口岸所在地药品检验机构按照国务院药品监督管理部门的规定对进口药品进行抽查检验。出入境检验检疫机构依法对进口的医疗器械实施检验。

第二节　药品检验

根据《药品管理法》及相关法规规定，国务院药品监督管理部门负责组织实施国家药品质量抽查检验工作。省级药品监督管理部门负责对本行政区域内生产环节以及批发、零售连锁总部和互联网销售第三方平台的药品质量开展抽查检验。药品监督管理部门设置或者确定的药品检验机构，承担药品质量抽查检验所需的检验任务。从事药品生产、经营、使用活动的单位和相关人员，应当接受药品监督管理部门组织实施的药品质量抽查检验工作。

一、药品抽样

国务院药品监督管理部门和省级药品监督管理部门应当制定年度药品质量抽查检验计划。抽查检验重点药品包括：①本行政区域内生产企业生产的。②既往抽查检验不符合规定的。③日常监管发现问题的。④不良反应报告较为集中的。⑤投诉举报较多、舆情关注度高的。⑥临床用量较大、使用范围较广的。⑦质量标准发生重大变更的。⑧储存要求高、效期短、有效成分易变化的。⑨新批准注册、投入生产的。⑩其他认为有必要列入抽查检验计划的。

药品抽样是为了保证人民群众用药安全而对药品进行的有针对性的抽查检验。药品抽样应当按照国家药品监督管理部门制定的《药品抽样原则及程序》进行，保证抽样的代表性。抽样操作应当规范、迅速、注意安全，抽样过程包括样品的抽取和储运，应当不得影响所抽样品和被拆包装药品的质量。

（一）药品抽样常用术语

1. 抽样批　施行抽样的同一批药品。

2. 抽样单元　施行抽样的便于清点、搬运和存放的药品包装单位。

3. 单元样品　从一个抽样单元中抽取的样品为单元样品。

4. 最小包装　直接接触药品的最小包装单位，对于 20mL 以下（含 20mL）安瓿、口服液、小瓶固体注射剂等，可将放置此类包装的包装单位（如：盒）视为"最小包装"。

5. 最终样品　由不同单元样品汇集而成的供检验或查处物证等使用的样品。

（二）抽样人员要求

抽样人员应当熟悉药品专业知识，并定期接受法律法规和专业技术培训。执行抽样任务时不得少于 2 人，抽样时应当向被抽样单位出示相关证明文件，原则上同一人不应当同时承担当次抽样和检验工作。

（三）抽样量确定

抽样量一般应为检验需求的 2 倍量，按 1∶0.5∶0.5 的比例分装为 3 份。同一品种存在不同制剂规格和包装规格时，应当以不同规格计算制剂单位，然后分别折算所抽取样品的最小包装数量（如：注射用无菌粉末以克为单位计算后再折算为瓶，液体制剂以毫升为单位计算后再折算为支或瓶等），同时应满足特殊检验项目（如微生物限度等）对最小独立包装数量的要求。

（四）抽样的准备工作

抽样前应拟定本次抽样的区域、单位、品种、批数及每批抽样量的计划。准备抽样用药品封签、药品抽样记录及凭证、药品抽样告知及反馈单、样品（物证）密封袋等必要证明凭证。凡直接接触药品的取样工具和包装容器应当不与药品发生化学反应，并保证清洁干燥，必要时作灭菌处理。

（五）抽样

抽样的一般步骤：①查看药品贮藏场所环境控制措施、运行状态及监控记录、存放标识等情况。②查验包装标签标示的名称、批准文号、批号、有效期、药品上市许可持有人等内容，查验药品外观包装（如破损、受潮、受污染或假冒迹象等）。现场检查中发现疑似药品质量问题情形时，可针对性抽样。③确定抽样方法、抽样单元数和抽样单元。④抽取样品并制作最终样品。⑤每份样品分别包装并封口，并按照说明书规定的条件保存。⑥使用专用封签签封样品，见表7–1。⑦填写《药品抽样记录及凭证》及《药品抽样告知及反馈单》，并通过相应的信息平台及时报送抽样信息。

表 7–1 药品抽样封签

药品抽样封签	任务类别 / 抽样编号：
	承检机构：
	通用名及批号：
	标示贮藏条件：
	药品上市许可持有人：
	抽样单位 / 经手人（签章）/ 电话：
	被抽样单位 / 经手人（签章）：
	抽样封签日期：
	此件封样数量：

（六）贮藏运输

样品在贮藏运输过程中，应当按照贮藏运输条件的要求，采取相应措施并记录，确保全程符合药品贮藏条件，保证样品不变质、不破损、不污染。

二、药品检验

随着科学技术的进步，药品标准将不断被完善。药品检验人员要不断学习新知识，掌握新方法，确保检验的权威性和公正性。

（一）检验的一般要求

药品检验机构对送检样品的外观、状态、封签等可能影响检验结果的情况进行核对，并核对抽样记录及凭证内容、药品封签签字盖章等情况，核对无误予以签收。如样品存在下列情况可以拒收：①外观发生破损、污染。②封签包装不完整或未在规定签封部位签封、可能影响样品公正性。③药品抽样记录及凭证填写信息不准确、不完整，或药品抽样记录及凭证标识与样品实物明显不符。④样品批号或品种混淆。⑤包装容器不符合规定、可能影响检验结果。⑥有证据证明储运条件不符合规定、可能影响样品质量。⑦样品数量明显不符合计划要求。⑧品种类别与当次抽查检验工作计划不符。⑨超过抽样工作规定时限。⑩其他可能影响样品质量和检验结果情形。

药品检验机构对样品需逐一登记并加贴标识，分别用于检验或按贮藏要求留样。

样品送至检验科室进行检验。除另有规定外，药品检验机构应当按照国家药品标准规定对抽取样品进行全项目检查。

药品检验机构出具药品检验报告书，并对其负责。检验报告书应当格式规范、内容真实齐全、数据准确、结论明确。

（二）药品的检验内容

按照药品标准对样品逐项进行检验。药品检验项目主要有理化性质检验、安全性、有效性以及无菌检验。药品检验的具体项目是根据药品标准中规定的内容进行检验。

1. 化学药品原料及制剂检验 主要包括：①物理性状。②鉴别包括薄层色谱、液相色谱、红外光谱等。③检查包括结晶性、酸度、溶液的澄清度与颜色、相关物质、水分、炽灼残渣（灰分）、重金属、有害元素、细菌内毒素、无菌等。④含量或效价测定。

2. 生物制品检验 主要包括：①毒种的鉴定。②无菌检查。③支原体检查。④病毒外源因子检查。⑤免疫原性检查。⑥原液检定，包括抗原体含量、蛋白质含量、牛血清蛋白残留量、细胞DNA 残留量。⑦化学检定，包括 pH、硫柳汞含量、氢氧化铝含量等。⑧效价测定。⑨热稳定性试验。⑩异常毒性检查。

3. 中药材及饮片检验 主要包括：①性状。②鉴别包括显微鉴别和薄层鉴别。③检查包括水分、灰分（总灰分和酸不溶灰分）、浸出物等。④指标性成分或有效成分的含量测定。有的药材检查项目还有重金属、有害元素和农药残留的测定等。

4. 中成药检验 主要包括：①性状。②鉴别包括显微鉴别和薄层鉴别。③检查根据不同的剂型，内容有所不同。如片剂有硬度、崩解度检查，注射液有澄明度、细菌内毒素、热原等检查。④指标性成分或有效成分的含量测定。

5. 中药提取物检验 主要包括：①性状。②鉴别。③检查根据提取物种类不同，内容有所不同，如流浸膏剂需检查乙醇量，其他应符合与浸膏剂项下有关的各项规定。④指标性成分或有效成分的含量测定。

三、假药、劣药的认定标准

药品监督管理部门依据《药品管理法》对涉嫌生产、经营假药、劣药等情况采取行政强制措施或紧急控制措施。对有证据证明可能危害人体健康的药品及其有关材料，药品监督管理部门可以采取查封、扣押，并在 7 日内作出行政处理决定；药品需要检验的，应当自检验报告书发出之日起 15 日内作出行政处理决定。

（一）假药的认定标准

《药品管理法》规定，有下列情形之一的为假药：①药品所含成分与国家药品标准规定的成分不符。②以非药品冒充药品或者以他种药品冒充此种药品。③变质的药品。④药品所标明的适应证或者功能主治超出规定范围。

（二）劣药的认定标准

《药品管理法》规定，有下列情形之一的为劣药：①药品成分的含量不符合国家药品标准。②被污染的药品。③未标明或者更改有效期的药品。④未注明或者更改产品批号的药品。⑤超过有效期的药品。⑥擅自添加防腐剂、辅料的药品。⑦其他不符合药品标准的药品。

《药品管理法》同时规定：禁止未取得药品批准证明文件生产、进口药品；禁止使用未按照规定审评、审批的原料药、包装材料和容器生产药品。

四、假药、劣药简易快速测试方法

应用传统快速检验手段，如眼看、手摸、鼻闻、口尝等方法对药品的真伪优劣进行快速鉴别。

药品快速检验车如同一个流动的"药品检验机构"。检验项目较全、速度快、检验准确率高，它将经典化学鉴别方法、薄层色谱法、高科技检测技术和信息化手段融为一体，将实验室的固定模式转变成流动快速检验模式，能够在城乡地区机动、快速、较大范围地开展药品真假优劣的鉴定工作，最快能在2分钟内检测出药品的真伪。在质量监督过程中，利用药品检验车可及时发现可疑药品并及时处理，减少送检等环节，提高了检验的效率；及时有效地控制不合格药品的流通和使用。药品检验车适用范围较广，如偏远山区、农村和药品仓储房等，对保障落后地区人民群众的用药安全起到重要的技术支撑作用。

快速检验箱是继药品检验车之后出现的快速检验设备，也是现在药品监督管理部门常用的检验工具。检验箱配有微型显微镜、紫外光灯、经纬密度仪、试剂管、多种化学试剂、取证工具等设备和物品，有机地组装成药品快速定性监督检验箱。快速检验箱以箱式实验展开平台，集药品的快速检验、常规检验和部分定量检验等功能于一体，初步实现使用药品快速检验的药品技术保障。快速检验箱具有体积小、重量轻、便于携带、结构独特、操作简便等特点。快速检验箱可对千余种化学药品做初步的鉴定。其中经纬密度仪除具有对药品激光防伪标识的识别，还可对中药材和中药饮片进行外观鉴别。

快速检验被确定为问题药品，仅是初步判定，需要在药品检验机构内进行进一步检验。

（一）药品的包装、标签及说明书检查

药品检验人员通过感觉器官对药品的包装、容器、标签进行检验，以确定是否符合规定。

药品包装必须符合药品质量的要求，方便储存、运输和医疗使用。我国《药品管理法》规定，直接接触药品的包装材料和容器，应当符合药用要求，符合保障人体健康、安全的标准。对不合格的直接接触药品的包装材料和容器，由药品监督管理部门责令停止使用。

1. 外包装检查内容 主要检查药品的包装是否符合质量要求，能否达到防潮、防挤压、防震动、防污染的目的；检查包装的形态、颜色有无变化；包装箱有无响动，封签封条有无破损；包装箱有无渗液、污损及破损。外包装上应清晰注明药品的分类标识、药品名称、规格、生产批号、生产日期、有效期、批准文号、贮藏及运输注意事项或其他标记，如特殊管理药品、外用药品、非处方药标识等，有关特定运输图示标志的包装印刷应清晰标明，危险药品必须符合危险药品包装标志要求。

2. 内包装检查内容 容器应符合药品质量要求、与内容物不应发生化学反应；清洁、干燥、无破损；封口严密；包装印字应清晰，瓶签粘贴牢固。检查时应注意以下几方面：①检查片剂、颗粒剂、胶囊剂时应注意薄膜塑料袋封口，伪品多采用加热钢锯条手工熔封，易出现皱缩、焦痕、袋内空气等现象。②检查针剂是否为曲颈易折安瓿，封口是否完好，铝盖有无松动等。假针剂中可能出现在同盒内多厂家多批号的针剂混装现象。③有些利用回收的标签完好的旧瓶、纸盒盛装药品，常出现不同程度的污染。

3. 药品标签和说明书检查 《药品管理法》规定，药品包装应当按照规定印有或者贴有标签并附有说明书。标签或者说明书应当注明药品的通用名称、成分、规格、上市许可持有人及其地址、生产企业及其地址、批准文号、产品批号、生产日期、有效期、适应证或者功能主治、用

法、用量、禁忌、不良反应和注意事项。麻醉药品、精神药品、医疗用毒性药品、放射性药品、外用药品和非处方药的标签、说明书，应当印有规定的标志。以上内容需逐项进行检查；同时注意标签的颜色、字体的大小、批号等印制质量。

对安瓿、注射剂、滴眼剂等因标签尺寸限制无法全部注明上述内容的，至少应标明药品通用名称、规格、产品批号、有效期等内容。中药蜜丸蜡壳至少须注明药品名称。

假标签通常印制粗糙、模糊不清、字迹变形、色彩光洁度差、文字说明出现差错等，也有乱打商标、批准文号、批号、厂家、有效期等。

（二）药品的外观检查

打开包装容器，对药品外观性状进行检验，如眼看、手摸、鼻闻、口尝等，快速鉴别真伪优劣。

1. 重量差异　片剂、颗粒剂、糖浆剂、软膏剂、眼膏剂、注射剂、滴眼剂、酊剂等均不超过该剂型规定重量的限度。

2. 片剂　检查有无吸潮、变色、变形、裂片等。

3. 胶囊剂　检查有无软化、破裂、变形、内容物收缩，结块等现象；装液体药剂的软胶囊，应无粘连，无破裂漏药，无异味。

4. 注射剂　水针剂检查澄明度，色泽有无变化；粉针剂检查是否粘瓶，结块、变色等。

5. 眼药水　检查有无浑浊、沉淀产生等。

6. 散剂、颗粒剂　检查有无吸潮结块、发黏、生霉、变色等。

7. 栓剂　应检查有无溶化变形现象。

8. 酊剂、糖浆剂、乳剂、软膏剂及流浸膏剂　应检查有无挥发，沉淀、发霉、变色、酸败等现象。

（三）药品卫生标准检查

凡外观发霉、生虫、生活螨的药品均做不合格处理；液体制剂瓶盖周围有发霉者或活螨者做不合格处理。

第三节　医疗器械检验

为加强医疗器械产品质量监督管理，规范医疗器械产品质量监督抽检工作，根据《医疗器械监督管理条例》及相关规定，国家药品监督管理局组织各级药品监督管理部门对医疗器械进行抽样检验，并根据抽检结果进行公告和监管活动。

一、医疗器械抽样

医疗器械质量的判定依据为强制性标准、经注册或者备案的产品技术要求。医疗器械质量监督抽检的样品由被抽样单位无偿提供，并随机抽取，样品的数量应符合抽检方案的要求。医疗器械质量抽样检验不收取任何费用。

（一）抽样检验计划和方案

国家药品监督管理局和省级药品监督管理部门在每年第一季度制定年度医疗器械质量抽查检

验计划。组织医疗器械质量抽查检验的部门根据计划制定抽查检验方案，包括：①检验品种和拟抽查企业范围。②检验依据和检验项目。③承担检验和复检的检验机构。

国家医疗器械质量抽查检验重点包括：①安全风险性高，需要重点监管的。②临床用量大、使用人群和使用范围广的。③投诉举报较多、舆情关注度高的。④不良事件监测提示可能存在质量问题的。⑤产品质量易受储存运输条件影响的。⑥其他监管需要的。

省级医疗器械质量抽查检验重点包括：①本行政区域内注册或者备案的产品。②未列入国家医疗器械质量抽查检验品种，且产品安全风险较高的。③列入上一年抽查检验计划但实际未抽到的。④既往抽查检验不符合规定的。⑤日常监管、不良事件监测等发现可能存在质量问题的。⑥其他监管需要的。

（二）医疗器械抽样

各级药品监督管理局开展医疗器械抽样时，需由 2 名以上（含 2 名）抽样人员执行现场抽样任务，并向被抽样单位出示抽样工作证明文件和抽样人员身份证明文件。原则上同一人不应当同时承担当次抽样和检验工作。

抽样人员应当核查被抽样单位的证照信息，抽样人员可以通过拍照、录像、录音等方式对现场检查情况进行记录。

抽样场所应当由抽样人员根据被抽样单位类型确定。从生产环节抽样的，一般在医疗器械注册人、备案人或者受托生产企业的成品仓库进行；从经营环节抽样的，一般在经营企业的医疗器械仓库或者零售企业的营业场所进行；从使用单位抽样的，一般在医疗器械库房进行；从互联网交易环节抽样的，一般在与线上一致的线下医疗器械仓库进行。

抽取的样品应当是已经验收合格入库的待销售（使用）产品，并经被抽样单位确认。

被抽样单位应当提供：①产品注册证复印件/备案凭证复印件。②经注册或者备案的产品技术要求。③生产经营使用有关记录。④开展检验所需配套必需品。

抽样人员应当使用专用封签现场签封样品，见表 7-2。登录国家抽检系统，填写《医疗器械抽样记录及凭证》，并分别由抽样人员和被抽样单位有关人员签字，加盖抽样单位和被抽样单位有效印章。（注：大封签长 70cm，宽 25cm；中封签长 40cm，宽 15cm；小封签长 20cm，宽 7cm）

表 7-2 医疗器械抽样封签

医疗器械抽样封签	产品名称：
	批号（出厂编号）：
	标示医疗器械注册人、备案人：
	抽样单位（盖章）及经手人签名：
	被抽样单位（盖章）及有关负责人签名：
	抽样封签日期：

被抽样单位因故不能提供样品的，应当说明原因并提供有关证明材料。抽样人员应当填写相关记录。抽样人员查阅有关生产、销售及使用记录后，可以组织对该单位再次抽样或者追踪到其他环节抽样。

样品应当在抽样之日起 5 个工作日内寄出，抽样单位应当将样品邮寄信息同步上传至国家抽检系统。

二、医疗器械检验

药品监督管理部门应当加强对医疗器械注册人、备案人、生产经营企业和使用单位生产、经营、使用的医疗器械的抽查检验。经国务院认证认可监督管理部门会同国务院药品监督管理部门认定的检验机构，方可对医疗器械实施检验。

承检机构应当对送检样品的外观、状态、封签、包装等可能影响检验结果的情况，以及抽样凭证、防拆封措施、签字盖章等情况进行核对，确认无误后予以签收。对存在可能影响检验结果判定的，承检机构应当拒绝接收，向抽样单位说明理由，退回样品，并向组织抽查检验工作的药品监督管理部门报告。

检验应当严格按照抽检方案规定的依据、项目、方法和工作要求执行。检验过程中遇有样品失效或者其他情况致使检验无法进行的，承检机构应当如实记录，提供充分的证明材料，并将有关情况报送至组织抽查检验工作的药品监督管理部门。

承检机构原则上应当自收到样品之日起 40 个工作日内出具检验报告，同时将检验信息（包括不符合规定项目说明等）录入国家抽检系统。承检机构应当对出具的检验报告负责。检验原始记录、检验报告的保存期限不少于 5 年。

承检机构应当按照规定时间寄送检验报告。检验结果为不符合规定的，应当在检验报告出具后两个工作日内将检验报告和相关材料寄送至被抽样单位所在地省级药品监督管理部门和标示医疗器械注册人、备案人或者进口产品代理人所在地省级药品监督管理部门。药品监督管理部门应当自收到检验结论为不符合规定的检验报告之日起 5 个工作日内组织将检验报告送达本辖区内被抽样单位和标示医疗器械注册人、备案人，进口产品的相关检验报告应送达至其代理人。

当事人对检验结论有异议的，可以自收到检验报告之日起 7 个工作日内向实施抽样检验的部门或者其上一级负责药品监督管理的部门提出复检申请，由受理复检申请的部门在复检机构名录中随机确定复检机构进行复检。承担复检工作的医疗器械检验机构应当在国务院药品监督管理部门规定的时间内作出复检结论。复检结论为最终检验结论。

复习思考题

1. 简述我国医疗器械的检验依据。
2. 药品抽查检验中的重点药品包括哪些？
3. 简述假药、劣药的认定标准。

医药商品经营是按照市场规律，通过采购、销售、调拨、贮运等环节完成医药商品从生产领域向消费领域转移的过程。医药商品经营管理是指具有资质的医药经营企业和医药商品流通中的监管部门，对医药商品经营进行管理。我国政府宏观指导思想及有关法律法规政策对医药商品经营产生深远的影响，同时随着互联网和信息技术的不断发展，医药商品经营的渠道、基本模式、特点、主要内容、采购流程、销售流程和监管程序也在逐渐发生变化。

第一节　医药商品经营管理概述

药品经营是指将药品生产企业生产的药品，通过药品批发企业的购进、储存、销售、运输等经营活动，供应给零售商，最终到达消费者的全过程。药品经营完成了药品从生产领域向消费领域的转移，实现了药品的使用价值。药品经营方式包括药品批发和药品零售。

医疗器械经营是指以购销的方式提供医疗器械商品。医疗器械经营包括医疗器械批发和医疗器械零售。企业经营第三类医疗器械实行许可管理，经营第二类医疗器械实行备案管理，第二、三类医疗器械经营范围须与药品监督管理部门印发的《医疗器械经营许可证》内容相一致，而经营第一类医疗器械不需要许可和备案。

卫生材料、低值耗材的经营管理可按照有关的法律法规执行。

一、供应商管理

供应商管理体系的建立是医药企业经营管理活动的重要内容之一。在医药行业流通环节中，医药供应商主要包括医药商品生产企业和医药商品销售企业。

（一）有关法律法规

由于医药商品的特殊性，我国通过一系列法律法规对医药商品供应施行严格的限制和管理。

1. 药品供应商管理　《药品管理法》要求药品供应商开办药品生产企业，须经企业所在地省、自治区、直辖市人民政府药品监督管理部门批准并发给《药品生产许可证》，无《药品生产许可证》不得生产药品；同样，开办药品批发企业须获得省级药品监督管理部门批准并发给《药品经营许可证》，无《药品经营许可证》不得经营药品。

2. 医疗器械供应商管理　《医疗器械监督管理条例》（2021年）及《医疗器械经营监督管理办法》（2022年）对医疗器械经营行为进行规范，要求从事第二类、第三类医疗器械生产的，须经企业所在地省级药品监督管理部门批准并发给《医疗器械生产许可证》，从事第一类医疗器械生产的，须向所在地设区的市级药品监督管理部门备案。经营第三类医疗器械实行许可管理，企业须经企业所在地设区的市级药品监督管理部门批准并发给《医疗器械经营许可证》。经营第二类医疗器械实行备案管理，经营第一类医疗器械不需要许可和备案。

3. 对医药商品企业的统一要求 从事医药商品生产、经营的企业，其购进、贮存、销售等记录应符合可追溯要求。

此外，按照《盲盒经营行为规范指引（试行）》（2023 年）的有关规定，对药品、医疗器械等在使用条件、存储运输、检验检疫等方面有严格要求的商品，不得以盲盒形式销售；不具备保障质量安全和消费者权益条件的化妆品不应当以盲盒形式销售。

（二）合格供应商选择原则

《药品管理法》规定，药品生产企业、药品经营企业、医疗机构必须从具有药品生产、经营资格的企业购进药品，没有实施批准文号管理的中药材除外。《医疗器械经营监督管理办法》规定，医疗器械经营企业应当从具有资质的生产企业或者经营企业购进医疗器械。选择供应商的基本原则：①提供适应企业需求的医药商品。②保证医药商品的供应数量。③按时交货。④商品本身性价比高。⑤高质量的客户关系管理服务。

（三）供应商评审

采购方可依据医药商品供应商的评审情况对合格的供应商进行分级。分级的目的是防止某供应商垄断销售，也可配合医药企业采购需求。选择合适的医药供应商，评价过程如下。

1. 调研 采购方应对医药商品供应商的资格和条件进行调查，并对其资质进行评审。

2. 设计评价体系 采购方决定评审的内容需要依据医药商品供应商管理体系来确定，因此应针对不同的体系，设计相应的评审项目和指标，指标中应包含医药供应商的经营状况、供应及制造能力、技术情况、管理绩效、质量监控等。

3. 评价 根据实际需求成立评审组考评医药商品供应商的业绩，根据采购方的实际需求衡量，对于医药商品供应商的重要性，进行评价和分级。

二、医药商品零售终端渠道

医药商品的零售终端渠道是指医药商品零售商与消费者共同完成的医药商品交换活动，主要包括互联网、医疗机构和药店三类。

1. 互联网 医药商品经营企业、网络交易第三方平台可利用互联网销售医药商品，这是目前医药商品消费需求增速最快的渠道。通过互联网销售医药商品时应遵守《药品管理法》《药品管理法实施条例》《医疗器械经营监督管理办法》《药品网络销售监督管理办法》（2022 年）及《互联网广告管理办法》（2023 年）等有关法律法规和管理规定。

《药品管理法》规定疫苗、血液制品、麻醉药品、精神药品、医疗用毒性药品、放射性药品、药品类易制毒化学品等国家实行特殊管理的药品不得在网络上销售。

2. 医疗机构 医疗机构是患者获得药品，尤其是处方药最常用的渠道。医疗机构的医药商品进货渠道由国家统一管理，患者可在医生指导下选择医药商品。由于医药商品通过医院销售的数量较大，因此更加受到医药商品供应商的重视。

3. 药店 药店是销售常用医药商品的主要渠道之一，其所处的地理位置通常是便于购买的居民聚集区。消费者购买药品时可直接购买非处方药，有正规医院医生处方的情况下消费者可购买处方药。

三、医药商品基础数据管理

医药商品基础数据主要是指医药类商品，尤其是药品在生产和流通过程中产生的与其生产企业、质量、供求情况、渠道等信息。这些信息可供管理者进行质量追溯和医药商品召回等方面的管理，可供医药企业了解市场供求情况、渠道销售情况，同时为用户提供辨识真伪的服务。医药商品基础数据主要查询渠道包括国家药品监督管理局数据和药品追溯系统。

（一）国家药品监督管理局数据

国家药品监督管理局官方网站（https://www.nmpa.gov.cn/）可查询到药品、医疗器械等商品信息，《国家基本药物目录》，药品生产及经营企业、医疗器械生产及经营企业、互联网药品经营企业数据、执业药师资格人员数据等。

（二）药品追溯系统

药品追溯系统包括药品追溯码、相关软硬件设备和通信网络及获取药品追溯过程中相关数据的集成，该系统用于实现药品生产、流通和使用全程追溯信息的采集、存储和共享。目前药品追溯码依据《药品追溯码标识规范》（2022 年）、《药品追溯消费者查询结果显示规范》（2022 年）的有关规定执行。

四、医药商品广告管理

医药商品广告批准文号的申请人必须是具有合法资格的医药商品生产企业或者经营企业。经营企业作为申请人的，必须征得生产企业的同意。申请人可委托代办人代办医药商品广告批准文号的申办事宜。

医药商品广告须依据《药品、医疗器械、保健食品、特殊医学用途配方食品广告审查管理暂行办法》（2020 年）及《互联网广告管理办法》等有关管理规定执行。

1. 提交申请　药品广告审查申请应依法向生产企业或者进口代理人等广告主所在地广告审查机关提出。医疗器械广告审查申请应依法向生产企业或者进口代理人所在地广告审查机关提出。

2. 审查　审查机关 5 个工作日内作出受理或者不予受理决定。符合的予以受理，出具《广告审查受理通知书》。不符合要求的一次性告知申请人需要补正的全部内容。10 个工作日内完成审查工作，作出审查批准的决定。

（1）广告批准文号有效期　广告批准文号有效期为两年。药品、医疗器械广告批准文号的有效期与产品注册证明文件、备案凭证或者生产许可文件最短的有效期一致。

（2）广告审核内容准则　①药品广告的内容应当以国务院药品监督管理部门核准的说明书为准；药品广告涉及药品名称、药品适应证或者功能主治、药理作用等内容的，不得超出说明书范围。②药品广告应当显著标明禁忌、不良反应，处方药广告还应当显著标明"本广告仅供医学药学专业人士阅读"，非处方药广告还应当显著标明非处方药标识（OTC）和"请按药品说明书或者在药师指导下购买和使用"。③处方药广告只能在国务院卫生行政部门和药品监督管理部门共同指定的医学、药学专业刊物上发布。

3. 发布　广告发布须依据《药品、医疗器械、保健食品、特殊医学用途配方食品广告审查管理暂行办法》及《互联网广告管理办法》等有关管理规定执行。

经审查批准的药品、医疗器械广告，广告审查机关应当通过本部门网站以及其他方便公众查询的方式，在 10 个工作日内向社会公开。公开的信息应当包括：广告批准文号、申请人名称、广告发布内容、广告批准文号有效期、广告类别、产品名称、产品注册证明文件或者备案凭证编号等内容。

4. 不得发布广告的医药商品　①麻醉药品、精神药品、医疗用毒性药品、放射性药品、药品类易制毒化学品，以及戒毒治疗的药品、医疗器械。②军队特需药品、军队医疗机构配制的制剂。③医疗机构配制的制剂。④依法停止或者禁止生产、销售或者使用的药品、医疗器械。⑤法律、行政法规禁止发布广告的情形。

第二节　互联网医药商品经营管理

医药商品互联网经营管理应依据《药品管理法》《药品管理法实施条例》《医疗器械经营监督管理办法》《药品网络销售监督管理办法》以及管理部门和监督部门颁布的其他互联网交易通用法律、法规的有关规定，所涉及的内容包括通过互联网提供医药商品信息、销售药品、医疗器械等互联网经营活动。

一、医药商品互联网经营

自 2004 年起，国家药品监督管理局颁布一系列关于医药商品互联网交易和信息网站的管理规定，我国的医药商品互联网经营活动从 2005 年正式实施。

（一）医药商品互联网经营的优势

目前，我国医药商品互联网经营主要围绕着企业与企业之间、企业与医疗机构之间和企业与消费者之间的经营形式开展，与传统销售相比互联网经营医药商品的优势主要体现在以下 3 个方面。

1. 覆盖面广　医药商品互联网经营利用互联网平台开展，突破了空间地域的限制，在一定程度上解决了实体店的销售范围的局限性。

2. 成本低　医药商品互联网经营、渠道成本降低，进而降低了医药商品销售过程中产生的成本。

3. 隐私保护　互联网医药经营企业在配送过程中提供隐私保护包装服务。

（二）医药商品互联网经营模式

目前，医药商品互联网经营的模式主要分为以下 3 种形式。

1. 医药企业间模式　该模式包含医疗机构、药品生产、销售企业之间的经营。

2. 医药企业与消费者间模式　该模式主要指医药商品经营企业或第三方交易平台面向消费者销售医药商品，为保证互联网医药商品流通、使用的安全，交易过程应依据有关法律、法规的有关规定执行。

3. 从线上（线下）到线下（线上）模式　该模式依托于实体医疗机构或实体药店，将线下的商务机会与互联网结合，提供直接面向消费者的医药配送服务。

二、互联网经营工具

医药商品利用互联网或移动互联网销售时应根据不同医药企业或商品，选择不同类型的经营工具，这些工具可以帮助医药商品在线销售，提高医药商品在线成交量，同时医药企业也可以利用这些工具从多角度、多层次进行宣传，扩大企业影响。

1. 网站、平台推广类 在医药商品互联网经营过程中，网站和第三方平台推广是最基本、最重要的一类。医药商品网站采用哪种形式取决于医药企业的经营战略、商品特性、财务预算等因素。

2. 互联网通信类 互联网通信类工具是医药商品销售中常用的销售工具之一，主要包括即时通信工具和电子邮件两类。通过即时通信工具推广医药商品和品牌，一般包括两种情况，一是在线交流，二是即时通信过程中发布医药商品信息、促销信息、医药企业宣传信息等。

3. 搜索引擎类 搜索引擎是常用的互联网销售工具之一，主要用于推广医药商品网站。利用搜索引擎对医药商品推广时，可通过注册搜索引擎、交换链接、付费竞价排名、关键字广告等方式，使医药商品被搜索引擎收录到其索引数据库中。

三、我国医药商品互联网经营管理

（一）指导思想

为提升医疗卫生现代化服务水平，国务院先后出台一系列政策保障和完善互联网医药商品供应保障服务。《国务院办公厅关于服务"六稳""六保"进一步做好"放管服"改革有关工作的意见》（国办发〔2021〕10 号）中提出了在确保电子处方来源真实可靠的前提下，允许网络销售除国家实行特殊管理的药品以外的处方药。

（二）法律法规及管理规定

目前，我国医药商品互联网经营管理主要依据《药品管理法》《药品管理法实施条例》《医疗器械经营监督管理办法》《药品网络销售监督管理办法》中的有关规定执行。这些法律法规规范主要包括以下内容：①医药商品互联网经营企业的资质及经营的监督管理。②医药商品安全性及质量的监控管理。③与互联网经营相适应的场所、设施、设备，并具备管理和维护的能力。④网上查询、生成订单、电子合同、网上支付等交易服务功能。⑤保证交易信息合法性、真实性的完善管理制度、设备与技术措施。⑥保证网络运营和日常维护的计算机专业技术人员，具有健全的企业内部管理机构和技术保障机构。⑦药学或者相关专业本科学历，熟悉药品、医疗器械有关法律法规的专职专业人员组成的审核部门负责网上交易的审查工作。

（三）发展趋势

2022 年 1 月，工信部、国家卫健委等九部委发布了《"十四五"医药工业发展规划》，其中明确提出了"促进互联网、大数据、区块链、人工智能等新一代信息技术和制造体系融合，提高全行业质量效益和核心竞争力""适应智慧医疗、互联网医院快速发展趋势，探索医疗机构处方与药品零售信息互联互通，推动构建覆盖疾病诊疗、药品配送、医疗机构收费、医保结算等环节的数字化管理体系，实现线上线下深度融合，形成医疗机构、药品生产经营企业、保险公司、信息技术服务商等共同参与的'互联网＋医药'新生态"等内容。

2022 年 3 月，国务院办公厅发布的《"十四五"中医药发展规划》中提出了鼓励发展"互联网＋中医药贸易"，逐步完善中医药"走出去"相关措施，开展中医药海外市场政策研究，助力中医药企业"走出去"，推动中药类产品海外注册和应用。

第三节　医疗机构医药商品经营管理

医疗机构是我国医药商品经营管理过程中的经营者，其在医疗过程中收集患者需求信息，及时反馈给医药商品生产和销售企业，同时帮助患者方便快捷地获取所需医药商品。通过诊断病情，利用医药商品的有效治疗，保证患者享受安全、有效的消费，从而实现医药商品的价值和使用价值。

一、医疗机构医药商品采购流程管理

医疗机构是我国医药商品消费的主要场所，通过政府规定的招标采购制度，发布所需采购的医药商品名单，经生产企业或流通企业报价，通过医疗机构药事委员会审批后，确定最终采购的医药商品。医药商品采购活动由医院药学部或药剂科、医疗器械科等主要负责，包括药品、医疗器械和卫生耗材等。一般情况下医药商品必须在医药商品招标采购中心采购，如遇临时提出并且急需医药商品也可由医疗机构自主招标。

（一）医疗机构了解医药商品的渠道

医疗机构了解医药商品的渠道：①新商品医疗机构推广会。②学术会议推荐。③长期稳定供货商推荐。④医疗机构或地方药事委员会、医学会、药学会成员推荐。⑤医疗机构临床科室主任或资深医生推荐。⑥政府通过行政手段推荐。⑦广告。

（二）采购药品分类

依据国务院发布的《国务院办公厅关于完善公立医院药品集中采购工作的指导意见》（2015年）并结合《国务院办公厅关于印发国家组织药品集中采购和使用试点方案的通知》（2019年），采购药品分为5种类型。

1. 第一类　对临床用量大、采购金额高、多家企业生产的基本药物和非专利药品，发挥省级集中批量采购优势，由省级药品采购机构采取双信封制公开招标采购，医院作为采购主体，按中标价格采购药品。

2. 第二类　部分专利药品、独家生产药品，建立公开透明、多方参与的价格谈判机制。谈判结果在国家药品供应保障综合管理信息平台上公布，医院按谈判结果采购药品。

3. 第三类　妇儿专科非专利药品、急（抢）救药品、基础输液、临床用量小的药品和常用低价药品，实行集中挂网，由医院直接采购。

4. 第四类　临床必需、用量小、市场供应短缺的药品，由国家招标定点生产、议价采购。

5. 第五类　麻醉药品、精神药品、防治传染病和寄生虫病的免费用药、国家免疫规划疫苗、计划生育药品及中药饮片，按国家现行规定采购，确保公开透明。

（三）药品一般采购管理

《医疗机构药事管理规定》（2011年）规定，医疗机构制定本机构药品处方集和基本用药供应目录，临床使用的药品由药学部统一采购供应。核医学科经药事管理与药物治疗学委员会（组）审核同意，可以购用、调剂本专业所需的放射性药品。其他科室或者部门不得从事药品的采购、调剂活动，不得在临床使用非药学部门采购供应的药品。

1. 相关要求　按照《药品管理法实施条例》的要求，医疗机构购进药品必须有真实、完整的药品购进记录。药品购进记录必须注明药品的通用名称、剂型、规格、批号、有效期、生产厂商、供货单位、购货数量、购进价格、购货日期。在特殊情况下，医疗机构因临床急需进口少量药品的，应持《医疗机构执业许可证》向药品监督管理部门提出申请，经批准后，方可进口。进口药品应在指定医疗机构内用于特定医疗目的。

2. 采购流程管理　药品一般采购由药学部或药剂科负责。

（1）申请药品采购　由药学部或药剂科根据各临床科室的用药情况结合本医疗机构的基本用药供应目录编制药品采购计划，按规定购入药品，交由药学部或药剂科主任审核后，再交主管院长签字同意，药品采购员在国家规范的统一药品互联网采购平台采购。

（2）采购清单管理　网上采购流程完成后需打印采购清单，由监督方签字同意，采购员在清单上签字后交审计科，药库、药学部或药剂科主任各一份。

（3）通报新药信息　采购员按药品采购清单的要求落实，同时以书面表格的形式向药房及相关科室通报新药信息。

（4）入库管理　收到药品时，药库保管员按保管程序和职责对入库药品质量、数量、检验报告收集核实，并负责装订存档，药品入库应按《药品管理法》要求做好入库记录，对不符合要求的药品应拒绝入库，同时向药品采购员报告，由采购员及时作出退货或换货等处理，采购员不能作出处理的及计划外的药品应向药学部或药剂科主任报告。

（5）采购信息管理　与药品采购有关的原始信息由主管人员保存。

（6）采购流程监管　在采购过程中，任何人不得私自向外发布计划，不能接受无计划送货。药品采购实行政府网上采购，采购过程必须有医疗机构纪检、监察或审计现场进行程序性监督。药品采购员必须提前通知医疗机构纪检、监察或审计，监督是否执行同一厂家、同一品种、同一规格网上最低价采购，对不符合规定者，纪检、监察或审计可否决。

（四）临时申购

1. 特殊管理药品、急救药品　特殊管理药品、急救药品由采购员向药学部或药剂科主任、主管院长报告，同意后即可采购。

2. 新药　新药引进应遵照本医疗机构遴选制度。引进新药要做到进出平衡，控制品种数量，同时应淘汰部分同类的原有品种。新药引进应采取申报人负责的原则，申购人应对药品使用负责，医疗机构临床科室主任通常不能申购其他科室所用新药。

（五）医疗器械采购管理

医疗机构采购医疗器械时应按照《医疗器械质量监督管理条例》中提出的安全、有效，能保障人体健康和生命安全的合格的医疗器械。

1. 采购分类　医疗机构的器械采购包括以下几种形式。

（1）自主采购　价值较低的医疗器械通过规范的医疗器械采购网站，经有关部门审批后，院内组织招标活动。

（2）招标采购　价值较高的医疗器械通过规范的集中采购网站，经有关部门审批后，由医疗机构选择招标企业进行招标活动。

（3）特殊采购　临时提出并且急需的价值较高的本应由招标企业完成的招标程序，可由医疗机构自主招标。

2. 采购流程管理 器械科应根据各专业科室业务的性质和医疗、教学、科研的需要，按批准计划项目内容进行采购。管理流程如下。

（1）供应商资质核查 购置医疗设备前，查验供应商提供的《医疗器械注册证》《医疗器械经营企业许可证》《医疗器械生产企业许可证》等证件复印件必须加盖经销单位公章，并核实证件的真实性与有效性。

（2）申请采购 临床科室根据医疗业务及新技术开展所需医疗设备，由使用科室向器械科提交申请，同时提交论证报告。

（3）审核批准 在医疗机构药事管理委员会进行初审通过后，器械科根据科室申请及业务开展的实际需要，同类设备信息、基本价格等提出审查意见，交主管院长审查，再通过院长审批。

（4）实施采购 按院长审批意见及项目，根据情况实施招标采购，并按合同内容由使用科室及设备科验收商品，填写设备验收单报分管院长审批签字后办理结算手续。

（六）卫生耗材采购管理

医疗机构卫生耗材采购一般有长期供应商。医疗机构经过实际使用认为商品功能符合其需求后，应在某一厂商长期采购某种卫生耗材，便于随时解决出现的问题。一般卫生耗材维持一周使用量的库存。因特殊需求，如为完成某医疗项目增加需求量，也可进行临时采购。

1. 卫生耗材分类 ①一次性使用无菌医疗器械。②护理材料和敷料。③检验试剂和材料。④影像胶片和材料。⑤高值医用耗材、"消"字号消毒材料。⑥低值易耗医疗器械及其他医用耗材。

2. 采购流程管理 医疗机构的器械科负责卫生耗材的采购管理。

（1）一般卫生耗材采购管理 各科室根据需要的专科卫生材料提出专科材料申购计划，报分管院长审批签字后方进行采购。

（2）特殊卫生耗材采购管理 临时所需特殊卫生材料（内、外固定材料，诊断、治疗性穿刺物品，特殊导管等）或因新医疗项目开展临时需要购入的卫生材料，由所在科室负责人填写卫生材料申购表，经分管院长审批后购入使用。

（3）入库管理 所有卫生材料购入后必须先由库房验收，验收人员签署意见后报分管院长审批入库。凡未经药事管理委员会审查及分管领导审批进入医疗机构的卫生材料，库房没有资格验收，不能入库。

二、医疗机构医药商品销售管理

医疗机构销售的医药商品主要包括化学药品、生物制品、中成药、中药饮片及与医疗活动有关的卫生耗材等。

（一）西药房、中成药房药品销售管理

门诊药房药师收到处方后必须做到"四查十对"：查处方，对科别、姓名、年龄；查药品，对药名、剂型、规格、数量；查配伍禁忌，对药品性状、用法用量；查用药合理性，对临床诊断。药师在审查过程中发现处方中有不利于患者用药或其他疑问时，应先联系处方医师进行干预，经医师改正并签字确认后，方可调配，经有经验的药师核对无误后方可发给患者药品。对发生严重药品滥用和用药失误的处方，应当按有关规定报告。麻、毒、精神药品的处方调配发放时，应严格遵守此类药品管理的相关规定执行。

住院患者经主治医生处方后，由病房管理人员统一取药并分发给患者。

（二）中药房药品销售管理

医疗机构的中药房负责销售中药饮片，同时提供中药饮片代煎服务。中药师收到处方应核对信息，无误后方可调配，经有经验的中药师核对后发给患者药品。如需代煎中药，须通知患者取药时间。

住院患者经主治医生处方后，由医疗机构中药房煎煮，再由病房管理人员发给患者。

第四节　药店医药商品经营管理

药店是指依据《药品管理法》《药品管理法实施条例》《医疗器械监督管理条例》《医疗器械经营监督管理办法》《药品流通监督管理办法》等的有关规定，经所在地县级以上地方人民政府药品监督管理部门批准，取得药品经营许可证，专门从事医药商品经营活动的独立经营部门。

一、可开办药店的企业类型

在我国，可开办药店的企业包括国有企业、民营企业和中药制药企业。

1. 国有企业药店　国有企业药店是我国药店的主要组成形式，通常由大型国有经营企业开办。这类企业大多涵盖生产和销售领域，拥有药品流通渠道资源，以医药商品批发为主，很多国有企业将原有的零售业务进行整合，利用已有的批发渠道和政府支持开办药店。

2. 民营企业药店　民营企业药店是我国药店的组成形式之一，由民营经营企业开办。

3. 中药制药企业药店　中药制药企业尤其是老字号、老品牌的中药制药企业大都采用自产自营的经营模式。

二、经营模式

药店的经营模式包括零售和零售连锁两种类型。

1. 零售经营　零售药店是我国出现最早的药店经营模式，一般以专业药店的形式出现。由于体制灵活，可以形成"一店一策"的特色经营药店，以专科特色药店形式，如肝病、心脏病、糖尿病、高血压等专科领域，定期通过短信、电话、邮件等向目标人群提供系统服务。

2. 零售连锁经营　零售连锁药店是我国药店的主要经营模式，其特点为经营同类医药商品、使用统一商号的若干个门店，在同一总部的管理下，采用统一采购配送、统一质量标准、采购同销售分离、实行规模化管理经营的组织形式。专业化和有特色的医药商品经营企业可通过连锁经营模式做精做专，占领特色化细分市场，老字号药店可通过这种模式创新发展，这种模式还可以引导中小医药商品经营企业加盟或并入大型企业中，实现规模化经营。

三、药店医药商品经营程序与管理

（一）开办药店准入条件

凡符合有关工商管理和药品管理法律法规的单位和个人，均可依据《药品管理法》《药品经营质量管理规范》《医疗器械监督管理条例》《医疗器械经营监督管理办法》《药品流通监督管理办法》《零售药店设置暂行规定》的有关规定申请开办药店。

1. 对药店负责人的要求　凡属个人独资或以股份合作形式申请开办药店的，其企业负责人应当专职在新办的药店工作，并已取得执业药师资质。负责人应当具有相关专业技术职称或者高中以上学历（乡镇村区域内具有初中以上学历）和3年以上从事医、药方面的工作经历。药店负责人是药品质量的主要负责人。

2. 对药店销售人员的要求　药店必须配备药学技术人员，市县城区域内经营处方药、甲类非处方药的药品零售企业、应当配备执业药师（从业药师）或者其他依法经资格认定的药学技术人员。经营乙类非处方药的，应当配备经过市药品监督管理局组织考核合格的业务人员。以上专业技术人员必须为本企业在职职工，不得兼任。

3. 对设施设备的要求　有与所经营药品相适应的营业场所、设备、仓储设施和卫生环境。

4. 其他要求　有与所经营药品相适应的质量管理机构或者人员；有保证药品质量的规章制度，并符合国务院药品监督管理部门依据本法制定的药品经营质量管理规范要求。

（二）采购流程管理

医药商品进货应严格执行有关法律法规和政策规定，连锁经营模式必须从加盟连锁企业或受企业委托的批发企业购货。在接受配送中心统一配送医药商品时，应对医药商品质量进行逐批检验，按送货凭证上的项目对照实物核对信息，做到票货相符。如发现货单不符，包装破损，质量异常等问题，应及时与质量管理部门联络，在接到质量管理部门的退货通知后，作退货处理。医药商品购进票据应按顺序分月加封面装订成册，记录及相关凭证至少保存5年。

（三）医药商品质量监控

医药商品质量监控是药店经营的重要内容。药店在经营医药商品过程中要严格遵守有关法律、法规和药店制定的制度，向消费者正确介绍医药商品的功能、用途、使用方法、禁忌等内容，给予合理指导。此外，药店不能采用有奖销售、附赠药品或礼品等方式经营。过期失效、破损、污染等不合格药品严禁销售，医药商品销售过程中应按规定出具销售凭证。

处方药须按照规定凭医师处方调配和销售。审方员应对处方内容进行审核并在处方上签字。处方调配或销售完毕，调配或销售人员应在处方上签字，并向消费者介绍服用方法、用药禁忌和注意事项等内容。处方调配程序为审方、计价、调配、复核和给药，处方所列药品不得擅自更改或代用。对有配伍禁忌或超剂量处方，审方员应拒绝调配或销售。如消费者确有需求，须经原处方医师更改或重新签字后方可调配或销售。销售处方药应收集处方并分月或季装订成册，消费者不愿留存处方，应按有关规定做好处方药销售记录。收集留存的处方和处方药销售记录保存不得少于2年。

复习思考题

1. 名词解释：药品经营与医疗器械经营。
2. 简述医药广告审查的具体内容。
3. 不得发布广告的医药商品有哪些？
4. 医药商品互联网经营模式有哪些？
5. 开办药店的准入条件有哪些？

各　论

扫一扫，查阅本章数字资源，含PPT、音视频、图片等

能够杀灭或抑制各种病原微生物，用于防治细菌、真菌、病毒、衣原体、支原体、螺旋体和立克次体等引起的各种感染病的药品称为抗病原微生物药，可分为抗菌药和抗病毒药。其中，抗菌药包括抗生素、合成抗菌药、抗分枝杆菌药（如抗结核病药和抗麻风病药）和抗真菌药等。

《国家基本药物目录》2018年版收载了以下抗微生物药品。

1. 青霉素类 青霉素、苄星青霉素、苯唑西林、氨苄西林、哌拉西林、阿莫西林、阿莫西林克拉维酸钾、哌拉西林钠、他唑巴坦钠。

2. 头孢菌素类 头孢唑林、头孢拉定、头孢氨苄、头孢呋辛、头孢曲松、头孢他啶。

3. 氨基糖苷类 阿米卡星、庆大霉素。

4. 四环素类 多西环素、米诺环素。

5. 大环内酯类 红霉素、阿奇霉素、克拉霉素。

6. 其他抗生素 克林霉素、磷霉素。

7. 磺胺类 复方磺胺甲噁唑、磺胺嘧啶。

8. 喹诺酮类 诺氟沙星、环丙沙星、左氧氟沙星、莫西沙星。

9. 硝基咪唑类 甲硝唑、替硝唑。

10. 硝基呋喃类 呋喃妥因。

11. 抗结核病药 异烟肼、利福平、吡嗪酰胺、乙胺丁醇、链霉素、对氨基水杨酸钠、耐多药肺结核用药。

12. 抗麻风病药 氨苯砜。

13. 抗真菌药 氟康唑、伊曲康唑、两性霉素B、卡泊芬净。

14. 其他抗菌素 小檗碱（黄连素）。

15. 抗病毒药 阿昔洛韦、更昔洛韦、奥司他韦、恩替卡韦、利巴韦林、索磷布韦、维帕他韦、替诺福韦二吡呋酯、重组人干扰素、艾滋病用药。

第一节 青霉素类

青霉素是β-内酰胺抗生素，在细胞繁殖期起杀菌作用。青霉素作用机制是干扰细菌细胞壁的合成。青霉素通过抑制细菌细胞壁四肽侧链和五肽交联桥的结合，阻碍细胞壁合成而发挥杀菌作用。

注射用青霉素钠
Zhusheyong Qingmeisuna
Benzylpenicillin Sodium for Injection

【商品特征】本品为白色结晶性粉末，为青霉素钠的无菌粉末。按干燥品计算，含青霉素钠不得少于96.0%；按平均装量计算，含青霉素钠应为标示量的95.0%～115.0%。

【适应证】适用于敏感细菌所致的各种感染，如脓肿、菌血症、肺炎和心内膜炎等。以下感染应首选青霉素：①溶血性链球菌感染，如咽炎、扁桃体炎、猩红热、丹毒、蜂窝织炎和产褥热等。②肺炎链球菌感染，如肺炎、中耳炎、脑膜炎和菌血症等。③对青霉素敏感的葡萄球菌感染。④炭疽。⑤破伤风、气性坏疽等梭状芽孢杆菌感染。⑥梅毒（包括先天梅毒）。⑦钩端螺旋体病。⑧回归热、白喉等。

本品还可用于治疗流行性脑脊髓膜炎、放线菌病、淋病等。风湿性心脏病或先天性心脏病患者进行口腔、牙科、胃肠道或泌尿生殖道手术和操作前，可用青霉素预防感染性心内膜炎发生。

【作用特点】本品通过抑制细菌细胞壁合成而发挥杀菌作用；对溶血性链球菌等链球菌属、肺炎链球菌和不产青霉素酶的葡萄球菌具有良好抗菌作用。对肠球菌有中等强度抗菌作用。对流感嗜血杆菌和百日咳鲍特菌亦具一定抗菌活性，其他革兰阴性需氧或兼性厌氧菌对本品敏感性差。

【禁忌证】有青霉素类药物过敏史或青霉素皮肤试验阳性患者禁用。

【用法用量】肌内注射。成人每日80万～200万单位，分3～4次给药。小儿按体重2.5万单位/千克，每12小时给药1次。轻、中度肾功能损害者使用常规剂量不需减量，严重肾功能损害者应延长给药间隔或调整剂量。肌内注射时，不应以氯化钠注射液为溶剂。

【不良反应】①过敏反应，一旦发生，必须就地抢救，予以保持气道畅通、吸氧及使用肾上腺素、糖皮质激素等治疗措施。②毒性反应较少见。③二重感染。④应用大剂量青霉素钠可因摄入大量钠盐而导致心力衰竭。

【注意事项】①应用本品前需详细询问药物过敏史并进行青霉素皮肤试验，呈阳性反应者禁用。②青霉胺过敏，有哮喘、湿疹、花粉症、荨麻疹等过敏性疾病患者应慎用本品。③青霉素水溶液须新鲜配制。

【类别】β–内酰胺类抗生素，青霉素类。

【规格】① 0.12g（20万单位）。② 0.24g（40万单位）。③ 0.48g（80万单位）。④ 0.6g（160万单位）。⑤ 0.96g（160万单位）。⑥ 2.4g（400万单位）。

【贮藏】密闭，凉暗干燥处保存。

第二节　头孢菌素类

本类抗生素的活性基团是β–内酰胺环，与青霉素类有着相似的理化特性、生物活性、作用机制和临床应用。早期认为唯一的作用是抑制转肽酶而干扰细菌细胞壁的合成。现已证明β–内酰胺化合物还可与β–内酰胺结合蛋白结合，由此改变细菌细胞膜的通透性，抑制蛋白质合成并释放自溶素，因此有溶菌作用，或使之不分裂而成长纤维状。

注射用头孢曲松钠

Zhusheyong Toubaoqusongna

Ceftriaxone Sodium for Injection

【**商品特征**】本品为白色或类白色结晶性粉末，无臭；为头孢曲松钠的无菌粉末。按无水物计算，含头孢曲松不得少于 84.0%；按平均装量计算，含头孢曲松应为标示量的 90.0% ～ 110.0%。

【**适应证**】用于敏感致病菌所致的下呼吸道感染、尿路感染、胆道感染，以及腹腔感染、盆腔感染、皮肤软组织感染、骨和关节感染、败血症、脑膜炎等及手术期感染预防。本品单剂可治疗单纯性淋病。

【**作用特点**】本品为第三代头孢菌素。对肠杆菌科细菌有强大活性。对流感嗜血杆菌、淋病奈瑟菌和脑膜炎奈瑟菌有较强抗菌作用，对溶血性链球菌、金黄色葡萄球菌、肺炎球菌亦有良好作用。

【**禁忌证**】①孕期前三个月及对头孢菌素类药物过敏者禁用。②对青霉素过敏者，孕妇和哺乳妇女慎用。③有黄疸或有黄疸倾向的新生儿应慎用或避免使用。

【**用法用量**】肌内注射或静脉给药。①成人常用量：肌内给药每 24 小时 1 ～ 2g，或每 12 小时 0.5 ～ 1g，最高剂量每日 4g。疗程 7 ～ 14 日。②小儿静脉给药，按体重每日 20 ～ 80mg/kg。12 岁以上小儿用成人剂量。③治疗淋病的推荐剂量为单剂肌内注射 0.25g。

【**不良反应**】①不良反应与治疗的剂量疗程有关。②局部反应有静脉炎，此外可有皮疹、瘙痒、发热、支气管痉挛和血清病等过敏反应，头痛或头晕，腹泻、恶心、呕吐、腹痛、结肠炎、黄疸、胀气、味觉障碍和消化不良等消化道反应。

【**注意事项**】①交叉过敏反应。②有青霉素过敏性休克或即刻反应者，不宜再选用头孢菌素类。③有胃肠道疾病史者，特别是溃疡性结肠炎、局限性肠炎或抗生素相关性结肠炎者应慎用。④严重肝肾损害或肝硬化者应调整剂量。⑤肾功能不全患者肌酐清除大于 5mL/min，每日应用本品剂量少于 2g 时，不需做剂量调整。

【**类别**】β – 内酰胺类抗生素，头孢菌素类。

【**规格**】① 0.25g。② 0.5g。③ 1.0g。④ 2.0g。⑤ 4.0g。

【**贮藏**】遮光，密闭，阴凉干燥处保存。

第三节　大环内酯类

大环内酯类抗生素是由链霉素产生的一类弱碱性抗生素，含有基本的内酯环结构。

阿奇霉素片

Aqimeisu Pian

Azithromycin Tablets

【**商品特征**】本品为白色片或薄膜衣片，除去包衣后显白色或类白色。含阿奇霉素应为标示量的 90.0% ～ 110.0%。

【**适应证**】①化脓性链球菌引起的急性咽炎、急性扁桃体炎。②敏感细菌引起的鼻窦炎、中耳炎、急性支气管炎、慢性支气管炎急性发作。③肺炎链球菌、流感嗜血杆菌以及肺炎支原体所致的肺炎。④沙眼衣原体及非多种耐药淋病奈瑟菌所致的尿道炎和宫颈炎。⑤敏感细菌引起的皮肤软组织感染。

【作用特点】对化脓性链球菌、肺炎链球菌及流感杆菌具有良好的抗菌作用。对葡萄球菌属、链球菌属等革兰阳性球菌的抗菌作用较红霉素略差。对流感杆菌及卡他莫拉菌的抗菌作用较红霉素强 4～8 倍及 2～4 倍。对消化链球菌属等厌氧菌、肺炎支原体及沙眼衣原体等具良好作用。而对变形杆菌属、沙雷菌属、摩根杆菌、假单胞杆菌等革兰阴性菌通常耐药。

【禁忌证】对阿奇霉素、红霉素或其他任何一种大环内酯类药物过敏禁用。

【用法用量】口服，饭前 1 小时或饭后 2 小时服用。①成人用量：沙眼衣原体或敏感淋病奈瑟菌所致性传播疾病，仅需单次口服本品 1.0g。其他感染，第 1 日 0.5g 顿服，第 2～5 日，每日 0.25g 顿服；或每日 0.5g 顿服，连服 3 日。②小儿用量：治疗中耳炎、肺炎，第 1 日，按体重 10mg/kg 顿服（每日最大量不超过 0.5g），第 2～5 日，每日按体重 5mg/kg 顿服（每日最大量不超过 0.25g）。治疗小儿咽炎、扁桃体炎，每日按体重 12mg/kg 顿服（每日最大量不超过 0.5g），连用 5 日。

【不良反应】①服药后可出现腹痛、腹泻、恶心、呕吐等胃肠道反应。②偶尔有轻至中度头昏、头痛及发热、皮疹、关节痛等过敏反应，过敏性休克和血管神经性水肿、胆汁淤积性黄疸极为少见。③少数可出现一过性中性粒细胞减少、血清氨基转移酶升高。

【注意事项】①进食可影响阿奇霉素的吸收，故需在饭前 1 小时或饭后 2 小时口服。②肝功能不全者慎用，严重肝病患者不应使用。③用药期间如出现血管神经性水肿、皮肤反应等，应立即停药，并采取适当措施。④治疗期间若出现腹泻症状，应考虑假膜性肠炎发生。

【类别】大环内酯类抗生素。

【规格】① 0.1g。② 0.125g。③ 0.25g。④ 0.5g。

【贮藏】密封，干燥处保存。

【其他剂型】胶囊剂；颗粒剂；肠溶片；肠溶胶囊；干混悬剂；注射剂。

第四节　喹诺酮类

喹诺酮类又称吡酮酸类或吡啶酮酸类，是人工合成的含 4- 喹诺酮基本结构的抗菌药。喹诺酮类以细菌的脱氧核糖核酸（DNA）为靶点，妨碍 DNA 回旋酶，造成细菌 DNA 的不可逆损害，达到抗菌效果。

诺氟沙星胶囊
Nuofushaxing Jiaonang
Norfloxacin Capsules

【商品特征】本品内容物为白色至淡黄色颗粒或粉末，含诺氟沙星应为标示量的 90.0%～110.0%。

【适应证】本品适用于敏感菌所致的尿路感染、淋病、前列腺炎、肠道感染和伤寒及其他沙门菌感染。

【作用特点】本品为氟喹诺酮类抗菌药，具广谱抗菌作用，尤其对需氧革兰阴性杆菌的抗菌活性高。

【禁忌证】对本品及喹诺酮类药过敏者禁用。

【用法用量】空腹口服。成人每次 0.1 ～ 0.2g，每日 3 ～ 4 次；重症酌情加量，每日 1.6g，分 4 次服用。

【不良反应】①毒副作用较少，主要有恶心、呕吐、头晕、头痛、失眠等。②也可发生皮疹、皮肤瘙痒及光感皮炎等过敏反应及一过性转氨酶升高、白细胞减少等。

【注意事项】①本品宜空腹服用，并同时饮水 250mL。②大肠埃希菌对本品耐药者多见，应在给药前留取尿标本培养，参考细菌药敏结果调整用药。③避免结晶尿的发生，宜多饮水，保持 24 小时排尿量在 1200mL 以上。④肾功能减退者需调整剂量。⑤应避免过度暴露于阳光下，防止中、重度光敏反应，如发生光敏反应需停药。

【类别】喹诺酮类抗菌药。

【规格】0.1g。

【贮藏】遮光，密封保存。

【其他剂型】片剂；软膏；乳膏；滴眼液。

第五节　硝基咪唑类

该类药物是一类具有 5- 硝基咪唑环结构的药物，具有抗原虫和抗菌活性，同时也具有很强的抗厌氧菌作用。

替硝唑片
Tixiaozuo Pian
Tinidazole Tablets

【商品特征】本品为类白色至淡黄色片或薄膜衣片，除去包衣后显类白色至淡黄色。含替硝唑应为标示量的 93.0% ～ 107.0%。

【适应证】①用于各种厌氧菌感染，如败血症、骨髓炎、腹腔感染、盆腔感染、肺支气管感染、肺炎、鼻窦炎、皮肤蜂窝组织炎、牙周感染及术后伤口感染。②用于结肠直肠手术、妇产科手术及口腔手术等的术前预防用药。③用于肠道及肠道外阿米巴病、阴道滴虫病、贾第鞭毛虫病、加得纳菌阴道炎等的治疗。④也可作为甲硝唑的替代药用于幽门螺杆菌所致的胃窦炎及消化性溃疡的治疗。

【作用特点】对原虫及厌氧菌有较高活性。对脆弱拟杆菌等拟杆菌属、梭杆菌属、梭菌属、消化球菌、消化链球菌、韦容球菌属及加得纳菌等具抗菌活性；微需氧菌、幽门螺杆菌对其敏感；对阴道滴虫的最小抑菌浓度与甲硝唑相仿。

【禁忌证】①对本品及硝基咪唑类或吡咯类药物过敏者禁用。②有活动性中枢神经系统疾患和血液病者禁用。③孕妇及哺乳期妇女禁用。

【用法用量】口服。厌氧菌感染：一次 1g，一日 1 次，首剂量加倍，一般疗程 5 ～ 6 日，或根据病情决定。预防术后厌氧菌感染：术前 12 小时 1 次顿服 2g。原虫感染：①阴道滴虫病、贾第鞭毛虫病。单剂量 2g 顿服，小儿 50mg/kg 顿服，间隔 3 ～ 5 日可重复 1 次。②肠阿米巴病。一次 0.5g，一日 2 次，疗程 5 ～ 10 日；或一次 2g，一日 1 次，疗程 2 ～ 3 日；小儿一日 50mg/kg，顿服 3 日。③肠外阿米巴病。一次 2g，一日 1 次，疗程 3 ～ 5 日。

【不良反应】不良反应少见而轻微。①常见恶心、厌食、腹痛、头痛、口干或口腔金属味。②头痛、眩晕、皮肤瘙痒、皮疹、便秘及全身不适。③中性粒细胞减少、双硫仑样反应及黑尿。高剂量时也可引起癫痫发作和周围神经病变。

【注意事项】①致癌、致突变作用。动物实验或体外测定发现本品具致癌、致突变作用，但人体中尚缺乏资料。②有肝脏疾病者应减少剂量，并做血药浓度监测。③如疗程中发生中枢神经系统不良反应，应及时停药。④本品可干扰丙氨酸氨基转移酶、乳酸脱氢酶、三酰甘油、己糖激酶等的检验结果，使其测定值降至零。⑤用药期间不应饮用含酒精的饮料。

【类别】硝基咪唑类抗菌药。

【规格】0.5g。

【贮藏】遮光，密封保存。

【其他剂型】胶囊剂；阴道片；阴道泡腾片；含片；栓剂；葡萄糖注射液；氯化钠注射液。

第六节　抗结核病药

结核病是由结核分枝杆菌引起的慢性传染病，可侵及多个脏器，以肺部结核感染最为常见。排菌者是重要的传染源。如能及时诊断，并给予合理治疗，大多可获临床痊愈。

利福平片
Lifuping Pian
Rifampicin Tablets

【商品特征】本品为糖衣片，除去包衣后显橙红色或暗红色。含利福平应为标示量的 90.0%～110.0%。

【适应证】①主要与其他抗结核药联合用于结核病初始与复治，包括结核性脑膜炎的治疗。②与其他药物联合用于麻风、不典型分枝杆菌感染的治疗。③与万古霉素可联合用于甲氧西林耐药葡萄球菌所致的严重感染。④与红霉素联合用于军团菌属严重感染。⑤用于无症状脑膜炎奈瑟菌带菌者，以消除鼻咽部脑膜炎奈瑟菌；但不适用于脑膜炎奈瑟菌感染的治疗。

【作用特点】为半合成广谱杀菌剂，对结核分枝杆菌和其他分枝杆菌（包括麻风杆菌等）均有明显的杀菌作用。对需氧革兰阳性菌如肺炎链球菌等具良好抗菌作用；对需氧革兰阴性菌如脑膜炎奈瑟球菌等亦具高度抗菌活性；对军团菌属作用亦良好，对沙眼衣原体、性病淋巴肉芽肿及鹦鹉热等病原体均具抑制作用。

【禁忌证】①对本品或利福霉素类抗菌药过敏者禁用。②肝功能严重不全、胆道阻塞者和怀孕 3 个月以内的孕妇禁用。

【用法用量】①抗结核治疗：成人口服，每日 0.45～0.60g，空腹顿服，每日不超过 1.2g；1 个月以上小儿每日按体重 10～20mg/kg，空腹顿服，每日量不超过 0.6g。②脑膜炎奈瑟菌带菌者：成人按体重 5mg/kg，1 个月以上小儿每日按体重 10mg/kg，每 12 小时 1 次，连服 2 日。

【不良反应】①消化道反应最为多见，如厌食、恶心、呕吐、上腹部不适、腹泻等胃肠道反应，但均能耐受。②肝毒性，在疗程最初数周内，少数患者出现血清氨基转移酶升高、肝肿大和黄疸，大多在疗程中可自行恢复；老年人、酗酒者、营养不良、肝病及其他因素造成肝功能异常者较易发生。③大剂量间歇疗法后偶可出现畏寒、寒战、发热、不适、呼吸困难、头昏、嗜睡及肌肉疼痛等，发生频率与剂量大小及间歇时间有关。

【注意事项】①酒精中毒、肝功能损害者慎用。婴儿、怀孕 3 个月以上和哺乳期妇女慎用。②利福平可致肝功能不全，肝损害一旦出现，立即停药。③可能引起白细胞和血小板减少，并导致齿龈出血和感染、伤口愈合延迟等，应避免拔牙等手术并注意口腔卫生，刷牙及剔牙均需慎重。④因进食影响该品吸收，应于餐前 1 小时或餐后 2 小时服用，清晨空腹一次服用吸收最好。

【类别】抗结核病药。

【规格】0.15g。

【贮藏】密封，阴暗干燥处保存。

【其他剂型】胶囊剂；注射剂。

第七节　抗真菌药

真菌是自然界广泛存在的一种真核微生物，迄今为止，导致人体疾病的真菌约 200 多种。真菌感染已有日益严重的趋势，在一些地区感染发病率明显升高，而许多耐药性菌株的出现，则是对真菌病治疗的更大挑战。抗真菌药已成为抗感染类药物中的重要组成部分。

氟康唑胶囊
Fukangzuo Jiaonang
Fluconazole Capsules

【商品特征】本品的内容物为白色或类白色粉末或颗粒。含氟康唑应为标示量的 90.0% ～ 110.0%。

【适应证】①念珠菌病：用于治疗口咽部和食管念珠菌感染；播散性念珠菌病，包括腹膜炎、肺炎、尿路感染等；念珠菌外阴阴道炎。②隐球菌病：用于治疗脑膜以外的新型隐球菌病；治疗隐球菌脑膜炎时，本品可作为两性霉素 B 联合氟胞嘧啶初治后的维持治疗药物。③球孢子菌病。④用于接受化疗、放疗和免疫抑制治疗患者的预防治疗等。

【作用特点】本品为三唑类广谱抗真菌药，对新型隐球菌、白色念珠菌及其他念珠菌、黄曲菌、烟曲菌、皮炎芽生菌、粗球孢子菌、荚膜组织胞浆菌等有抗菌作用。

【禁忌证】对本品或其他吡咯类药物有过敏史者禁用。

【用法用量】口服。成人常用量：①播散性念珠菌病，首次剂量 0.4g，以后每次 0.2g，每日 1 次，至少 4 周，症状缓解后至少持续 2 周。②食管念珠菌病，首次剂量 0.2g，以后每次 0.1g，每日 1 次，持续至少 3 周，症状缓解后至少持续 2 周。根据治疗反应，也可加大剂量至每次 0.4g，每日 1 次。③口咽部念珠菌病，首次剂量 0.2g，以后每次 0.1g，每日 1 次，疗程至少 2 周。④念珠菌外阴阴道炎，单剂量 0.15g。⑤预防念珠菌病，有预防用药指征者 0.2 ～ 0.4g，每日 1 次。

【不良反应】①常见消化道反应：表现为恶心、呕吐、腹痛或腹泻等。②过敏反应：表现为皮疹，偶可发生严重的剥脱性皮炎、渗出性多形红斑。③肝毒性：治疗过程中可发生轻度一过性血清氨基转移酶升高，偶可出现肝毒性症状，尤其易发生于艾滋病和癌症患者。④可见头痛、头昏。⑤某些患者可能出现肾功能异常。

【注意事项】①对任何一种吡咯类药物过敏者禁用本品。②本品自肾排出，因此治疗中需定期检查肾功能；肾功能减退患者需减量应用。③避免无指征预防用药。④治疗过程中可发生轻度一过性血清氨基转移酶升高，偶可出现肝毒性症状，应定期检查肝功能。⑤本品与肝毒性药物合用、需服用本品两周以上或接受多倍于常用剂量的本品时，可使肝毒性的发生率增高，需严密观察。

【类别】抗真菌药。

【规格】① 50mg。② 100mg。③ 150mg。

【贮藏】密封，干燥处保存。

【其他剂型】片剂；分散片；注射液；氯化钠注射液。

第八节　其他抗菌药

盐酸小檗碱片
Yansuan Xiaobojian Pian
Berberine Hydrochloride Tablets

【商品特征】本品为黄色片、糖衣片或薄膜衣片，除去包衣后显黄色。含盐酸小檗碱应为标示量的 93.0% ～ 107.0%。

【适应证】主要用于治疗胃肠炎、细菌性痢疾等肠道感染、眼结膜炎、化脓性中耳炎等。近来还发现本品有阻断 α–受体，抗心律失常作用。

【作用特点】抗菌谱广，体外对多种革兰阳性及阴性菌均具抑菌作用，其中对溶血性链球菌、金黄色葡萄球菌、霍乱弧菌、脑膜炎球菌、志贺痢疾杆菌、伤寒杆菌、白喉杆菌等有较强的抑制作用，低浓度时抑菌，高浓度时杀菌。对流感病毒、阿米巴原虫、钩端螺旋体、某些皮肤真菌也有一定抑制作用。体外实验证实小檗碱能增强白细胞及肝网状内皮系统的吞噬能力。痢疾杆菌、溶血性链球菌、金黄色葡萄球菌等极易对本品产生耐药性。本品与青霉素、链霉素等并无交叉耐药性。

【禁忌证】葡萄糖 –6– 磷酸脱氢酶缺乏的儿童及对本品过敏患者禁用。

【用法用量】口服。①成人：每次 100 ～ 300mg，每日 3 次。②儿童：每日 3 次。1 ～ 3 岁，体重 10 ～ 15kg，每次 50 ～ 100mg；4 ～ 6 岁，体重 16 ～ 21kg，每次 100 ～ 150mg；7 ～ 9 岁，体重 22 ～ 27kg，每次 150 ～ 200mg；10 ～ 12 岁，体重 28 ～ 32kg，每次 200 ～ 250mg。

【不良反应】不良反应较少，偶有恶心、呕吐、皮疹和药热，停药后即消失。

【注意事项】①对盐酸小檗碱过敏者、溶血性贫血患者禁用。②妊娠期头三个月慎用。③可引起溶血性贫血导致黄疸。

【类别】抗菌药。

【规格】① 0.025g。② 0.05g。③ 0.1g。④ 0.15g。

【贮藏】遮光，密封保存。

【其他剂型】胶囊剂。

第九节　抗病毒药

病毒是最小的病原微生物，不具有细胞结构，寄生于宿主细胞内，依赖宿主细胞代谢系统进行增殖复制。

阿昔洛韦胶囊
Axiluowei Jiaonang
Aciclovir Capsules

【**商品特征**】本品内容物为白色至类白色粉末。含阿昔洛韦应为标示量的 93.0% ～ 107.0%。

【**适应证**】①单纯疱疹病毒感染：用于生殖器疱疹病毒感染初发和复发病例，对反复发作病例口服本品用作预防。②带状疱疹：服用于免疫功能正常者带状疱疹和免疫缺陷者轻症病例的治疗。③免疫缺陷者水痘的治疗。

【**作用特点**】本品为嘌呤核苷类衍生物，具有广谱抗疱疹病毒活性，对Ⅰ、Ⅱ类单纯疱疹病毒有效，并为其首选治疗药物，对带状疱疹病毒疗效亦佳。此外，对 EB 病毒、巨细胞病毒体外实验证明也有效。

【**禁忌证**】对本品过敏者禁用。

【**用法用量**】口服。①生殖器疱疹初治和免疫缺陷者皮肤黏膜单纯疱疹：成人常用量每次 0.2g，每日 5 次，共 10 日；或每次 0.4g，每日 3 次，共 5 日。②复发性感染：每次 0.2g，每日 5 次，共 5 日；复发性感染的慢性抑制疗法，每次 0.2g，每日 3 次，共 6 个月，必要时剂量可加至每日 5 次，每次 0.2g，共 6 ～ 12 个月。③带状疱疹：成人常用量每次 0.8g，每日 5 次，共 7 ～ 10 日。④水痘：2 岁以上儿童按体重每次 20mg/kg，每日 4 次，共 5 日，出现症状立即开始治疗；40kg 以上儿童和成人常用量为每次 0.8g，每日 4 次，共 5 日。

【**不良反应**】偶有头晕、头痛、关节痛、恶心、呕吐、腹泻、胃部不适、食欲减退、口渴、白细胞下降、皮肤瘙痒等。长期使用偶有痤疮、失眠、月经不调。

【**注意事项**】①对更昔洛韦过敏者也可能对本品过敏。②脱水或已有肝、肾功能不全者需慎用。③严重免疫功能缺陷者长期或多次应用本品治疗后可能引起单纯疱疹病毒和带状疱疹病毒对本品耐药。④随访检查：由于生殖器疱疹患者大多易患子宫颈癌，可早期发现。

【**类别**】抗病毒药。

【**规格**】0.2g。

【**贮藏**】密封保存。

【**其他剂型**】片剂；咀嚼片；乳膏；葡萄糖注射液；滴眼液；颗粒剂；注射剂。

复习思考题

1. 简述青霉素的抗菌谱。
2. 简述阿奇霉素的注意事项。
3. 服用诺氟沙星时为什么要多饮水？

镇痛、解热、抗炎、抗风湿及抗痛风药

解热镇痛抗炎药是一类具有解热、镇痛，大多数还有抗炎、抗风湿作用的药物。鉴于其化学结构和抗炎机制与甾体激素不同，故又称为非甾体抗炎药。尽管本类药物种类多，但都具有解热镇痛抗炎和抗风湿等共同的药理作用，仅作用强度各异，而作用机制相似，主要是抑制体内环氧化酶活性而减少局部组织前列腺素的生物合成，故也被称为前列腺素合成酶抑制药。大多数传统的解热镇痛药和抗炎药对环氧化酶无选择性，产生治疗作用的同时，也容易产生明显的不良反应，如消化道溃疡或出血等。

《国家基本药物目录》2018年版收载了以下镇痛、解热、抗炎、抗风湿及抗痛风药品。

1. 镇痛药 芬太尼、哌替啶、吗啡、普瑞巴林。

2. 解热镇痛、抗炎、抗风湿药 对乙酰氨基酚、阿司匹林、布洛芬、双氯芬酸钠、吲哚美辛、羟氯喹、来氟米特、美沙拉秦、青霉胺。

3. 抗痛风药 别嘌醇、秋水仙碱、苯溴马隆。

第一节　镇痛药

镇痛药主要作用于中枢神经系统，选择性抑制和缓解各种疼痛，减轻疼痛而致的恐惧紧张和不安情绪，镇痛同时不影响其他感觉如知觉、听觉，并且能保持意识清醒。但有些镇痛药反复使用，易产生成瘾性。凡易成瘾的药物，通称"麻醉性镇痛药"。

枸橼酸芬太尼注射液
Juyuansuan Fentaini Zhusheye
Fentanyl Citrate Injection

【商品特征】本品为无色的澄明液体，为枸橼酸芬太尼的灭菌水溶液。含芬太尼应为标示量的90.0%～110.0%。

【适应证】本品为强效镇痛药。①麻醉前、中、后的镇静与镇痛，是复合全麻中常用的药物。②麻醉前给药及诱导麻醉，并作为辅助用药与全麻及局麻药合用于各种手术。③作为麻醉剂和氧气合用，用于高危患者，如心内、神经、骨科手术患者。

【作用特点】镇痛作用机制与吗啡相似，作用强度为吗啡的60～80倍。作用迅速，维持时间短，不释放组胺，对心血管功能影响小，能抑制气管插管时的应激反应。对呼吸的抑制作用弱于吗啡，但静脉注射过快则易抑制呼吸。有成瘾性。纳洛酮等药物能拮抗本品的呼吸抑制和镇痛作用。

【禁忌证】①支气管哮喘、呼吸抑制、对本品特别敏感的患者以及重症肌无力患者禁用。②禁止与单胺氧化酶抑制剂合用。

【用法用量】静脉注射。①成人全麻时初量：小手术按体重 0.001～0.002mg/kg（以芬太尼计，下同）；大手术按体重 0.002～0.004mg/kg；体外循环心脏手术时按体重 0.02～0.03mg/kg 计算全量，维持量可每隔 30～60 分钟给予初量的一半或连续静滴，每小时按体重 0.001～0.002mg/kg；全麻同时吸入氧化亚氮按体重 0.001～0.002mg/kg；局麻镇痛不全，作为辅助用药按体重 0.0015～0.002mg/kg。②成人麻醉前用药或手术后镇痛：肌肉或静脉注射按体重 0.0007～0.0015mg/kg。③成人手术后镇痛：硬膜外给药，初量 0.1mg，加氯化钠注射液稀释到 8mL，每 2～4 小时可重复，维持量每次为初量的一半。④小儿镇痛：2 岁以下无规定，2～12 岁按体重 0.002～0.003mg/kg。

【不良反应】①眩晕、视物模糊、恶心、呕吐、低血压、胆道括约肌痉挛、喉痉挛及出汗等。偶有肌肉抽搐。②严重不良反应可发生呼吸抑制、窒息、肌肉僵直及心动过缓。③有成瘾性，但较哌替啶轻。

【注意事项】①特殊管理药品。②本品务必在单胺氧化酶抑制药停用 14 天以上方可给药，而且应先试用小剂量（1/4 常用量），否则会发生难以预料的、严重的并发症。③心律失常、肝肾功能不全、慢性梗阻性肺部疾患、呼吸储备力降低及脑外伤昏迷、颅内压增高、脑肿瘤等易陷入呼吸抑制的患者慎用。④本品绝非静脉全麻药，虽然大量快速静脉注射能使神智消失，但患者的应激反应依然存在，常伴有术中清醒。

【类别】镇痛药。

【规格】① 2mL：0.1mg。② 10mL：0.5mg。

【贮藏】遮光，密闭保存。

第二节　解热镇痛、抗炎、抗风湿药

解热镇痛抗炎药是一类具有解热镇痛，大多数还有抗炎、抗风湿作用的药物。这类药物虽有抗炎、抗风湿作用，但在化学结构上与肾上腺皮质激素不同，故也称为非甾体抗炎药。

对乙酰氨基酚片
Duiyixian'anjifen Pian
Paracetamol Tablets

【商品特征】本品为白色片、薄膜衣或明胶包衣片，除去包衣后显白色。含对乙酰氨基酚应为标示量的 95.0%～105.0%。

【适应证】①用于普通感冒或流行性感冒引起的发热。②用于缓解轻至中度疼痛如头痛、关节痛、偏头痛、牙痛、肌肉痛、神经痛、痛经。

【作用特点】抑制前列腺素的合成，具有解热、镇痛作用。

【禁忌证】①严重肝肾功能不全者禁用。②过敏体质者慎用，对本品过敏者禁用。③孕妇及哺乳期妇女慎用。④ 3 岁以下儿童因其肝、肾功能发育不全，应避免使用。

【用法用量】口服。4～6 岁儿童，一次 0.5 片；7～12 岁儿童，一次 1 片；12 岁以上儿童及成人一次 1～2 片。若持续发热或疼痛，可间隔 4～6 小时重复用药一次，24 小时内不得超过 4 次（以规格为 0.3g/ 片为例）。

【不良反应】①偶见皮疹、荨麻疹、药热及粒细胞减少。②长期大量用药会导致肝肾功能异常。

【注意事项】①当出现皮疹或过敏反应的其他征象时，应立即停药并咨询医生。②应严格按说明书使用。建议对乙酰氨基酚口服一日最大量不超过 2g。避免合并使用含有对乙酰氨基酚或其他解热镇痛药的药品。③服用本品期间不得饮酒或含有酒精的饮料。④用于解热连续使用不超过 3 天，用于止痛不超过 5 天，症状未缓解请咨询医师或药师。⑤孕妇及哺乳期妇女慎用。⑥儿童必须在成人监护下使用。⑦肝肾功能不全者慎用。⑧如正在使用其他药品，使用本品前请咨询医师或药师。

【类别】解热镇痛、非甾体抗炎药。

【规格】① 0.1g。② 0.3g。③ 0.5g。

【贮藏】密封保存。

【其他剂型】咀嚼片；注射液；泡腾片；颗粒剂；栓剂；胶囊剂；滴剂；凝胶剂。

布洛芬胶囊
Buluofen Jiaonang
Ibuprofen Capsules

【商品特征】本品内容物为白色结晶或结晶性粉末。含布洛芬应为标示量的 93.0% ～ 107.0%。

【适应证】①用于缓解轻至中度疼痛如头痛、关节痛、偏头痛、牙痛、肌肉痛、神经痛、痛经。②用于普通感冒或流行性感冒引起的发热。

【作用特点】能抑制前列腺素的合成，具有镇痛、解热和抗炎的作用。口服吸收迅速。

【禁忌证】①对非甾体抗炎药过敏者禁用。②孕妇及哺乳期妇女禁用。③对阿司匹林过敏的哮喘患者禁用。

【用法用量】口服。成人一次 1 粒，若持续疼痛或发热，可间隔 4 ～ 6 小时重复用药 1 次，24 小时不超过 4 次。

【不良反应】①少数患者可出现恶心、呕吐、胃烧灼感或轻度消化不良、胃肠道溃疡及出血、转氨酶升高、头痛、头晕、耳鸣、视力模糊、精神紧张、嗜睡、下肢水肿或体重骤增。②罕见皮疹、过敏性肾炎、膀胱炎、肾病综合征、肾乳头坏死或肾衰竭、支气管痉挛。③如服用过量或出现胃肠出血，肝、肾功能损害，视力障碍，血常规异常以及过敏反应等情况，即应停药并就医。

【注意事项】①用于止痛不得超过 5 天，用于解热不得超过 3 天，如症状不缓解，请咨询医师或药师。②不能同时服用其他含有解热镇痛药的药品（如某些复方抗感冒药）。③服用本品期间不得饮酒或含有酒精的饮料。④有下列情况患者慎用：60 岁以上、支气管哮喘、肝肾功能不全、凝血机制或血小板功能障碍（如血友病）及过敏体质者慎用。⑤下列情况患者应在医师指导下使用：有消化性溃疡史、胃肠道出血、心功能不全、高血压。⑥第一次使用本品如出现皮疹或过敏症状，应停药并咨询医师。

【类别】解热镇痛、非甾体抗炎药。

【规格】0.2g。

【贮藏】密封保存。

【其他剂型】口服溶液；片剂；混悬滴剂；缓释胶囊；糖浆剂。

第三节　抗痛风药

痛风是体内嘌呤代谢紊乱所引起的一种疾病，表现为高尿酸血症，尿酸盐在关节、肾及结缔组织中析出结晶。急性发作时，尿酸盐微结晶沉积于关节而引起局部粒细胞浸润及炎症反应。

别嘌醇片
Biepiaochun Pian
Allopurinol Tablets

【商品特征】本品为白色片，含别嘌醇应为标示量的 93.0% ～ 107.0%。

【适应证】①用于原发性和继发性痛风（急性发作，痛风石、关节破坏，尿酸结石和 / 或肾病）患者。②复发性草酸钙结石。

【作用特点】别嘌醇及其代谢产物氧嘌呤醇均能抑制黄嘌呤氧化酶，阻止次黄嘌呤和黄嘌呤代谢为尿酸，从而减少了尿酸的生成。使血和尿中的尿酸含量降低到溶解度以下水平，防止尿酸形成结晶沉积在关节及其他组织内，也有助于痛风患者组织内的尿酸结晶重新溶解。

【禁忌证】对本品过敏、严重肝肾功能不全和明显血细胞低下者禁用。

【用法用量】口服。①成人常用量：初始剂量每次 50mg，每日 1 ～ 2 次，每周可递增 50 ～ 100mg，至每日 200 ～ 300mg，分 2 ～ 3 次服。每 2 周测血和尿的尿酸水平，如已达正常水平，则不再增量，如仍高可再递增。但每日最大量不得大于 600mg。②儿童治疗继发性高尿酸血症常用量：6 岁以内每次 50mg，每日 1 ～ 3 次；6 ～ 10 岁，每次 100mg，每日 1 ～ 3 次。剂量可酌情调整。

【不良反应】①皮疹，可呈瘙痒性丘疹或荨麻疹。②胃肠道反应，腹泻、恶心、呕吐和腹痛等。③白细胞减少，或血小板减少，或贫血，或骨髓抑制，均应考虑停药。④其他有脱发、发热、淋巴结肿大、肝毒性、间质性肾炎及过敏性血管炎等。⑤可导致剥脱性皮炎、中毒性表皮坏死松解症、重症多形红斑型药疹、药物超敏综合征、肝功能损伤、肾功能损伤等。

【注意事项】①必须在痛风性关节炎的急性炎症症状消失后（一般在发作后两周左右）方开始应用。②服药期间应多饮水，并使尿液呈中性或碱性，以利尿酸排泄。③用于血的尿酸和 24 小时尿的尿酸过多，或有痛风石，或有泌尿系结石及不宜用促尿酸排出药者。④必须由小剂量开始，逐渐递增至有效量维持正常血尿酸和尿尿酸水平，以后逐渐减量，用最小有效量维持较长时间。

【类别】抗痛风药。

【规格】0.1g。

【贮藏】避光，密封保存。

复习思考题

1. 简述芬太尼的作用特点。
2. 简述别嘌醇的注意事项。
3. 简述对乙酰氨基酚的不良反应。

第十一章
神经系统用药

神经系统是人体内起主导作用的功能调节系统。人体的结构与功能均极为复杂，体内各器官、系统的功能和各种生理过程都不是各自孤立地进行，而是在神经系统的直接或间接调节控制下，互相联系、相互影响、密切配合，使人体成为一个完整统一的有机体，实现和维持正常的生命活动。神经系统疾病是发生于中枢神经系统、周围神经系统、自主神经系统的，以感觉、运动、意识、自主神经功能障碍为主要表现的疾病。神经系统疾病的症状体征可表现为意识障碍、感知觉障碍、运动障碍、肌张力异常等。

《国家基本药物目录》2018年版收载了以下用于神经系统的药品。

1. 抗震颤麻痹药 金刚烷胺、苯海索、多巴丝肼、普拉克索、溴隐亭。

2. 抗重症肌无力药 甲硫酸新斯的明、溴吡斯的明。

3. 抗癫痫药 卡马西平、奥卡西平、丙戊酸钠、苯妥英钠、苯巴比妥、拉莫三嗪。

4. 脑血管病用药及降颅压药 尼莫地平、甘露醇、倍他司汀、氟桂利嗪。

5. 中枢兴奋药 胞磷胆碱钠、尼可刹米、洛贝林。

6. 抗痴呆药 石杉碱甲。

第一节　抗震颤麻痹药

震颤麻痹又称帕金森病，是锥体外系统的疾病。其得名于英国一名为帕金森的医生首先描述了这些症状，如运动障碍、震颤和肌肉僵直。震颤麻痹目前公认的病因是神经细胞的退行性变，主要病变部位在黑质和纹状体。

盐酸金刚烷胺片
Yansuan Jingangwanan Pian
Amantadine Hydrochloride Tablets

【商品特征】本品为白色片，含盐酸金刚烷胺应为标示量的 93.0% ～ 107.0%。

【适应证】①用于帕金森病、帕金森综合征、药物诱发的锥体外系疾患，一氧化碳中毒后帕金森综合征及老年人合并有脑动脉硬化的帕金森综合征。②防治 A 型流感病毒所引起的呼吸道感染。

【作用特点】主要是促进纹状体多巴胺的合成和释放，减少神经细胞对多巴胺的再摄取，并有抗乙酰胆碱作用，从而改善帕金森病患者的症状。

【禁忌证】①哺乳期妇女、新生儿、1 岁以下儿童禁用。②孕妇、老年患者慎用。

【用法用量】口服。①帕金森病、帕金森综合征。每次 100mg，每日 1～2 次，每日最大剂量为 400mg。②抗病毒。成人每次 200mg，每日 1 次，或每次 100mg，每 12 小时 1 次；1～9 岁小儿按体重每次 1.5～3mg/kg，8 小时 1 次，或每次 2.2～4.4mg/kg，12 小时 1 次；9～12 岁小儿，每 12 小时口服 100mg；12 岁及 12 岁以上，用量同成人。

【不良反应】眩晕、失眠和神经质、恶心、呕吐、厌食、口干、便秘；偶见抑郁、焦虑、幻觉、精神错乱、共济失调、头痛；罕见惊厥；少见白细胞减少、中性粒细胞减少。

【注意事项】下列情况下应在严密监护下使用：有癫痫史、精神错乱、幻觉、充血性心力衰竭、肾功能不全、外周血管性水肿或直立性低血压的患者。治疗帕金森病时不应突然停药。用药期间不宜驾驶车辆、操纵机械和高空作业。每日最后一次服药时间应在下午 4 时前，以避免失眠。

【类别】抗帕金森病药，抗病毒药。

【规格】0.1g。

【贮藏】避光，密封保存。

【其他剂型】胶囊剂；颗粒剂；糖浆剂。

第二节　抗重症肌无力药

重症肌无力是一种由神经－肌肉接头处传递功能障碍所引起的自身免疫性疾病，临床主要表现为部分或全身骨骼肌无力和易疲劳，活动后症状加重，休息后症状减轻。

甲硫酸新斯的明注射液
Jialiusuan Xinsidiming Zhusheye
Neostigmine Methylsulfate Injection

【商品特征】本品为灭菌水溶液，无色的澄明液体。含甲硫酸新斯的明应为标示量的 90.0%～110.0%。

【适应证】用于手术结束时拮抗非去极化肌肉松弛药的残留肌松作用，用于重症肌无力，手术后功能性肠胀气及尿潴留等。

【作用特点】对腺体、眼、心血管及支气管平滑肌作用较弱，对胃肠道平滑肌能促进胃收缩和增加胃酸分泌，并促进小、大肠，尤其是结肠的蠕动，从而防止肠道弛缓，促进肠内容物向下推进。本品对骨骼肌兴奋作用较强，但对中枢作用较弱。

【禁忌证】①过敏体质者禁用。②癫痫、心绞痛、室性心动过速、机械性肠梗阻或泌尿道梗阻及哮喘患者忌用。③心律失常、窦性心动过缓、血压下降、迷走神经张力升高禁用。

【用法用量】常用量，皮下或肌内注射每次 0.25～1mg，每日 1～3 次。极量，皮下或肌内注射每次 1mg，每日 5mg。

【不良反应】可致药疹，大剂量时可引起恶心、呕吐、腹泻、流泪、流涎等，严重时可出现共济失调、惊厥、昏迷、语言不清、焦虑不安、恐惧甚至心脏停搏。

【注意事项】①过量，常规给予阿托品对抗。②甲状腺功能亢进症和帕金森病等慎用。

【类别】抗胆碱酯酶药。

【规格】① 1mL：0.5mg。② 2mL：1mg。

【贮藏】避光，密封保存。

第三节　抗癫痫药

癫痫是多种原因引起大脑局部神经元异常高频放电所致的大脑功能失调综合征。现代医学认为发生癫痫的原因可以分为两类：原发性（功能性）癫痫和继发性（症状性）癫痫。

卡马西平片
Kamaxiping Pian
Carbamazepine Tablets

【商品特征】本品为白色片，含卡马西平应为标示量的 95.0% ～ 105.0%。

【适应证】①癫痫。②三叉神经痛和舌咽神经痛。

【作用特点】膜稳定作用，能降低神经细胞膜对 Na^+ 和 Ca^{2+} 的通透性，从而降低细胞的兴奋性，延长不应期；也可能增强 γ - 氨基丁酸的突触传递功能。

【禁忌证】以下情况禁用：①对本药相关结构药物过敏者。②房室传导阻滞者。③血清铁严重异常者。④有骨髓抑制史的患者。⑤具有肝卟啉病、严重肝功能不全等病史者。

【用法用量】口服。①成人：初始剂量每次 100 ～ 200mg，每天 1 ～ 2 次；逐渐增加剂量直至最佳疗效通常为每次 400mg，每天 2 ～ 3 次。某些患者需加至每天 1600mg，甚至每天 2000mg。②儿童：按体重每天 10 ～ 20mg/kg，12 个月以下每天 100 ～ 200mg；1 ～ 5 岁，每天 200 ～ 400mg；6 ～ 10 岁，每天 400 ～ 600mg；11 ～ 15 岁，每天 600 ～ 1000mg，分次服用。

【不良反应】①治疗初期，或初始服药量太大，或老年患者服用，偶尔或经常会出现头晕、头痛、共济失调、嗜睡、疲劳、恶心、呕吐、皮肤过敏反应。②与剂量相关的不良反应通常在几天内自行减轻或减少剂量后减轻。

【注意事项】卡马西平仅可在医生监督下服用。若要处方卡马西平，必须事先经过严格的效益 / 风险评估，并且对既往有过心脏、肝脏、肾脏损害，对其他药物出现过血液系统不良反应，以及曾经中断过卡马西平治疗的患者进行监测。

【类别】抗癫痫药。

【规格】① 0.1g。② 0.2g。

【贮藏】避光，密封保存。

【其他剂型】胶囊剂。

第四节　脑血管病用药

脑血管病是指脑血管破裂出血或血栓形成，引起的以脑部出血性或缺血性损伤症状为主要临床表现的一组疾病，又称脑血管意外或脑卒中，俗称为脑中风。

尼莫地平片
Nimodiping Pian
NimodipineTablets

【商品特征】本品为类白色至淡黄色片、薄膜衣片或糖衣片；除去包衣后，显类白色至淡黄色。含尼莫地平应为标示量的 90.0% ～ 110.0%。

【适应证】用于缺血性脑血管病、偏头痛、蛛网膜下腔出血所引起的脑血管痉挛、突发性耳聋、轻度高血压病、中度高血压病。

【作用特点】选择性地作用于脑血管平滑肌，扩张脑血管，增加脑血流量，显著减少血管痉挛引起的缺血性脑损伤。

【禁忌证】尚不明确。

【用法用量】口服。①缺血性脑血管病：每日 80 ～ 120mg，每日 3 次，连用一个月。②偏头痛：每次 40mg，每日 3 次，12 周为一疗程。③蛛网膜下腔出血所引起的脑血管痉挛：每次 40 ～ 60mg，每日 3 ～ 4 次，3 ～ 4 周为一个疗程，手术患者当天停药，以后可以继续服用。④突发性耳聋：每日 40 ～ 60mg，每日 3 次，5 天为一疗程，用药 3 ～ 4 个疗程。⑤轻度高血压病、中度高血压病：高血压病合并有上述脑血管病者，每次 40mg，每日 3 次，每日最大剂量为 240mg。

【不良反应】临床实践证明，蛛网膜下腔出血者应用尼莫地平治疗时约有 11.2% 的患者出现不良反应，最常见：①血压下降，下降程度与剂量有关。②肝炎。③皮肤刺痛。④胃肠道出血。⑤血小板减少。偶见一过性头晕、头痛、面潮红、呕吐、胃肠不适等。

【注意事项】①脑水肿及颅内压增高患者慎用。②肝功能损害者慎用。③可产生假性肠梗阻，表现为腹胀、肠鸣音减弱。④避免与 β 受体阻断剂或其他钙通道阻滞剂合用。

【类别】钙通道阻滞药。

【规格】① 20mg。② 30mg。

【贮藏】遮光，密封保存。

【其他剂型】分散片；软胶囊；胶囊剂；注射液。

复习思考题

1. 简述盐酸金刚烷胺片的禁忌证。
2. 简述卡马西平片的注意事项。
3. 尼莫地平有哪些剂型？

心血管系统用药

心血管系统是一个"密闭"的管道系统，心脏是泵血的肌肉性动力器官，运输血液的管道系统就是血管系统。它散布全身，负责将心脏搏出的血液输送到全身的各个组织器官，以满足机体活动所需的各种营养物质，且将代谢终产物运回心脏，通过肺、肾等器官排出体外。随着人们生活水平的提高，心血管系统疾病的发病率逐年上升，主要包括高血压病、冠心病、心绞痛、急性心肌梗死、扩张型心肌病、病态窦房结综合征、心律失常、心力衰竭等。

《国家基本药物目录》2018年版收载了以下用于心血管系统的药品。

1. 抗心绞痛药 硝酸甘油、硝酸异山梨酯、单硝酸异山梨酯、硝苯地平、地尔硫䓬、尼可地尔。

2. 抗心律失常药 胺碘酮、美西律、普罗帕酮、普萘洛尔、阿替洛尔、美托洛尔、艾司洛尔、索他洛尔、维拉帕米、伊布利特、莫雷西嗪。

3. 抗心力衰竭药 地高辛、去乙酰毛花苷、伊伐布雷定。

4. 抗高血压药 卡托普利、依那普利、赖诺普利、缬沙坦、缬沙坦氨氯地平、硝普钠、硫酸镁、尼群地平、硝苯地平、非洛地平、氨氯地平、左氨氯地平、比索洛尔、拉贝洛尔、乌拉地尔、吲达帕胺、酚妥拉明、哌唑嗪、波生坦。

5. 抗休克药 肾上腺素、去甲肾上腺素、异丙肾上腺素、间羟胺、多巴胺、多巴酚丁胺。

6. 调脂及抗动脉粥样硬化药 辛伐他汀、阿托伐他汀、瑞舒伐他汀、非诺贝特。

第一节 抗心绞痛药

心绞痛是由于冠状动脉供血不足，心肌急剧的、暂时的缺血与缺氧所引起的临床综合征，典型临床表现为阵发性胸骨后压榨性疼痛并向左上肢放射，一般持续3～5分钟，可因休息或服用硝酸酯类药物而缓解。抗心绞痛药物通过舒张冠状动脉、解除冠状动脉痉挛或促进侧支循环的形成而增加冠状动脉供血，减慢心率及降低收缩性等作用而降低心肌对氧的需求。

硝酸甘油片
Xiaosuan Ganyou Pian
Nitroglycerin Tablets

【商品特征】本品为白色片，含硝酸甘油应为标示量的 93.0% ～ 115.0%。

【适应证】用于预防和迅速缓解因冠状动脉疾病引起的心绞痛发作。

【作用特点】本品直接松弛血管平滑肌，特别是小血管平滑肌，使全身血管扩张，外周阻力减少，静脉回流减少，减轻心脏负荷，降低心肌耗氧量，解除心肌缺氧。对心外膜冠状动脉分支也有扩张作用。可降低收缩压、舒张压和平均动脉压。

【禁忌证】①对有机硝酸酯类过敏者禁用。②早期心肌梗死、严重贫血、青光眼、颅内压增高和已知对硝酸甘油过敏的患者禁用。③正在服用磷酸酯酶-5抑制剂如枸橼酸西地那非的患者禁用，因其增强硝酸甘油的降压作用。

【用法用量】口服。心绞痛急性发作时应舌下或口腔颊黏膜处含服0.5mg，每5分钟可重复1片，直至疼痛缓解；如果15分钟内总量达3片后疼痛持续存在，应立即就医。在活动或大便之前5～10分钟预防性使用，可避免诱发心绞痛。

【不良反应】①头痛：用药后立即发生，为剧痛和呈持续性。②偶可发生眩晕、虚弱、心悸和其他直立性低血压的表现，尤其在直立、制动的患者。③治疗剂量可发生明显的低血压反应，表现为恶心、呕吐、虚弱、出汗、苍白和虚脱。④晕厥、面红、药疹和剥脱性皮炎均有报告。

【注意事项】①缓解急性心绞痛应使用最小剂量，过量可能导致耐受现象。片剂不可吞服。②小剂量可能发生严重低血压，尤其直立位时。舌下含服者尽可能取坐位，以免因头晕而摔倒。③对硝酸酯类药物降压效应特别敏感的反应，如恶心、苍白、虚脱等可在治疗量下发生。④硝酸酯类药物可加重由肥厚型心肌病引起的心绞痛。

【类别】血管扩张药。

【规格】0.5mg。

【贮藏】遮光，密封，阴凉处保存。

【其他剂型】注射液；气雾剂。

第二节　抗心律失常药

心律失常是心动频率和节律的异常，可分为缓慢型与快速型。前者可用阿托品或拟肾上腺素类药物治疗。后者较复杂，包括房性期前收缩、房性心动过速、心房纤颤、心房扑动、阵发性室上性心动过速、室性早搏、室性心动过速及心室颤动等，应根据病情选择药物。

盐酸胺碘酮片
Yansuan Andiantong Pian
Amiodarone Hydrochloride Tablets

【商品特征】本品为类白色片，含盐酸胺碘酮应为标示量的95.0%～105.0%。

【适应证】用于其他药物治疗无效或不宜采用其他药物治疗的严重心律失常。①房性心律失常。②结性心律失常。③室性心律失常。④预激综合征的心律失常。

【作用特点】本品属Ⅲ类抗心律失常药。具有轻度非竞争性的α及β肾上腺素受体阻滞剂，且具轻度Ⅰ及Ⅳ类抗心律失常药性质。主要电生理效应是延长各部心肌组织的动作电位及有效不应期，有利于消除折返激动。半衰期长，抗心律失常种类多。

【禁忌证】严重窦房结功能异常者禁用；Ⅱ或Ⅲ度房室传导阻滞者禁用；心动过缓引起晕厥者禁用；静脉注射禁用于窦性心动过缓和窦房传导阻滞者、患者未安置人工起搏器者、甲状腺功能异常、低血压、严重呼吸衰竭、心肌病或心力衰竭、妊娠、哺乳及3岁以下儿童；对本品过敏者禁用。

【用法用量】 口服。负荷剂量：通常每日 0.6g，分 2～3 次服，可连续应用 8～10 天。维持量：宜应用最小剂量，根据个体反应，可每日给予 0.1～0.4g，由于胺碘酮的延长治疗作用，可给予隔天 0.2g 或每天 0.1g。

【不良反应】 ①常见角膜微沉积、光过敏反应。②心动过缓，阿托品不能对抗此反应。③在停药后可出现甲状腺功能亢进或低下，需对症治疗。④负荷量时可出现便秘。⑤长期大量服药可产生过敏性肺炎等。

【注意事项】 ①宜饭后服或与食物（特别是奶）同服。②交叉过敏反应，对碘过敏者对本品也可能过敏。③孕妇慎用；本品及代谢物可从乳汁中分泌，服本品者不宜哺乳。④用药期间应注意随访检查，如血压、心电图、肝功能、肺功能、甲状腺功能及眼科检查。

【类别】 抗心律失常药。

【规格】 ① 0.1g。② 0.2g。

【贮藏】 遮光，密封保存。

【其他剂型】 注射液；胶囊剂。

第三节　抗心力衰竭药

心力衰竭简称心衰，是指由于心脏的收缩功能和 / 或舒张功能发生障碍，不能将静脉回心血量充分排出心脏，导致静脉系统血液瘀积，动脉系统血液灌注不足，从而引起心脏循环障碍。临床主要表现为呼吸困难、肺瘀血、腔静脉瘀血和乏力。

去乙酰毛花苷注射液
Quyixian Maohuagan Zhusheye
Deslanoside Injection

【商品特征】 本品为无色的澄明液体，为去乙酰毛花苷加 10% 乙醇制成的灭菌溶液。含去乙酰毛花苷应为标示量的 90.0%～110.0%。

【适应证】 ①主要用于心力衰竭。因其作用较快，适用于急性心功能不全或慢性心功能不全急性加重的患者。②亦可用于控制伴快速心室率的心房颤动、心房扑动患者的心室率。

【作用特点】 选择性地与心肌细胞膜 Na^+-K^+-ATP 酶结合而抑制该酶活性，使心肌细胞膜内外 Na^+-K^+ 主动偶联转运受损，心肌细胞内 Na^+ 浓度升高，从而使肌膜上 Na^+-Ca^{2+} 交换趋于活跃，使细胞质内 Ca^{2+} 增多，肌质网内 Ca^{2+} 储量亦增多，心肌兴奋时，有较多的 Ca^{2+} 释放；细胞内 Ca^{2+} 浓度增高，激动心肌收缩蛋白从而增加心肌收缩力。使衰竭心脏心输出量增加，并增强迷走神经张力，因而减慢心率。降低窦房结自律性；提高浦肯野纤维自律性。

【禁忌证】 禁用：①任何强心苷制剂中毒。②室性心动过速、心室颤动。③梗阻性肥厚型心肌病。④预激综合征伴心房颤动或扑动。

【用法用量】 静脉注射。成人常用量：用 5% 葡萄糖注射液稀释后缓慢注射，首剂 0.4～0.6mg，以后每 2～4 小时可再给 0.2～0.4mg，总量 1～1.6mg。小儿常用量：按下列剂量分2～3 次间隔 3～4 小时给予。早产儿和足月新生儿或肾功能减退、心肌炎患儿，肌内或静脉注射按体重 0.022mg/kg；2 周～3 岁，按体重 0.025mg/kg。本品静脉注射获满意疗效后，可改用地高辛常用维持量以保持疗效。

【**不良反应**】①常见不良反应：新出现的心律失常、胃纳不佳或恶心、呕吐、下腹痛、异常的无力、软弱。②少见不良反应：视力模糊或黄视（中毒症状）、腹泻、中枢神经系统反应如精神抑郁或错乱。③罕见不良反应：嗜睡、头痛及皮疹、荨麻疹。

【**注意事项**】①以下情况慎用：低钾血症；不完全性房室传导阻滞；高钙血症；甲状腺功能减速；缺血性心脏病；急性心肌梗死早期；心肌炎活动期；肾功能损害。②用药期间应注意随访检查：血压；心率及心律；心电图；心功能监测；电解质尤其钾、钙、镁；肾功能；疑有洋地黄中毒时，应做地高辛血药浓度测定。③过量时，由于蓄积性小，一般于停药后 1 ～ 2 天中毒表现可以消退。

【**类别**】强心药。

【**规格**】2mL：0.4mg。

【**贮藏**】遮光，密闭保存。

第四节　抗高血压药

正常人的血压随内外环境变化在一定范围内波动。在整体人群，血压水平随年龄逐渐升高，以收缩压更为明显，但 50 岁后舒张压呈现下降趋势，脉压差也随之加大。在未使用抗高血压药物的情况下，非同日 3 次诊室血压测量，收缩压 ≥ 140mmHg 和（或）舒张压 ≥ 90mmHg 则定义为高血压，若收缩压 ≥ 140mmHg、舒张压 <90mmHg，称为单纯收缩期高血压。

卡托普利片
Katuopuli Pian
Captopril Tablets

【**商品特征**】本品为白色或类白色片，或为糖衣片或薄膜衣片，除去包衣后显白色或类白色。含卡托普利应为标示量的 90.0% ～ 110.0%。

【**适应证**】①高血压症。②心力衰竭。

【**作用特点**】本品为竞争性血管紧张素转换酶抑制剂，控制血管紧张素 Ⅰ 与 Ⅱ 间转化，降低外周血管阻力，抑制醛固酮分泌，减少水钠潴留。此外通过干扰缓激肽的降解扩张外周血管，降低肺毛细血管楔压及肺血管阻力，增加心力衰竭患者心输出量及运动耐受时间。

【**禁忌证**】对本品或其他血管紧张素转换酶抑制剂过敏者及妊娠中晚期者禁用。

【**用法用量**】口服。成人常用量：①高血压，每次 12.5mg，每日 2 ～ 3 次，1 ～ 2 周内增至50mg，每日 2 ～ 3 次。②心力衰竭，开始每次 12.5mg，每日 2 ～ 3 次，必要时逐渐增至 50mg，每日 2 ～ 3 次。

【**不良反应**】①4 周内，有时出现皮疹，减量、停药或给抗组胺药后消失。②心悸，心动过速，胸痛。③咳嗽。④味觉迟钝。⑤蛋白尿。

【**注意事项**】①胃中食物可使本品吸收减少 30% ～ 40%，故宜在饭前 1 小时服药。②可见暂时性血尿素氮、肌酐浓度增高。③肾功能异常者小剂量或减少给药次数。④蛋白尿若增多，暂停或减少用量。⑤白细胞计数过低，暂停可以恢复。⑥出现血管神经水肿，应停用，迅速皮下注射1：1000 肾上腺素 0.3 ～ 0.5mL。

【类别】血管紧张素转化酶抑制药。

【规格】① 12.5mg。② 25mg。③ 50mg。

【贮藏】遮光，密封保存。

第五节　抗休克药

休克是指机体在多种强烈损伤性因素作用下，引起以组织微循环灌流量急剧减少为主要特征的急性血液循环障碍，从而导致重要器官功能、代谢紊乱和结构损坏的全身性病理过程。其典型表现是面色苍白、四肢湿冷、血压降低、脉搏微弱、意识模糊。在抗休克治疗中，肾上腺素类血管活性药物占有重要地位。

盐酸肾上腺素注射液
Yansuan Shenshangxiansu Zhusheye
Epinephrine Hydrochloride Injection

【商品特征】本品为无色或几乎无色的透明溶液；受日光照射或与空气接触易变质。含肾上腺素应为标示量的 85.0% ～ 115.0%。

【适应证】①因支气管痉挛所致严重呼吸困难，可迅速缓解药物等引起的过敏性休克，亦可用于延长浸润麻醉用药的作用时间。②各种原因引起的心搏骤停进行心肺复苏的主要抢救用药。

【作用特点】本品兼有 α 受体和 β 受体激动作用。α 受体激动引起皮肤、黏膜、内脏血管收缩。β 受体激动引起冠状血管扩张，骨骼肌、心肌兴奋，心率增快，支气管平滑肌、胃肠道平滑肌松弛。对血压的影响与剂量有关，常用剂量使收缩压上升而舒张压不升或略降，大剂量使收缩压、舒张压均升高。

【禁忌证】①高血压、器质性心脏病、冠状动脉疾病、糖尿病、甲状腺功能亢进、洋地黄中毒、外伤性及出血性休克、心源性哮喘等患者禁用。②器质性脑病、心血管病、青光眼、帕金森病、噻嗪类引起的循环虚脱及低血压、精神神经疾病慎用。③运动员慎用。

【用法用量】皮下注射。常用量：每次 0.25 ～ 1mg。极量：每次 1mg。

【不良反应】①心悸、头痛、血压升高、震颤、无力、眩晕、呕吐、四肢发凉。②有时可有心律失常，严重者可由于心室颤动而致死。③用药局部可有水肿、充血、炎症。

【注意事项】①可能出现危险的高血压。②用量过大或皮下注射时误入血管后，可引起血压突然上升而导致脑出血。③静脉输注引起的外渗和组织坏死。④可透过胎盘。

【类别】肾上腺素受体激动药。

【规格】① 0.5mL：0.5mg。② 1mL：1mg。

【贮藏】遮光，密封，阴凉处保存。

第六节　降血脂药

血脂异常是动脉粥样硬化的重要致病因素之一，以动脉粥样硬化为基础的冠心病和缺血性脑卒中发病率正在升高。为此，对血脂异常的防治必须及早给予重视。

辛伐他汀片
Xinfatating Pian
Simvastatin Tablets

【商品特征】本品为白色或类白色片或薄膜衣片，除去包衣后显白色或类白色。含辛伐他汀应为标示量的 90.0% ～ 110.0%。

【适应证】适用于原发性高胆固醇血症和以胆固醇升高为主的混合型高脂血症。

【作用特点】本品为羟甲基戊二酰辅酶 A（HMG–CoA）还原酶抑制剂，抑制 HMG–CoA 还原酶，使内源性胆固醇的合成减少，并使肝脏的低密度脂蛋白受体数上升，从而降低血胆固醇的水平，为血脂调节剂。

【禁忌证】①对本品任何成分过敏者。②活动性肝病或无法解释的血清转氨酶持续升高者。③怀孕及哺乳期妇女禁用。

【用法用量】治疗高胆固醇血症起始剂量为每天 10mg，晚间顿服。对于胆固醇水平轻 – 中度升高的患者，起始剂量为每天 5mg。若需调整剂量，应间隔四周以上，最大剂量为每天 40mg，晚间顿服。治疗冠心病，可以每日 20mg 为起始剂量。如需调整剂量，应间隔四周以上，最大剂量为每天 40mg，晚间顿服。

【不良反应】①腹痛、便秘和胃肠胀气。②有时疲乏无力和头痛。

【注意事项】①注意药物间相互作用。②定期复查肝功能。③不适合治疗以甘油三酯升高为主的血脂异常。④禁止与钙通道阻滞剂米贝地尔合用。

【类别】降血脂药。

【规格】① 5mg。② 10mg。③ 20mg。④ 40mg。

【贮藏】遮光，密封，阴凉处保存。

【其他剂型】胶囊剂。

复习思考题

1. 简述硝酸甘油片的作用特点。
2. 简述去乙酰毛花苷注射液的不良反应。
3. 简述卡托普利的适应证。

　　呼吸系统疾病包括上呼吸道感染、支气管炎、支气管哮喘、慢性支气管炎及其并发的肺炎、阻塞性肺气肿和肺源性心脏病等。用于呼吸系统疾病治疗的药物涉及面很广，所用药物种类多，一类是对因治疗的药物如抗菌药物、抗真菌药物、抗病毒药物、抗结核病药物等；另一类是对症治疗的药物。呼吸系统疾病的常见症状有咳嗽、咳痰、喘息与呼吸衰竭等。本章主要介绍祛痰药、镇咳药和平喘药。

　　《国家基本药物目录》2018年版收载了以下用于呼吸系统的药品。

　　1. 祛痰药　溴己新、氨溴索、桉柠蒎、羧甲司坦、乙酰半胱氨酸。

　　2. 镇咳药　复方甘草、喷托维林、可待因。

　　3. 平喘药　沙丁胺醇、氨茶碱、茶碱、异丙托溴铵、噻托溴铵、丙酸氟替卡松、布地奈德、布地奈德福莫特罗。

第一节　祛痰药

　　痰是呼吸道炎症的产物，可刺激呼吸道黏膜引起咳嗽，并可加重感染。祛痰药可稀释痰液或液化黏痰，使之易于咳出。祛痰药按作用方式可分为4类：①恶心性祛痰药，如氯化铵，口服后可刺激胃黏膜，引起轻度恶心，反射性地促进呼吸道腺体的分泌增加，从而使黏痰稀释便于咯出。②刺激性祛痰药是一些挥发性物质，如桉叶油、安息香酊等，加入沸水中，其蒸气挥发也可刺激呼吸道黏膜，增加分泌，使痰稀释便于咯出。③痰液溶解剂，如乙酰半胱氨酸，可分解痰液中的黏性成分，使痰液液化，黏滞性降低而易咯出。④黏液调节剂，如溴己新，作用于气管和支气管的黏液产生细胞，使分泌物黏滞性降低，痰液变稀而易咯出。

盐酸溴己新片
Yánsuān Xiujixin Pian
Bromhexine Hydrochloride Tablets

　　【商品特征】本品为白色片，含盐酸溴己新应为标示量的93.0%～107.0%。

　　【适应证】主要用于慢性支气管炎、哮喘等引起的黏痰不易咳出的患者。

　　【作用特点】本品直接作用于支气管腺体，能使黏液分泌细胞的溶酶体释出，从而使黏液中的糖胺聚糖解聚，降低黏液的黏稠度；还能引起呼吸道分泌黏性低的小分子黏蛋白，使痰液变稀，易于咳出。

【禁忌证】对本品过敏者禁用，过敏体质者慎用。

【用法用量】口服。成人，每次1～2片，每日3次。

【不良反应】①偶见发热、恶心、腹痛，尤其是上腹部疼痛，以及呕吐、腹泻。②可能使血清转氨酶暂时升高。

【注意事项】①本品对胃肠道黏膜有刺激性，胃炎或胃溃疡患者慎用。②肝功能不全患者应在医师指导下使用。③如果出现支气管运动功能受阻或大量分泌物时应慎用本品。

【类别】祛痰药。

【规格】8mg。

【贮藏】密封保存。

第二节　镇咳药

咳嗽是呼吸系统疾病的一个主要症状。咳嗽是一种保护性反射，具有促进呼吸道的痰液和异物排出，保持呼吸道清洁与通畅的作用。

目前常用的镇咳药，根据其作用机制分为两类：①中枢性镇咳药，直接抑制延髓咳嗽中枢而发挥镇咳作用，如喷托维林等。②外周性镇咳药，通过抑制咳嗽反射弧中的感受器、传入神经、传出神经或效应器中任何一环节而发挥镇咳作用。有些药物兼有中枢和外周两种作用，如甘草片。

枸橼酸喷托维林片
Juyuansuan Pentuoweilin Pian
Pentoxyverine Citrate Tablets

【商品特征】本品为糖衣片，除去包衣后显白色，含枸橼酸喷托维林应为标示量的90.0%～110.0%。

【适应证】各种原因引起的干咳、阵咳。对于小儿百日咳效果好。

【作用特点】本品具有中枢及外周性镇咳作用，其镇咳作用强度约为可待因的1/3。除对延髓的呼吸中枢有直接抑制作用外，还有轻度的阿托品样作用。可使痉挛的支气管平滑肌松弛，降低气道阻力。

【禁忌证】青光眼及心功能不全伴有肺瘀血的患者慎用。

【用法用量】口服。成人：每次25mg，每日3～4次。儿童：5岁以上儿童每次12.5mg，每日2～3次。

【不良反应】偶有便秘、头痛、头晕、嗜睡、口干、恶心、腹胀、皮肤过敏等反应。

【注意事项】①本药仅为对症治疗药，如应用7日症状无明显好转，应立即就医。②服药期间不得驾驶机、车、船，不得从事高空作业、机械作业及操作精密仪器。③老人、孕妇及哺乳期妇女应在医师指导下使用。

【类别】镇咳药。

【规格】25mg。

【贮藏】密封，干燥保存。

【其他剂型】滴丸。

第三节 平喘药

哮喘是支气管广泛性阻塞引起的呼气性呼吸困难，伴有哮鸣音的肺部变态反应性疾病，诱发的原因很多。引起支气管阻塞的发病基础是支气管平滑肌收缩（痉挛），过多的黏液分泌及黏附在支气管壁上。平喘药物可分为：①气管扩张药；②抗炎平喘药；③过敏平喘药。

氨茶碱缓释片
Anchajian Huanshi Pian
Aminophylline Sustained-release Tablets

【商品特征】本品为薄膜衣片，除去包衣后显白色至微黄色。含无水茶碱应为氨茶碱标示量的 74.0% ～ 84.0%，含乙二胺不得少于氨茶碱标示量的 11.25%。

【适应证】适用于支气管哮喘、喘息性支气管炎、阻塞性肺气肿等缓解喘息症状；心源性肺水肿引起的哮喘。

【作用特点】对呼吸道平滑肌有直接松弛作用。

【禁忌证】对本品过敏的患者，活动性消化溃疡和未经控制的惊厥性疾病患者禁用。

【用法用量】口服。成人常用量：一次 0.1 ～ 0.2g，一日 0.3 ～ 0.6g；极量一次 0.5g，一日 1g。小儿常用量：每次按体重 3 ～ 5mg/kg，一日 3 次。

【不良反应】茶碱的毒性常出现在血清浓度为 15 ～ 20μg/mL 时，特别是治疗开始，早期多见的有恶心、呕吐、易激动、失眠等；当血清浓度超过 20μg/mL，可出现心动过速、心律失常。

【注意事项】①本品不适用于哮喘持续状态或急性支气管痉挛发作的患者。②应定期监测血清茶碱浓度，以保证最大的疗效而不发生血药浓度过高的危险。

【类别】平滑肌松弛药、利尿药。

【规格】① 0.1g。② 0.2g。

【贮藏】遮光，密封保存。

【其他剂型】注射液；片剂；氯化钠注射液。

沙丁胺醇吸入气雾剂
Shading'anchun Xiruqiwuji
Salbutamol Inhalation Aerosol

【商品特征】本品为沙丁胺醇的溶液型或混悬型定量吸入气雾剂，贮藏于有定量阀门系统的密封容器中。溶液型为含有乙醇的无色至微黄色的澄清液体；混悬型为白色或类白色混悬液。本品前、中、后各 10 揿的平均每揿含沙丁胺醇均应为标示量的 80.0% ～ 120.0%。

【适应证】用于预防和治疗支气管哮喘或喘息性支气管炎等伴有支气管痉挛的呼吸道疾病。

【作用特点】本品为选择性 β_2 受体激动剂，能选择性激动支气管平滑肌的 β_2 受体，有较强的支气管扩张作用。气雾吸入时对心脏的兴奋作用比异丙肾上腺素小。

【禁忌证】①对 β_2 受体激动剂、酒精过敏者禁用。②运动员、儿童、孕妇慎用。

【用法用量】喷雾吸入。①缓解急性支气管痉挛：成人每日 3 ～ 4 次，每次 2 揿；儿童每日

3～4次，每次1揿。②长期维持及预防疗法：成人每日3～4次，每次2揿；儿童每日3～4次，每次1揿。③预防运动诱发哮喘：成人运动前使用2揿；儿童运动前使用1揿。

【不良反应】少数病例可见肌肉震颤，外周血管舒张及代偿性心率加速，头痛，不安，过敏反应。

【注意事项】①高血压、冠心病、糖尿病、甲状腺功能亢进等患者应慎用。②长期使用可形成耐药性，不仅疗效降低，且有加重哮喘的危险，因此对经常使用本品者，应同时使用吸入或全身皮质类固醇治疗。

【类别】β_2肾上腺素受体激动药。

【规格】①溶液型，每罐200揿，每揿含沙丁胺醇0.14mg。②混悬型每罐200揿，每揿含沙丁胺醇0.10mg。③混悬型每罐240揿，每揿含沙丁胺醇0.10mg。

【贮藏】遮光，密闭，在阴凉处保存。

复习思考题

1. 溴己新属于哪类祛痰药?
2. 简述沙丁胺醇吸入气雾剂的注意事项。
3. 氨茶碱有哪些剂型?

第十四章

消化系统用药

消化系统疾病属常见、多发并易复发疾病。随着学习、工作及生活节奏加快和心理压力加大，其发病率呈逐年递增趋势。应用药物治疗是临床重要的治疗手段之一，新的治疗药物亦不断涌现，使药物治疗消化系统疾病的疗效不断提高。消化系统药品在我国成为继抗感染药品、心血管药品后的第三大类药品。

《国家基本药物目录》2018年版收载了以下用于消化系统的药品。

1. 抗酸药及抗溃疡病药　复方氢氧化铝、雷尼替丁、法莫替丁、奥美拉唑、枸橼酸铋钾、胶体果胶铋、铝碳酸镁。

2. 助消化药　乳酶生。

3. 胃肠解痉药及胃动力药　颠茄、山莨菪碱、阿托品、多潘立酮、甲氧氯普胺、莫沙必利、匹维溴铵。

4. 泻药及止泻药　开塞露、乳果糖、洛哌丁胺、蒙脱石、聚乙二醇。

5. 肝病辅助治疗药　联苯双酯、精氨酸、甘草酸二铵、水飞蓟宾。

6. 微生态制剂　地衣芽孢杆菌活菌、双歧杆菌三联活菌、枯草杆菌二联活菌。

7. 利胆药　熊去氧胆酸。

8. 治疗炎性肠病　柳氮磺吡啶。

第一节　抗消化溃疡药

本节药物主要分为抗酸药、抑制胃酸分泌药、抗幽门螺杆菌药、黏膜保护药几类。抗酸药多为无机弱碱性化合物，口服后能直接中和胃酸，降低胃蛋白酶分解胃壁蛋白的能力，减轻或消除胃酸对胃及十二指肠溃疡面的腐蚀和刺激作用，从而缓解疼痛，降低胃液对溃疡面的自我消化，而有利于溃疡面的愈合。另外，抑制胃酸分泌药主要由相关受体阻滞剂及质子泵抑制药组成，它们均可抑制胃酸分泌，可应用于各种消化性溃疡，有利于促进溃疡的愈合。抗幽门螺杆菌药可以杀灭幽门螺杆菌，达到治疗消化性溃疡的目的。黏膜保护药通过增强胃黏膜的细胞屏障、黏液－碳酸氢盐屏障，或两者均增强，从而发挥抗溃疡病治疗作用。

消化性溃疡的发病与黏膜局部损伤和保护机制之间的平衡失调有关。损伤因素增强或保护因素减弱，均可引起消化性溃疡。当今的治疗主要着眼于减少胃酸和增强胃黏膜的保护作用。

盐酸雷尼替丁胶囊
Yansuan Leinitiding Jiaonang
Ranitidine hydrochloride Capsules

【商品特征】本品内容物为类白色至黄色的粉末或颗粒，含盐酸雷尼替丁。按雷尼替丁计算，应为标示量的 93.0% ～ 107.0%。

【适应证】用于缓解胃酸分泌过多所致的胃痛、胃灼热感（烧心）、反酸。

【作用特点】本品为 H_2 受体抑制剂，具有抑制胃酸分泌作用。口服后经胃肠道吸收迅速。

【禁忌证】对本品过敏者禁用；孕妇及哺乳期妇女禁用；8 岁以下儿童禁用。

【用法用量】口服。成人每次 0.15g，每日 2 次，于清晨和睡前服用。

【不良反应】①恶心、皮疹、便秘、乏力、头痛、头晕。②少数患者服药后引起轻度肝功能损伤，停药后肝功能也恢复正常。

【注意事项】①本品连续使用不得超过 7 天，症状未缓解，请咨询医师或药师。②过敏体质、老年患者与肝、肾功能不全患者慎用。③如服用过量或出现严重不良反应，应立即就医。④8 岁以上儿童用量请咨询医师或药师。

【类别】H_2 受体阻滞药。

【规格】0.15g。

【贮藏】遮光，密封，凉暗干燥处保存。

【其他剂型】片剂；颗粒剂；注射液。

第二节　助消化药

助消化药是促进胃肠道消化过程的药物，多为人体消化液中的成分或促进消化液分泌的药物。该类药多用于消化道分泌功能减弱或消化不良等，可促进食物的消化。

乳酶生片
Rumeisheng Pian
Lactasin Tablets

【商品特征】本品为白色或类白色片，按标示量计算，每 1g 含活屎肠球菌数不得少于 $3.0×10^6$cfu。

【适应证】用于消化不良、腹胀及小儿饮食失调所引起的腹泻、绿便等。

【作用特点】本品为活肠球菌的干燥制剂，在肠内分解糖类生成乳酸，使肠内酸度增高，从而抑制腐败菌的生长繁殖，并防止肠内发酵，减少产气，因而有促进消化和止泻作用。

【禁忌证】尚不明确。

【用法用量】口服，饭前服。①12 岁以上及成人每次 0.3 ～ 0.9g，每日 3 次。②儿童每日 3 次，具体用量：1 ～ 3 岁，体重 10 ～ 15kg，每次 0.15 ～ 0.3g；4 ～ 6 岁，体重 16 ～ 21kg，每次 0.3 ～ 0.45g；7 ～ 9 岁，体重 22 ～ 27 kg，每次 0.3 ～ 0.6g；10 ～ 12 岁，体重 28 ～ 32kg，每次 0.45 ～ 0.9g。

【不良反应】尚不明确。

【注意事项】①对本品过敏者禁用。②当药品性状发生改变时禁止服用。③儿童必须在成人的监护下使用。④请将此药品放在儿童不能接触的地方。

【类别】助消化药。

【规格】① 0.1g。② 0.15g。③ 0.3g。

【贮藏】密封，遮光，凉暗处保存。

第三节　胃肠解痉药及胃动力药

胃肠解痉药主要是一些抗胆碱药，可阻断胃壁细胞的 M_3 受体，抑制胃酸分泌；阻断神经节的 M_1 受体，抑制胆碱能神经节后纤维对胃肠分泌的影响；阻断乙酰胆碱对胃黏膜中的肠嗜铬样细胞、G 细胞表面的 M 受体，减少组胺和胃泌素等物质释放，间接减少胃酸的分泌；此外，此类药物尚有解除平滑肌痉挛作用及减少分泌作用。但由于此类药物副作用较多，目前临床较少使用，主要与其他药物组成复方。

胃动力药是指能恢复上部胃肠道动力、提高食管下括约肌张力、改善胃排空及加强肠蠕动的药物，主要用于治疗食管及胃肠道各种运动障碍性疾病。常用药物有多潘立酮、甲氧氯普胺。

消旋山莨菪碱片
Xiaoxuan Shanlangdangjian Pian
Raceanisodamine Tablets

【商品特征】本品为白色或类白色片或薄膜衣片，除去包衣后显白色或类白色。含消旋山莨菪碱应为标示量的 90.0% ～ 110.0%。

【适应证】主要用于解除平滑肌痉挛、胃肠绞痛、胆道痉挛及有机磷中毒等。

【作用特点】具有外周抗 M 胆碱受体作用，能解除乙酰胆碱所致平滑肌痉挛。对胃肠道平滑肌有松弛作用，并抑制其蠕动，作用较阿托品稍弱，其抑制消化道腺体分泌作用为阿托品的 1/10。抑制唾液腺体分泌及扩瞳作用较弱，为阿托品的 1/20 ～ 1/10。能解除微血管痉挛，改善微循环。因不易通过血 - 脑脊液屏障，故中枢作用弱于阿托品。与阿托品相比，具有选择性较强、毒副作用较低的优点。

【禁忌证】颅内压增高、脑出血急性期、青光眼、幽门梗阻、肠梗阻及前列腺肥大者禁用。对本品过敏者禁用，过敏体质者慎用。

【用法用量】口服，每日 3 次。成人每次 5 ～ 10mg，小儿每次 0.1 ～ 0.2mg/kg。

【不良反应】①常见口干、面红、轻度扩瞳、视近物模糊等；少见心率加快及排尿困难等，多在 1 ～ 3 小时内消失。②用量过大时可出现阿托品样中毒症状。若口干明显时可口含酸梅或维生素 C，症状即可缓解。

【注意事项】①反流性食管炎、重症溃疡性结肠炎患者慎用。②急腹症诊断未明确时，不宜轻易使用。③夏季用药时，因其闭汗作用，可使体温升高。

【类别】抗胆碱药。

【规格】① 5mg。② 10mg。

【贮藏】密封保存。

多潘立酮片
Duopanlitong Pian
Domperidone Tablets

【商品特征】本品为白色片，含多潘立酮应为标示量的 90.0% ～ 110.0%。

【适应证】用于消化不良，腹胀、嗳气、恶心、呕吐、腹部胀痛。

【作用特点】本品直接作用于胃肠壁，可增加胃肠道的蠕动和张力，促进胃排空，增加胃窦和十二指肠运动，协调幽门的收缩，同时也能增强食管的蠕动和食管下端括约肌的张力，抑制恶心、呕吐。本品不易透过血脑屏障。

【禁忌证】①已知对多潘立酮或本品任一成分过敏者禁用。②机械性肠梗阻、胃肠出血、穿孔等患者禁用。③嗜铬细胞瘤、乳癌、催乳素瘤患者禁用。④中重度肝功能不全患者禁用。

【用法用量】口服。成人每次 1 片，每日 3 次，饭前 15 ～ 30 分钟服用。

【不良反应】①偶见轻度腹部疼挛、口干、皮疹、头痛、腹泻、神经过敏、倦怠、嗜睡、头晕等。②有时导致血清催乳素水平升高、溢乳、男子乳房女性化等，但停药后即可恢复正常。③罕见情况下出现闭经。

【注意事项】①本品用药 3 天，症状未缓解，请咨询医师或药师。连续使用不得超过 7 天。②心脏病患者以及接受化疗的肿瘤患者应用时需慎重，有可能加重心律失常。③如服用过量或出现严重不良反应，应立即就医。④如正在使用其他药品，使用本品前请咨询医师或药师。⑤本品含有乳糖，可能不适用于乳糖不耐受、半乳糖血症或葡萄糖半乳糖吸收障碍的患者。⑥孕妇慎用，哺乳期妇女使用本品期间应停止哺乳；建议儿童使用多潘立酮混悬液。

【类别】胃肠促动力药。

【规格】10mg。

【贮藏】密封，干燥处保存。

【其他剂型】胶囊剂；混悬液。

第四节　泻药及止泻药

泻药是指能增加肠内水分、促进肠蠕动、润滑肠道、软化粪便、促进排泄的药物。目前临床上常用的泻药有如下几种：①刺激性泻药，又称为接触性泻药，是通过药物或代谢产物通过刺激结肠推进性蠕动产生腹泻作用，如酚酞、比沙可啶和蒽醌类。②渗透性泻药，或称容积性泻药，口服后在肠道很少吸收，增加肠内容积而促进肠道推进性蠕动，产生导泻作用，如硫酸镁、硫酸钠、乳果糖和甘油等。③润滑性泻药，通过局部润滑并软化粪便而发挥导泻作用，如液体石蜡、甘油。

腹泻是常见症状，应针对病因进行治疗。但对于剧烈而持久的非感染性腹泻患者，应当给予止泻药物止泻，以防止机体过度脱水、电解质代谢失调、消化及营养障碍。止泻药是指可通过减少肠道蠕动或保护肠道免受刺激而达到止泻作用的药物。

乳果糖口服溶液
Ruguotang Koufurongye
Lactulose Oral Solution

【商品特征】本品为无色至浅棕黄色的澄清黏稠液体，含乳果糖应为标示量的 90.0% ～ 110.0%。

【适应证】①慢性或习惯性便秘，调节结肠的生理节律。②肝性脑病，用于治疗和预防肝性昏迷或昏迷前状态。

【作用特点】乳果糖具有双糖的渗透活性，可使水、电解质保留在肠腔而产生高渗效果，故又是一种渗透性泻药，因为无肠道刺激性，亦可用于治疗慢性功能性便秘。

【禁忌证】①对本品过敏者禁用。②阑尾炎、肠梗阻、不明原因的腹痛者均禁用。③糖尿病患者慎用，对半乳糖不能耐受者不宜服用。

【用法用量】口服。①便秘：成人一次 10mL，一日 3 次。②肝性昏迷或昏迷前：成人一次 30 ～ 50mL，一日 3 次。

【不良反应】经临床使用除个别患者服用后稍感恶心外，无其他不适，经继续服药或用一倍水稀释后可消失。

【注意事项】如本品性状发生改变时禁止使用。

【类别】降血氨及泻药。

【规格】① 100mL：5g。② 100mL：50g。③ 100mL：66.7g。

【贮藏】遮光，密闭保存。

盐酸洛哌丁胺胶囊
Yansuan Luopaiding'an Jiaonang
Loperamide Hydrochloride Capsules

【商品特征】本品内容物为白色或类白色粉末，含盐酸洛哌丁胺应为标示量的 90.0% ～ 110.0%。

【适应证】①止泻药，用于控制急、慢性腹泻的症状。②用于回肠造瘘术患者可减少排便量及次数，增加大便稠硬度。

【作用特点】体外试验和动物实验显示盐酸洛哌丁胺通过减缓肠道运动和影响水和电解质通过肠道而起作用。洛哌丁胺可与肠壁的阿片受体结合，抑制乙酰胆碱和前列腺素类的释放，从而减少推动性蠕动，增加肠道转运时间。洛哌丁胺可增强肛门括约肌的张力，从而减少大便失禁和便急。

【禁忌证】① 2 岁以下的儿童禁用。②对本品过敏者禁用。③本品不作为下列疾病主要治疗药物：高热和脓血便的急性痢疾；急性溃疡性结肠炎；细菌性小肠结肠炎；使用广谱抗生素引起的伪膜性肠炎。④巨结肠和中毒性巨结肠时，不应使用本品。

【用法用量】口服。本品适用于 6 岁及以上人群，液体送服。患者应根据需要适当补充水和电解质。①急性腹泻：起始剂量，成人 2 粒，儿童 1 粒，以后每次不成形便后服用 1 粒。②慢性腹泻：起始剂量，成人 2 粒，儿童 1 粒，以后可调节每日剂量以维持每日 1 ～ 2 次正常大便。一般维持剂量每日 1 ～ 6 粒。每日最大剂量：成人不超过 8 粒；儿童给药按体重（最大剂量 3 粒

/20kg），每日最大剂量不超过 8 粒。

【不良反应】可有头痛、便秘、胃肠胀气、恶心、头晕口干、腹痛、呕吐、皮疹等症状。

【注意事项】①本品用于腹泻时仅为对症治疗。②腹泻患者补充水和电解质；未经医生处方且无医护人员监督情况下，本品不得用于 2～6 岁儿童；急性腹泻如服用本品 48 小时后，临床症状无改善，应停用本品。③艾滋病患者使用本品治疗腹泻时，如出现腹胀的早期症状，应停止本品。④肝功能障碍可能导致药物相对过量，应注意中枢神经系统毒性反应症状。

【类别】止泻药。

【规格】2mg。

【贮藏】密封，在干燥处保存。

【其他剂型】颗粒剂。

复习思考题

1. 简述多潘立酮的服用方法。
2. 简述雷尼替丁的注意事项。
3. 哪类人群禁用乳果糖？

第十五章

泌尿系统用药

泌尿系统由肾脏、输尿管、膀胱及有关血管、淋巴等组成。其中肾脏结构和功能复杂，是人体重要的排泄器官，内分泌器官，对维持机体功能平衡和稳定具有重要的作用。多种疾病可能涉及使用泌尿系统药物，特别是各种原因引起的水肿性疾病。

《国家基本药物目录》2018年版收载了以下用于泌尿系统的药品。

1. 利尿药　呋塞米、氢氯噻嗪、螺内酯、氨苯蝶啶、甘油果糖。

2. 良性前列腺增生药　坦洛新（坦索罗辛）、特拉唑嗪、非那雄胺。

3. 透析药　腹膜透析液。

第一节　利尿药

利尿药直接作用于肾脏，影响尿液生成过程，促进电解质和水的排出，达到增加尿量、消除水肿的目的。尿的生成过程包括肾小球滤过、肾小管和集合管重吸收及分泌，利尿药的作用是通过影响肾小球的过滤、肾小管的再吸收和分泌等功能而实现的，主要是影响肾小管的再吸收。临床上根据其利尿效能将利尿药划分为高效能、中效能和低效能3种。

呋塞米片
Fusaimi Pian
Furosemide Tablets

【商品特征】本品为白色片，含呋塞米应为标示量的 90.0% ～ 110.0%。

【适应证】①主要用于其他利尿药无效的各型水肿，预防和治疗急性肾衰竭和加速毒物排泄。②也可用于促进上部尿道结石的排出和治疗高血压。③静脉给药可治疗急性肺水肿和脑水肿。④高钾血症、高钙血症。

【作用特点】本品作用于髓袢升支粗段，抑制 NaCl 再吸收，影响尿液的稀释和浓缩机制，而发挥强大的利尿作用。同时，抑制前列腺素分解酶的活性，使前列腺素 E_2 含量升高，从而具有扩张血管作用。扩张肾血管，降低肾血管阻力，使肾血流量尤其是肾皮质深部血流量增加。

【禁忌证】禁用于无尿和有呋塞米过敏史患者。

【用法用量】口服。成人：①治疗水肿性疾病。起始剂量为每次 20 ～ 40mg，每日 1 次。必要时 6 ～ 8 小时后追加 20 ～ 40mg，直至出现满意的利尿效果，最大剂量一般每日控制在 100mg 以内。②治疗高血压。起始剂量为每日 40 ～ 80mg，分 2 次服用。并酌情调整剂量。③治疗高钙血症。每日 80 ～ 120mg，分 1 ～ 3 次服用。

小儿：治疗水肿性疾病，起始按体重 2mg/kg，必要时 6 ～ 8 小时后追加 1 ～ 2mg/kg。

【不良反应】①厌食、恶心、呕吐、腹泻、便秘、痉挛。②坏死性血管炎、间质性肾炎、休克。③耳鸣、听力下降、头痛、视力模糊、眩晕。④乏力、发热、皮疹、瘙痒。

【注意事项】①过度利尿可引起脱水、血容量减少伴随循环衰竭，血栓形成或栓塞，老年人尤为注意。②本品可引起低钾血症，应补充钾盐。③服用本品时应关注体液或电解质紊乱的体征或症状，如低钠血症、低氯性碱中毒、低钾血症、低镁血症或低钙血症等以及与此有关的口渴、乏力、肌肉酸痛、心律失常等。④少尿或无尿患者应用最大剂量后 24 小时仍无效时应停药。

【类别】利尿药。

【规格】20mg。

【贮藏】遮光，密封，干燥处保存。

【其他剂型】注射液。

<h2 style="text-align:center">氢氯噻嗪片</h2>
Qinglüsaiqin Pian
Hydrochlorothiazide Tablets

【商品特征】本品为白色片，含氢氯噻嗪应为标示量的 93.0% ～ 107.0%。

【适应证】①水肿性疾病。②高血压，可单独或与其他降压药联合应用，治疗原发性高血压。③中枢性或肾性尿崩症。④肾结石，主要用于预防含钙盐成分形成的结石。

【作用特点】①主要抑制远端小管前段和近端小管对 Na^+ 和 Cl^- 的再吸收，从而促进肾脏对 NaCl 的排泄而产生利尿作用。②排 Na^+ 使血浆渗透压降低而产生抗利尿作用。③早期用药通过利尿、血流量减少而降压，长期用药则通过扩张外周血管而产生降压作用。

【禁忌证】尚不明确。

【用法用量】口服。成人：①水肿性疾病。每次 25 ～ 50mg，每日 1 ～ 2 次，或隔日治疗，或每周连服 3 ～ 5 日。②高血压。每日 25 ～ 100mg，分 1 ～ 2 次服用，并按降压效果调整剂量。

小儿：每日按体重 1 ～ 2mg/kg，分 1 ～ 2 次服用，并按疗效调整剂量。小于 6 个月的婴儿剂量每日 3mg/kg。

【不良反应】①水、电解质紊乱，低钾血症；长期缺钾可损伤肾小管，严重失钾可引起严重快速性心律失常等异位心律。②高糖血症。③高尿酸血症，少数可诱发痛风发作。④皮疹、荨麻疹等过敏反应。

【注意事项】①与磺胺类药物、呋塞米、布美他尼、碳酸酐酶抑制剂有交叉反应。②对诊断的干扰。③用药期间禁食酒、甘草，以免引起严重的低血压或诱发严重的低钾血症和卒中。④从最小有效剂量开始用药。⑤低钾血症者，应酌情补钾或与保钾利尿药合用。

【类别】利尿药，抗高血压药。

【规格】① 10mg。② 25mg。③ 50mg。

【贮藏】遮光，密封保存。

第二节　良性前列腺增生用药

前列腺增生症也称前列腺肥大，是老年男子常见疾病之一，为前列腺的一种良性病变。其发病原因与人体内雄激素与雌激素的平衡失调有关。前列腺增生的发病率随年龄递增，但有增生病变时不一定有临床症状。城镇发病率高于乡村，而且种族差异也影响增生程度。

盐酸特拉唑嗪胶囊
Yansuan Telazuoqin Jiaonang
Terazosin Hydrochloride Capsules

【商品特征】本品内容物为白色或类白色颗粒或粉末，含盐酸特拉唑嗪，按特拉唑嗪计算，应为标示量的 90.0% ～ 110.0%。

【适应证】用于治疗高血压，也可用于改善良性前列腺增生症患者的排尿症状。

【作用特点】①本品为选择性 α_1 受体阻滞剂，能降低外周血管阻力，对收缩压和舒张压都有降低作用。②具有松弛膀胱和前列腺平滑肌的作用，可缓解良性前列腺肥大而引起的排尿困难症状。

【禁忌证】对本品过敏者禁用。

【用法用量】口服。①高血压患者：每日 1 次，初始剂量为 1mg，睡前服用。剂量逐渐增加至出现满意疗效。常用剂量为每日 1 ～ 10mg，最大剂量为每日 20mg，停药后需重新开始治疗者，亦必须从 1mg 开始渐增剂量。②良性前列腺增生患者：每次 1mg，睡前服用。剂量逐渐增加至 2mg、5mg 或 10mg，每日 1 次，直到出现满意疗效。

【不良反应】头痛、头晕、无力、心悸、恶心、直立性低血压等。反应通常轻微，继续治疗可自行消失，必要时可减量。

【注意事项】①产生晕厥或直立性低血压，请勿开车或操作危险机械等。②禁止擅自停药或增加剂量，如停药多日再次使用时从低剂量服用。③按时测量血压及定时复诊。④与其他降压药并用显著降低血压。⑤与食物同服可减轻胃肠不适症状。

【类别】抗高血压药及泌尿生殖系统药。

【规格】① 1mg。② 2mg。

【贮藏】遮光，密封保存。

【其他剂型】片剂。

复习思考题

1. 利尿药有哪些？
2. 简述呋塞米的注意事项。
3. 简述盐酸特拉唑嗪的不良反应。

扫一扫，查阅本章数字资源，含PPT、音视频、图片等

血液由细胞成分和体液成分组成，细胞成分中包括红细胞、白细胞及血小板，体液成分即血浆。造血组织及器官包括骨髓、脾以及淋巴结组成。血液系统疾病指原发或主要累及血液和造血组织及器官的疾病。包括贫血（缺铁性贫血、巨幼细胞贫血、再生障碍性贫血），白细胞疾病（白细胞减少症、中心粒细胞减少症和粒细胞缺乏症、白血病等），血栓类疾病（心、脑血管性疾病），出血性疾病等。其中心、脑血管血栓性疾病为高发性疾病，相关药物的临床使用频率高、市场销售份额量大。

《国家基本药物目录》2018年版收载了以下用于血液系统的药品。

1. 抗贫血药 硫酸亚铁、右旋糖酐铁、琥珀酸亚铁、维生素B_{12}、叶酸、腺苷钴胺、甲钴胺、重组人促红素（CHO细胞）。

2. 抗血小板药 阿司匹林、氯吡格雷、吲哚布芬、替格瑞洛。

3. 促凝血药 凝血酶、维生素K_1、甲萘氢醌、氨甲苯酸、氨甲环酸、鱼精蛋白、血友病用药。

4. 抗凝血药及溶栓药 肝素、低分子量肝素、华法林、尿激酶、达比加群酯、利伐沙班、重组人组织型纤溶酶原激酶衍生物。

5. 血容量扩充剂 羟乙基淀粉130/0.4。

第一节 抗贫血药

贫血是指循环血液中的红细胞数、血红蛋白量或红细胞比容低于正常的病理状态。临床常见贫血为缺铁性贫血、巨幼红细胞贫血。再生障碍性贫血是骨髓造血功能低下所致，治疗比较困难。缺铁性贫血可用铁剂，巨幼红细胞贫血可用叶酸和维生素B_{12}。因红细胞容量测定较复杂，常以血红蛋白（Hb）浓度代替。我国血液病学家认为在我国海平面地区，成年男性Hb低于120g/L，成年女性（非妊娠）Hb低于110g/L，孕妇Hb低于100g/L为贫血。

硫酸亚铁片
Liusuanyatie Pian
Ferrous Sulfate Tablets

【商品特征】本品为包衣片，除去包衣后显淡蓝绿色，含硫酸亚铁应为标示量的95.0%～110.0%。

【适应证】用于各种原因引起的缺铁性贫血。

【作用特点】铁是红细胞中血红蛋白的组成元素。缺铁时，红细胞合成血红蛋白量减少，致使红细胞体积变小，携氧能力下降，形成缺铁性贫血，口服本品可补充铁元素，纠正缺铁性贫血。

【禁忌证】①肝肾功能严重损害，尤其是伴有未经治疗的尿路感染者禁用。②铁负荷过高、血色病或含铁血黄素沉着症者禁用。③非缺铁性贫血者禁用。④对本品过敏者禁用。

【用法用量】饭后口服。成人预防量，每次 1 片，每日 1 次；治疗量，每次 1 片，每日 3 次。

【不良反应】①可见胃肠道不良反应，如恶心、呕吐、上腹疼痛、便秘。②本品可减少肠蠕动，引起便秘，并排黑便。

【注意事项】①不应与浓茶同服。②酒精中毒、肝炎、急性感染、肠道炎症、胰腺炎、胃与十二指肠溃疡、溃疡性肠炎者慎用。③日常补铁时，应采用预防量；治疗量不得长期使用，应在确诊为缺铁性贫血后使用，且治疗期间应定期检查血常规和血清铁水平。

【类别】抗贫血药。

【规格】0.3g。

【贮藏】密封，在干燥处保存。

【其他剂型】缓释片。

叶酸片
Yesuan Pian
Folic Acid Tablets

【商品特征】本品为黄色或橙黄色片，含叶酸应为标示量的 90.0% ～ 110.0%。

【适应证】①各种原因引起的叶酸缺乏及叶酸缺乏所致的巨幼红细胞贫血。②妊娠期、哺乳期妇女预防给药。③慢性溶血性贫血所致的叶酸缺乏。

【作用特点】叶酸系由蝶啶、对氨基苯甲酸及谷氨酸的残基组成的水溶性 B 族维生素，为机体细胞生长和繁殖必须物质。参与体内很多重要反应及核酸和氨基酸的合成。口服后主要以还原型式在空肠近端吸收，贫血患者吸收速度较正常人快。叶酸由门静脉进入肝脏，治疗量的叶酸约 90% 自尿中排泄。

【禁忌证】维生素 B_{12} 缺乏引起的巨幼细胞贫血者忌用。

【用法用量】口服。成人：每次 5 ～ 10mg，每日 3 次，直至血常规恢复正常。妊娠期、哺乳期妇女预防用药：每次 0.4mg，每日 1 次。儿童：每次 5mg，每日 3 次。

【不良反应】不良反应较少，罕见过敏反应。长期用药可以出现畏食、恶心、腹胀等胃肠症状。大量服用叶酸时，可使尿呈黄色。

【注意事项】①口服大剂量叶酸，影响微量元素锌的吸收。②营养性巨幼红细胞性贫血应同时补铁，并补充蛋白质及其他 B 族维生素。③恶性贫血及疑有维生素 B_{12} 缺乏者，不单独用叶酸，否则加重维生素 B_{12} 的负担和神经系统症状。④一般不需维持治疗。

【类别】维生素类药。

【规格】① 0.4mg。② 5mg。

【贮藏】遮光，密封保存。

第二节　抗血小板药

血栓是血流在心血管系统血管内面剥落处或修补处表面所形成的小块。血栓由不溶性纤维蛋白，沉积的血小板，积聚的白细胞和陷入的红细胞组成。抗血小板药是通过封闭血小板膜上的受体或血小板内血栓素合成途径等使血小板不被激活，从而抑制血小板黏附和聚集。

阿司匹林肠溶片
Asipilin Changrong Pian
Aspirin Enteric-coated Tablets

【商品特征】本品为肠溶包衣片，除去包衣后显白色，含阿司匹林应为标示量的 93.0% ～ 107.0%。

【适应证】本品小剂量抑制下述情况时血小板黏附和聚集：不稳定型心绞痛；急性心肌梗死；预防急性心肌梗死复发；动脉血管的术后；预防大脑一过性的血流减少和出现早期症状（如面部或手臂一过性瘫痪）后预防脑梗死。大剂量用于镇痛、解热。可缓解轻度或中度的疼痛。

【作用特点】可抑制血小板聚集，防止血栓的形成。本品能抑制前列腺素的合成，具有解热、镇痛作用。

【禁忌证】①对阿司匹林或其他水杨酸盐或药品的其他成分有过敏史或哮喘史患者；急性胃肠道溃疡；出血体质；严重的心、肝、肾衰竭。②妊娠的最后 3 个月禁用。

【用法用量】应与食物同服或用水冲服，以减少对胃肠的刺激。①抑制血小板聚集：应用小剂量，一次口服 75 ～ 100mg，一日 1 次，在急性心肌梗死或做血管重建手术可以开始用较高剂量 300mg 作为负荷剂量，以后改为正常用的低剂量。②解热、镇痛：每次 0.3 ～ 0.6g，每日 3 次，必要时每 4 小时 1 次。③抗风湿：每日 3 ～ 5g（急性风湿热可用到 7 ～ 8g），分 4 次口服。④儿科皮肤黏膜淋巴结综合征（川崎病）：开始每日按体重 80 ～ 100mg/kg，每日 3 ～ 4 次；退热 2 ～ 3 天后改为每日 30mg/kg，每日 3 ～ 4 次；症状解除后减少剂量至每日 3 ～ 5mg/kg，每日 1 次，连续服用 2 月或更久。

【不良反应】①胃肠道反应：恶心、呕吐、严重者可导致上消化道出血。②过敏反应：如呼吸困难、气促、哮喘、皮肤瘙痒、荨麻疹或药疹等。③肾损害。④肝损害：少数患者出现转氨酶增高，停药后可恢复。

【注意事项】①用于解热连续使用不超过 3 天，用于止痛不超过 5 天，症状未缓解请咨询医师或药师。②心、肝、肾功能不全、月经过多及有溶血性贫血史者慎用。③避免与其他非甾体抗炎药合并用药。④低剂量阿司匹林减少尿酸的消除，可诱发痛风。

【类别】抗血小板聚集药，解热镇痛、非甾体抗炎药。

【规格】① 50mg。② 0.1g。③ 0.3g。④ 0.5g。

【贮藏】密封，干燥处保存。

【其他剂型】片剂；泡腾片；肠溶胶囊；栓剂。

第三节 促凝血药

促凝血药指能加速血液凝固或降低毛细血管通透性，促使出血停止的药物，又称止血药，用于治疗出血性疾病。

凝血酶冻干粉
Ningxuemei Dongganfen
Lyophilizing Thrombin Powder

【商品特征】本品为白色或类白色的冻干块状物或粉末，按无水物计算，每1mg凝血酶的活力不得少于10U，含凝血酶应为标示量的80.0% ～ 150.0%。

【适应证】用于手术中不易结扎的小血管止血、消化道出血及外伤出血等。

【作用特点】本品促进纤维蛋白原转化为纤维蛋白，应用于创口，使血液凝固而止血。此外，还有促进上皮细胞有丝分裂，加速创伤愈合的作用。

【禁忌证】对本品有过敏史者禁用。

【用法用量】①局部止血：用灭菌氯化钠注射液溶解成50 ～ 200U/mL的溶液喷雾或用本品干粉喷洒于创面。②消化道止血：用生理盐水或温开水（不超过37℃）溶解成10 ～ 100U/mL的溶液，口服或局部灌注，也可根据出血部位及程度增加浓度、次数。

【不良反应】①偶尔可致过敏反应，需及时停药。②外科止血中应用本品曾有致低热反应的报道。

【注意事项】①严禁注射。误入血管可导致血栓形成、局部坏死危及生命。②本品必须直接与创面接触，才能起止血作用。③新鲜配制使用。④孕妇只在具有明显指征，病情必要时，才能使用。

【类别】局部止血药。

【规格】① 200U。② 500U。③ 1000U。④ 2000U。⑤ 5000U。⑥ 10000U。

【贮藏】密封，10℃以下贮存。

第四节 抗凝血药

抗凝血药可用于防治血管内栓塞或血栓形成的疾病，预防卒中或其他血栓性疾病，是通过影响凝血过程中的某些凝血因子阻止凝血过程的药物。临床使用频率最高的抗凝血药包括非肠道用药抗凝血剂有肝素、华法林等。

肝素钠注射液
Gansuna Zhusheye
Heparin Sodium Injection

【商品特征】本品为无色至淡黄色的澄明液体，其效价为标示量的90.0% ～ 110.0%。

【适应证】①用于防治血栓形成或栓塞性疾病（如心肌梗死、肺栓塞等）。②各种原因引起的弥散性血管内凝血。③用于血液透析、体外循环及某些血液标本或器械的抗凝处理。

【作用特点】本品能干扰血凝过程的许多环节，具有延长血凝时间的作用。在体内外都有抗凝血作用。其作用机制主要是妨碍凝血激活酶的形成；阻止凝血酶原变为凝血酶；抑制凝血酶，从而妨碍纤维蛋白原变成纤维蛋白。

【禁忌证】对肝素过敏、有自发出血倾向者、血液凝固迟缓者（如血友病、紫癜、血小板减少）、溃疡病、创伤、产后出血者及严重肝功能不全者禁用。

【用法用量】成人：①深部皮下注射。首次 5000 ～ 10000U，以后每 8 小时 8000 ～ 10000U 或每 12 小时 15000 ～ 20000U，一般均能达到满意的效果。②静脉注射。首次 5000 ～ 10000U，之后，或按体重每 4 小时 100U/kg，氯化钠注射液稀释。③静脉滴注。每日 20000 ～ 40000U，加至氯化钠注射液 1000mL 中持续滴注。滴注前可先静脉注射 5000U 作为初始剂量。

儿童：①静脉注射。按体重每次注入 50U/kg，以后每 4 小时给予 50 ～ 100U。②静脉滴注。按体重注入 50U/kg，以后按体表面积 24 小时给予每日 20000U/m^2，加入氯化钠注射液中缓慢滴注。

【不良反应】①用药过多可致自发性出血。偶可引起过敏反应及血小板减少，常发生在用药初 5 ～ 9 天，故开始治疗 1 个月内应定期监测血小板计数。②可引起骨质疏松和自发性骨折。③肝功能不良者长期使用有血栓形成倾向。

【注意事项】用药期间定时测定凝血时间。

【类别】抗凝血药。

【规格】① 2mL：1000U。② 2mL：5000U。③ 2mL：12500U。

【贮藏】密闭保存。

【其他剂型】乳膏剂。

复习思考题

1. 抗贫血药有哪些？
2. 简述叶酸片的适应证。
3. 简述阿司匹林的不良反应。

第十七章
抗变态反应药

变态反应又称为超敏反应，是指机体对某些抗原如细菌、病毒、寄生虫、花粉、药物等初次应答后，再次接触相同抗原时，发生的组织损伤、生理功能紊乱和（或）组织细胞损伤为主的特异性免疫应答。引起变态反应的抗原称为变应原，变应原可以是完全抗原，如微生物、螨虫、寄生虫、花粉、异种动物血清等，也可以是半抗原，如药物和一些化学制剂。有时变性的自身成分作为自身抗原，也可引起变态反应发生。

《国家基本药物目录》2018年版收载了以下抗变态反应的药品：氯苯那敏、苯海拉明、赛庚啶、异丙嗪、氯雷他定。

马来酸氯苯那敏片
Malaisuan Lübennamin Pian
Chlorphenamine Maleate Tablets

【商品特征】本品为白色片，含马来酸氯苯那敏应为标示量的93.0%～107.0%。

【适应证】①用于皮肤过敏症：荨麻疹、湿疹、皮炎、药疹、皮肤瘙痒、神经性皮炎、虫咬症、日光性皮炎等各种过敏性疾病。②用于过敏性鼻炎、血管收缩性鼻炎、药物及食物过敏。

【作用特点】抗组胺作用强。可与组织中释放出来的组胺竞争效应细胞上的 H_1 受体，从而制止过敏发作。对中枢抑制和抗胆碱作用较弱。

【禁忌证】尚不明确。

【用法用量】口服。成人每次4mg，每日3次。

【不良反应】可有嗜睡、困倦、头晕及口干等症状，还可能诱发癫痫。

【注意事项】①老年患者应在医师指导下使用。②用药期间，不得驾车、船或操作危险的机器。③新生儿、早产儿不宜使用；儿童剂量请向医师或药师咨询。④孕妇及哺乳期妇女慎用。⑤膀胱颈部梗阻、幽门及十二指肠梗阻、消化性溃疡所致幽门狭窄、心血管疾病、青光眼、高血压及高血压危象、甲状腺功能亢进、前列腺肥大者慎用。

【类别】抗组胺药。

【规格】① 1mg。② 4mg。

【贮藏】遮光，密封保存。

【其他剂型】注射液；滴丸。

盐酸苯海拉明片
Yansuan Benhailaming Pian
Diphenhydramine Hydrochloride Tablets

【商品特征】本品为糖衣片或薄膜衣片，除去包衣后显白色，含盐酸苯海拉明应为标示量的 93.0% ～ 107.0%。

【适应证】①主要用于皮肤黏膜的过敏，如荨麻疹、过敏性鼻炎、皮肤瘙痒症、药疹，对虫咬症和接触性皮炎也有效。②预防和治疗晕动病。

【作用特点】本品为乙醇胺类抗组胺药，与组胺竞争结合靶细胞上的 H_1 受体，减弱组胺对血管、胃肠和支气管平滑肌的收缩作用；有较强的中枢抑制作用，可减轻眩晕、恶心、呕吐等作用；可直接作用于延髓的咳嗽中枢。

【禁忌证】①对本品过敏和对其他乙醇胺类药物高度过敏者禁用。②新生儿和早产儿禁用。③重症肌无力者、闭角型青光眼者、前列腺肥大者禁用。

【用法用量】口服。成人每次 25 ～ 50mg，每日 2 ～ 3 次，饭后服用。防治晕动病时，宜在旅行前 1 ～ 2 小时服用，最少 30 分钟前服用。

【不良反应】常见头晕、头昏、恶心、呕吐、嗜睡、食欲缺乏。偶见皮疹。

【注意事项】①幽门及十二指肠梗阻、消化性溃疡所致幽门狭窄、膀胱颈狭窄、甲状腺功能亢进、心血管病、高血压及下呼吸道感染（包括哮喘）者不宜使用本品。②老年人、孕妇及哺乳期妇女慎用。③用药后避免驾驶车辆、高空作业和操作机器。④肾功能障碍患者，给药的时间间隔应延长。

【类别】抗组胺药。

【规格】25mg。

【贮藏】遮光，密封保存。

【其他剂型】注射液。

盐酸赛庚啶片
Yansuan Saigengding Pian
Cyproheptadine Hydrochloride Tablets

【商品特征】本品为白色片，含无水盐酸赛庚啶应为标量的 93.0% ～ 107.0%。

【适应证】过敏性疾病，如荨麻疹、丘疹性荨麻疹、湿疹、皮肤瘙痒等。

【作用特点】具有较强的抗组胺作用，其强度超过吩噻嗪类、氯苯那敏和苯海拉明等；不但能消除组胺所致的血管扩张、支气管炎、子宫痉挛，而且对各种过敏反应，均有一定保护作用。此外，本品作用于 H_2 受体，阻断组胺引起的胃酸分泌。

【禁忌证】①孕妇、哺乳期妇女禁用。②青光眼、幽门梗阻及尿潴留患者禁用。③对本品过敏者禁用。过敏体质慎用。

【用法用量】口服。成人每次 2 ～ 4mg，每日 2 ～ 3 次。

【不良反应】嗜睡、口干、乏力、头晕、恶心等。

【注意事项】①服药期间不得驾驶飞机、汽车、轮船，不得从事高空作业、机械作业及操作精密仪器。②服用本品期间不得饮酒或饮用含有酒精成分的饮料。③老年人及 2 岁以下小儿慎用；儿童用量请咨询医师或药师。④过量或出现严重不良反应时，及时就医。

【类别】抗组胺药。

【规格】2mg（按无水盐酸赛庚啶计算）。

【贮藏】遮光，密封保存。

<h2 style="text-align:center">氯雷他定片
Lüleitading Pian
Loratadine Tablets</h2>

【商品特征】本品为白色或类白色片或薄膜衣片，薄膜衣片除去包衣后显白色或类白色，含氯雷他定均应为标示量的 90.0% ～ 110.0%。

【适应证】①用于缓解过敏性鼻炎有关的症状，如喷嚏、流涕、鼻痒、鼻塞以及眼部痒及烧灼感。②缓解慢性荨麻疹及其他过敏性皮肤病的症状及体征。

【作用特点】本品为强效及长效抗组胺药。对外周组胺 H_1 受体有较强的选择拮抗作用，无明显中枢镇静作用和抗胆碱作用。

【禁忌证】①过敏者禁用。②妊娠期及哺乳期妇女慎用。

【用法用量】成人及 12 岁以上儿童，每日 1 次，每次 10mg。2 ～ 12 岁儿童，体重＞ 30kg，每日 1 次，每次 10mg；体重≤ 30kg，每日 1 次，每次 5mg。

【不良反应】乏力、头疼、嗜睡、口干、胃肠道不适及皮疹等。

【注意事项】①肝功能受损者，应减低初始剂量，推荐半剂量每天服用或全剂量隔日服用。②肝功能不全的患者请在医师指导下使用。③不推荐 6 岁以下、6 岁以上但体重≤ 30kg 的儿童使用本品，建议选择其他适宜剂型。④在做皮试前 48 小时应停止使用本品，因抗组胺药能阻止或降低皮试的阳性反应发生。

【类别】抗组胺药。

【规格】10mg。

【贮藏】遮光，密封保存。

【其他剂型】胶囊剂；颗粒剂。

复习思考题

1. 名词解释：变态反应。

2. 常见抗变态反应药品有哪些？

3. 简述氯雷他定片的作用特点。

解毒药是拮抗毒物毒性作用的药物，可以通过物理、化学或生物学作用帮助毒物排出，阻止毒物吸收，降低毒物毒性，减轻或消除毒物对机体的损害。解毒药根据作用机制可分为特异性解毒药和非特异性解毒药两大类。生活中导致机体中毒的因素很多。由于该类患者起病急骤，病情凶险，甚至危及生命，因此必须及时到医院抢救。抢救步骤：①迅速确定诊断，立即终止毒物接触，估计中毒程度。②尽快清除尚未吸收的毒物。③对已被吸收的毒物，加速毒物排泄，减少毒物的吸收。④中毒后药物的拮抗，积极对症治疗。本类药品在正常情况下临床需求小，但有"用则急需"的特点，各医院应注意保持合理储备。

《国家基本药物目录》2018 年版收载了以下临床常用解毒药品。

1. 氰化物中毒解毒药　硫代硫酸钠。

2. 有机磷酸酯类中毒解毒药　氯解磷定、碘解磷定、戊乙奎醚。

3. 亚硝酸盐中毒解毒药　亚甲蓝。

4. 阿片类中毒解毒药　纳洛酮。

5. 鼠药解毒药　乙酰胺。

第一节　氰化物中毒解毒药

氰化物为剧毒物，包括氢氰酸、氰化钾和丙烯腈等。氢氰酸和丙烯腈烟雾通过皮肤和呼吸道快速吸收。氰化物能引起组织细胞缺氧、能量代谢等障碍，造成"细胞内窒息"，而血氧饱和度不受影响，血液仍呈鲜红色。呼吸中枢麻痹是氢氰酸中毒死亡的主要原因。

硫代硫酸钠注射液
Liudailiusuanna Zhusheye
Sodium Thiosulfate Injection

【商品特征】本品为无色的澄明液体，含硫代硫酸钠应为标示量的 95.0% ～ 105.0%，可加适量的稳定剂。

【适应证】主要用于氰化物中毒，也可用于砷、汞、铅、铋、碘等中毒。

【作用特点】本品所供给的硫，通过体内硫转移酶，将硫与体内游离的或已与高铁血红蛋白结合的 CN– 相结合，使变为毒性很小的硫氰酸盐，随尿排出而解毒。

【用法用量】①成人：氰化物中毒，缓慢静脉注射 12.5 ～ 25g，必要时可在 1 小时后重复半量或全量；洗胃，口服中毒用 5% 溶液洗胃，并保留本品适量于胃中。②儿童：静脉注射每次 250 ～ 500mg/kg，1 次 / 日。

【不良反应】①全身性损害：苍白、乏力、晕厥、水肿等。②神经系统损害：头晕、眩晕、头痛等。③胃肠系统损害：恶心、呕吐等。④皮肤及其附件损害：瘙痒、皮疹、多汗等。⑤呼吸系统损害：胸闷、憋气等。⑥心血管系统损害：心悸、血压降低等。⑦免疫功能紊乱和感染：过敏样反应、过敏性休克等。⑧其他损害：潮红、局部麻木、注射部位疼痛、暂时性渗透压改变等。

【注意事项】①静脉一次量容积较大，应注意一般的静脉注射（静注）反应；在静脉滴注过程中应密切监测血压，若提示低血压应调慢滴注速度。②本品与亚硝酸钠以不同解毒机制治疗氰化物中毒，应先后进行静脉注射，不能混合后同时静注。本品继亚硝酸钠静注后，立即由原针头注射本品。口服中毒者，须用 5% 溶液洗胃，并保留适量于胃中。③肾功能不全患者慎用；必须使用时应注意选择剂量，并监测肾功能。④硫代硫酸钠主要由肾脏排出，由于老年患者肾功能下降的可能性较大，在剂量选择上应注意，并应监测肾功能。

【类别】解毒药。

【规格】① 10mL：0.5g。② 20mL：1g。③ 20mL：10g。

【贮藏】密闭保存。

第二节　有机磷酸酯中毒解毒药

有机磷酸酯可与乙酰胆碱牢固结合，抑制乙酰胆碱活性，使其丧失水解乙酰胆碱的能力，造成乙酰胆碱在体内大量堆积，引起中毒症状。轻者为瞳孔缩小，视力模糊，呼吸困难，恶心，呕吐，腹泻及小便失禁，心动过缓，血压下降等。严重中毒者表现为心动过速，血压先升后降，自眼睑、颜面和舌肌逐渐发展至全身的肌束颤动，甚至可因呼吸麻痹而死亡。

碘解磷定注射液
Dianjielinding Zhusheye
Pralidoxime Iodide Injection

【商品特征】本品为无色或几乎无色的澄明液体，含碘解磷定应为标示量的 90.0% ～ 105.0%，可加 5% 的葡萄糖作稳定剂。

【适应证】对急性有机磷杀虫剂抑制的胆碱酯酶活力有不同程度的复活作用，用于解救多种有机磷酸酯类杀虫剂的中毒。但对马拉硫磷、敌百虫、敌敌畏、乐果、甲氟磷、丙胺氟磷和八甲磷等的中毒效果较差；对氨基甲酸酯杀虫剂所抑制的胆碱酯酶无复活作用。

【作用特点】本品系肟类化合物，其季铵基团能趋向与有机磷杀虫剂结合的已失去活力的磷酰化胆碱酯酶的阳离子部位，它的亲核性基团可直接与胆碱酯酶的磷酸化基团结合而后共同脱离胆碱酯酶，使胆碱酯酶恢复原态。重新呈现活力。被有机磷杀虫剂抑制超过 36 小时已"老化"的胆碱酯酶的复能作用效果甚差。对慢性有机杀虫剂中毒抑制的胆碱酯酶无复活作用。本品对有机磷杀虫剂引起的烟碱样症状作用明显，而对毒蕈碱样症状作用较弱，对中枢神经系统症状作用不明显。

【禁忌证】对碘过敏患者禁用。

【用法用量】①成人常用量：静脉注射，每次 0.5～1.0g，视病情需要可重复注射。②儿童：静脉注射，轻度中毒每次 15mg/kg；中度中毒每次 15～30mg/kg；重度中毒每次 30mg/kg。

【不良反应】①注射后可引起恶心、呕吐、心率增快、心电图出现暂时性 S–T 段压低和 Q–T 间期延长。②注射速度过快引起眩晕、视力模糊、复视、动作不协调。③剂量过大可抑制胆碱酯酶、抑制呼吸和引起癫痫发作。④口中苦味和腮腺肿胀与碘有关。

【注意事项】①对碘过敏患者，禁用本品，应改用氯解磷定。②老年人的心、肾潜在代偿功能减退，应适当减少用量和减慢静脉注射速度。③有机磷杀虫剂中毒患者越早应用本品越好；皮肤吸收引起中毒的患者，应用本品的同时要脱去被污染的衣服，并用肥皂清洗头发和皮肤；眼部用 2.5% 碳酸氢钠溶液和生理氯化钠溶液冲洗；口服中毒患者用 2.5% 碳酸氢钠溶液彻底洗胃，因为有机磷杀虫剂可在下消化道吸收，所以口服患者应用本品至少要维持 48～72 小时，以防引起延迟吸收后加重中毒，甚至致死；昏迷患者要保持呼吸道通畅，呼吸抑制应马上进行人工呼吸。④用药过程中要随时测定血胆碱酯酶作为用药监护指标，要求血胆碱酯酶维持在 50% 以上；急性中毒患者的血胆碱酯酶水平与临床症状有关，因此密切观察临床表现亦可及时重复应用本品。

【类别】解毒药。

【规格】① 5mL：0.15g。② 20mL：0.5g。

【贮藏】遮光，密闭保存。

第三节　亚硝酸盐中毒解毒药

亚硝酸盐中毒主要是由于摄入过多或误服工业用亚硝酸盐而致，前者病情较缓和，如为后者引起的亚硝酸盐中毒不但病情重，而且起病快，摄入 0.2～0.5g 即可引起中毒。亚硝酸盐可作用于血管平滑肌使血管扩张、血压下降，发生休克甚至死亡。

亚甲蓝注射液
Yajialan Zhusheye
Methylthioninium Chloride Injection

【商品特征】本品为深蓝色的澄明液体，含亚甲蓝应为标示量的 90.0%～110.0%。

【适应证】本品对化学物亚硝酸盐、硝酸盐、苯胺、硝基苯、三硝基甲苯、苯醌、苯肼等和含有或产生芳香胺的药物引起的高铁血红蛋白血症有效。对先天性还原型二磷酸吡啶核苷高铁血红蛋白还原酶缺乏引起的高铁血红蛋白血症效果较差。对异常血红蛋白 M 伴有高铁血红蛋白血症无效。对急性氰化物中毒，能暂时延迟其毒性。

【作用特点】亚甲蓝本身系氧化剂，根据其在体内的不同浓度，对血红蛋白有两种不同的作用。低浓度时 6–磷酸–葡萄糖脱氢过程中的氢离子经还原型三磷酸吡啶核苷传递给亚甲蓝，使其转变为还原型的白色亚甲蓝；白色亚甲蓝又将氢离子传递给带三价铁的高铁血红蛋白，使其还原为带二价铁的正常血红蛋白，而白色亚甲蓝又被氧化为亚甲蓝。亚甲蓝的还原–氧化过程可反复进行。高浓度时，亚甲蓝不能被完全还原为白色亚甲蓝，因而起氧化作用，将正常血红蛋白氧化为高铁血红蛋白。因为高铁血红蛋白易与 CN^- 结合形成氰化高铁血红蛋白，但数分钟后二者又离解，故仅能暂时抑制 CN^- 对组织中毒的毒性。

【禁忌证】尚不明确。

【用法用量】①成人：静脉注射，亚硝酸盐中毒，一次按体重 1～2mg/kg；氰化物中毒，一次按体重 5～10 mg/kg，最大剂量为 20 mg/kg。②儿童：氰化物中毒，一次 10mg/kg，加 5% 葡萄糖注射剂 20～40mL，缓慢静脉注射，至口周发绀消失，再给硫代硫酸钠；硝酸、亚硝酸盐中毒，一次 1～2mg/kg，缓慢静脉注射（5～10 分钟以上）。

【不良反应】本品静脉注射过速，可引起头晕、恶心、呕吐、胸闷、腹痛。剂量过大，除上述症状加剧外，还出现头痛、血压降低、心率增快伴心律失常、大汗淋漓和意识障碍。用药后尿呈蓝色，排尿时可有尿道口刺痛。

【注意事项】①本品不能皮下、肌内或鞘内注射，前者引起坏死，后者引起瘫痪。② 6- 磷酸 - 葡萄糖脱氢酶缺乏患者和小儿应用本品剂量过大可引起溶血。③对肾功能不全患者应慎用。④本品为 1% 溶液，应用时需用 25% 葡萄糖注射液 40mL 稀释，静脉缓慢注射（10 分钟注射完毕）。⑤对化学物和药物引起的高铁血红蛋白血症，若 30～60 分钟皮肤黏膜发绀不消退，可重复用药。⑥先天性还原型二磷酸吡啶核苷高铁血红蛋白还原酶缺陷引起的高铁血红蛋白血症，一日口服 0.3g 和大剂量维生素 C。

【类别】解毒药。

【规格】① 2mL：20mg。② 5mL：50mg。③ 10mL：100mg。

【贮藏】遮光，密闭保存。

第四节　阿片类药物中毒解毒药

阿片类药物包括阿片、吗啡、可待因、复方樟脑酊和罂粟碱等。轻度急性中毒患者表现为头痛、头晕、恶心呕吐等；重度中毒则表现有昏迷、瞳孔呈针尖样大小、高度呼吸抑制，称之阿片中毒三大特征。常出现惊厥、牙齿紧闭和角弓反张等脊髓反射增强的体征，呼吸异常、并伴有急性肺水肿、瞳孔散大，呼吸麻痹而死亡。

盐酸纳洛酮注射液
Yansuan Naluotong Zhusheye
Naloxone Hydrochloride Injection

【商品特征】本品为无色的澄明液体，含盐酸纳洛酮应为标示量的 90.0%～110.0%。

【适应证】本品为阿片类受体拮抗药。①用于阿片类药物复合麻醉药术后，拮抗该类药物所致的呼吸抑制，促使患者苏醒。②用于阿片类药物过量，完全或部分逆转阿片类药物引起的呼吸抑制。③解救急性乙醇中毒。④用于急性阿片类药物过量的诊断。

【作用特点】本品为阿片受体拮抗药，本身几乎无药理活性，但能竞争性拮抗各类阿片受体，对 μ 受体有很强的亲和力。①完全或部分纠正阿片类物质的中枢抑制效应，如呼吸抑制、镇静和低血压。②对动物急性乙醇中毒有促醒作用。③为纯阿片受体拮抗剂，即不具有其他阿片受体拮抗剂的"激动性"或吗啡样效应，不引起呼吸抑制、拟精神病反应或缩瞳反应。

【禁忌证】对本品过敏的患者禁用。

【用法用量】

成人：①阿片类药物过量，第一次可静脉注射本品 0.4～2mg，未获得理想的效果，可隔 2 ～ 3 分钟重复注射给药；如果给 10mg 后还未见反应，就应考虑此诊断问题；如果不能静脉给药，可肌内给药。②术后阿片类药物抑制效应，通常较小剂量本品即有效；首次纠正呼吸抑制时，应每隔 2 ～ 3 分钟，静脉注射 0.1 ～ 0.2mg，直至产生理想的效果。③重度乙醇中毒，0.8 ～ 1.2mg，一小时后重复给药 0.4 ～ 0.8mg。

儿童：①阿片类药物过量，小儿静脉注射的首次剂量为 0.01mg/kg；没有满意效果时，应给予 0.1mg/kg；不能静脉注射的，可分次肌内注射；也可用灭菌注射用水将本品稀释。②术后阿片类药物抑制效应，参考成人术后阿片抑制项下的建议和注意事项；在首次纠正呼吸抑制效应时，每隔 2 ～ 3 分钟静脉注射本品 0.005 ～ 0.01mg，直到达到理想逆转程度。

新生儿：阿片类药物引起的抑制，静注、肌内注射（肌注）或皮下注射的常用初始剂量为按体重 0.01mg/kg。可按照成人术后阿片类抑制的用药说明重复该剂量。

【不良反应】①对新生儿，阿片戒断症状可能有惊厥，过度哭泣，反射性活动过多。②肺水肿、心脏停搏或衰竭、心悸亢进、心室颤动和室性心动过速、高血压、低血压。③呕吐、恶心。④惊厥、感觉异常、癫痫大发作惊厥。⑤激动、幻觉、发抖、出汗。⑥呼吸困难、呼吸抑制、低氧症。

【注意事项】①本品应慎用于已知或可疑的阿片类药物躯体依赖患者，包括其母亲为阿片类药物依赖者的新生儿。②由于某些阿片类药物的作用时间长于纳洛酮，因此应该对使用本品效果很好的患者进行持续监护，必要时应重复给药。③本品对非阿片类药物引起的呼吸抑制和左丙氧芬引起的急性毒性的控制无效。④在术后突然逆转阿片类抑制可能引起恶心、呕吐、出汗、发抖、心悸亢进、血压升高、癫痫发作、室性心动过速和心室颤动、肺水肿以及心脏停搏，严重的可导致死亡；术后患者使用本品过量可能逆转痛觉缺失并引起患者激动。⑤有心血管疾病史，或接受其他有严重的心血管不良反应的药物治疗的患者应慎用本品。⑥应用纳洛酮拮抗大剂量麻醉镇痛药后，由于痛觉恢复，可产生高度兴奋；表现为血压升高，心率增快，心律失常，甚至肺水肿和心室颤动。⑦由于此药作用持续时间短，用药起作用后，一旦其作用消失，可使患者再度陷入昏睡和呼吸抑制，用药需注意维持药效。⑧伴有肝脏疾病、肾功能不全 / 衰竭患者使用纳洛酮的安全性和有效性尚未确立，应慎用本品。

【类别】吗啡拮抗药。

【规格】① 1mL：0.4mg。② 1mL：1mg。③ 2mL：2mg。④ 10mL：4mg。

【贮藏】密闭，干燥处保存。

【其他剂型】粉针剂。

复习思考题

1. 简述解毒药的定义和分类。

2. 简述硫代硫酸钠注射液的商品特征、适应证和作用特点。

3. 简述碘解磷定注射液的作用特点和注意事项。

4. 简述亚甲蓝注射液的适应证和作用特点。

5. 简述盐酸纳洛酮注射液的作用特点和注意事项。

第十九章

皮肤科、眼科、耳鼻喉科及妇产科用药

本章主要介绍皮肤科、眼科、耳鼻喉科和妇产科常用的药品。

第一节　皮肤科用药

人体皮肤表面或局部因细菌、真菌、病毒、寄生虫感染而引起一些感染性皮肤病。如由细菌感染引起的甲沟炎、痤疮等，以及其他原因引起的手足破裂、脂溢性皮炎等。上述各种疾病的治疗，除改善皮肤的卫生状况，一般采用各种外用药物予以治疗。外用药物直接接触皮肤的损害部位而发挥作用，局部药物浓度高，效果明显，同时可避免口服、注射等其他给药方式带来的全身性不良反应。

《国家基本药物目录》2018 年版收载了以下临床常用皮肤科药品。

1. 抗感染药　红霉素、阿昔洛韦、咪康唑、磺胺嘧啶银、曲安奈德益康唑、莫匹罗星。

2. 角质溶解药　尿素、鱼石脂、水杨酸。

3. 肾上腺皮质激素类药　氢化可的松、糠酸莫米松。

4. 其他　维 A 酸、炉甘石、依沙吖啶。

硝酸咪康唑乳膏
Xiaosuan Mikangzuo Rugao
Miconazole Nitrate Cream

【**商品特征**】本品为白色或类白色软膏，含硝酸咪康唑应为标示量的 90.0% ～ 110.0%。

【**适应证**】由皮真菌、酵母菌及其他真菌引起的皮肤、指（趾）甲感染，如体股癣、手足癣、花斑癣、头癣、须癣、甲癣；皮肤、指（趾）甲念珠菌病；口角炎、外耳炎；革兰阳性菌引起的继发性感染。由酵母菌（如念珠菌等）和革兰阳性细菌引起的阴道感染和继发感染。

【**作用特点**】本品系广谱抗真菌药。其作用机制是抑制真菌细胞膜的合成，以及影响其代谢过程，对皮肤癣菌、念珠菌等有抗菌作用，对某些革兰阳性球菌也有一定疗效。

【**禁忌证**】已知对咪康唑/硝酸咪康唑、本品其他成分或其他咪唑类衍生物过敏者禁用。

【**用法用量**】①皮肤感染：外用，涂擦于洗净的患处，早晚各 1 次，症状消失后（通常需 2 ～ 5 周）应继续用药 10 天，以防复发。②指（趾）甲感染：尽量剪尽患甲，将本品涂擦于患处，一日 1 次，患甲松动后（需 2 ～ 3 周）应继续用药至新甲开始生长。确见疗效一般需 7 个月左右。③念珠菌阴道炎：每日就寝前用涂药器将药膏（约 5g）挤入阴道深处，必须连续用 2 周。

月经期内也可用药，复发后再用仍然有效。

【不良反应】偶见过敏、水疱、烧灼感、充血、瘙痒或其他皮肤刺激症状。罕见超敏性（包括速发过敏反应和类速发过敏反应）、血管性水肿、荨麻疹、接触性皮炎、皮疹、红斑、给药部位反应（包括给药部位刺激）和阴道刺激。

【注意事项】①避免接触眼睛和其他黏膜（如口、鼻等）。②孕妇及哺乳期妇女慎用。③治疗念珠菌病，需避免密封包扎，否则可促使致病菌生长。④用药部位如有烧灼感、红肿等情况应停药，并将局部药物洗净，必要时向医师咨询。⑤用于妇科疾病时应在医师指导下使用，注意卫生，防止重复感染。⑥对本品过敏者禁用，过敏体质者慎用。⑦本品性状发生改变时禁止使用。⑧请将本品放在儿童不能接触的地方。⑨儿童必须在成人监护下使用。⑩如正在使用其他药品，使用本品前请咨询医师或药师。

【类别】抗真菌药。

【规格】2%。

【贮藏】密封保存。

【其他剂型】搽剂；胶囊剂；栓剂，阴道片；阴道泡腾片；阴道软胶囊。

第二节　眼科用药

眼科疾病主要是近视、沙眼、结膜炎、角膜炎、白内障等，以及工作紧张造成的视疲劳。眼科用药主要是针对视疲劳、干眼症、慢性结膜炎、轻度沙眼等，以明目、缓解疲劳、营养滋润、清洁护理、抗菌抑菌、止涩止痒等作用，制剂以滴眼液、眼膏为主。

《国家基本药物目录》2018年版收载了以下临床常用眼科药品。

1. 抗感染药　氯霉素、左氧氟沙星、阿昔洛韦、红霉素、利福平。

2. 青光眼用药　毛果芸香碱、噻吗洛尔、乙酰唑胺。

3. 其他　阿托品、可的松、复方托吡卡胺、康柏西普。

红霉素眼膏
Hongmeisu Yangao
Erythromycin Eye Ointment

【商品特征】本品为白色至黄色的软膏，含红霉素应为标示量的90.0%～110.0%。

【适应证】用于沙眼、结膜炎、睑缘炎及眼外部感染。

【作用特点】红霉素抑制细菌蛋白质合成，对革兰氏阳性细菌和沙眼衣原体有抗菌作用。

【用法用量】涂于眼睑内，一日2～3次，最后一次宜在睡前使用。

【不良反应】偶见眼睛疼痛，视力改变，持续性发红或刺激感等过敏反应。

【注意事项】①避免接触其他黏膜（如口、鼻等）。②用药部位如有烧灼感、瘙痒、红肿等情况应停药，并将局部药物洗净，必要时向医师咨询。③用前应洗净双手。④孕妇及哺乳期妇女应在医师指导下使用。⑤使用后应拧紧瓶盖，以免污染药品。⑥对本品过敏者禁用，过敏体质者慎用。⑦本品性状发生改变时禁止使用。⑧请将本品放在儿童不能接触的地方。⑨儿童必须在成人监护下使用。⑩如正在使用其他药品，使用本品前请咨询医师或药师。

【类别】大环内酯类抗生素。

【规格】0.5%。

【贮藏】密闭，在阴凉干燥处保存。

【其他剂型】软膏；肠溶片；肠溶胶囊。

硝酸毛果芸香碱滴眼液
Xiaosuan Maoguoyunxiangjian Diyanye
Pilocarpine Nitrate Eye Drops

【商品特征】本品为无色的澄明液体，含硝酸毛果芸香碱应为标示量的 90.0% ～ 110.0%，可加适量的抑菌剂。

【适应证】用于急性闭角型青光眼，慢性闭角型青光眼，开角型青光眼，继发性青光眼等。本品可与其他缩瞳剂、β 受体阻滞剂、碳酸酐酶抑制剂、拟交感神经药物或高渗脱水剂联合用于治疗青光眼。检眼镜检查后可用本品滴眼缩瞳以抵消睫状肌麻痹剂或扩瞳药的作用。

【作用特点】毛果芸香碱是一种具有直接作用的拟胆碱药物，通过直接刺激位于瞳孔括约肌、睫状体及分泌腺上的毒蕈碱受体而起作用。毛果芸香碱通过收缩瞳孔括约肌，使周边虹膜离开房角前壁，开放房角，增加房水排出。同时本品还通过收缩睫状肌的纵行纤维，增加巩膜突的张力，使小梁网间隙开放，房水引流阻力减小，增加房水排出，降低眼压。

【禁忌证】禁用于任何不应缩瞳的眼病患者，如虹膜睫状体炎，瞳孔阻滞性青光眼等；禁用于对本品任何成分过敏者。

【用法用量】①慢性青光眼，0.5% ～ 4% 溶液，一次 1 滴，一日 1 ～ 4 次。②急性闭角型青光眼急性发作期，1% ～ 2% 溶液一次 1 滴，每 5 ～ 10 分钟滴眼 1 次，3 ～ 6 次后每 1 ～ 3 小时滴眼 1 次，直至眼压下降（注意：对侧眼每 6 ～ 8 小时滴眼 1 次，以防对侧眼闭角型青光眼的发作）。③缩瞳。对抗散瞳作用，1% 溶液滴眼 1 滴，2 ～ 3 次；先天性青光眼房角切开或外路小梁切开术前，1% 溶液，一般滴眼 1 ～ 2 次；虹膜切除术前，2% 溶液，一次 1 滴。

【不良反应】①眼刺痛，烧灼感，结膜充血引起睫状体痉挛，浅表角膜炎，颞侧或眼周头痛，诱发近视。②老年人和晶状体混浊的患者在照明不足的情况下会有视力减退。③有使用缩瞳剂后视网膜脱离的罕见报告。④长期使用本品可出现晶状体混浊。⑤局部用药后出现全身不良反应的情况罕见，但偶见特别敏感的患者，局部常规用药后出现流涎、出汗、胃肠道反应和支气管痉挛。

【注意事项】①哮喘、急性角膜炎慎用。②瞳孔缩小常引起暗适应困难，应告知需在夜间开车或从事照明不好的危险职业的患者特别小心。③定期检查眼压。如出现视力改变，需查视力、视野、眼压描记及房角等，根据病情变化改变用药及治疗方案。④为避免吸收过多引起全身不良反应，滴眼后需用手指压迫泪囊部 1 ～ 2 分钟。⑤如意外服用，需给予催吐或洗胃；如过多吸收出现全身中毒反应，应使用阿托品类抗胆碱药进行对抗治疗。⑥眼用制剂在启用后最多可使用 4 周。

【类别】缩瞳药。

【规格】① 5mL：25mg。② 5mL：100mg。③ 10mL：50mg。④ 10mL：100mg。⑤ 10mL：200mg。

【贮藏】遮光，密封，在凉暗处保存。

第三节 耳鼻喉科用药

耳鼻咽喉科疾病的分类主要从耳朵、鼻子、咽喉这几个部位常发生的一些疾病来分。常见的耳鼻咽喉科疾病如下。耳部疾病：中耳炎、耳鸣、外耳炎、耳聋、鼓膜穿孔、鼓膜修补、听力障碍。鼻部疾病：急性鼻炎、慢性鼻炎、鼻窦炎、鼻息肉、过敏性鼻炎、鼻部整形。咽喉疾病：喉炎、慢性咽炎、扁桃体炎、鼾症、声带息肉、急性咽炎等。

《国家基本药物目录》2018 年版收载了以下临床常用耳鼻喉科药品：麻黄碱、氧氟沙星、地芬尼多、羟甲唑啉、丙酸氟替卡松、糠酸莫米松。

盐酸麻黄碱滴鼻液
Yansuan Mahuangjian Dibiye
Ephedrine Hydrochloride Nasal Drops

【商品特征】本品为无色的澄明液体，含盐酸麻黄碱应为标示量的 90.0% ～ 110.0%。

【适应证】用于缓解鼻黏膜充血肿胀引起的鼻塞。

【作用特点】盐酸麻黄碱为拟肾上腺素受体激动剂，具有选择性收缩上呼吸道毛细血管的作用，能消除鼻咽部黏膜充血、肿胀，减轻鼻塞症状。

【禁忌证】①对本品过敏者、鼻腔干燥、萎缩性鼻炎者禁用。②运动员、儿童、孕妇、老年患者及过敏体质者慎用。③冠心病、高血压、甲状腺功能亢进、糖尿病、闭角型青光眼患者慎用。

【用法用量】滴鼻。一次每鼻孔 2 ～ 4 滴，一日 3 ～ 4 次。

【不良反应】①偶有鼻刺痛感，烧灼感等局部刺激症状。②高浓度、频繁和长期使用，对鼻黏膜有损害作用。③偶有患者使用后出现血压升高。

【注意事项】①滴鼻时应采取立式或坐式。②本品仅供滴鼻，切忌口服。③连续使用不得超过 3 日，否则可产生"反跳"现象。④使用后应拧紧瓶盖，以防污染。⑤使用过量或出现严重不良反应，应立即就医。

【类别】β_2 肾上腺素受体激动药。

【规格】1%。

【贮藏】遮光，密闭保存。

【其他剂型】注射液。

氧氟沙星滴耳液
Yangfushaxing Di'erye
Ofloxacin Ear Drops

【商品特征】本品为淡黄绿色的澄明液体，含氧氟沙星应为标示量的 90.0% ～ 110.0%。

【适应证】用于治疗敏感菌引起的中耳炎、外耳道炎、鼓膜炎。

【作用特点】广谱抗菌作用，尤其对需氧革兰阴性杆菌的抗菌活性高，对多重耐药菌具有抗菌活性，如对青霉素耐药的淋病奈瑟菌、产酶流感杆菌和莫拉菌属均具有高度抗菌活性。对厌氧菌的抗菌活性差。

氧氟沙星通过作用于细菌 DNA 螺旋酶的 A 亚单位，抑制 DNA 的合成和复制而导致细菌死亡。

【禁忌证】对本品及氟喹诺酮类药过敏的患者禁用。

【用法用量】滴耳。成人一次 6 ～ 10 滴，一日 2 ～ 3 次。滴耳后进行约 10 分钟耳浴。根据症状适当增减滴耳次数。对小儿滴数酌减。

【不良反应】偶有中耳痛及瘙痒感。

【注意事项】①只用于点耳。②本品一般适用于中耳炎局限在中耳黏膜部位的局部治疗，若炎症已漫及鼓室周围时，除局部治疗外，应同时服用口服制剂。③使用本品时若药温过低，可能会引起眩晕，因此使用温度应接近体温。④出现过敏症状时应立即停药。⑤使用本品的疗程以 4 周为限，若继续给药时，应慎用。

【类别】喹诺酮类抗菌药。

【规格】① 5mL：15mg。② 8mL：24mg。

【贮藏】遮光，密封保存。

【其他剂型】片剂；胶囊剂；眼膏；滴眼液。

第四节　妇产科用药

妇科用药指的是用来预防、诊断和治疗妇科疾病的药物的统称。女性在不同年龄阶段具有特殊的生理或病理特点，产科用药更是涉及女性的妊娠、分娩、哺乳等特殊时期。孕产妇用药既要考虑药物对母体的作用，也要考虑对生殖细胞、胚胎、胎儿、新生儿的影响，必须重视用药安全。

《国家基本药物目录》2018 年版收载了以下临床常用妇产科药品。

1. 子宫收缩药　缩宫素、麦角新碱、垂体后叶注射剂、米非司酮、米索前列醇、依沙吖啶、卡前列甲酯。

2. 其他　咪康唑、甲硝唑、克霉唑、溴隐亭。

缩宫素注射液
Suogongsu Zhusheye
Oxytocin Injection

【商品特征】本品为无色澄明或几乎澄明的液体，缩宫素注射液效价应为标示量的 91.0% ～ 116.0%。

【适应证】用于引产、催产、产后及流产后因宫缩无力或缩复不良而引起的子宫出血；了解胎盘储备功能（催产素激惹试验）。

【作用特点】本品为多肽类激素子宫收缩药。①刺激子宫平滑肌收缩，模拟正常分娩的子宫收缩作用，导致子宫颈扩张，子宫对缩宫素的反应在妊娠过程中逐渐增加，足月时达高峰。②刺激乳腺的平滑肌收缩，有助于乳汁自乳房排出，但并不增加乳腺的乳汁分泌量。

【禁忌证】①对本品过敏者禁用。②骨盆过窄，产道受阻，明显头盆不称及胎位异常，有剖宫产史，子宫肌瘤剔除术史者及脐带先露或脱垂、前置胎盘、胎儿窘迫、宫缩过强、子宫收缩乏力长期用药无效、产前出血、多胎妊娠、子宫过大、严重的妊娠高血压综合征禁用。③在阴道用前列腺素类药物的，6个小时内禁用（两种药物的作用会增强）。

【用法用量】①引产或催产：静脉滴注，一次2.5～5U，用氯化钠注射剂稀释至0.01U/mL。静滴开始时每分钟不超过0.001～0.002U，每15～30分钟增加0.001～0.002U，至达到宫缩与正常分娩期相似，最快每分钟不超过0.02U，通常为每分钟0.002～0.005U。②控制产后出血：每分钟静滴0.02～0.04U，胎盘排出后可肌内注射5～10U。

【不良反应】①偶尔有恶心、呕吐、头痛、发热、寒战、皮疹、瘙痒、呼吸困难，心率加快、心律失常，过敏性休克。②大剂量应用时可引起高血压或水潴留。③使用后因宫缩过强可引起相关并发症，如子宫破裂、胎儿窘迫等。

【注意事项】①下列情况应慎用：心脏病、临界性头盆不称、曾有宫腔内感染史、宫颈曾经手术治疗、宫颈癌、早产、胎头未衔接、孕妇年龄已超过35岁者，用药时应警惕胎儿异常及子宫破裂的可能。②骶管阻滞时用缩宫素可发生严重的高血压，甚至脑血管破裂。③用药前及用药时需检查及监护：子宫收缩的频率、持续时间及强度；孕妇脉搏及血压；胎儿心率；静止期间子宫肌张力；胎儿成熟度；骨盆大小及胎先露下降情况；出入液量的平衡。④本品只能在医院有医护监测时才能给药；产前使用禁止快速静脉注射和肌内注射。

【类别】子宫收缩药。

【规格】① 0.5mL：2.5U。② 1mL：5U。③ 1mL：10U。

【贮藏】密闭，在凉暗处保存。

【其他剂型】冻干粉针。

复习思考题

1. 简述硝酸咪康唑乳膏的作用特点。
2. 简述硝酸毛果芸香碱滴眼液的适应证。
3. 简述盐酸麻黄碱滴鼻液的作用特点和注意事项。

近年来，随着细胞工程、基因工程、蛋白质工程等新学科、新技术的不断出现和发展，单克隆抗体、基因工程重组制品、细胞治疗、新型疫苗等生物制品相继问世。同时，伴随着基因芯片等生物技术的发展，使得疾病的诊断和检测技术达到分子水平，诊断类生物制品在肿瘤、遗传性疾病中的应用越来越广泛。

第一节　概述

生物制品是以微生物、细胞、动物或人源组织和体液等为初始原材料，用生物学技术制成，用于预防、治疗和诊断人类疾病的制剂，包括主要用于疾病预防的疫苗、用于疾病治疗的血液制品、生物技术药物、微生态制剂、免疫调节剂等以及用于疾病诊断的诊断制品。生物制品的主要特性包括：①分子结构复杂性。②种属特异性。③治疗针对性强、疗效高。④稳定性差。⑤基因稳定性。⑥免疫原性。⑦体内的半衰期短。⑧受体效应。⑨多效性和网络性效应。⑩检验的特殊性。

一、生物制品的发展历程

早在公元10世纪，我国就开始使用人痘接种法预防天花，这是人类使用疫苗预防传染病的最早记载。1796年，英国医生爱德华·詹纳（Edward Jenner）研制出预防天花的牛痘。1870年，法国科学家路易斯·巴斯德（Louis Pasteur）成功研制了第一个细菌减毒活疫苗——鸡霍乱疫苗。20世纪初，我国上市的生物制品主要包括疫苗类、人血浆制品、动物血清类制品等。1921～1931年，涌现了一大批生物防疫制品（霍乱疫苗、伤寒疫苗、淋病疫苗、狂犬病疫苗等）、血清制品（脑膜炎血清、猩红热血清、赤痢血清、诊断用血清等）以及白喉毒素、破伤风抗毒素等产品。新中国成立后，随着"预防为主"卫生方针的提出，我国生物制品研制得到了迅速发展。1950～1953年，国产卡介苗和黄热疫苗诞生；1955年，我国首次分离出沙眼衣原体；1957年，分离出中国第一株麻疹病毒，成功研制麻疹活疫苗；1960年，脊灰减毒疫苗研制成功；1982年，成功研制血源性乙肝疫苗，为我国防控乙肝传染奠定了基础；2013年和2017年，我国的乙型脑炎减毒活疫苗和口服二价脊髓灰质炎减毒活疫苗先后通过WHO预认证。随着微生物学，免疫学和分子生物学等技术的不断发展，细菌多糖疫苗、基因工程亚单位疫苗、核酸疫苗等产品相继问世，有效控制了大多数烈性传染病。

20世纪80年代以后，随着生物技术的发展和医药市场的开放，我国生物制品的品种和数量大幅度增加，出现了单克隆抗体、基因工程重组制品、基因治疗制品、微生态制剂等多种新型治疗用生物制品。1982 年，第一个国药准字号治疗用生物制品——抗狂犬病血清成功上市，开启了我国治疗用生物制品的时代。1990 年，第一个国产基因工程产品重组人干扰素 α1b 成功上市。1999 年，首个国产单抗制品——注射用抗人 T 细胞 CD3 鼠单克隆抗体成功上市，标志着国产生物制品在技术上的一个重大突破。随着微生物学、免疫学、细胞生物学、分子生物学等新兴学科的产生和发展，生物制品也迎来了快速发展的黄金时代。

二、生物制品分类

生物制品根据用途可分为预防类制品、治疗类制品和诊断类制品。

1. 预防类生物制品　主要是指疫苗，用于传染病的免疫预防。《中国药典》2020 年版根据疫苗组成成分和生产工艺，将人用预防疫苗分类如下。

（1）灭活疫苗　是指病原微生物经培养、增殖，用物理化学方法灭活以去除其增殖能力后制成的疫苗，如钩端螺旋体疫苗、甲型肝炎灭活疫苗、伤寒灭活疫苗等。

（2）减毒活疫苗　是指采用病原微生物的自然弱毒株或经培养传代等放大减毒处理后获得致病力减弱、免疫原性良好的病原微生物减毒株制成的疫苗，如皮内注射用卡介苗、麻疹减毒活疫苗等。

（3）亚单位疫苗　是指病原微生物经培养后，提取、纯化其主要保护性抗原成分或代谢产物制成的疫苗，前者如脑膜炎球菌多糖疫苗、流感亚单位疫苗等；后者如白喉类毒素、破伤风类毒素等。

（4）基因工程重组蛋白疫苗　是指采用基因重组技术将编码病原微生物保护性抗原的基因重组到细菌（如大肠杆菌）、酵母或细胞（如 CHO 细胞），经培养、增殖后，提取、纯化所表达的保护性抗原制成的疫苗，如重组乙型肝炎疫苗等。

（5）结合疫苗　是指由病原微生物的保护性抗原成分与蛋白质载体结合制成的疫苗，如 A 群 C 群脑膜炎球菌多糖疫苗等。

（6）联合疫苗　是指由两个或以上活的、灭活的病原微生物或抗原成分联合配制而成的疫苗，用于预防不同病原微生物或同一种病原微生物的不同血清型 / 株引起的疾病。联合疫苗包括多联疫苗和多价疫苗。前者由不同病原微生物抗原混合制成，如吸附百白破联合疫苗、麻腮风联合减毒活疫苗等；后者由同种病原微生物不同血清型的抗原混合制成，如 23 价肺炎球菌多糖疫苗、双价肾综合征出血热灭活疫苗等。

（7）核酸疫苗　是指利用现代技术，将编码某种抗原蛋白的外源基因（RNA 或 DNA）直接导入动物体细胞内，通过宿主细胞的表达系统合成抗原蛋白，诱导宿主产生对抗该抗原蛋白的免疫应答，从而实现疾病预防的一类疫苗。它分为 DNA 疫苗和 mRNA 疫苗。新冠病毒的 DNA 疫苗——ZyCoV-D 在印度批准上市；已获得批准的新冠病毒 mRNA 疫苗，如 mRNA-1273 疫苗、BNT162b2 疫苗、AWcorna 疫苗等。

2. 治疗类生物制品　是指用于临床疾病治疗的生物制品，主要包括以下几种。

（1）重组蛋白质和多肽药物　是指采用 DNA 重组技术，对编码所需蛋白质的基因进行遗传修饰，然后利用质粒或病毒载体将该基因导入适当的宿主细胞，表达并翻译成蛋白质或多肽，经过提取和纯化等步骤制备而成的具有生物学活性的生物制品，又称基因工程生物制品，如注射用人干扰素 -γ、注射用人白介素 -2、人胰岛素等。

（2）抗体药物　是指一种由抗体物质组成的生物制品。目前已有 3 代抗体药物：①第一代抗体——人用动物免疫血清制品，其由用抗原免疫动物后收获的多克隆抗体组成，如白喉抗毒素、抗狂犬病血清、抗人 T 细胞免疫球蛋白等。②第二代抗体——杂交瘤单克隆抗体，其由杂交瘤技术制备的特异性针对一种抗原决定簇的抗体组成，如莫罗单抗等。③第三代抗体——基因工程抗体，又称重组抗体，是指利用重组 DNA 技术和蛋白质工程技术对编码抗体或抗体片段的基因按不同需求进行加工改造和重新组装成抗体基因，再转染到适当的受体细胞而产生的抗体分子，主要包括人源化单抗、双特异性抗体、抗体融合蛋白等。

（3）血液制品　是指源自人类血液或血浆的治疗产品，如人血白蛋白、人免疫球蛋白、人凝血因子等。

（4）基因治疗制品　通常由含有工程化基因构建的载体或递送系统组成，其活性成分可以是 DNA、RNA、基因改造的病毒、细菌或细胞，通过将外源基因导入靶细胞或组织，替代、补偿、阻断、修正特定基因，以达到治疗疾病的目的，如重组人 p53 腺病毒注射液、Inotersen 等。

（5）免疫调节剂　又称生物反应修饰剂，是一类能够调节、增强、兴奋和恢复机体免疫功能的非特异性生物制品，如治疗用卡介苗、A 群链球菌制剂等。

（6）微生态制剂　又称微生态调节剂，是根据微生态学的基本原理，利用人体内正常微生物群成员或对其有促进作用的其他微生物或物质制成的生物制品，具有调整微生态失调、恢复微生态平衡、促进宿主健康的作用，其主要包括益生菌、益生元、合生元和益生素。

3. 诊断类生物制品　是指用于检测疾病或机体功能状态的各种诊断试剂，可用于指导人们对疾病的预防和治疗，根据使用途径分为以下两种。

（1）体内诊断类制品　是由变应原或有关抗原材料制成的免疫诊断试剂，用于疾病的体内免疫诊断。这类制品种类较少，目前只有 4 种产品被药典收录，包括结核菌素纯蛋白衍生物、卡介菌纯蛋白衍生物、布氏菌纯蛋白衍生物和锡克试验毒素。

（2）体外诊断类制品　是指在疾病预防、诊断、治疗检测、预后观察、健康评价以及遗传疾病预测等过程中，用于对血液、体液、组织等人体样本进行体外检测的试剂、试剂盒、校准品、质控品等，如乙型肝炎病毒表面抗原诊断试剂盒、人类免疫缺陷病毒抗体诊断试剂盒、抗 A 抗 B 血型定型试剂等。

三、生物制品标准沿革

生物制品国家标准是对生物制品生产工艺、质量标准和检定方法的技术规范，是生物制品生产、供应、使用和监管共同遵守的法定依据。新中国颁布的第一部生物制品国家标准是《生物制品法规》1952 年版，历经《生物制品制造检定规程》1959 年版，《生物制品规程》1979 年版，《中国生物制品规程》1990 年版、1995 年版、2000 年版，2005 年版《中国生物制品规程》并入药典，设为《中国药典》三部，历经 2005 年版、2010 年版、2015 年版、2020 年版。

第二节　预防类生物制品

预防类生物制品主要是疫苗，用于疾病的预防，根据其抗原来源可分为细菌类疫苗、病毒类疫苗及联合疫苗。细菌类疫苗由细菌、螺旋体或衍生物制成；病毒类疫苗由病毒、衣原体、立克次体或其衍生物制成；联合疫苗是由两种及以上疫苗抗原的原液配制而成的具有多种免疫原性的灭活疫苗或活疫苗。

伤寒疫苗
Shanghan Yimiao
Typhoid Vaccine

【商品特征】本品为乳白色混悬液，无摇不散的菌块或异物，含苯酚防腐剂。主要组成成分为经甲醛灭活的伤寒沙门菌悬液。每支伤寒疫苗装量应不低于标示量。

【适应证】主要用于部队、港口或海边、铁路沿线工作人员，下水道、粪便、垃圾处理人员，饮食行业、义务防疫人员及水上居民或有本病流行地区的人群。

【作用特点】接种疫苗后可刺激机体产生免疫应答，对伤寒产生抵抗力，预防伤寒。

【禁忌证】①对该疫苗有过敏反应病史者。②发热、患严重高血压、心脏疾病、肝脏疾病、肾脏疾病及活动性结核者。③妊娠期、月经期及哺乳期妇女。④家族和个人有惊厥史，癫痫史以及患有慢性疾病者慎用。

【用法用量】于上臂外侧三角肌下缘附着处皮下注射。初次注射本疫苗者需注射 3 针，每针间隔 7～10 天。注射剂量如下：① 1～6 周岁，第 1 针 0.2mL，第 2 针 0.3mL，第 3 针 0.3mL。② 7～14 周岁，第 1 针 0.3mL，第 2 针 0.5mL，第 3 针 0.5mL。③ 14 周岁以上，第 1 针 0.5mL，第 2 针 1.0mL，第 3 针 1.0mL。

加强注射剂量与第 3 针相同。

【不良反应】①常见注射部位在 24 小时内轻微疼痛，局部出现红肿；有不足 5% 的人感觉轻微发热，寒战或头痛，一般可自行缓解。②罕见严重不良反应有过敏性休克，出现呼吸困难，声音嘶哑或气喘，荨麻疹等症状。

【注意事项】①用前充分摇匀。如出现摇不散的凝块、异物、疫苗瓶有裂纹或标签不清者，均不得使用。②应备有肾上腺素等药物，以备偶有发生严重过敏反应时急救用，接受注射者在注射后应在现场观察至少 30 分钟。③儿童接种前由受接种者或家长（监护人）如实提供受种者健康状况，确保接种安全。④严禁冻结。

【类别】预防类生物制品。

【剂型】注射液。

【规格】5mL。含伤寒沙门菌 $6.0×10^7～3.0×10^8$。

【贮藏】于 2～8℃避光保存与运输。

吸附百白破联合疫苗
Xifu Baibaipo Lianhe Yimiao
Diphtheria，Tetanus and Pertussis Combined Vaccin，Adsorbed

【商品特征】本品为乳白色混悬液，放置后佐剂下沉，摇动后即成均匀悬液。主要组成成分为百日咳疫苗原液、精制白喉类毒素及精制破伤风类毒素，并加入氢氧化铝佐剂制成。每支吸附百白破联合疫苗装量应不低于标示量。

【适应证】本品主要用于预防百日咳、白喉、破伤风。

【作用特点】接种本疫苗后，可使机体产生体液免疫应答，用于预防百日咳、白喉、破伤风。

【禁忌证】①对该疫苗有过敏反应病史者。②患急性疾病、严重慢性疾病、慢性疾病的急性发作期和发热者。③患脑病、未控制的癫痫和其他进行性神经系统疾病者。④注射百日咳、白喉、破伤风疫苗后发生神经系统反应者。

【用法用量】臀部或上臂外侧三角肌肌内注射。自 3 月龄开始免疫，至 12 月龄完成 3 针免疫，每针间隔 4～6 周，18～24 月龄注射第 4 针。每次注射剂量为 0.5mL。

【不良反应】①常见有注射部位出现红肿、疼痛、发痒；全身性反应可有低热、哭闹、烦躁、厌食、呕吐、精神不振等，可自行缓解；中度发热，应对症处理。②罕见有重度发热反应；局部硬结，1～2 个月即可吸收，严重者可伴有淋巴管或淋巴结炎。③极罕见有局部无菌性化脓，过敏性皮疹、休克、紫癜，血管神经性水肿，神经系统反应等。

【注意事项】①以下情况者慎用：家族和个人有惊厥史者、患慢性疾病者、有癫痫史者、过敏体质者。②用前充分摇匀，如出现摇不散的凝块、异物、瓶有裂纹或标签不清晰者，均不得使用。③疫苗开启后应立即使用，如需放置，应置 2～8℃，并于 1 小时内用完，剩余均应废弃。④注射后局部可能有硬结，1～2 个月即可吸收。注射第 2 针时应换另侧部位。⑤应备有肾上腺素等药物，以备偶有发生严重过敏反应时急救用。接受注射者在注射后应在现场观察至少 30 分钟。⑥注射第 1 针后出现高热、惊厥等异常情况者，不再注射第 2 针。⑦严禁冻结。

【类别】预防类生物制品。

【剂型】注射液。

【规格】① 0.5mL。② 1.0mL。③ 2.0mL。④ 5.0mL。

【贮藏】于 2～8℃避光保存和运输。

脊髓灰质炎减毒活疫苗糖丸（猴肾细胞）
Jisui Huizhiyan Jiandu Huoyimiao Tangwan（Houshen Xibao）
Poliomyelitis Vaccine in Dragee Candy（Monkey Kidney Cell），Live

【商品特征】白色固体糖丸。有效成分为Ⅰ、Ⅱ、Ⅲ型脊髓灰质炎减毒活病毒。

【适应证】2 个月龄以上的儿童脊髓灰质炎的预防。

【作用特点】本疫苗服用后，可刺激机体产生抗脊髓灰质炎病毒免疫力。

【禁忌证】①对该疫苗有过敏反应病史者以及硫酸卡那霉素过敏者。②患急性疾病、严重慢性疾病、慢性疾病的急性发作期、发热者。③免疫缺陷、免疫功能低下或正在接受免疫抑制剂治疗者。④妊娠期妇女。⑤患未控制的癫痫和其他进行性神经系统疾病者。

【用法用量】①基础免疫为 3 次，首次免疫从 2 月龄开始，连续服用 3 次，每次间隔 4～6 周，4 岁再加强免疫 1 次，每次剂量为 1 粒。②其他年龄组在需要时也可以服用。

【不良反应】①常见不良反应：轻度发热反应、恶心、呕吐、腹泻和皮疹。一般不需要特殊处理，必要时可对症治疗。②极罕见不良反应：引起脊髓灰质炎疫苗相关病例（VAPP）。

【注意事项】①有以下情况者慎用：家族和个人有惊厥史者、患慢性疾病者、有癫痫史者、过敏体质者。②本品系活疫苗，应使用 37℃以下温水送服，切勿用热水送服。③疫苗糖丸内包装开封后，切勿使消毒剂接触疫苗，并应立即使用，如未能立即用完，应置 2～8℃，并于当天内用完，剩余均应废弃。④应备有肾上腺素等药物，以备偶有发生严重过敏反应时急救用。接种后应在现场观察至少 30 分钟。⑤注射免疫球蛋白应间隔 3 个月以上接种本疫苗；使用不同的减毒灭活疫苗进行预防接种时，应间隔 1 个月以上；且避免反复冻融和严禁加热融化，以免影响免疫效果。

【类别】预防类生物制品。

【剂型】丸剂。

【规格】1g。

【贮藏】于 –20℃以下避光保存，可于 2 ～ 8℃条件下进行运输。

重组乙型肝炎疫苗（酿酒酵母）
Chongzu Yixing Ganyan Yimiao（Niangjiu Jiaomu）
Recombinant Hepatitis B Vaccine（Saccharomyces cerevisiae）

【商品特征】本品为乳白色混悬液体，可因沉淀而分层，易摇散。有效成分为乙型肝炎病毒表面抗原。

【适应证】①新生儿，特别是母亲为 HBsAg、HBeAg 阳性者。②从事医疗工作的医护人员及接触血液的实验人员和乙型肝炎易感者。

【作用特点】接种本疫苗后，可刺激机体产生抗乙型肝炎病毒的免疫力，预防乙型肝炎。

【禁忌证】①对该疫苗有过敏反应病史者及甲醛过敏者。②患急性疾病、慢性疾病的急性发作期和发热者。③妊娠期妇女。④患未控制的癫痫和其他进行性神经系统疾病者。

【用法用量】于上臂三角肌肌内注射。免疫程序为 3 针，分别在 0、1、6 月接种。新生儿第 1 针在出生后 24 小时内注射。16 岁以下人群每次 0.5mL，含 HBsAg 10μg；16 岁或以上人群每次 1.0mL，含 HBsAg 20μg。对乙肝疫苗常规免疫无应答且≥ 16 岁的乙肝易感者，接种 1 剂次，接种剂量为 1.0mL，含 HBsAg 60μg；接种 1 剂后，经采血确认其抗体水平仍未达到阳转者可考虑接种第 2 剂，两剂间隔 4 周以上。

【不良反应】①常见：接种 24 小时内，在注射部位感到疼痛和触痛，多数于 2 ～ 3 天内自行消失。②罕见：接种者在接种疫苗后 72 小时内，出现一过性发热反应，持续 1 ～ 2 天后可自行缓解；接种部位轻、中度的红肿、疼痛，持续 1 ～ 2 天后可自行缓解，不需处理；接种部位硬结，一般 1 ～ 2 个月可自行吸收。③极罕见：出现局部无菌性化脓，一般要用注射器反复抽出脓液，严重时（破溃）需扩创清除坏死组织，病时较长，最后可吸收愈合；过敏性皮疹，阿瑟反应；过敏性休克，一般在注射疫苗后 1 小时内发生，应及时注射肾上腺素等抢救措施进行治疗。

【注意事项】①以下情况者慎用：家族和个人有惊厥史者、患慢性疾病者、有癫痫史者、过敏体质者。②用前充分摇匀，如出现摇不散的凝块、异物、瓶子有裂纹或标签不清者，均不得使用。③疫苗瓶开启后应立即使用。④应备有肾上腺素等药物，以备偶有发生严重过敏反应时急救用。接受注射者在注射后应在现场观察至少 30 分钟。⑤注射第 1 针后出现高热、惊厥等异常情况者，一般不再注射第 2 针；对于母婴阻断的婴儿，如注射第 2、3 针应遵照医嘱。⑥严禁冻结。

【类别】预防类生物制品。

【剂型】注射液。

【规格】① 0.5mL。② 1.0mL。

【贮藏】于 2 ～ 8℃避光保存和运输。

第三节　治疗类生物制品

治疗类生物制品是用于临床疾病治疗的生物制品，主要有免疫血清、血液制品、抗体药物、核酸药物等。

破伤风抗毒素
Poshangfeng Kangdusu
Tetanus Antitoxin

【商品特征】本品为无色或淡黄色的澄明液体，久置有微量可摇散的沉淀。主要组成成分为经胃酶消化后的马破伤风免疫球蛋白。每瓶破伤风抗毒素装量应不低于标示量。

【适应证】用于预防和治疗破伤风。已出现破伤风或其可疑症状时，应及时使用抗毒素联合治疗。开放性外伤（特别是创口深、污染严重者）有感染破伤风的危险时，应及时进行预防。凡已接受过破伤风类毒素免疫注射者，应在受伤后再注射1针类毒素加强免疫，不必注射抗毒素；未接受过类毒素免疫或免疫史不清者，须注射抗毒素预防，但也应同时开始类毒素预防注射，以获得持久免疫。

【作用特点】本品含特异性抗体，具有中和破伤风毒素的作用。

【禁忌证】过敏试验为阳性反应者慎用。

【用法用量】皮下注射应在上臂三角肌附着处。同时注射类毒素时，注射部位须分开。肌内注射应在上臂三角肌中部或臀大肌外上部。皮下或肌内注射未发生反应者方可作静脉注射。静脉注射应缓慢，开始每分钟不超过1mL，以后每分钟不宜超过4mL。一次静脉注射不应超过40mL，儿童每1kg体重不应超过0.8mL，亦可将抗毒素加入葡萄糖注射剂、氯化钠注射剂等输液中静脉滴注。静脉注射前将安瓿在温水中加热至接近体温，注射中发生异常反应，应立即停止。①预防：1次皮下或肌内注射1500～3000IU，儿童与成人用量相同；伤势严重者可增加用量1～2倍。经5～6日，如破伤风感染危险未消除，应重复注射。②治疗：第1次肌内或静脉注射5万～20万IU，儿童与成人用量相同；以后视病情决定注射剂量与间隔时间，同时还可以将适量的抗毒素注射于伤口周围的组织中。初生儿破伤风，24小时内分次肌内或静脉注射2万～10万IU。

【不良反应】①过敏休克：可在注射中或注射后数分钟至数十分钟内突然发生，表现为沉郁或烦躁、脸色苍白或潮红、胸闷或气喘、出冷汗、恶心或腹痛、脉搏细速、血压下降、重者意识昏迷虚脱。②血清病：主要症状为荨麻疹、发热、淋巴结肿大、局部水肿，偶有蛋白尿、呕吐、关节痛，注射部位可出现红斑、瘙痒及水肿。一般系在注射后7～14天发病，称为延缓型。亦有在注射后2～4天发病，称为加速型。

【注意事项】①制品混浊、有摇不散的沉淀、异物或安瓿有裂纹、标签不清、过期失效者均不能使用。安瓿打开后应一次用完。②每次注射须保存详细记录。③注射用具及注射部位应严格消毒，注射器宜专用；同时注射类毒素时，注射器须分开。④使用抗毒素须特别注意防止过敏反应。注射前必须先做过敏试验并详细询问既往过敏史。凡本人及其直系亲属曾有支气管哮喘、花粉症、湿疹或血管神经性水肿等病史，或对某种物质过敏，或本人过去曾注射马血清制剂者，均须特别提防过敏反应的发生。⑤门诊患者注射抗毒素后，须观察30分钟方可离开。

【类别】治疗类生物制品。

【剂型】注射剂。

【规格】①预防用：0.75mL，含破伤风抗毒素1500IU。②治疗用：2.5mL，含破伤风抗毒素10000IU。

【贮藏】于2～8℃避光保存与运输。

<h2 style="text-align:center">抗狂犬病血清</h2>
Kangkuangquanbing Xueqing
Rabies Antiserum

【商品特征】本品为无色或淡黄色的澄明液体，无异物，久置有少量可摇散的沉淀。主要组成成分为经胃酶消化后的马狂犬病毒免疫球蛋白，用于配合狂犬病疫苗预防狂犬病。每瓶抗狂犬病血清装量应不低于标示量。

【适应证】本品用于配合狂犬病疫苗对被疯动物严重咬伤如头、脸、颈部或多部位咬伤者进行预防注射。

【作用特点】本品具有特异性中和狂犬病毒的作用，被疯动物咬伤后注射愈早愈好。咬后48小时内注射本品，可减少发病率。对已有狂犬病症状的患者，注射本品无效。

【禁忌证】过敏试验为阳性反应者慎用。

【用法用量】①受伤部位应先进行处理。若伤口曾用其他化学药品处理过时，应冲洗干净。先在受伤部位进行浸润注射，余下的血清进行肌内注射。（头部咬伤可注射于颈背部肌肉）。②注射量按体重计算，按40IU/kg体重注射（特别严重可酌情增至80～100IU），在1～2日内分次注射，注射完毕后开始注射狂犬病疫苗。亦可同时注射狂犬病疫苗。

【不良反应】①过敏休克：可在注射中或注射后数分钟至数十分钟内突然发生，表现为沉郁或烦躁、脸色苍白或潮红、胸闷或气喘、出冷汗、恶心或腹痛、脉搏细速、血压下降、重者意识昏迷虚脱。②血清病：主要症状为荨麻疹、发热、淋巴结肿大、局部水肿，偶有蛋白尿、呕吐、关节痛，注射部位可出现红斑、瘙痒及水肿。一般系在注射后7～14天发病，称为延缓型。亦有在注射后2～4天发病，称为加速型。

【注意事项】①制品混浊、有摇不散的沉淀、异物或安瓿有裂纹、标签不清，过期失效者均不能使用；安瓿打开后应一次用完。②每次注射须保存详细记录。③使用抗血清须特别注意防止过敏反应。注射前必须做过敏试验并详细询问既往过敏史。凡本人及直系亲属曾有支气管哮喘、花粉症、湿疹或血管神经性水肿等病史，或对某种物质过敏，或本人过去曾注射马血清制剂者，均须特别提防过敏反应的发生。④门诊患者注射后，须观察30分钟方可离开。

【类别】治疗类生物制品。

【剂型】注射液。

【规格】① 2.0mL，含狂犬病抗体应不低于400IU。② 5.0mL，含狂犬病抗体应不低于1000IU。

【贮藏】于2～8℃避光保存与运输。

抗五步蛇毒血清
Kangwubushedu Xueqing
Agkistrodon acutus Antivenin

【商品特征】本品为无色或淡黄色的澄明液体，含适量防腐剂，久置后可析出少量能摇散的沉淀。主要成分为由五步蛇毒或脱毒五步蛇毒免疫马所得的血浆，经胃酶消化后纯化制成的抗五步蛇毒球蛋白。每瓶抗蛇毒血清装量应不低于标示量。

【适应证】用于治疗被五步蛇咬伤者。

【作用特点】本品含有特异性抗体，具有中和五步蛇毒的作用。

【禁忌证】过敏试验为阳性反应者慎用。

【用法用量】①通常采用静脉注射，也可作肌内或皮下注射，一次完成。②五步蛇咬伤注射抗五步蛇毒血清 8000U，以上剂量约可中和一条相应蛇的排毒量。视病情可酌情增减。注射前必须做过敏试验，阴性者才可全量注射。

【不良反应】①过敏休克。可在注射中或注射后数分钟至数十分钟内突然发生。患者突然表现沉郁或烦躁、脸色苍白或潮红、胸闷或气喘、出冷汗、恶心或腹痛、脉搏细速、血压下降、重者意识昏迷虚脱，如不及时抢救可以迅速死亡。轻者注射肾上腺素后即可缓解；重者需输液吸氧，使用升压药维持血压，并使用抗过敏药物及肾上腺皮质激素等进行抢救。②血清病。主要症状为荨麻疹、发热、淋巴结肿大、局部水肿，偶有蛋白尿、呕吐、关节痛，注射部位可出现红斑、瘙痒及水肿。一般系在注射后 7～14 天发病，称为延缓型。亦有在注射后 2～4 天发病，称为加速型。对血清病应对症治疗，可使用钙剂或抗组织胺药物，一般数日至十数日即可痊愈。

【注意事项】①本品为液体制品。制品混浊、有摇不散的沉淀、异物或安瓿有裂纹、标签不清者均不能使用；安瓿打开后应一次用完。②每次注射须保存详细记录，包括姓名、性别、年龄、住址、注射次数、上次注射后的反应情况、本次过敏试验结果及注射后反应情况、所用抗血清的生产单位名称及批号等。③注射用具及注射部位应严格消毒，注射器宜专用；同时注射类毒素时，注射器须分开。④使用抗血清须特别注意防止过敏反应。注射前必须先做过敏试验并详细询问既往过敏史。凡本人及其直系亲属曾有支气管哮喘、花粉症、湿疹或血管神经性水肿等病史，或对某种物质过敏，或本人过去曾注射马血清制剂者，均须特别提防过敏反应的发生。遇有血清过敏反应，肌内注射氯苯那敏。必要时，静脉注射或滴注地塞米松、氢化可的松琥珀酸钠或氢化可的松。⑤对蛇咬伤者，应同时注射破伤风抗毒素 1500～3000IU。⑥门诊患者注射后，须观察 30 分钟方可离开。

【类别】治疗类生物制品。

【剂型】注射液。

【规格】10mL，含抗五步蛇毒血清 2000U。

【贮藏】于 2～8℃避光保存和运输。

破伤风人免疫球蛋白
Poshangfeng Ren Mianyiqiudanbai
Human Tetanus Immunoglobulin

【商品特征】本品为无色或淡黄色的澄清液体，可带乳光，不应出现浑浊，不含抑菌剂和抗生素。主要成分为破伤风人免疫球蛋白。

【适应证】主要用于破伤风的预防和治疗，尤其适用于对破伤风抗毒素（TAT）有过敏史者。

【作用特点】含高效价的破伤风抗体，能中和破伤风毒素，从而预防和治疗破伤风细菌的感染。

【禁忌证】对人免疫球蛋白类制品有过敏史者禁用。

【用法用量】臀部肌内注射，不需做皮试，不得用作静脉注射。①预防：儿童、成人一次用量250IU。创面严重或创面污染严重者可加倍。②治疗：参考剂量为3000～6000IU，尽快用完，可多点注射。

【不良反应】一般无不良反应。极少数人有红肿、疼痛感，无须特殊处理，可自行恢复。

【注意事项】①应用本品作被动免疫的同时，可使用吸附破伤风疫苗进行自动免疫，但注射部位和用具应分开。②制品应为澄清或可带乳光液体，可能出现微量沉淀，但一经摇动应立即消散。若有摇不散的沉淀或异物，以及安瓿有裂纹、过期失效等情况，均不得使用。③开瓶后，制品应一次注射完毕，不得分次使用。

【类别】治疗类生物制品。

【剂型】注射液。

【制剂】① 2.5mL，含破伤风抗体250IU。② 5mL，含破伤风抗体500IU。

【贮藏】于2～8℃避光保存和运输。

复习思考题

1. 简述生物制品的定义及特性。
2. 简述预防类生物制品的定义及分类。
3. 简述治疗类生物制品的定义及分类。
4. 简述诊断类生物制品的定义及分类。
5. 简述抗狂犬病血清的适应证及作用特点。

第二十一章
植物类中药

扫一扫，查阅本章数字资源，含PPT、音视频、图片等

植物类中药是指来源于植物或与植物密切相关的药材及其炮制品，包括植物的全体、植物的某一部分、提取物、分泌物或加工品等。我国现有中药资源种类中植物类中药约占80%以上。通常根据其入药部位分为以下几类：根及根茎类、茎木类、皮类、叶类、花类、果实种子类、全草类、藻菌地衣类、树脂类及其他类等。

第一节　根及根茎类中药

根及根茎类中药是以植物的根或地下茎为药用部位的药材及其炮制品。

根类中药是以根或以根为主带有少部分根茎的药材及其炮制品。根无节和节间之分，一般无芽和叶。根多呈圆柱形、圆锥形或纺锤形。双子叶多为直根系，单子叶多为须根系。根茎类中药是指以地下茎或以地下茎为主带有少部分根的药材及其炮制品，多来自被子植物和蕨类植物的地下茎，包括根状茎、块茎、球茎和鳞茎。根茎有节与节间，节上有幼芽或芽痕，常有叶柄残基、茎基或不定根。根状茎多呈圆柱形或圆锥形，块茎常呈类圆形或不规则块状，球茎多呈类球形，鳞茎常呈类圆形。蕨类植物根茎常呈扁平条状。

根及根茎类药材常依据采收时间、产地、加工方法等划分不同的规格，再依据长度、直径或规定重量中的个数等划分等级。饮片常切制为圆片、斜片或段，少数为块。有的经过进一步炮制，形状、颜色、质地、气味等均可能发生一定的变化。

根及根茎类中药通常用袋装、箱装或篓装。因含有大量的淀粉和糖类成分，易吸潮、发霉或虫蛀，需注意控制温度和湿度。含有挥发性成分的药材及其炮制品，应防止高热，不宜久储。

黄　芪
Huangqi
Astragali Radix

【来源】豆科植物蒙古黄芪 *Astragalus membranaceus*（Fisch.）Bge. var. *mongholicus*（Bge.）Hsiao 或膜荚黄芪 *A. membranaceus*（Fisch.）Bge. 的干燥根。

【产地】蒙古黄芪主产于山西、内蒙古、甘肃、河北等地。野生或栽培。以产于山西大同、忻州等恒山山脉者为道地药材，习称"绵芪"。产于内蒙古的习称"蒙芪"。膜荚黄芪主产于黑龙江、吉林、辽宁、内蒙古、山西等地，习称"北芪""关芪"。

【采收加工】春、秋二季采挖，除去须根和根头，晒干。

【商品性状特征】

1. 药材　呈圆柱形，有的有分枝，上端较粗，长 30 ～ 90cm，直径 1 ～ 3.5cm。表面淡棕黄色或淡棕褐色，有不整齐的纵皱纹或纵沟。质硬而韧，不易折断，断面纤维性强，并显粉性，皮部黄白色，木部淡黄色，有放射状纹理和裂隙，老根中心偶呈枯朽状，黑褐色或呈空洞。气微，味微甜，嚼之微有豆腥味。

［规格等级］商品通常分为 4 个等级。特等：呈圆柱形的单条，斩去疙瘩头或喇叭头，顶端间有空心。表面灰黄色或淡褐色。质硬而韧。断面皮部黄白色，木部淡黄色或黄色，有粉性。味甘，有生豆腥气。长 70cm 以上，上中部直径 2cm 以上，末端直径不小于 0.6cm。无须根、老皮、虫蛀、霉变。一等：长 50cm 以上，上中部直径 1.5cm 以上，末端直径不小于 0.5cm。余同特等。二等：长 40cm 以上，上中部直径 1cm 以上，末端直径不小于 0.4cm。间有老皮。余同一等。三等：不分长短，上中部直径 0.7cm 以上，末端直径不小于 0.3cm。间有破短节子。余同二等。

2. 饮片

（1）黄芪片　呈类圆形或椭圆形的厚片，外表皮黄白色至淡棕褐色，可见纵皱纹或纵沟。切面皮部黄白色，木部淡黄色，有放射状纹理及裂隙，有的中心偶有枯朽状，黑褐色或呈空洞。气微，味微甜，嚼之有豆腥味。

（2）炙黄芪　呈圆形或椭圆形的厚片，直径 0.8 ～ 3.5cm，厚 0.1 ～ 0.4cm，外表皮淡棕黄色或淡棕褐色，略有光泽，可见纵皱纹或纵沟。切面皮部黄白色，木部淡黄色，有放射状纹理和裂隙，有的中心偶有枯朽状，黑褐色或呈空洞。具蜜香气，味甜，略带黏性，嚼之微有豆腥味。

【质量要求】

1. 性状评价　以单枝粗长、质坚而绵、断面色黄白、粉性足、味甜、豆腥味浓者为佳。

2. 浸出物测定　照水溶性浸出物冷浸法测定，不得少于 17.0%。

3. 含量测定　用高效液相色谱法测定，按干燥品计算，含黄芪甲苷不得少于 0.080%，毛蕊异黄酮葡萄糖苷不得少于 0.020%。

4. 水分　不得过 10.0%。

5. 总灰分　不得过 5.0%。

6. 重金属及有害元素　照铅、镉、砷、汞、铜测定法测定。铅不得过 5mg/kg，镉不得过 1mg/kg，砷不得过 2mg/kg，汞不得过 0.2mg/kg，铜不得过 20mg/kg。

7. 其他有机氯农药残留量　照农药残留量测定法测定。五氯硝基苯不得过 0.1mg/kg。

【性味功效】性微温，味甘。补气升阳，固表止汗，利水消肿，生津养血，行滞通痹，托毒排脓，敛疮生肌。用于气虚乏力，食少便溏，中气下陷，久泻脱肛，便血崩漏，表虚自汗，气虚水肿，内热消渴，血虚萎黄，半身不遂，痹痛麻木，痈疽难溃，久溃不敛。炙黄芪益气补中；用于气虚乏力，食少便溏。

【用法用量】内服，9 ～ 30g。

【贮藏】置通风干燥处，防潮，防蛀。

地 黄

Dihuang

Rehmanniae Radix

【来源】玄参科植物地黄 *Rehmannia glutinosa* Libosch. 的新鲜或干燥块根。

【产地】主产于河南、山东、河北、山西等地。以河南焦作市产量大、质量优，称"怀地黄"，为著名的"四大怀药"之一。

【采收加工】秋季采挖，除去芦头、须根及泥沙，鲜用；或将地黄缓缓烘焙至约八成干。前者习称"鲜地黄"，后者习称"生地黄"。

【商品性状特征】

1. 药材

（1）鲜地黄　呈纺锤形或条状，长 8 ～ 24cm，直径 2 ～ 9cm。外皮薄，表面浅红黄色，具弯曲的纵皱纹、芽痕、横长皮孔样突起及不规则瘢痕。肉质，易断，断面皮部淡黄白色，可见橘红色油点，木部黄白色，导管呈放射状排列。气微，味微甜、微苦。

（2）生地黄　多呈不规则的团块状或长圆形，中间膨大，两端稍细，有的细小，长条状，稍扁而扭曲，长 6 ～ 12cm，直径 2 ～ 6cm。表面棕黑色或棕灰色，极皱缩，具不规则的横曲纹。体重，质较软而韧，不易折断，断面黑褐色或乌黑色，有光泽，具黏性。气微，味微甜。

［规格等级］

（1）生地黄　商品按每千克的支数分为 5 个等级。一等：呈纺锤形或条形圆根。体重质柔润，表面棕黑色或棕灰色。断面黑褐色或乌黑色，具油性，味微甜。每千克 16 支以内，无芦头、老母、生心、焦枯、杂质、虫蛀、霉变。二等：每千克 32 支以内，余同一等。三等：每千克 60 支以内，余同一等。四等：每千克 100 支以内，余同一等。五等：每千克 100 支以外，油性小，支根瘦小，最小货直径 1cm 以上，余同四等。

（2）出口品　生地黄以每千克所含支数分等级：8 支、16 支、32 支、50 支、小生地、生地节。

2. 饮片

（1）生地黄　本品呈类圆形或不规则的厚片。外表皮棕黑色或棕灰色，极皱缩，具不规则的横曲纹。切面棕黄色至黑色或乌黑色，有光泽，具黏性。气微，味微甜。

（2）熟地黄　为不规则的块片、碎片，大小、厚薄不一。表面乌黑色，有光泽，黏性大。质柔软而带韧性，不易折断，断面乌黑色，有光泽。气微，味甜。

【质量要求】

1. 性状评价　以个大体重、质柔软油润、断面乌黑、味甜者为佳。

2. 浸出物测定　照水溶性浸出物冷浸法测定，不得少于 65.0%。

3. 含量测定　用高效液相色谱法测定，按干燥品计算，含梓醇不得少于 0.20%，含地黄苷 D 不得少于 0.10%。

4. 水分　不得过 15.0%。

5. 总灰分　不得过 8.0%。

6. 酸不溶性灰分　不得过 3.0%。

【性味功效】

1. 鲜地黄　性寒，味甘、苦。清热生津，凉血，止血。用于热病伤阴，舌绛烦渴，温毒发斑，吐血，衄血，咽喉肿痛。

2. 生地黄　性寒，味甘。清热凉血，养阴生津。用于热入营血，温毒发斑，吐血衄血，热病伤阴，舌绛烦渴，津伤便秘，阴虚发热，骨蒸劳热，内热消渴。

3. 熟地黄　性微温，味甘。补血滋阴，益精填髓。用于血虚萎黄，心悸怔忡，月经不调，崩漏下血，肝肾阴虚，腰膝酸软，骨蒸潮热，盗汗遗精，内热消渴，眩晕，耳鸣，须发早白。

【用法用量】内服，鲜地黄 12 ~ 30g；生地黄 10 ~ 15g；熟地黄 9 ~ 15g。

【贮藏】鲜地黄埋在沙土中，防冻。生地黄置通风干燥处，防霉，防蛀。熟地黄置通风干燥处。

当 归
Danggui
Angelicae Sinensis Radix

【来源】伞形科植物当归 *Angelica sinensis*（Oliv.）Diels 的干燥根。

【产地】主产于甘肃、云南、陕西、四川、贵州等地。其中甘肃岷县产量最大，品质最佳，习称"岷归"或"前山当归"，被视为道地药材。

【采收加工】秋末采挖，除去须根和泥沙，待水分稍蒸发后，捆成小把，上棚，用烟火慢慢熏干。

【商品性状特征】

1.药材　略呈圆柱形，下部有支根 3 ~ 5 条或更多，长 15 ~ 25cm。表面浅棕色或棕褐色，具纵皱纹和横长皮孔样突起。根头（归头）直径 1.5 ~ 4cm，具环纹，上端圆钝，或具数个明显突出的根茎痕，有紫色或黄绿色的茎和叶鞘的残基；主根（归身）表面凹凸不平；支根（归尾）直径 0.3 ~ 1cm，上粗下细，多扭曲，有少数须根痕。质柔韧，断面黄白色或浅棕黄色，皮部厚，有裂隙和多数棕色点状分泌腔，木部色较淡，形成层环黄棕色。有浓郁的香气，味甘、辛、微苦。

［规格等级］商品分全归和归头两种规格，分别以每千克的支数划分等级。

（1）全归　特等：主根圆柱形，下部有支根多条，根梢不细于 0.2cm。表面浅棕色或棕褐色。断面黄白色或浅棕黄色，具油性。气芳香，味甘微苦。每千克 20 支以内。无抽薹根、杂质、虫蛀、霉变等。一等：每千克 40 支以内。余同特等。二等：每千克 70 支以内。余同特等。三等：每千克 110 支以内。余同特等。四等：每千克 110 支以外。余同特等。五等：又称"常行归"，凡不符合以上分等的小货，全归占 30%，腿渣占 70%。

（2）归头（葫首归）　一等：纯主根。呈长圆形或拳状。表面浅棕色或棕褐色。断面黄白色或浅棕黄色，具油性。气芳香，味甘微苦。每千克 40 支以内。无油个、枯干等。二等：每千克 80 支以内。余同一等。三等：每千克 120 支以内。余同一等。四等：每千克 160 支以内。余同一等。

（3）出口品　①箱归。特等：每千克 36 支以下。一等：每千克 52 ~ 56 支。二等：每千克 60 ~ 64 支。②通底归。每千克 72 ~ 76 支。

2.饮片

（1）当归　呈类圆形、椭圆形或不规则薄片。外表皮浅棕色或棕褐色。切面黄白色或浅棕黄色，平坦，有裂隙，中间有浅棕色的形成层环，并有多数棕色的油点，香气浓郁，味甘、辛、微苦。

（2）酒当归　形如当归片，切面深黄色或浅黄棕色，略有焦斑，香气浓郁，并略有酒香气。

【质量要求】

1.性状评价　以主根粗长、油润、外皮色黄棕、断面色黄白、质柔韧、油润、气味浓郁者为佳。柴性大、干枯无油或断面呈绿褐色者不可供药用。

2.浸出物测定 照醇溶性浸出物热浸法测定，以 70% 乙醇作溶剂，不得少于 45.0%；酒当归不得少于 50.0%。

3.含量测定 用挥发油测定法测定，按干燥品计算，含挥发油不得少于 0.4%。用高效液相色谱法测定，按干燥品计算，含阿魏酸不得少于 0.050%。

4.水分 不得过 15.0%。

5.总灰分 不得过 7.0%。

6.酸不溶性灰分 不得过 2.0%。

7.重金属及有害元素 照铅、镉、砷、汞、铜测定法测定，铅不得过 5mg/kg，镉不得过 lmg/kg，砷不得过 2mg/kg，汞不得过 0.2mg/kg，铜不得过 20mg/kg。

【性味功效】 性温，味甘、辛。补血活血，调经止痛，润肠通便。用于血虚萎黄，眩晕心悸，月经不调，经闭痛经，虚寒腹痛，风湿痹痛，跌仆损伤，痈疽疮疡，肠燥便秘。酒当归活血通经。用于经闭痛经，风湿痹痛，跌仆损伤。

【用法用量】 内服，6 ～ 12g。

【贮藏】 置阴凉干燥处，防潮，防蛀。

黄 连

Huanglian

Coptidis Rhizoma

【来源】 毛茛科植物黄连 *Coptis chinensis* Franch.、三角叶黄连 *C. deltoidea* C. Y. Cheng et Hsiao 或云连 *C. teeta* Wall. 的干燥根茎。以上三种分别习称"味连""雅连""云连"。

【产地】 主产于重庆的石柱，湖北的恩施、竹溪，四川的雅安、峨眉，云南等地，以重庆石柱为道地产区。

【采收加工】 秋季采挖，除去须根和泥沙，干燥，撞去残留须根。

【商品性状特征】

1.药材

（1）味连 多集聚成簇，常弯曲，形如"鸡爪"，单枝根茎长 3 ～ 6cm，直径 0.3 ～ 0.8cm。表面灰黄色或黄褐色，粗糙，有不规则结节状隆起、须根及须根残基，有的节间表面平滑如茎秆，习称"过桥"。上部多残留褐色鳞叶，顶端常留有残余的茎或叶柄。质硬，断面不整齐，皮部橙红色或暗棕色，木部鲜黄色或橙黄色，呈放射状排列，髓部有的中空。气微，味极苦。

（2）雅连 多为单枝，略呈圆柱形，微弯曲，长 4 ～ 8cm，直径 0.5 ～ 1cm。"过桥"较长。顶端有少许残茎。

（3）云连 弯曲呈钩状，多为单枝，较细小。

［规格等级］根据黄连肥壮程度、直径、"过桥"有无和长度等划分等级。

（1）一等品 多聚集成簇，分枝多弯曲，形如鸡爪，鸡爪中部平均直径 ≥ 24mm，单支数量 ≥ 7 支，重量 ≥ 9.0g；间有长度不小于 1.5cm 的碎节和长度不超过 2.0cm 的过桥；肥壮坚实，断面髓部和皮部较宽厚，皮部橙红色或暗棕色，木部鲜黄色或橙黄色；表面黄褐色，簇面无毛须，无焦枯。

（2）二等品 较瘦小，单支数量 ≥ 5 支，重量 ≥ 5.0g；有过桥，间有碎节；断面髓部和皮部较窄，少数髓部有裂隙；间有焦枯。

（3）统货　无质量分级精选，多聚成簇，分枝多弯曲，形如鸡爪，有过桥，表面黄褐色，簇面无毛须，质坚实，断面木质部黄色或金黄色，髓部和皮部红棕色或暗棕色。味极苦。有碎节，单支。

2. 饮片

（1）黄连片　呈不规则的薄片。外表皮灰黄色或黄褐色，粗糙，有细小的须根。切面或碎断面鲜黄色或红黄色，具放射状纹理，气微，味极苦。

（2）酒黄连　本品形如黄连片，色泽加深。略有酒香气。

（3）姜黄连　本品形如黄连片，表面棕黄色。有姜的辛辣味。

（4）萸黄连　本品形如黄连片，表面棕黄色。有吴茱萸的辛辣香气。

【质量要求】

1. 性状评价　以粗壮、坚实、无过桥，断面木质部金黄色或橙黄色为佳。而根茎细小或过桥长者，皮部和髓部所占比例小，生物碱含量低，质量较差。

2. 浸出物测定　照醇溶性浸出物热浸法测定，用稀乙醇作溶剂，不得少于15.0%。

3. 含量测定　照高效液相色谱法测定，按干燥品计算，以盐酸小檗碱计，味连含小檗碱不得少于5.5%，表小檗碱不得少于0.80%，黄连碱不得少于1.6%，巴马汀不得少于1.5%；雅连含小檗碱不得少于4.5%；云连含小檗碱不得少于7.0%。

4. 水分　不得过14.0%。

5. 总灰分　不得过5.0%。

【性味功效】性寒，味苦。清热燥湿，泻火解毒。用于湿热痞满，呕吐吞酸，泻痢，黄疸，高热神昏，心火亢盛，心烦不寐，心悸不宁，血热吐衄，目赤，牙痛，消渴，痈肿疔疮。外治湿疹、湿疮、耳道流脓。

酒黄连善清上焦火热，用于目赤、口疮。姜黄连清胃和胃止呕，用于寒热互结，湿热中阻，痞满呕吐。萸黄连疏肝和胃止呕，用于肝胃不和，呕吐吞酸。

【用法用量】内服，2～5g。外用适量。

【贮藏】置通风干燥处。

苍术
Cangzhu
Atractylodis Rhizoma

【来源】菊科植物茅苍术 *Atractylodes lancea*（Thunb.）DC. 或北苍术 *A. chinensis*（DC.）Koidz. 的干燥根茎。

【产地】主产于江苏、湖北、河南、河北等地，且产量较大。其中江苏茅山地区所产苍术品质最佳，被视为道地产区。

【采收加工】春、秋二季采挖，除去泥沙，晒干，撞去须根。

【商品性状特征】

1. 药材

（1）茅苍术　呈不规则连珠状或结节状圆柱形，略弯曲，偶有分枝，长3～10cm，直径1～2cm。表面灰棕色，有皱纹、横曲纹及残留须根，顶端具茎痕或残留茎基。质坚实，断面黄白色或灰白色，散有多数橙黄色或棕红色油室，暴露稍久，可析出白色细针状结晶。气香特异，味微甘、辛、苦。

（2）北苍术 呈疙瘩块状或结节状圆柱形，长 4 ～ 9cm，直径 1 ～ 4cm。表面黑棕色，除去外皮者黄棕色。质较疏松，断面散有黄棕色油室。香气较淡，味辛、苦。

［规格等级］商品分茅苍术和北苍术两个规格。各规格根据残茎、每 500g 头数等再分为选货和统货两个等级。

（1）茅苍术 选货和统货相同点：野生品呈不规则连珠状或结节状圆柱形，略弯曲，偶有分枝；栽培品呈不规则团块状或疙瘩状，有瘤状突起。表面灰黑色或灰棕色。质坚实。断面黄白色或灰白色，散有橙黄色或棕红色朱砂点，露出稍久，可析出白色细针状结晶。气浓香，味微甘、辛、苦。不同点：选货无残留茎基及碎屑，每 500g ≤ 70 头。统货偶见残留茎基及碎屑，不分大小。

（2）北苍术 选货和统货相同点：呈不规则的疙瘩状或结节状。表面黑棕色或黄棕色。质较疏松。断面黄白色或灰白色，散有黄棕色朱砂点。气香，味辛、苦。不同点：选货无残留茎基及碎屑，每 500g ≤ 40 头。统货偶见残留茎基及碎屑，不分大小。

2. 饮片

（1）苍术 呈不规则类圆形或条形厚片。外表皮灰棕色至黄棕色，有皱纹，有时可见根痕。切面黄白色或灰白色，散有多数橙黄色或棕红色油室，有的可析出白色细针状结晶。气香特异，味微甘、辛、苦。

（2）麸炒苍术 本品形如苍术片，表面深黄色，散有多数棕褐色油室。有焦香气。

【质量要求】

1. 性状评价 以个大、形如连珠状、质坚实、有油性、断面朱砂点或雄黄点多，折断或切片后放置生白霜及香气浓郁者为佳。

2. 含量测定 避光操作。照高效液相色谱法测定，按干燥品计算，含苍术素不得少于 0.30%。

3. 水分 不得过 13.0%。

4. 总灰分 不得过 7.0%。

【性味功效】性温，味辛、苦。燥湿健脾，祛风散寒，明目。用于湿阻中焦，脘腹胀满，泄泻，水肿，脚气痿躄，风湿痹痛，风寒感冒，夜盲，眼目昏涩。

【用法用量】内服，3 ～ 9g。

【贮藏】置阴凉干燥处。

川贝母
Chuanbeimu
Fritillariae Cirrhosae Bulbus

【来源】百合科植物川贝母 *Fritillaria cirrhosa* D. Don、暗紫贝母 *F. unibracteata* Hsiao et K. C. Hsia、甘肃贝母 *F. przewalskii* Maxim.、梭砂贝母 *F. delavayi* Franch.、太白贝母 *F. taipaiensis* P. Y. Li 或瓦布贝母 *F. unibracteata* Hsiao et K. C. Hsia var. *wabuensis*（S. Y. Tanget S. C. Yue）Z. D. Liu, S.Wang et S. C. Chen 的干燥鳞茎。

【产地】松贝主产于四川、青海、西藏及云南等地，过去集散于松潘，故称"松贝"。青贝主产于四川、青海、西藏、云南等地。炉贝主产于四川、西藏等地，过去多集散于康定（"打箭炉"），故名"炉贝"。

【采收加工】夏、秋二季或积雪融化时采挖，除去须根、粗皮和泥沙，晒干或低温干燥。

【商品性状特征】

药材　按性状不同分别习称"松贝""青贝""炉贝"和"栽培品"。

（1）松贝　呈类圆锥形或近球形，高 0.3～0.8cm，直径 0.3～0.9cm。表面类白色。外层鳞叶 2 瓣，大小悬殊，大瓣紧抱小瓣，未抱部分呈新月形，习称"怀中抱月"；顶部闭合，内有类圆柱形、顶端稍尖的心芽和小鳞叶 1～2 枚；先端钝圆或稍尖，底部平，微凹入，中心有 1 灰褐色的鳞茎盘，偶有残存须根。质硬而脆，断面白色，富粉性。气微，味微苦。

（2）青贝　呈类扁球形，高 0.4～1.4cm，直径 0.4～1.6cm。外层鳞叶 2 瓣，大小相近，相对抱合，顶部开裂，内有心芽和小鳞叶 2～3 枚及细圆柱形的残茎。

（3）炉贝　呈长圆锥形，高 0.7～2.5cm，直径 0.5～2.5cm。表面类白色或浅棕黄色，有的具棕色斑点。外层鳞叶 2 瓣，大小相近，顶部开裂而略尖，基部稍尖或较钝。

（4）栽培品　呈类扁球形或短圆柱形，高 0.5～2cm，直径 1～2.5cm。表面类白色或浅棕黄色，稍粗糙，有的具浅黄色斑点。外层鳞叶 2 瓣，大小相近，顶部多开裂而较平。

［规格等级］商品分为松贝、青贝、炉贝 3 种规格。

（1）松贝　一等：呈类圆锥形或近球形。鳞瓣 2 瓣，大瓣紧抱小瓣，未抱部分呈新月形，顶部闭口，基部平。表面类白色。体结实，质细腻，断面粉白色。味甜微苦。每 50g 240 粒以外。无黄贝、油贝、碎贝、破贝、杂质、虫蛀、霉变。二等：顶端闭合或开口，基部平或近似平。每 50g 240 粒以内。间有黄贝、油贝、碎贝、破贝。余同一等。

（2）青贝　一等：呈扁球形或类圆形。2 鳞片大小相似。顶部闭口或微开口，基部较平。表面白色。细腻，体结实。断面粉白。味淡微苦。每 50g190 粒以外。对开瓣不超过 20%。无黄贝、油贝、碎贝、破贝、杂质、虫蛀、霉变。二等：顶端闭口或开口，每 50g 130 粒以外。对开瓣不超过 25%。间有花黄贝、花油贝，不超过 5%。余同一等。三等：每 50g 100 粒以外。对开瓣不超过 30%。间有黄贝、油贝、碎贝，不超过 5%。余同二等。四等：顶端闭合或开口较多。表面牙白色或黄白色。大小粒不分。兼有黄贝、油贝、碎贝。余同二等。

（3）炉贝　一等：呈长圆锥形，贝瓣略似马牙。表面白色，体结实，断面粉白色。味苦。大小粒不分。间有油贝、白色破瓣。无杂质、虫蛀、霉变。二等：表面黄白色或淡棕黄色，有的具棕色斑点。余同一等。

【质量要求】

1. 性状评价　以质坚实、粉性足、色白者为佳。通常认为松贝最优，青贝次之。

2. 浸出物测定　照醇溶性浸出物热浸法测定，以稀乙醇作溶剂，不得少于 9.0%。

3. 含量测定　用紫外 – 可见分光光度法测定，按干燥品计算，含总生物碱以西贝母碱计不得少于 0.050%。

4. 水分　不得过 15.0%。

5. 总灰分　不得过 5.0%。

【性味功效】性微寒，味苦、甘。清热润肺，化痰止咳，散结消痈。用于肺热燥咳，干咳少痰，阴虚劳嗽，痰中带血，瘰疬，乳痈，肺痈。

【用法用量】内服，3～10g；研粉冲服，一次 1～2g。不宜与川乌、制川乌、草乌、制草乌、附子同用。

【贮藏】置通风干燥处，防蛀。

大 黄
Dahuang
Rhei Radix et Rhizoma

【来源】蓼科植物掌叶大黄 *Rheum palmatum* L.、唐古特大黄 *R. tanguticum* Maxim. ex Balf. 或药用大黄 *R. officinale* Baill. 的干燥根和根茎。

【产地】掌叶大黄主产于甘肃、青海、四川、云南、陕西等地，产量大，销全国各地及出口。唐古特大黄主产于青海与甘肃祁连山北麓，西藏东北部及四川西北部，产量居中，多自产自销。主产于青海、甘肃的大黄习称"西大黄"和"北大黄"，目前大多栽培。药用大黄主产于四川、河南、湖北、陕西、贵州及云南，产量很小，多自产自销，因产地常加工成马蹄形，故称"马蹄大黄"；其中主产于四川、湖北、陕西毗邻的栽培大黄，习称"南大黄"；主产于四川甘孜、德格及云南的野生大黄，习称"雅黄"。

【采收加工】秋末茎叶枯黄或次春发芽前时采挖，除去细根，刮去外皮，切瓣或段，绳穿成串干燥或直接干燥。

【商品性状特征】

1. 药材　呈类圆柱形、圆锥形、卵圆形或不规则块状，长 3～17cm，直径 3～10cm。除尽外皮者表面黄棕色至红棕色，有的可见类白色网状纹理及星点（异型维管束）散在，残留的外皮棕褐色，多具绳孔及粗皱纹。质坚实，有的中心稍松软，断面淡红棕色或黄棕色，显颗粒性；根茎髓部宽广，有星点环列或散在；根木部发达，具放射状纹理，形成层环明显，无星点。气清香，味苦而微涩，嚼之粘牙，有沙粒感。

［规格等级］商品分为西大黄、南大黄和雅黄 3 种规格。

（1）西大黄

1）蛋吉　均为根茎，无粗皮，呈卵圆形。

2）蛋片吉　为纵切成瓣的半圆形块。一面微凸，另一面较平坦，直径 8～15cm。一等：去净粗皮，纵切成瓣，表面黄棕色，体重质坚。断面淡红棕色或黄棕色，具放射状纹理及明显环纹，红肉白筋，髓部有星点环列或散在颗粒。气清香，微苦微涩。每千克 8 个以内，糠心不超过 15%。无杂质、虫蛀、霉变。二等：每千克 12 个以内，余同一等。三等：每千克 18 个以内，余同一等。

3）苏吉　根及根茎。为横切的段，呈不规则圆柱形，长 4～10cm，直径 3～8cm。一等：为根茎，每千克 20 个以内，糠心不超过 15%。无杂质、虫蛀、霉变。二等：根及根茎，每千克 30 个以内，余同一等。三等：每千克 40 个以内，余同一等。

4）水根　统货。为大黄的主根尾部及支根的加工品。呈长圆锥形或长条形。表面棕色或黄褐色，间有未除尽的栓皮。体重质坚，断面淡红色或黄褐色，具放射状纹理。长短不限，间有闷茬，小头直径不小于 1.3cm。无杂质、虫蛀、霉变。

5）原大黄　统货。去粗皮，纵切或横切成瓣、段、块、片，大小不分。表面黄褐色。断面具放射状纹理及环纹。髓部有星点散在。中部直径在 2cm 以上，糠心不超过 15%。无杂质、虫蛀、霉变。

（2）南大黄　呈类圆柱形，一端稍大，形如马蹄，长 5～15cm，直径 3～10cm。表面黄褐色或黄棕色，有少量棕色纹理。质较疏松，易折断，断面黄褐色，多孔隙，星点断续排列成环。

一等：表面黄褐色，体结实，长 7cm 以上，直径 5cm 以上。无枯糠、糊黑、水根、杂质、虫蛀、霉变。二等：体轻质松，大小不分，间有水根。最小头直径不低于 1.2cm，余同一等。

（3）雅黄 一等：呈不规则的块状，形似马蹄，无粗皮。表面黄色或黄褐色，体重质坚。断面黄色或棕褐色。气微香，味苦。每只 150 ～ 250g。无枯糠、焦黑、水根、杂质、虫蛀、霉变。二等：体较轻泡，质松。每只 100 ～ 200g。余同一等。三等：未去粗皮，体质轻泡。苦味较淡。大小不分，间有直径 3.5cm 以上的根黄。余同二等。

2. 饮片

（1）大黄 呈不规则类圆形厚片或块，大小不等。外表皮黄棕色或棕褐色，有纵皱纹及疙瘩状隆起。切面黄棕色至淡红棕色，较平坦，有明显散在或排列成环的星点，有空隙。

（2）酒大黄 形如大黄片，表面深棕黄色，有的可见焦斑。微有酒香气。

（3）熟大黄 呈不规则的块片，表面黑色，断面中间隐约可见放射状纹理，质坚硬，气微香。

（4）大黄炭 形如大黄片，表面焦黑色，内部深棕色或焦褐色，具焦香气。

【质量要求】

1. 性状评价 以个大、表面色黄棕、体重、质坚实、有油性、锦纹及星点明显、气清香、味苦而不涩、嚼之发黏、不糠心者为佳。

2. 浸出物测定 照水溶性浸出物热浸法测定，不得少于 25.0%。

3. 含量测定 用高效液相色谱法测定，按干燥品计算，含总蒽醌以芦荟大黄素、大黄酸、大黄素、大黄酚和大黄素甲醚的总量计，不得少于 1.5%；含游离蒽醌以芦荟大黄素、大黄酸、大黄素、大黄酚和大黄素甲醚的总量计，不得少于 0.20%。

4. 土大黄苷 不得检出。

5. 水分 不得过 15.0%。

6. 总灰分 不得过 10.0%。

【性味功效】性寒，味苦。泻下攻积，清热泻火，凉血解毒，逐瘀通经，利湿退黄。用于实热积滞便秘，血热吐衄，目赤咽肿，痈肿疔疮，肠痈腹痛，瘀血经闭，产后瘀阻，跌打损伤，湿热痢疾，黄疸尿赤，淋证，水肿；外治烧烫伤。酒大黄善清上焦血分热毒，用于目赤咽肿、齿龈肿痛。熟大黄泻下力缓、泻火解毒，用于火毒疮疡。大黄炭凉血化瘀止血，用于血热有瘀出血症。

【用法用量】内服，3 ～ 15g，用于泻下不宜久煎。外用适量，研末敷于患处。孕妇及月经期、哺乳期慎用。

【贮藏】置通风干燥处，防蛀。

人 参
Renshen
Ginseng Radix et Rhizoma

【来源】五加科植物人参 *Panax ginseng* C. A. Mey. 的干燥根和根茎。

【产地】主产于吉林、辽宁、黑龙江等地。以吉林产者为道地药材，习称"长白山人参"。野生品称"山参"，现已十分稀少。栽培品按生境不同，分为林下参、移山参和园参。播种后自然生长于深山密林 15 年以上的人参称"林下山参"，习称"籽海"。栽培品俗称"园参"。

【采收加工】林下参播种后 15 年以上于秋季采挖；园参栽种 5～6 年后于秋天白露至秋分季节采挖，洗净后晒干或烘干。

【商品性状特征】

1. 药材

（1）山参　主根与根茎等长或较短，呈人字形、菱形或圆柱形，长 2～10cm。表面灰黄色，具纵纹，上端有紧密而深陷的环状横纹。多具 2 条主要支根，形似人体。根茎细长，上部扭曲，茎痕密生，下部常无芦碗而光滑，不定根较粗。须根稀疏，长约为主根的 1～2 倍，柔韧不易折断，有明显的疣状突起（习称"珍珠疙瘩"）。气香浓厚，味甜微苦，口嚼之有清香感。

（2）林下参　主根多与根茎近等长或较短，呈圆柱形、菱角形或人字形，长 1～6cm。表面灰黄色，具纵皱纹，上部或中下部有环纹。支根多为 2～3 条，须根少而细长，清晰不乱，有较明显的疣状突起。根茎细长，少数粗短，中上部具稀疏或密集而深陷的茎痕。不定根较细，多下垂。

（3）园参

生晒参　主根呈纺锤形或圆柱形，长 3～15cm，直径 1～2cm。表面灰黄色，上部或全体有疏浅断续的粗横纹及明显的纵皱，下部有支根 2～3 条，并着生多数细长的须根，须根上常有不明显的细小疣状突出。根茎（芦头）长 1～4cm，直径 0.3～1.5cm，多拘挛而弯曲，具不定根（芋）和稀疏的凹窝状茎痕（芦碗）。质较硬，断面淡黄白色，显粉性，形成层环纹棕黄色，皮部有黄棕色的点状树脂道及放射状裂隙。香气特异，味微苦、甘。

红参　表面半透明，红棕色，偶有不透明的暗黄褐色斑块，具纵沟、皱纹及细根痕；上部有时具断续的不明显环纹；下部有 2～3 条扭曲交叉的支根，并带弯曲的须根或仅具须根残迹。质硬而脆，断面平坦，角质样。气微香而特异，味甘、微苦。

边条红参　主根长圆柱形，长 13～20cm，直径 0.8～2cm。芦长 2.5～4cm，直径 4～7mm。具有"三长"特点，即芦长、体长、支根长。

[规格等级]商品分山参、林下参和园参 3 种规格，分别以外观性状再划分等级。

（1）林下参　一等：主根粗短呈横灵体，支根八字分开，五形全美。有圆芦。芋中间丰满，形似枣核。皮紧细。主根上部纹紧密而深。须根清疏而长，质坚韧，有明显的珍珠疙瘩。表面牙白色或黄白色，断面白色。味甜、微苦。每支重 100g 以上，芋帽不超过主根重量的 25%。无瘢痕、杂质、虫蛀、霉变。二等：每支重 55g 以上，余同一等。三等：每支重 32.5g 以上，余同一等。四等：每支重 20g 以上，余同一等。五等：每支重 12.5g 以上，芋帽不超过主根重量的 40%。余同一等。六等：根部呈横灵体、顺体、畸形体（笨体）。每支重 6.5g 以上，芋帽不大，无杂质、虫蛀、霉变。余同一等。七等：每支重 4g 以上。余同六等。八等：每支重 2g 以上。间有芦须不全的残次品。余同七等。

（2）园参　商品根据加工方法以及大小等的不同，分为边条鲜参、普通鲜参、边条红参、普通红参、全须生晒参等规格，并分为不同的等级。

1）边条鲜参　一等：鲜货。根呈长圆柱形，芦长、身长、腿长，有 2～3 个分枝。须芦齐全，体长不短于 20cm。浆足，丰满。每支重 125g 以上，芋帽不超过 15%。不烂，无疤痕、水锈、泥土、杂质。二等：体长不短于 18.3cm。每支重 85g 以上。余同一等。三等：体长不短于 16.7cm。每支重 60g 以上。余同一等。四等：体长不短于 15cm。每支重 45g 以上。余同一等。五等：体长不短于 13.3cm。每支重 35g 以上。余同一等。六等：每支重 25g 以上。余同一等。七等：须芦齐全。浆足，丰满。每支重 12.5g 以上。八等：根呈长圆柱形，凡不合以上规格和缺须少芦、破断根条者。每支重 5g 以上。

2）普通鲜参　特等：鲜货。根呈圆柱形，有分枝，须芦齐全，浆足。每支重 100～150g。不烂，无疤痕、水锈、泥土、杂质。一等：每支重 62.5g 以上。余同特等。二等：每支重 41.5g 以上。余同特等。三等：每支重 31.5g 以上。余同特等。四等：每支重 25g 以上。不烂，无泥土、杂质。余同特等。五等：每支重 12.5g 以上。余同四等。六等：鲜货。根呈圆柱形，每支重 5g 以上，不合以上规格和缺须少芦折断者。

3）16 边条红参　一等：根呈长圆柱形，芦长、身长、腿长，体长 18.3cm 以上，有 2～3 个分枝。表面棕红或淡棕色，有光泽，上部色较淡，有皮有肉。质坚实，断面角质样。气香，味苦。每 500g 16 支以内，每支 31.3g 以上。无中尾、黄皮、破疤、虫蛀、霉变、杂质。二等：表面棕红色或棕色，稍有黄皮，抽沟，干痕。余同一等。三等：色泽较差。有黄皮、抽沟、破痕，腿红。余同一等。

4）20 普通红参　一等：根呈圆柱形。表面棕红或淡棕色，有光泽。质坚实，断面角质样。无细腿、破痕、黄皮、虫蛀。气香，味苦。每 500g 20 支以内，每支 25g 以上。二等：稍有干疤、黄皮、抽沟。余同一等。三等：色泽较差。有黄皮、干疤、抽沟，腿红。余同一等。

5）全须生晒参　一等：根呈圆柱形，有分枝。体轻有抽沟，有芋帽，芦须全。表面黄白色或较深，断面黄白色。气香，味苦。每支重 10g 以上，绑尾或不绑尾。无破疤、杂质、虫蛀、霉变。二等：每支重 7.5g 以上。余同一等。三等：每支重 5g 以上。余同一等。四等：大小支不分，绑尾或不绑尾。芦须不全，间有折断。余同一等。

6）生晒参　一等：根呈圆柱形，体轻有抽沟，去净芋须。表面黄白色。气香，味苦。每 500g 60 支以内。无破疤、杂质、虫蛀、霉变。二等：每 500g 80 支以内。余同一等。三等：每 500g 100 支以内。余同一等。四等：体轻有抽沟、死皮。每 500g 130 支以内。余同一等。五等：每 500g 130 支以外。余同四等。

2. 饮片

（1）人参片　呈圆形或类圆形薄片。外表皮灰黄色。切面淡黄白色或类白色，显粉性，形成层环纹棕黄色，皮部有黄棕色的点状树脂道及放射性裂隙。体轻，质脆。香气特异，味微苦、甘。

（2）红参片　为圆形或长椭圆形斜片，直径 1～1.5cm，厚 1～2mm。周边红棕色，有纵横皱纹。切面红棕色或棕色，环纹和树脂道小点不明显，致密无裂隙，角质样。质坚而脆。气香，味甜、微苦。

【质量要求】

1. 性状评价　生晒参以根大饱满、表面色黄白、皮细纹深、质硬、气味浓者为佳。红参以身长、芦长、腿长、色棕红、皮细光泽、半透明、无黄皮者为佳。

2. 含量测定　用高效液相色谱法测定，按干燥品计算，含人参皂苷 Rg_1 和人参皂苷 Re 的总量不得少于 0.30%，人参皂苷 Rb_1 不得少于 0.20%。

3. 水分　不得过 12.0%。

4. 总灰分　不得过 5.0%。

5. 重金属及有害元素　照铅、镉、砷、汞、铜测定法测定，铅不得过 5mg/kg，镉不得过 1mg/kg，砷不得过 2mg/kg，汞不得过 0.2mg/kg，铜不得过 20mg/kg。

6. 其他有机氯类农药残留量　照气相色谱法测定，五氯硝基苯不得过 0.1mg/kg，六氯苯不得过 0.1mg/kg，七氯（七氯、环氧七氯之和）不得过 0.05mg/kg，氯丹（顺式氯丹、反式氯丹、氧化氯丹之和）不得过 0.1mg/kg。

【性味功能】甘、微苦，微温。大补元气，复脉固脱，补脾益肺，生津养血，安神益智。用于体虚欲脱，肢冷脉微，脾虚食少，肺虚喘咳，津伤口渴，内热消渴，气血亏虚，久病虚羸，惊悸失眠，阳痿宫冷。

红参性温，味甘、微苦。大补元气，复脉固脱，益气摄血。用于体虚欲脱，肢冷脉微，气不摄血，崩漏下血。

【用法用量】内服，3～9g，另煎兑服；也可研粉吞服，一次2g，一日2次。不宜与藜芦、五灵脂同用。

【贮藏】置阴凉干燥处，密闭保存，防蛀。

丹 参
Danshen
Salviae Miltiorrhizae Radix et Rhizoma

【来源】唇形科植物丹参 *Salvia miltiorrhiza* Bge. 的干燥根和根茎。

【产地】野生丹参主产于山东、河南、陕西、湖北、河北、山西、安徽、四川等地。以山东沂蒙山区产量大、质量最优，特称"山东丹参"。栽培丹参主产于四川、山东、陕西、河南、河北、安徽等地。近年来全国多数省区均有栽培。主产于四川中江者称为"中江丹参"，为四川道地药材。

【采收加工】春、秋二季采挖，除去泥沙，干燥。

【商品性状特征】

1. 药材　根茎短粗，顶端有时残留茎基。根数条，长圆柱形，略弯曲，有的分枝并具须状细根，长10～20cm，直径0.3～1cm。表面棕红色或暗棕红色，粗糙，具纵皱纹。老根外皮疏松，多显紫棕色，常呈鳞片状剥落。质硬而脆，断面疏松，有裂隙或略平整而致密，皮部棕红色，木部灰黄色或紫褐色，导管束黄白色，呈放射状排列。气微，味微苦涩。

栽培品较粗壮，直径0.5～1.5cm。表面红棕色，具纵皱纹，外皮紧贴不易剥落。质坚实，断面较平整，略呈角质样。

[规格等级]商品分野生（山丹参）统货，栽培丹参（川丹参）两种规格。

（1）山丹参　统货。

（2）川丹参　一等：呈圆柱形或长条形，偶有分枝，表面紫红色，有纵皱纹。质坚实，皮细而粗壮。断面紫褐色。无纤维。味甜微苦。多为整枝，头尾齐全，主根中上部直径1cm以上。二等：主根中上部直径1cm以下，但不低于0.4cm，有单枝及撞断的碎节。余同一等。

（3）出口丹参　按根的粗细分为5等。

2. 饮片

（1）丹参　呈类圆形或椭圆形的厚片。外表皮棕红色或暗棕红色，粗糙，具纵皱纹。切面有裂隙或略平整而致密，有的呈角质样，皮部棕红色，木部灰黄色或紫褐色，有黄白色放射状纹理。气微，味微苦涩。

（2）酒丹参　形同丹参片，表面红褐色，略具酒香气。

【质量要求】

1. 性状评价　野生品以茎短、根条粗长、表面色砖、须根少、断面色白者为佳。栽培品以根条粗壮、分枝少、色棕红或紫红、皮细、质坚实者为佳。

2. 浸出物测定　照水溶性浸出物冷浸法测定，不得少于 35.0%；照醇溶性浸出物热浸法测定，以乙醇为溶剂，不得少于 15.0%。

3. 含量测定　用高效液相色谱法测定，按干燥品计算，含丹参酮ⅡA、隐丹参酮和丹参酮Ⅰ的总量不得少于 0.25%，丹酚酸 B 不得少于 3.0%。

4. 水分　不得过 13.0%。

5. 总灰分　不得过 10.0%。

6. 酸不溶性灰分　不得过 3.0%。

7. 重金属及有害元素限量　铅不得过 5mg/kg，镉不得过 1mg/kg，砷不得过 2mg/kg，汞不得过 0.2mg/kg，铜不得过 20mg/kg。

【性味功效】性微寒，味苦。活血祛瘀，通经止痛，清心除烦，凉血消痈。用于胸痹心痛，脘腹胁痛，癥瘕积聚，热痹疼痛，心烦不眠，月经不调，痛经经闭，疮疡肿痛。

【用法用量】内服，10 ～ 15g。不宜与藜芦同用。

【贮藏】置干燥处。

细 辛

Xixin

Asari Radix et Rhizoma

【来源】马兜铃科植物北细辛 *Asarum heterotropoides* Fr. Schmidt var. *mandshuricum*（Maxim.）Kitag.、汉城细辛 *A. sieboldii* Miq. var. *seoulense* Nakai 或华细辛 *A. sieboldii* Miq. 的干燥根和根茎。前二种习称为"辽细辛"。

【产地】北细辛主产于辽宁、吉林、黑龙江等地，野生和栽培品，销全国并出口。汉城细辛主产于辽宁、吉林，少量栽培，产量较少，常与北细辛混合收购。华细辛主产于陕西华阴，四川东部，湖南西部山区，多自产自销。东北地区产的"北细辛""辽细辛"为道地药材。

【采收加工】夏季果熟期或初秋采挖，除净地上部分和泥沙，阴干。

【商品性状特征】

1. 药材

（1）北细辛　常卷曲成团。根茎横生呈不规则圆柱状，具短分枝，长 1 ～ 10cm，直径 0.2 ～ 0.4cm；表面灰棕色，粗糙，有环形的节，节间长 0.2 ～ 0.3cm，分枝顶端有碗状的茎痕。根细长，密生节上，长 10 ～ 20cm，直径 0.1cm；表面灰黄色，平滑或具纵皱纹；有须根和须根痕；质脆，易折断，断面平坦，黄白色或白色。气辛香，味辛辣、麻舌。

（2）汉城细辛　根茎直径 0.1 ～ 0.5cm，节间长 0.1 ～ 1cm。

（3）华细辛　根茎长 5 ～ 20cm，直径 0.1 ～ 0.2cm，节间长 0.2 ～ 1cm。气味较弱。

［规格等级］商品按产地分为"辽细辛""汉城细辛""华细辛"3 种规格。北细辛又分为野生和栽培两种规格。一般不分等级。

2. 饮片

细辛　呈不规则的段。根茎呈不规则圆形，外表皮灰棕色，有时可见环形的节。根细，表面灰黄色，平滑或具纵皱纹。切面黄白色或白色。气辛香，味辛辣、麻舌。

【质量要求】

1. 性状评价　一般以根多、色灰、叶绿色、香气浓、味麻辣者为佳。

2. 浸出物测定 照醇溶性浸出物热浸法测定，乙醇作溶剂，不得少于 9.0%。

3. 含量测定 照挥发油测定法测定，按干燥品计算，含挥发油不得少于 2.0%；照高效液相色谱法测定，按干燥品计算，含细辛脂素不得少于 0.050%。

4. 水分 不得过 10.0%。

5. 总灰分 不得过 12.0%。

6. 酸不溶性灰分 不得过 5.0%。

7. 马兜铃酸 I 限量 用高效液相色谱法测定，按干燥品计算，含马兜铃酸 I，不得过 0.001%。

【性味功效】性温，味辛。解表散寒，祛风止痛，通窍，温肺化饮。用于风寒感冒，头痛，牙痛，鼻塞流涕，鼻鼽，鼻渊，风湿痹痛，痰饮喘咳。

【用法用量】内服，1 ～ 3g。散剂每次服 0.5 ～ 1g。外用适量。不宜与藜芦同用。

【贮藏】置阴凉干燥处。

第二节　茎、木类中药

茎类中药指木本植物的茎，包括藤茎、茎枝、茎刺、茎髓、茎的带翅状附属物等及其饮片。木类中药指木本植物茎形成层以内的部分及饮片，通称木材，又分心材和边材，入药多用心材。茎、木类中药在性状上有相似之处，习惯将二者放在一起。

茎、木类中药的鉴别要特别注意其表面的纹理和色泽、横切（断）面上射线的颜色及密度、导管孔的大小及分布状态等。茎、木类药材的商品规格多为统货，少数划分等级。

茎类药材饮片通常切成横向或斜向的厚片、薄片或段。木类药材饮片常为镑片、薄片、碎块或粉末。

茎、木类中药一般用袋装或箱装。本类中药含淀粉及糖类成分较少，不易虫蛀；但含有挥发油、树脂等成分的中药，易变色或散失香气，应注意密封，防止高热。

沉 香
Chenxiang
Aquilariae Lignum Resinatum

【来源】瑞香科植物白木香 *Aquilaria sinensis*（Lour.）Gilg 含有树脂的木材。

【产地】国产沉香主产于海南、广东等地。

【采收加工】全年均可采收，割取含树脂的木材，除去不含树脂的部分，阴干。

【商品性状特征】

1. 药材 呈不规则块、片状或盔帽状，有的为小碎块。表面凹凸不平，有刀痕，偶有孔洞，可见黑褐色树脂与黄白色木部相间的斑纹，孔洞及凹窝表面多呈朽木状。质较坚实。断面刺状。气芳香，味苦。

［规格等级］国产沉香按品质及表面树脂部分（俗称油格）所占比例分为 4 等。一等：身重结实，油色黑润，油格占整块 80% 以上。二等：油色黑润或棕黑色，油格占整块 60% 以上。三等：油格占整块 40% 以上。四等：质疏松轻浮，油格占整块 25% 以上。

2. 饮片 呈不规则片状、长条形或类方形小碎块状，长 0.3 ～ 7.0cm，宽 0.2 ～ 5.5cm。表面凹凸不平，有的有刀痕，偶有孔洞，可见黑褐色树脂与黄白色木部相间的斑纹。质较坚实，刀切面平整，折断面刺状。气芳香，味苦。

【质量要求】

1. 性状评价　以色黑、质坚硬、油性足、香气浓而持久、能沉水者为佳。

2. 浸出物测定　照醇溶性浸出物热浸法测定，乙醇作溶剂，不得少于 10.0%。

3. 特征图谱　照高效液相色谱法测定，出现的 6 个特征峰应与对照药材参照物色谱峰中的相对应。

4. 含量测定　照高效液相色谱法测定，按干燥品计算，含沉香四醇不得少于 0.10%。

【性味功效】性微温，味辛、苦。行气止痛，温中止呕，纳气平喘。用于胸腹胀闷疼痛，胃寒呕吐呃逆，肾虚气逆喘急。

【用法用量】内服，1～5g，入煎剂宜后下。

【贮藏】密闭，置阴凉干燥处。

【附注】瑞香科（Thymelaeaceae）植物沉香 *Aquilaria agallocha* Roxb. 含有树脂的木材，称为"进口沉香"。进口沉香主产于印度尼西亚、马来西亚、越南等地。呈圆柱形或不规则棒状，表面黄棕色或黄褐色，纵纹顺直明显，有时可见黑棕色树脂斑痕；质坚硬而重；能沉水或半沉水；气味较浓，燃烧时香气更浓，味微苦。一般分成 4 等。一等：醇浸出物在 25%～30% 之间。二等：醇浸出物在 20%～25% 之间。三等：醇浸出物在 17%～20% 之间。四等：醇浸出物在 15%～17% 之间。

第三节　皮类中药

皮类中药通常是指来源于被子植物（主要是双子叶植物）和裸子植物的茎干、枝和根的形成层以外部分的药材及饮片。其中大多为茎干的皮，少数为枝皮或根皮。

皮类中药的鉴别应注意形状（如平坦、卷曲、筒状、单卷状、双卷筒状），外表面（如颜色、纹理、皮孔和附属物），内表面（如油痕、纹理），横断面（如平坦、颗粒状、纤维状、层状），气味（如香气、甜味）等特征。皮类药材常横切成丝或成碎片，鉴别时应注意切面的纹理、颜色及外表面的特征等。

皮类药材常按其长度、宽度、厚度或中部直径等划分规格等级。根皮类药材一般为统货。

皮类中药一般采用袋、箱密闭包装，置阴凉、通风、干燥处保存，防蛀。

肉 桂

Rougui

Cinnamomi Cortex

【来源】樟科植物肉桂 *Cinnamomum cassia* Presl 的干燥树皮。

【产地】主产于广西、广东、云南、福建等地，以广西产量最大。

【采收加工】多于秋季剥取，阴干。

【商品性状特征】

1. 药材　呈槽状或卷筒状，长 30～40cm，宽或直径 3～10cm，厚 0.2～0.8cm。外表面灰棕色，稍粗糙，有不规则的细皱纹和横向突起的皮孔，有的可见灰白色的斑纹；内表面红棕色，略平坦，有细纵纹，划之显油痕。质硬而脆，易折断，断面不平坦，外层棕色而较粗糙，内层红棕色而油润，两层间有 1 条黄棕色的线纹。气香浓烈，味甜、辣。

［规格等级］商品分企边桂和桂通两种规格，两个规格均为统货。二者相同点：长 30.0 ～ 40.0cm，宽或直径 10.0 ～ 15.0cm。外表面灰棕色，稍粗糙，具不规则细皱纹和横向凸起皮孔，有的可见灰白色斑纹；内表面红棕色，划之有油痕。质硬、脆，断面不平坦，外层棕色较粗糙，内层红棕色而油润，两层间有 1 条黄棕色线纹。气香浓烈，味甜、辣。不同点：企边桂槽状，板边平整有卷起，厚度 0.3 ～ 0.8cm；桂通卷筒状，单筒或双筒，厚度 0.2 ～ 0.8cm。

2. 饮片 为棕红色、棕色小碎块，质油润，气香浓烈，味甜、辣。

【质量要求】

1. 性状评价 以体重、肉厚、外皮细、断面色紫、油性大、香气浓厚、味甜辣、嚼之渣少者为佳。

2. 含量测定 照挥发油测定法测定，按干燥品计算，含挥发油不得少于 1.2%（mL/g）；照高效液相色谱法测定，按干燥品计算，含桂皮醛不得少于 1.5%。

3. 水分 不得过 15.0%。

4. 总灰分 不得过 5.0%。

【性味功效】性大热，味辛、甘。补火助阳，引火归原，散寒止痛，温通经脉。用于阳痿宫冷，腰膝冷痛，肾虚作喘，虚阳上浮，眩晕目赤，心腹冷痛，虚寒吐泻，寒疝腹痛，痛经经闭。

【用法用量】内服，1 ～ 5g。有出血倾向者及孕妇慎用。不宜与赤石脂同用。

【贮藏】置阴凉干燥处。

杜 仲

Duzhong

Eucommiae Cortex

【来源】杜仲科植物杜仲 *Eucommia ulmoides* Oliv. 的干燥树皮。

【产地】主产于贵州、四川、湖北、陕西、湖南等地。销全国各地。

【采收加工】4 ～ 6 月剥取，刮去粗皮，堆置"发汗"至内皮呈紫褐色，晒干。

【商品性状特征】

1. 药材 呈板片状或两边稍向内卷，大小不一，厚 3 ～ 7mm。外表面淡棕色或灰褐色，有明显的皱纹或纵裂槽纹，有的树皮较薄，未去粗皮，可见明显的皮孔。内表面暗紫色，光滑。质脆，易折断，断面有细密、银白色、富弹性的橡胶丝相连。气微，味稍苦。

［规格等级］商品分 4 个等级。特等：呈平板状，两端切齐，去净粗皮。表面呈灰褐色，内表面黑褐色，质脆。断处有胶丝相连，味微苦。整张长 70 ～ 80cm，宽 50cm 以上，厚 7mm 以上。碎块不超过 10%。无卷形、杂质、霉变。一等：呈平板状，两断切齐，去净粗皮。表面呈灰褐色，内表面黑褐色，质脆。断处有胶丝相连，味微苦。整张长 40cm 以上，宽 40cm 以上，厚 5mm 以上。余同特等。二等：整张长 40cm 以上，宽 30cm 以上，厚 3mm 以上，碎块不超过 10%。三等：凡不符合特等及一、二等标准，厚度最薄不得小于 2mm，包括枝皮、根皮、碎块，均属此等，无杂质、霉变。

2. 饮片

（1）杜仲 呈小方块或丝状。外表面淡棕色或灰褐色，有明显的皱纹。内表面暗紫色，光滑。断面有细密、银白色、富弹性的橡胶丝相连。气微，味稍苦。

（2）盐杜仲　形如杜仲块或丝，表面黑褐色，内表面褐色，折断时胶丝弹性较差。味微咸。

【质量要求】

1. 性状评价　一般以皮厚、块大、内表面暗紫色、断面丝多、弹性大者为佳。

2. 浸出物测定　照醇溶性浸出物热浸法测定，用 75% 乙醇作溶剂，不得少于 11.0%。

3. 含量测定　照高效液相色谱法测定，按干燥品计算，含松脂醇二葡萄糖苷不得少于 0.10%。

4. 水分　不得过 13.0%。

5. 总灰分　不得过 10.0%。

【性味功效】性温，味甘。补肝肾，强筋骨，安胎。用于肝肾不足，腰膝酸痛，筋骨无力，头晕目眩，妊娠漏血，胎动不安。

【用法用量】内服，6 ～ 10g。

【贮藏】置通风干燥处。

黄 柏

Huangbo

Phellodendri Chinensis Cortex

【来源】芸香科植物黄皮树 *Phellodendron chinense* Schneid. 的干燥树皮。

【产地】主产于四川、贵州、陕西、湖北、云南等地。以四川、贵州产量大，质量佳，习称"川黄柏"。

【采收加工】剥取树皮后，除去粗皮，晒干。

【商品性状特征】

1. 药材　呈板片状或浅槽状，长宽不一，厚 1 ～ 6mm。外表面黄褐色或黄棕色，平坦或具纵沟纹，有的可见皮孔痕及残存的灰褐色粗皮；内表面暗黄色或淡棕色，具细密的纵棱纹。体轻，质硬，断面纤维性，呈裂片状分层，深黄色。气微，味极苦，嚼之有黏性。

［规格等级］一等：呈平板状，去净粗皮，表面黄褐色或黄棕色，内表面暗黄色或淡棕色，体轻，质较坚硬，断面鲜黄色。气微，味极苦，长 40cm 以上，宽 15cm 以上。二等：呈板片状或卷筒状，大小不等，厚度不得小于 2mm，间有枝皮，其余同一等。

2. 饮片

（1）黄柏　呈丝条状。外表面黄褐色或黄棕色。内表面暗黄色或淡棕色，具纵棱纹。切面纤维性，呈裂片状分层，深黄色。味极苦。

（2）盐黄柏　形如黄柏丝，表面深黄色，偶有焦斑。味极苦，微咸。

（3）黄柏炭　形如黄柏丝，表面焦黑色，内部深褐色或棕黑色。体轻，质脆，易折断。味苦涩。

【质量要求】

1. 性状评价　以皮厚、色鲜黄、无栓皮者为佳。

2. 浸出物测定　照醇溶性浸出物冷浸法测定，用稀乙醇作溶剂，不得少于 14.0%。

3. 含量测定　照高效液相色谱法测定，按干燥品计算，含小檗碱以盐酸小檗碱计，不得少于 3.0%；含黄柏碱以盐酸黄柏碱计，不得少于 0.34%。

4. 水分　不得过 12.0%。

5. 总灰分　不得过 8.0%。

【性味功效】性寒，味苦。清热燥湿，泻火除蒸，解毒疗疮。用于湿热泻痢，黄疸尿赤，带下阴痒，热淋涩痛，脚气痿躄，骨蒸劳热，盗汗，遗精，疮疡肿毒，湿疹湿疮。盐黄柏滋阴降火。用于阴虚火旺，盗汗骨蒸。

【用法用量】内服，3～12g。外用适量。

【贮藏】置通风干燥处，防潮。

第四节　叶类中药

叶类中药一般采用完整的干燥叶、嫩叶及其炮制品。包括单叶、复叶的小叶，或带有部分嫩枝等，以单叶为主。

叶类中药一般均皱缩或破碎，观察其特征时常需将其浸泡在水中，使其湿润并展开后才能识别。叶类药材加工成饮片时一般切成宽 5～10mm 的丝或窄片。叶类药材多为统货，不分等级。通常用袋装，置阴凉干燥处，防止变色、霉变。

大青叶
Daqingye
Isatidis Folium

【来源】十字花科植物菘蓝 *Isatis indigotica* Fort. 的干燥叶。

【产地】主产于江苏、安徽、河北、四川、河南等地，以河北安国产者为佳。销全国或自产自销。

【采收加工】夏、秋二季分 2～3 次采收，除去杂质，晒干。

【商品性状特征】

1. 药材　多皱缩卷曲，有的破碎。完整叶片展平后呈长椭圆形至长圆状倒披针形，长 5～20cm，宽 2～6cm；上表面暗灰绿色，有的可见色较深稍突起的小点；先端钝，全缘或微波状，基部狭窄下延至叶柄呈翼状；叶柄长 4～10cm，淡棕黄色。质脆。气微，味微酸、苦、涩。

［规格等级］一般为统货。

2. 饮片　为不规则的碎段。叶片暗灰绿色，叶上表面有的可见色较深稍突起的小点；叶柄碎片淡棕黄色。质脆。气微，味微酸、苦、涩。

【质量要求】

1. 性状评价　以叶大、无柄、色暗灰绿色者为佳。

2. 浸出物测定　照醇溶性浸出物热浸法测定，乙醇作溶剂，不得少于 16.0%。

3. 含量测定　用高效液相色谱法测定，按干燥品计算，含靛玉红不得少于 0.020%。

4. 水分　不得过 13%。

【性味功效】性寒，味苦。清热解毒，凉血消斑。用于温病高热，神昏，发斑发疹，痄腮，喉痹，丹毒，痈肿。

【用法用量】内服，9～15g。

【贮藏】置通风干燥处，防霉。

番泻叶
Fanxieye
Sennae Folium

【来源】豆科植物狭叶番泻 *Cassia angustifolia* Vahl 或尖叶番泻 *C. acutifolia* Delile 的干燥小叶。

【产地】狭叶番泻主产于红海以东至印度一带，以印度南端丁内未利产量最大。尖叶番泻主产于埃及尼罗河上游。现我国广东、海南、云南西双版纳也有栽培。

【采收加工】狭叶番泻叶开花前摘取，尖叶番泻叶果熟期摘取，晒干。

【商品性状特征】

药材

（1）狭叶番泻 呈长卵形或卵状披针形，长 1.5～5cm，宽 0.4～2cm，叶端急尖，叶基稍不对称，全缘。上表面黄绿色，下表面浅黄绿色，无毛或近无毛，叶脉稍隆起。革质。气微弱而特异，味微苦，稍有黏性。

（2）尖叶番泻 呈披针形或长卵形，略卷曲，叶端短尖或微突，叶基不对称，两面均有细短毛茸。

［规格等级］番泻叶规格较多，目前市场品主为印度产品，分狭叶和尖叶两种。我国进口的有一等、二等和统货三种。一等：叶大、尖、色绿无黄叶及枝梗，碎叶及杂质不超过 5%。二等：叶尖、色绿、梗小，碎叶、黄叶及杂质不超过 8%。统货：黄叶不超过 20%，枝、碎叶及杂质不超过 12%。

【质量要求】

1.性状评价 以叶片大、完整、色绿、枝梗少、无黄叶者为佳。

2.含量测定 用高效液相色谱法测定，按干燥品计算，含番泻苷 A 和番泻苷 B 的总量不得少于 1.1%。

3.杂质 不得过 6%。

4.水分 不得过 10.0%。

【性味功效】性寒，味甘、苦。泻热行滞，通便，利水。主要用于热结积滞、便秘腹痛、水肿胀满。

【用法用量】内服，2～6g，入煎剂宜后下，或开水泡服。孕妇慎用。

【贮藏】避光，置通风干燥处。

第五节 花类中药

花类中药是指植物的花为药用部位的药材及其炮制品，通常包括完整的花、花序或花的某一部分。

花类中药常依据花朵的花托、萼片、花瓣、雄蕊和雌蕊的数目及其着生位置、形状、颜色、质地、大小、被毛茸与否、气味、开放花的比例等划分规格等级，部分开放的花通常为统货。花类药材经过采收、干燥运输等，常皱缩、破碎而变形，故可放入水中浸泡展平后，再进行鉴别。

花类中药通常用布袋、塑料袋或硬纸箱等包装，西红花等贵重中药可用金属盒贮存。贮存过程中应防潮、防压、避光。

金银花

Jinyinhua

Lonicerae Japonicae Flos

【来源】忍冬科植物忍冬 *Lonicera japonica* Thunb. 的干燥花蕾或带初开的花。

【产地】主产于山东、河南等地，多为栽培品。以山东产量大，约占全国总产量的 60% 以上。以产于河南的质优。产于河南的称"密银花"，产于山东的称"东银花"。

【采收加工】夏初花开放前采收，干燥。

【商品性状特征】

药材 呈棒状，上粗下细，略弯曲，长 2～3cm，上部直径约 3mm，下部直径约 1.5mm。表面黄白色或绿白色（贮久色渐深），密被短柔毛。偶见叶状苞片。花萼绿色，先端 5 裂，裂片有毛，长约 2mm。开放者花冠筒状，先端二唇形；雄蕊 5，附于筒壁，黄色；雌蕊 1，子房无毛。气清香，味淡、微苦。

［规格等级］按产区分为密银花（河南新密市、巩义市等产品，即"南银花"）、济银花（山东平邑、苍山等产品，即"东银花"），均分四等。

（1）密银花 一等：花蕾呈棒状，上粗下细，略弯曲。表面绿白色，花冠厚质稍硬，握之有顶手感。气清香，味甘，微苦。无开放花朵，破裂花蕾及黄条不超过 5%。无黑条、枝叶、杂质、虫蛀、霉变。二等：表面绿白色，花冠厚质稍硬，开放花朵不超过 5%，黑头、破裂花蕾及黄条不超过 10%。其余同一等。三等：表面白色或黄白色，花冠厚质稍硬，开放花朵、黑条不超过30%。其余同二等。四等：花蕾或开放花朵兼有，色泽不分，枝叶不超过 3%。其余同二等。

（2）东银花 一等：花蕾呈棒状，肥壮。上粗下细，略弯曲。表面黄白色、青色。气清香，味甘、微苦。开放花朵不超过 5%。无嫩蕾、黑头、枝叶。二等：花蕾较瘦，开放花朵不超过15%，黑头不超过 3%。其余同一等。三等：花蕾瘦小，开放花朵不超过 25%，黑头不超过 15%，枝叶不超过 1%。其余同二等。四等：花蕾或开放的花朵兼有。色泽不分，枝叶不超过 3%。其余同三等。

（3）出口商品 分甲、乙两级。甲级：色泽青绿微白，花均匀，有香气，散花不超过 2%，无枝、叶，无黑头和油条，身干。乙级：色泽白绿，花均匀，有香气，散花、枝、叶不超过 5%，无黑头及油条。

【质量要求】

1. 性状评价 以花蕾多、肥壮、色青绿微白、气清香者为佳。

2. 含量测定 用高效液相色谱法测定，按干燥品计算，含绿原酸不得少于 1.5%，含酚酸类以绿原酸、3,5- 二 –O– 咖啡酰奎宁酸和 4,5- 二 –O– 咖啡酰奎宁酸的总量计，不得少于 3.8%。木犀草苷不得少于 0.050%。

3. 水分 不得过 12.0%。

4. 总灰分 不得过 10.0%。

5. 酸不溶性灰分 不得过 3.0%。

6. 重金属及有害元素限量 铅不得过 5mg/kg，镉不得过 1mg/kg，砷不得过 2mg/kg，汞不得超过 0.2mg/kg，铜不得过 20mg/kg。

【性味功效】性寒，味甘。清热解毒，疏散风热。用于痈肿疔疮，喉痹，丹毒，热毒血痢，风热感冒，温病发热。

【用法用量】内服，6～15g。

【贮藏】置阴凉干燥处，防潮，防蛀。

红 花
Honghua
Carthami Flos

【来源】菊科植物红花 *Carthamus tinctorius* L. 的干燥花。

【产地】主产于河南延津等地者称"怀红花"，产于四川简阳等地者称"川红花"，产于云南凤庆等地者称"云红花"，产于浙江慈溪等地者称"杜红花"，产于新疆伊犁等地者称"新疆红花"。我国大部分地区均有栽培。

【采收加工】夏季花由黄变红时采摘，阴干或晒干。

【商品性状特征】

药材 为不带子房的管状花，长1～2cm。表面红黄色或红色。花冠筒细长，先端5裂，裂片呈狭条形，长5～8mm；雄蕊5，花药聚合成筒状，黄白色；柱头长圆柱形，顶端微分叉。质柔软。气微香，味微苦。

［规格等级］商品分两等。一等：筒状花皱缩弯曲，成团或散在。表面深红色、鲜红色，微带黄色。无枝叶、杂质。二等：表面浅红，暗红或淡黄色，其余同一等。

【质量要求】

1.性状评价 一般以质干、花冠长、色红艳、质柔软、无枝刺者为佳。

2.浸出物测定 照水浸出物冷浸法测定，不得少于30.0%。

3.含量测定 用高效液相色谱法测定，按干燥品计算，含羟基红花黄色素A不得少于1.0%，山奈酚不得少于0.050%。

4.杂质 不得过2%。

5.水分 不得过13.0%。

6.总灰分 不得过15.0%。

7.酸不溶性灰分 不得过5.0%。

8.红色素测定 照紫外－可见分光光度法测定，不得低于0.20。

【性味功效】性温，味辛。活血通经，散瘀止痛。用于经闭，痛经，恶露不行，癥瘕痞块，胸痹心痛，瘀滞腹痛，胸胁刺痛，跌仆损伤，疮疡肿痛。

【用法用量】内服，3～10g。孕妇慎用。

【贮藏】置阴凉干燥处，防潮，防蛀。

第六节 果实及种子类中药

果实和种子是植物体中既有联系但又不同的两个器官，在中药商品中一般不加以严格区分。果实类中药指以完整果实或果实的一部分为药用部位的药材及其炮制品。种子类中药指以种子为药用部位的药材及其炮制品，多数是成熟的种子，少数为种子的一部分。

果实种子类中药形态多样，鉴别应注意形状、大小、颜色、表面、断面、质地、气味等。饮片有时切成厚片、丝片，或制成碎块、粉、霜等，需注意观察切面、颜色、周边和气味等特征。

果实种子类中药多为统货，少数按照大小、色泽、成熟程度和产地等划分等级。一般使用袋、箱或缸贮存。多含有丰富的糖类、淀粉、油脂等营养物质，易于虫蛀和泛油，应置于阴凉、通风干燥处保存。

五味子
Wuweizi
Schisandrae Chinensis Fructus

【来源】木兰科植物五味子 *Schisandra chinensis*（Turcz.）Baill. 的干燥成熟果实。习称"北五味子"。

【产地】主产于辽宁、吉林、黑龙江等地。辽宁产质量最佳，故有"辽五味"之称。

【采收加工】秋季果实成熟时采摘，晒干或蒸后晒干，除去果梗和杂质。

【商品性状特征】

1. 药材　呈不规则的球形或扁球形，直径 5～8mm。表面红色、紫红色或暗红色，皱缩，显油润；有的表面呈黑红色或出现"白霜"。果肉柔软，种子 1～2，肾形，表面棕黄色，有光泽，种皮薄而脆。果肉气微，味酸；种子破碎后，有香气，味辛、微苦。

［规格等级］北五味子（辽五味）按果实表面颜色和干瘪粒的多少分为两个等级。一等：呈不规则球形或扁球形。表面紫红色或红褐色，皱缩，肉厚，质柔润。果肉味酸，种子有香气。干瘪粒不超过 2%，无枝梗、杂质、虫蛀、霉变。二等：表面黑红、暗红或淡红色，皱缩，肉较薄。干瘪粒不超过 20%。余同一等。

2. 饮片

（1）五味子　同药材。

（2）醋五味子　形如五味子，表面乌黑色，油润，稍有光泽。有醋香气。

【质量要求】

1. 性状评价　一般以个大、色紫红、肉厚、柔润光泽、气味浓者为佳。

2. 含量测定　用高效液相色谱法测定，按干燥品计算，含五味子醇甲不得少于 0.40%。

3. 杂质　不得过 1.0%。

4. 水分　不得过 16.0%。

5. 总灰分　不得过 7.0%。

【性味功效】性温，味酸、甘。收敛固涩，益气生津，补肾宁心。用于久咳虚喘，梦遗滑精，遗尿尿频，久泻不止，自汗盗汗，津伤口渴，内热消渴，心悸失眠。

【用法用量】内服，2～6g。

【贮藏】置通风干燥处，防霉。

枸杞子
Gouqizi
Lycii Fructus

【来源】茄科植物宁夏枸杞 *Lycium barbarum* L. 的干燥成熟果实。

【产地】主产于宁夏。内蒙古、甘肃、新疆等地亦大量栽培。以宁夏栽培者质量最佳，为道地药材。目前宁夏枸杞子已遍布宁夏各县，并不断培育出高产优质的栽培新品种。

【采收加工】夏、秋二季果实呈红色时采收，热风烘干，除去果梗，或晾至皮皱后，晒干，除去果梗。

【商品性状特征】

药材　呈类纺锤形或椭圆形，长 6～20mm，直径 3～10mm。表面红色或暗红色，顶端有小突起状的花柱痕，基部有白色的果梗痕。果皮柔韧，皱缩；果肉肉质，柔润。种子 20～50 粒，类肾形，扁而翘，长 1.5～1.9mm，宽 1～1.7mm，表面浅黄色或棕黄色。气微，味甜。

[规格等级]商品常根据产地不同分为宁夏枸杞子、青海枸杞子、新疆枸杞子等规格。再根据外观性状划分等级。以宁夏枸杞子为例，一般分为 5 个等级。

一等：每 50g 370 粒以内。果实椭圆形或长卵形，色泽鲜红或红色、暗红色，质柔软，多糖质，滋润，味甜。大小均匀，无油粒、破粒、杂质、虫蛀、霉变。二等：每 50g 580 粒以内。其余同一等。三等：每 50g 900 粒以内。果实暗红或橙红色，糖质较少。其余同一等。四等：每 50g 1100 粒以内。果实暗红或橙红色，糖质少。油粒不超过 15%。其余同一等。五等：色泽深浅不一，每 50g 1100 粒以外。破粒、油粒不超过 30%。其余同四等。

出口商品分特级（贡果面）、甲级（贡果王）、乙级（贡果）、丙级（超王杞）等 4 个规格。

【质量要求】

1.性状评价　以粒大、色红、肉厚、质柔润、籽少、味甜者为佳。

2.浸出物测定　照水溶性浸出物热浸法测定，不得少于 55.0%。

3.含量测定　照紫外－可见分光光度法测定，按干燥品计算，含枸杞多糖以葡萄糖计，不得少于 1.8%。照薄层色谱扫描法测定，含甜菜碱不得少于 0.50%。

4.水分　不得过 13.0%。

5.总灰分　不得过 5.0%。

6.重金属及有害元素　铅不得过 5mg/kg，镉不得过 1mg/kg，砷不得过 2mg/kg，汞不得过 0.2mg/kg，铜不得过 20mg/kg。

【性味功效】性平，味甘。滋补肝肾，益精明目。用于虚劳精亏，腰膝酸痛，眩晕耳鸣，阳痿遗精，内热消渴，血虚萎黄，目昏不明。

【用法用量】内服，6～12g。

【贮藏】置阴凉干燥处，防闷热，防潮，防蛀。

补骨脂

Buguzhi

Psoraleae Fructus

【来源】豆科植物补骨脂 *Psoralea corylifolia* L. 的干燥成熟果实。

【产地】主产于重庆、河南，安徽、陕西等地亦产，现全国各地多有栽培，少量野生。以河南产者为道地药材，习称"怀故子"。

【采收加工】秋季果实成熟时采收果序，晒干，搓出果实，除去杂质。

【商品性状特征】

药材　呈肾形，略扁，长 3～5mm，宽 2～4mm，厚约 1.5mm。表面黑色、黑褐色或灰褐色，具细微网状皱纹。顶端圆钝，有一小突起，凹侧有果梗痕。质硬。果皮薄，与种子不易分离；种子1枚，子叶2，黄白色，有油性。气香，味辛、微苦。

［规格等级］商品按产地分川补骨脂和怀补骨脂等。一般为统货。

【质量要求】

1. 性状评价　以身干、颗粒饱满、黑褐色、纯净者为佳。

2. 含量测定　照高效液相色谱法测定，按干燥品计算，含补骨脂素和异补骨脂素的总量不得少于0.70%。

3. 杂质　不得过5%。

4. 水分　不得过9%。

5. 总灰分　不得过8.0%。

6. 酸不溶性灰分　不得过2.0%。

【性味功效】性温，味辛、苦。温肾助阳，纳气平喘，温脾止泻；外用消风祛斑。用于肾阳不足，阳痿遗精，遗尿尿频，腰膝冷痛，肾虚作喘，五更泄泻；外用治白癜风，斑秃。

【用法用量】内服，6～10g。外用，20%～30%酊剂涂患处。

【贮藏】置干燥处。

苦杏仁

Kuxingren

Armeniacae Semen Amarum

【来源】蔷薇科植物山杏 *Prunus armeniaca* L. var. *ansu* Maxim.、西伯利亚杏 *P. sibirica* L.、东北杏 *P. mandshurica*（Maxim.）Koehne 或杏 *P. armeniaca* L. 的干燥成熟种子。

【产地】主产于我国北方省区，以内蒙古、吉林、辽宁、河北、山西、陕西等地区产量最大。销全国各地并有出口。

【采收加工】夏季采收成熟果实，除去果肉和核壳，取出种子，晒干。

【商品性状特征】

1. 药材　呈扁心形，长1～1.9cm，宽0.8～1.5cm，厚0.5～0.8cm。表面黄棕色至深棕色，一端尖，另端钝圆，肥厚，左右不对称，尖端一侧有短线形种脐，圆端合点处向上具多数深棕色的脉纹。种皮薄，子叶2，乳白色，富油性。气微，味苦。

［规格等级］商品有魁杏仁（又名白皮）、府杏仁或京杏仁（又名红皮）两种规格，各按大小肥瘦分为一、二、三等。

2. 饮片

（1）苦杏仁　同药材。

（2）焯苦杏仁　呈扁心形。表面乳白色或黄白色，一端尖，另端钝圆，肥厚，左右不对称，富油性。有特异的香气，味苦。

（3）炒苦杏仁　形如焯苦杏仁，表面黄色至棕黄色，微带焦斑。有香气，味苦。

【质量要求】

1. 性状评价　一般以颗粒均匀、饱满、整齐不碎者为佳。

2. 含量测定　照高效液相色谱法测定，按干燥品计算，含苦杏仁苷不得少于3.0%。

3. 水分　不得过7.0%。

4. 过氧化值　不得过 0.11。

【性味功效】性微温，味苦；有小毒。降气止咳平喘，润肠通便。用于咳嗽气喘，胸满痰多，肠燥便秘。

【用法用量】内服，5 ～ 10g，生品入煎剂后下。内服不宜过量，以免中毒。

【贮藏】置阴凉干燥处，防蛀。

第七节　全草类中药

全草类中药指以草本植物的全体或一部分为药用部位的中药，又称草类药材。大多数为植物地上部分，亦有带根及根茎的全株（全草），或小灌木草质茎。

全草类中药常切成不同长度的段或横片，鉴别时应根据不同的对象注意茎、叶、花、果实、种子等的性状。全草类药材多为统货，少数依据来源、产地、划分规格，或按大小分等。

全草类中药通常用袋、筐或箱装，较长大的可打包。本类部分中药较易变色和散失气味，贮藏时应注意密封，置于阴凉、干燥、通风处保存。

麻　黄
Mahuang
Ephedrae Herba

【来源】麻黄科植物草麻黄 *Ephedra sinica* Stapf.、中麻黄 *E. intermedia* Schrenk et C. A. Mey. 或木贼麻黄 *E. equisetina* Bge. 的干燥草质茎。

【产地】主产于山西、河北、内蒙古、辽宁、甘肃、陕西、宁夏、新疆等地。销全国各地并出口。

【采收加工】秋季采割绿色的草质茎，晒干。

【商品性状特征】

1. 药材

（1）草麻黄　呈细长圆柱形，少分枝，直径 1 ～ 2mm。有的带少量棕色木质茎。表面淡绿色至黄绿色，有细纵脊线，触之微有粗糙感。节明显，节间长 2 ～ 6cm。节上有膜质鳞叶，长 3 ～ 4mm；裂片 2（稀 3），锐三角形，先端灰白色，反曲，基部联合成筒状，红棕色。体轻，质脆，易折断，断面略呈纤维性，周边绿黄色，髓部红棕色，近圆形。气微香，味涩、微苦。

（2）中麻黄　多分枝，直径 1.5 ～ 3mm，有粗糙感。节上膜质鳞叶长 2 ～ 3mm，裂片 3（稀 2），先端锐尖。断面髓部呈三角状圆形。

（3）木贼麻黄　较多分枝，直径 1 ～ 1.5mm，无粗糙感。节间长 1.5 ～ 3cm。膜质鳞叶长 1 ～ 2mm；裂片 2（稀 3），上部为短三角形，灰白色，先端多不反曲，基部棕红色至棕黑色。

［规格等级］分为草麻黄、中麻黄、木贼麻黄 3 种规格，一般为统货。

2. 饮片

（1）麻黄　呈圆柱形的段。表面淡黄绿色至黄绿色，粗糙，有细纵脊线，节上有细小鳞叶。切面中心显红黄色。气微香，味涩、微苦。

（2）蜜麻黄　形如麻黄段。表面深黄色，微有光泽，略具黏性。有蜜香气，味甜。

【质量要求】

1. 性状评价 一般以干燥、茎粗、淡绿色、内心充实、味苦涩者为佳。色变黄，手拉脱节者不可药用。

2. 含量测定 照高效液相色谱法测定，按干燥品计算，含盐酸麻黄碱和盐酸伪麻黄碱的总量不得少于 0.80%。

3. 杂质 不得过 5%。

4. 水分 不得过 9.0%。

5. 总灰分 不得过 10.0%。

【性味功效】性温，味辛、微苦。发汗散寒，宣肺平喘，利水消肿。用于风寒感冒，胸闷喘咳，风水水肿。蜜麻黄润肺止咳。多用于表证已解，气喘咳嗽。

【用法用量】内服，2～10g。

【贮藏】置通风干燥处。防潮。

穿心莲

Chuanxinlian

Andrographis Herba

【来源】爵床科植物穿心莲 *Andrographis paniculate*（Burm. f.）Nees 的干燥地上部分。

【产地】主产于广东、广西、福建。云南、四川、江西、浙江、江苏、山东亦产。野生和栽培。

【采收加工】秋初茎叶茂盛时采割，晒干。

【商品性状特征】

1. 药材 茎呈方柱形，多分枝，长 50～70cm，节稍膨大；质脆，易折断。单叶对生，叶柄短或近无柄；叶片皱缩、易碎，完整者展平后呈披针形或卵状披针形，长 3～12cm，宽 2～5cm，先端渐尖，基部楔形下延，全缘或波状；上表面绿色，下表面灰绿色，两面光滑。气微，味极苦。

［规格等级］商品一般为统货。

2. 饮片 呈不规则的段。茎方柱形，节稍膨大。切面不平坦，具类白色髓。叶片多皱缩或破碎，完整者展平后呈披针形或卵状披针形，先端渐尖，基部楔形下延，全缘或波状；上表面绿色，下表面灰绿色，两面光滑。气微，味极苦。

【质量要求】

1. 性状评价 以干净无杂质、色绿、叶多、味极苦者为佳。

2. 浸出物测定 照醇溶性浸出物热浸法测定，用乙醇作溶剂，不得少于 8.0%。

3. 含量测定 照高效液相色谱法测定，按干燥品计算，含穿心莲内酯、新穿心莲内酯、14-去氧穿心莲内酯和脱水穿心莲内酯的总量不得少于 1.5%。

4. 叶 不得少于 30%。

【性味功效】性寒，味苦。清热解毒，凉血，消肿。用于感冒发热，咽喉肿痛，口舌生疮，顿咳劳嗽，泄泻痢疾，热淋涩痛，痈肿疮疡，蛇虫咬伤。

【用法用量】内服，6～9g。外用适量。

【贮藏】置干燥处。

薄 荷

Bohe

Menthae Haplocalycis Herba

【来源】唇形科植物薄荷 *Mentha haplocalyx* Briq. 的干燥地上部分。

【产地】薄荷在我国各地均有分布，家种、野生均有，以家种为主。主产于江苏、安徽、江西、河北、浙江等地。薄荷商品全部来源于家种，以江苏太仓产的薄荷质量最佳，俗称"苏薄荷"。薄荷为我国特产药材之一，产量居世界第一位。

【采收加工】夏、秋二季茎叶茂盛或花开至三轮时，选晴天，分次采割，阴干或晒干。

【商品性状特征】

1. 药材 茎呈方柱形，有对生分枝，长 15 ～ 40cm，直径 0.2 ～ 0.4cm；表面紫棕色或淡绿色，棱角处具茸毛，节间长 2 ～ 5cm；质脆，断面白色，髓部中空。叶对生，有短柄；叶片皱缩卷曲，完整者展平后呈宽披针形、长椭圆形或卵形，长 2 ～ 7cm，宽 1 ～ 3cm；上表面深绿色，下表面灰绿色，稀被茸毛，有凹点状腺鳞。轮伞花序腋生，花萼钟状，先端 5 齿裂，花冠淡紫色。揉搓后有特殊清凉香气，味辛凉。

［规格等级］商品按产区分为太仓薄荷、杭薄荷等规格；按采收季节分为"头刀薄荷"和"二刀薄荷"；按生境分野生薄荷、栽培薄荷等规格。一般不分等级。

2. 饮片 呈不规则的段。茎方柱形，表面紫棕色或淡绿色，具纵棱线，棱角处具茸毛。切面白色，中空。叶多破碎，上表面深绿色，下表面灰绿色，稀被茸毛。轮伞花序腋生，花萼钟状，先端 5 齿裂，花冠淡紫色。揉搓后有特殊清凉香气，味辛凉。

【质量要求】

1. 性状评价 头刀薄荷分枝稍多，茎多紫褐色，较长，品质优；二刀薄荷分枝较少，茎多黄绿色，较短，偶有开花者，质次。一般均以叶多、色深绿、味清凉、香气浓者为佳，一般认为太仓头刀薄荷质最优。

2. 含量测定 照挥发油测定法，按干燥品计算，药材含挥发油不得少于 0.80%（mL/g）。照气相色谱法测定，按干燥品计算，含薄荷脑不得少于 0.20%。

3. 叶 不得少于 30%。

4. 水分 不得过 15.0%。

5. 总灰分 不得过 11.0%。

6. 酸不溶性灰分 不得过 3.0%。

【性味功效】性凉，味辛。疏散风热，清利头目，利咽，透疹，疏肝行气。用于风热感冒，风温初起，头痛，目赤，喉痹，口疮，风疹，麻疹，胸胁胀闷。

【用法用量】内服，3 ～ 6g，入煎剂宜后下。

【贮藏】置阴凉干燥处。

第八节 藻菌类中药

藻菌类中药是指来源于藻类、菌类低等植物的药材及炮制品，以真菌类的药材资源最为丰富。药用部位包括干燥的藻体、子实体、菌核和地衣体。

藻菌类中药的鉴别，应注意形状、大小、颜色、表面特征、质地、折断面和气味等。饮片通常切成宽丝、段、片或块，鉴别时应注意形状、颜色、质地或切面的特征。

藻菌类药材多为统货，有的常根据产地、来源、加工方法划分规格，并以大小分等。通常采用袋装或箱装，贵重药材可密封保存。藻类中药由于附有一定的盐分，极易吸潮变软。一般应置于干燥、阴凉、通风处保存，防虫蛀。

冬虫夏草
Dongchongxiacao
Cordyceps

【来源】麦角菌科真菌冬虫夏草菌 *Cordyceps sinensis*（Berk.）Sacc. 寄生在蝙蝠蛾科昆虫幼虫上的子座和幼虫尸体的干燥复合体。

【产地】主产于四川、西藏、青海、云南等地。此外甘肃、新疆也产。销全国各地并出口。

【采收加工】夏初子座出土、孢子未散发时挖取，晒至六七成干，除去似纤维状的附着物及杂质，晒干或低温干燥。

【商品性状特征】

药材 由虫体与从虫头部长出的真菌子座相连而成。虫体似蚕，长 3～5cm，直径 0.3～0.8cm；表面深黄色至黄棕色，有环纹 20～30 个，近头部的环纹较细；头部红棕色；足 8 对，中部 4 对较明显；质脆，易折断，断面略平坦，淡黄白色。子座细长圆柱形，长 4～7cm，直径约 0.3cm；表面深棕色至棕褐色，有细纵皱纹，上部稍膨大；质柔韧，断面类白色。气微腥，味微苦。

[规格等级]

（1）按产地划分 过去分为炉草、灌草和滇草。现在分为四川虫草、青海虫草和西藏虫草 3 种规格。

（2）按大小划分 目前市场上按大小分为藏草和川草。也有按每千克的条数分为若干个等级。

（3）按加工划分 分为散虫草和把虫草两种规格。散虫草是仅经过产地加工的商品。把装虫草又称"封虫草"，为用红线将冬虫夏草扎成的整齐的小把，再将小把捆成长方形的封装，每封 150～300g，分别称为"小封装"和"大封装"。

【质量要求】

1. 性状评价 一般以虫体饱满肥大、色黄，断面充实、色白、子座粗壮、气香浓者为佳。

2. 含量测定 照高效液相色谱法测定，按干燥品计算，含腺苷不得少于 0.010%。

3. 重金属及有害元素 照铅、镉、砷、汞、铜测定法测定，铅不得过 5mg/kg，镉不得过 1mg/kg，汞不得过 0.2mg/kg，铜不得过 20mg/kg。

【性味功效】性平，味甘。补肾益肺，止血化痰。用于肾虚精亏，阳痿遗精，腰膝酸痛，久咳虚喘，劳嗽咯血。

【用法用量】内服，3～9g。久服宜慎。

【贮藏】置阴凉干燥处，防蛀。

茯 苓
Fuling
Poria

【来源】 多孔菌科真菌茯苓 *Poria cocos*（Schw.）Wolf 的干燥菌核。

【产地】 野生品主产于云南丽江地区，家种茯苓主产于湖北、安徽、河南、广西、广东、福建、云南。以安徽产量大，称"安苓"；云南产"云苓"最为著名。

【采收加工】 多于 7～9 月采挖，挖出后除去泥沙，堆置"发汗"后，摊开晾至表面干燥，再"发汗"，反复数次至现皱纹，内部水分大部散失后，阴干，称为"茯苓个"；或将鲜茯苓按不同部位切制，阴干，分别称为茯苓块和茯苓片。

【商品性状特征】

药材

（1）茯苓个　呈类球形、椭圆形、扁圆形或不规则团块，大小不一。外皮薄而粗糙，棕褐色至黑褐色，有明显的皱缩纹理。体重，质坚实，断面颗粒性，有的具裂隙，外层淡棕色，内部白色，少数淡红色，有的中间抱有松根。气微，味淡，嚼之粘牙。

（2）茯苓块　为去皮后切制的茯苓，呈立方块状或方块状厚片，大小不一。白色、淡红色或淡棕色。

（3）茯苓片　为去皮后切制的茯苓，呈不规则厚片，厚薄不一。白色、淡红色或淡棕色。

［规格等级］分为个苓、白苓片（平片）、白苓块、赤苓块、茯神块、骰方、白碎苓、赤碎苓、茯神木等规格，多为统货。

（1）个苓　一等：不规则圆球形或块状，表面黑褐色或棕褐色。体坚实，皮细。断面白色。大小不分，无霉变。二等：体轻泡，皮粗，质松。断面白色至黄棕色。间有皮沙、水锈、破块、破伤。

（2）白苓片　一等：为薄片，白色或灰白色，质细，毛边（不修边）。厚度每厘米 7 片，片面宽长不小于 3cm，无霉变。二等：厚度每厘米 5 片，余同一等。

（3）白苓块　为扁平方块，白色，厚 0.4～0.6cm，长宽 4～5cm。边缘的苓块可不成方形，间有长宽 1.5cm 以上的碎块，无霉变。

（4）赤苓块　块为赤色或浅红色，余同白苓块。

（5）茯神块　为扁平方块，色泽不分，每块含有松木心。厚 4～6cm，长宽 4～5cm，木心直径不超过 1.5cm，边缘的苓块可不成方形，间有长、宽 1.5cm 以上的碎块，无霉变。

（6）骰方　呈立方形块，白色，质坚实，长、宽、厚在 1cm 以内，均匀整齐，间有不规则碎块，但不超过 10%。无粉末，无霉变。

（7）白碎苓　碎块或碎屑，白色或灰白色。无粉末，无霉变。

（8）赤碎苓　赤黄色，余同白碎苓。

（9）茯神木　为茯苓中间的松根，弯曲不直，似朽木状。色泽不分，质松体轻。每根周围必须带有 2/3 的茯苓肉。松根直径不超过 2.5cm。无霉变。

【质量要求】

1.性状评价　一般以色白（赤茯苓以色赤黄）、质坚实、无砂粒嵌入、嚼之黏性强者为佳。

2.浸出物测定　照醇溶性浸出物热浸法测定，稀乙醇作溶剂，不得少于 2.5%。

3. 水分　不得过 18.0%。

4. 总灰分　不得过 2.0%。

【性味功效】性平，味甘、淡。利水渗湿，健脾，宁心。用于水肿尿少，痰饮眩悸，脾虚食少，便溏泄泻，心神不安，惊悸失眠。

【用法用量】内服，10～15g。

【贮藏】置干燥处，防潮。

第九节　树脂类中药

树脂类中药是指来源于植物组织的一类正常代谢产物或分泌物的药材及其炮制品。一般为固体或半固体，无定形，少数为液体。通常不溶于水或吸水膨胀，易溶于有机溶剂，加热则软化而后熔融，燃烧时常有浓烟，并有特殊的香气或臭气。

树脂类中药鉴别应注意观察形状、大小、颜色、表面、质地、断面、气味、水试和火试等现象。多凝聚为团块或颗粒状，表面常有光泽，质硬脆，具特异气味。

树脂类药材多为统货，少数依据来源、形状、加工方法等划分规格。通常袋包后入木箱、木盒、金属盒、瓶等容器包装。一般具有特殊的气味，同时含有丰富的树脂酸、树脂醇和树脂酯等，容易散失气味和氧化，应密封，置于阴凉干燥处贮存。

乳 香
Ruxiang
Olibanum

【来源】橄榄科植物乳香树 *Boswellia carterii* Birdw. 及同属植物 *B. bhaw-dajiana* Birdw. 树皮渗出的树脂。分为索马里乳香和埃塞俄比亚乳香，每种乳香又分为乳香珠和原乳香。

【产地】主产于索马里、埃塞俄比亚及阿拉伯半岛南部。土耳其、利比亚、苏丹、埃及亦产。销世界各地。

【采收加工】春、夏二季将较大的树干皮部切开成沟，树脂慢慢从伤口渗出，顺沟流下，凝结成乳头粒状或块状，收集，干燥，即为乳香珠。如脂胶流散地下，或黏附树皮中，即为原乳香。

【商品性状特征】

1. 药材　呈长卵形滴乳状、类圆形颗粒或黏合成大小不等的不规则块状物。大者长达 2cm（乳香珠）或 5cm（原乳香）。表面黄白色，半透明，被有黄白色粉末，久存则颜色加深。质脆，遇热软化。破碎面有玻璃样或蜡样光泽。具特异香气，味微苦。

［规格等级］商品均为进口品，分为索马里乳香和埃塞俄比亚乳香两种规格。每种乳香又分为乳香珠和原乳香。按性状分为滴乳、乳珠、原乳、乳香米、乳香末 5 种规格，以滴乳最佳。现在多分为原乳香、一号乳香珠、二号乳香珠、豆乳香等规格。

2. 饮片　醋乳香　形如乳香颗粒或块，表面深黄色，显油亮；质坚脆，稍具醋气。

【质量要求】

1. 性状评价　一般以呈颗粒状、半透明、色黄白、质硬而脆、断面具玻璃样光泽、无杂质、搓之粉末黏手、气芳香者为佳。

2. 含量测定 照挥发油测定法测定，索马里乳香含挥发油不得少于 6.0%（mL/g），埃塞俄比亚乳香含挥发油不得少于 2.0%（mL/g）。

3. 杂质 乳香珠不得过 2%，原乳香不得过 10.0%。

【性味功效】性温，味辛、苦。活血定痛，消肿生肌。用于胸痹心痛，胃脘疼痛，痛经经闭，产后瘀阻，癥瘕腹痛，风湿痹痛，筋脉拘挛，跌打损伤，痈肿疮疡。

【用法用量】内服，煎汤或入丸、散，3～5g。外用适量，研末调敷。孕妇及胃弱者慎用。

【贮藏】置于阴凉干燥处。

没 药
Moyao
Myrrha

【来源】橄榄科植物地丁树 *Commiphora myrrha* Engl. 或哈地丁树 *C. molmol* Engl. 的干燥树脂。分为天然没药和胶质没药。

【产地】主产于索马里、埃塞俄比亚、阿拉伯半岛南部及印度等地。销世界各地。

【采收加工】11 月至次年 2 月或 6～7 月，割伤树皮，树脂从伤口流出，初为淡黄白色液体，在空气中渐变为红棕色硬块。

【商品性状特征】

1. 药材

（1）天然没药 呈不规则颗粒性团块，大小不等。大者直径长达 6cm 以上。表面黄棕色或红棕色，近半透明部分呈棕黑色，被有黄色粉尘。质坚脆，破碎面不整齐，无光泽。有特异香气，味苦而微辛。

（2）胶质没药 呈不规则块状和颗粒，多黏结成大小不等的团块，大者直径长达 6cm 以上，表面棕黄色至棕褐色，不透明，质坚实或疏松，有特异香气，味苦而有黏性。

［规格等级］商品分为天然没药和胶质没药两种规格。按形状分为明没药、没药珠、全没药、黑香、马皮没药五种。按产地也可分为非洲没药、阿拉伯没药和也门没药等，习惯认为索马里产的品质最优，也门产的品质最差。现多分为一～四等及等外货。

2. 饮片 醋没药 呈不规则小块状或类圆形颗粒状，表面棕褐色或黑褐色，有光泽。有特异香气，略有醋香气，味苦而微辛。

【质量要求】

1. 性状评价 一般以黄棕色、破碎面微透明、显油润、香气浓、味苦、无杂质者为佳。

2. 含量测定 照挥发油测定法测定，含挥发油天然没药不得少于 4.0%（mL/g），胶质没药不得少于 2.0%（mL/g）。

3. 杂质 天然没药不得过 10%，胶质没药不得过 15.0%。

4. 总灰分 不得过 15.0%。

5. 酸不溶性灰分 不得过 10%。

【性味功效】性平，味辛、苦。散瘀定痛，消肿生肌。用于胸痹心痛，胃脘疼痛，痛经经闭，产后瘀阻，癥瘕腹痛，风湿痹痛，跌打损伤，痈肿疮疡。

【用法用量】内服，3～5g，炮制去油，多入丸散用。孕妇及胃弱者慎用。

【贮藏】置阴凉干燥处。

第十节 其他类中药

其他类中药是植物类药材中上述范围内未能收载的药材及其炮制品，均直接或间接来源于植物。包括加工品、叶汁液的干燥物、蕨类植物的孢子、虫瘿等。

其他类中药鉴别应注意其形状、大小、颜色、表面、质地、断面、气味、水试和火试现象等特征。常依据来源、形状等划分规格，多为统货。少数以颜色划分等级。

其他类中药由于来源较为复杂，包装常依药材的性质而定，加工品常采用塑料袋、纸袋、玻璃瓶、金属盒、塑料盒等密封，一般药材可采用袋或箱装。置于阴凉干燥处贮存。

五倍子
Wubeizi
Galla Chinensis

【来源】漆树科植物盐肤木 *Rhus chinensis* Mill.、青麸杨 *R. potaninii* Maxim. 或红麸杨 *R. punjabensis* Stew. var. *sinica*（Diels）Rehd. et Wils. 叶上的虫瘿，主要由五倍子蚜 *Melaphis chinensis*（Bell）Baker 寄生而形成。

【产地】主产于四川、云南、贵州、湖北、湖南、陕西、河南等地。销全国并出口。

【采收加工】秋季采摘，置沸水中略煮或蒸至表面呈灰色，杀死蚜虫，取出，干燥。按外形不同，分为"肚倍"和"角倍"。

【商品性状特征】

1. 药材

（1）肚倍　呈长圆形或纺锤形囊状，长 2.5～9cm，直径 1.5～4cm。表面灰褐色或灰棕色，微有柔毛。质硬而脆，易破碎，断面角质样，有光泽，壁厚 0.2～0.3cm，内壁平滑，有黑褐色死蚜虫及灰色粉状排泄物。气特异，味涩。

（2）角倍　呈菱形，具不规则的钝角状分枝，柔毛较明显，壁较薄。

［规格等级］分角倍和肚倍两种规格，一般为统货。

2. 饮片　呈不规则碎片状。表面灰褐色或灰棕色，微有柔毛，内壁光滑。质硬而脆，断面角质样，有光泽。气特异，味涩。

【质量要求】

1. 性状评价　一般以个大、完整、壁厚、色灰褐者为佳。

2. 含量测定　照鞣质含量测定法测定，按干燥品计算，含鞣质不得少于 50.0%。照高效液相色谱法测定，按干燥品计算，含鞣质以没食子酸计，不得少于 50.0%。

3. 水分　不得过 12.0%。

4. 总灰分　不得过 3.5%。

【性味功效】性寒，味酸、涩。敛肺降火，涩肠止泻，敛汗，止血，收湿敛疮。用于肺虚久咳，肺热痰嗽，久泻久痢，自汗盗汗，消渴，便血痔血，外伤出血，痈肿疮毒，皮肤湿烂。

【用法用量】内服，3～6g。外用适量。

【贮藏】置通风干燥处，防压。

天然冰片（右旋龙脑）
Tianranbingpian（youxuanlongnao）
Borneolum

【来源】樟科植物樟 *Cinnamomum camphora*（L.）Presl 的新鲜枝、叶经提取加工制成的结晶。

【产地】主产于江西吉安。湖南、福建等地有栽培。

【商品性状特征】

药材　本品为白色结晶性粉末或片状结晶。气清香，味辛、凉。具挥发性，点燃时有浓烟，火焰呈黄色。熔点为 204～209℃。比旋度为 +34°～+38°。在乙醇、三氯甲烷或乙醚中易溶，在水中几乎不溶。

［规格等级］统货。

【质量要求】

1.性状评价　以片透明、色洁白、质松脆、气清香者为佳。

2.含量测定　照气相色谱法测定，按干燥品计算，含右旋龙脑不得少于 96.0%。

3.异龙脑　照薄层色谱法试验，供试品色谱中，在与对照品色谱相应的位置上，不得显斑点。

4.樟脑　照气相色谱法测定，含樟脑不得过 3.0%。

【性味功效】性凉，味辛、苦。开窍醒神，清热止痛。用于热病神昏、惊厥，中风痰厥，气郁暴厥，中恶昏迷，胸痹心痛，目赤，口疮，咽喉肿痛，耳道流脓。

【用法用量】内服，0.3～0.9g，入丸散用。外用研粉点敷患处。孕妇慎用。

【贮藏】密封，置阴凉处。

复习思考题

1. 名词解释：植物类中药。
2. 根及根茎类药材怎样划分规格等级？
3. 简述国产沉香商品的等级划分标准。
4. 简述金银花的商品性状特征。

第二十二章
动物类中药

动物类中药是指以动物的全体或某一部分为药用部位的药材及其炮制品。包括动物的全体，如水蛭、海马等；除去内脏的干燥全体，如地龙、蛤蚧、全蝎等；动物体的某一部分，包括角、茸、骨骼、皮甲、贝壳、内脏器官等，如羚羊角、鹿茸、鳖甲、石决明、熊胆、哈蟆油等；生理产物，如麝香、蟾酥等；病理产物，如牛黄、马宝等；排泄物，如蚕沙等；加工品，如阿胶等。

动物类中药的鉴别一般应注意形状、大小、颜色、表面特征、质地、断面特征、气、味和水试、火试的现象等。其中，完整的动物体，应侧重以其形态特征进行动物分类学鉴定，确定其基原；蛇类要注意鳞片的特征；角类应注意其类型；骨类应注意其剖面的特征；分泌物应注意其气味、颜色等；贝壳类应注意形状、大小、表面的纹理及颜色等。

动物类中药商品常依据来源、加工方法等划分规格，依据形状、大小、长度、颜色、重量等划分等级。质量没有明显区别的动物类中药和植物药一样亦为统货。

动物类中药由于富含蛋白质和脂肪，极易虫蛀和霉变，一般应置阴凉干燥处，防虫，防霉，防变色；数量少时，可与花椒等药材同贮。

地 龙
Dilong
Pheretima

【来源】钜蚓科动物参环毛蚓 *Pheretima aspergillum*（E. Perrier）、通俗环毛蚓 *P. vulgaris* Chen、威廉环毛蚓 *P. guillelmi*（Michaelsen）或栉盲环毛蚓 *P. pectinifera* Michaelsen 的干燥体。前者习称"广地龙"，后三者习称"沪地龙"。

【产地】广地龙主产于广东、广西。沪地龙主产于上海及江苏，自产自销，用量较少。以广东产者为道地药材，销全国各地。

【采收加工】广地龙春季至秋季捕捉，沪地龙夏季捕捉，及时剖开腹部，除去内脏和泥沙，洗净，晒干或低温干燥。

【商品性状特征】

1. 药材

（1）广地龙　呈长条状薄片，弯曲，边缘略卷，长15～20cm，宽1～2cm，具环节。背部棕褐色至紫灰色，腹部浅黄棕色，第14～16环节为生殖带，习称"白颈"，较光亮。体轻，略呈革质，不易折断。气腥，味微咸。

（2）沪地龙　体小，长8～15cm，宽0.5～1.5cm，具环节，背部棕褐色或黄褐色，第

14～16 环节为生殖带，较光亮。多皱缩不平。体轻，易折断，肉薄。

[规格等级]一般不分等级，为统货。广东产品体肥大，去内脏，做成片状，近方形，背部色黑，两侧色黄，横纹清楚，质量最佳，为出口药材。

2. 饮片

地龙　为薄片状小段，其他同药材。

【质量要求】

1. 性状评价　一般以条大、肉厚、干燥、剖开、摊平成卷、无杂质、色棕褐、无臭味者为佳。

2. 浸出物测定　照水溶性浸出物热浸法测定，不得少于 16.0%。

3. 杂质　不得过 6.0%。

4. 水分　不得过 12.0%。

5. 总灰分　不得过 10.0%。

6. 酸不溶性灰分　不得过 5.0%。

7. 重金属　不得过 30mg/kg。

8. 黄曲霉素　本品每 1kg 含黄曲霉素 B_1 不得过 5μg，黄曲霉素 G_2、黄曲霉素 G_1、黄曲霉素 B_2 和黄曲霉素 B_1 的总和不得过 10μg。

【性味功效】性寒，味咸。清热定惊，平喘，通络，利尿。用于高热神昏，惊痫抽搐，关节痹痛，肢体麻木，半身不遂，肺热喘咳，水肿尿少。

【用法用量】内服，5～10g。

【贮藏】置干燥通风处，防霉，防蛀。

全 蝎

Quanxie

Scorpio

【来源】钳蝎科动物东亚钳蝎 *Buthus martensii* Karsch 的干燥体。

【产地】主产于河南、山东。河北、辽宁、湖北、北京等地亦产。传统认为河南鹿邑、禹州产品质佳，山东产量最大。销全国各地并出口。

【采收加工】春末至秋初捕捉，除去泥沙，置沸水或盐沸水中，煮至全身僵硬，捞出，置通风处，阴干。

【商品性状特征】

药材　头胸部与前腹部呈扁平长椭圆形，后腹部呈尾状，皱缩弯曲。钳、螯肢各 1 对，足四对，前腹部与后腹部均有节，末节有锐钩状毒刺。背面绿褐色，后腹部棕黄色。气微腥，味咸。

[规格等级]按加工方法不同分为淡全蝎、盐全蝎两种。一般不分等级。

【质量要求】

1. 性状评价　一般以身干、色鲜、完整、黄褐色者为佳。尤以淡全蝎为优。

2. 浸出物测定　照醇溶性浸出物热浸法测定，稀乙醇作溶剂，不得少于 20.0%。

3. 水分　不得过 20.0%。

4. 总灰分　不得过 17.0%。

5. 酸不溶性灰分　不得过 3.0%。

6. 黄曲霉素 本品每 1kg 含黄曲霉素 B_1 不得过 $5\mu g$，黄曲霉素 G_2、黄曲霉素 G_1、黄曲霉素 B_2 和黄曲霉素 B_1 的总和不得过 $10\mu g$。

【性味功效】性平，味辛，有毒。息风镇痉，攻毒散结，通络止痛。用于肝风内动，痉挛抽搐，小儿惊风，中风口㖞，半身不遂，破伤风，风湿顽痹，偏正头痛，疮疡瘰疬。

【用法用量】内服，$3 \sim 6\,g$。孕妇禁用。

【贮藏】置干燥处，防蛀。

蟾 酥
Chansu
Bufonis Venenum

【来源】蟾蜍科动物中华大蟾蜍 *Bufo bufo gargarizans* Cantor 或黑眶蟾蜍 *B. melanostictus* Schneider 的干燥分泌物。

【产地】主产于江苏、河北、山东、四川、湖南、浙江等地。辽宁、新疆、湖北亦产。销全国各地。

【采收加工】多于夏、秋二季捕捉，洗净，挤取耳后腺及皮肤腺的白色浆液，加工，干燥。

【商品性状特征】

1. 药材 呈扁圆形团块、棋子状或片状，棕褐色或红棕色。团块状者质坚，不易折断，断面棕褐色，角质状，微有光泽；片状者质脆，易碎，断面红棕色，半透明。气微腥，味初甜而后有持久的麻辣感，粉末嗅之作嚏。断面遇水呈乳白色隆起。

[规格等级] 商品分团酥、片酥、棋子酥三种规格，一般为统货。

（1）团酥（块酥、东酥、光东酥） 呈扁圆形、团块状或饼状，厚 $4 \sim 10mm$，重 $67 \sim 100g$。

（2）片酥（片子酥、盆酥） 呈圆形浅盘状或长方形片状，厚约 2mm，重约 15g。

（3）棋子酥（杜酥） 呈扁圆形、似围棋子状，约重 15g。

2. 饮片

（1）蟾酥粉 呈棕黄色至棕褐色粉末状，气味同药材。

（2）酒蟾酥 形状同蟾酥粉，略具酒气。

【质量要求】

1. 性状评价 一般以红色或紫黑色、半透明、断面光亮如胶（角质状）、有光泽者为佳。

2. 含量测定 照高效液相色谱法测定，含华蟾酥毒基和脂蟾毒配基的总量不得少于 6.0%。

3. 水分 不得过 13.0%。

4. 总灰分 不得过 5.0%。

5. 酸不溶性灰分 不得过 2.0%。

【性味功效】性温，味辛，有毒。解毒，止痛，开窍醒神。用于痈疽疔疮、咽喉肿痛、中暑神昏、痧胀腹痛吐泻。

【用法用量】内服，$0.015 \sim 0.03g$，多入丸散用。外用适量。孕妇慎用。

【贮藏】以纸包装，装硬纸盒或小木盒内。本品易发霉、黏结，应密闭，置干燥处保存，防潮。

麝　香

Shexiang

Moschus

【来源】鹿科动物林麝 *Moschus berezovskii* Flerov、马麝 *M. sifanicus* Przewalski 或原麝 *M. moschiferus* Linnaeus 成熟雄体香囊中的干燥分泌物。

【产地】主产于四川、西藏、云南、青海、陕西、甘肃、新疆、内蒙古、湖北等地。

【采收加工】野麝多在冬季至次春猎取，猎获后，割取香囊，阴干，习称"毛壳麝香"；剖开香囊，除去囊壳，习称"麝香仁"（因野生动物保护法，现已不采用此方法捕捉）。家麝直接从其香囊中取出麝香仁，阴干或用干燥器密闭干燥。

【商品性状特征】

药材

（1）**毛壳麝香**　呈扁球形或类球形囊状体，直径 3～7cm，厚 2～4cm。开口面皮革质，棕褐色，略平，密生白色或灰棕色短毛，从两侧围绕中心排列，中间有 1 小囊孔。另一面为棕褐色略带紫色的皮膜，微皱缩，偶显肌肉纤维，略有弹性，剖开后可见中层皮膜呈棕褐色或灰褐色，半透明，内层皮膜呈棕色，内含颗粒状、粉末状的麝香仁和少量细毛及脱落的内层皮膜（习称"银皮"）。

（2）**麝香仁**　野生品呈不规则圆球形或颗粒状，表面多呈紫黑色，油润光亮，微有麻纹，断面深棕色或黄棕色，习称"当门子"。粉末状者多呈棕褐色或黄棕色，并有少量脱落的内层皮膜和细毛。气香浓烈而特异，味微辣、微苦带咸。饲养品呈颗粒状、短条形或不规则团块；表面不平，紫黑色或深棕色，显油性，微有光泽，并有少量毛和内层皮膜。

［规格等级］分毛壳麝香和麝香仁两种规格，一般为统货。

【质量要求】

1. 性状评价　以当门子多、质柔润、香气浓烈者为佳。

2. 含量测定　用气相色谱法测定，含麝香酮不得少于 2.0%。

3. 杂质　本品不得检出动物组织、植物组织、矿物和其他掺伪物。不得有霉变。

4. 干燥失重　不得过 35.0%。

5. 总灰分　不得过 6.5%。

【性味功效】性温，味辛。开窍醒神，活血通经，消肿止痛。用于热病神昏，中风痰厥，气郁暴厥，中恶昏迷，经闭，癥瘕，难产死胎，胸痹心痛，心腹暴痛，跌仆伤痛，痹痛麻木，痈肿瘰疬，咽喉肿痛。

【用法用量】内服，0.03～0.1g，多入丸散用。外用适量。孕妇禁用。

【贮藏】密闭，置阴凉干燥处，遮光，防潮，防蛀。毛壳麝香与当归共贮较好，最佳方法是冷藏。

蛤 蚧

Gejie

Gecko

【来源】壁虎科动物蛤蚧 *Gekko gecko* Linnaeus 除去内脏的干燥体。

【产地】主产于广西、广东。国外主产于泰国、印度尼西亚、柬埔寨、越南等。

【采收加工】全年均可捕捉，除去内脏，拭净，用竹片撑开，使全体扁平顺直，低温干燥。

【商品性状特征】

1. 药材 扁片状，头略呈扁三角状，两眼多凹陷成窟窿；口内有细齿，生于颚的边缘。吻部半圆形，吻鳞不切鼻孔，与鼻鳞相连。背部有黄白色或灰绿色斑点散在或密集成不显著的斑纹；脊椎骨和两侧肋骨突起。四足均具5趾，底有吸盘；尾细而坚实，有6～7个明显的银灰色环带；全身密被圆形或多角形微有光泽的细鳞；气腥，味微咸。

〔规格等级〕特装：执中横量8.6cm以上。五装：执中横量7.7～8.5cm。十装：执中横量7.2～7.6cm。二十装：执中横量6.8～7.1cm。三十装：执中横量6.0～6.7cm。断尾蛤蚧再生尾不足6.0cm时均按下一等级处理。

此外，全尾蛤蚧又分广西全尾特装、全尾20对装、全尾30对装等规格。商品以"对"为单位，原以雌雄为对，现常以1只长尾、1只短尾搭配出售。

2. 饮片

（1）蛤蚧 不规则片状小块，表面灰黑色或银灰色，切面黄白色或灰黄色，脊椎骨和两侧肋骨突起，气腥，味微咸。

（2）酒蛤蚧 本品形如蛤蚧块，微有酒香气，味微咸。

【质量要求】

1. 性状评价 一般以干爽，色鲜明，撑面平整，体大，肥壮，尾全（再生尾6.0cm以上），不破碎，无烘焦，无破裂，无虫蛀者为佳。

2. 浸出物测定 照醇溶性浸出物热浸法测定，稀乙醇作溶剂，不得少于8.0%。

【性味功效】性平，味咸。补肺益肾，纳气定喘，助阳益精。用于肺肾不足，虚喘气促，劳嗽咯血，阳痿，遗精。

【用法用量】内服，3～6g，多入丸剂或酒剂。

【贮藏】用纸包好，铁盒或木箱严密封装。本品常用花椒拌存，置阴凉干燥处，防虫、防霉、防蛀。

鹿 茸

Lurong

Cervi Cornu Pantotrichum

【来源】鹿科动物梅花鹿 *Cervus nippon* Temminck 或马鹿 *C. elaphus* Linnaeus 的雄鹿未骨化密生茸毛的幼角。前者习称"花鹿茸"或"黄毛茸"，后者习称"马鹿茸"或"青毛茸"。

【产地】花鹿茸主产于吉林、辽宁、河北。马鹿茸主产于黑龙江、内蒙古、吉林、新疆、青海、四川及云南。东北产者习称"东马鹿茸"；西北产者习称"西马鹿茸"。销全国各地并出口。

【采收加工】夏、秋二季锯取鹿茸，经加工后，阴干或烘干。

【商品性状特征】

1. 药材

（1）花鹿茸 呈圆柱状分枝，具一个分枝者习称"二杠"，主枝习称"大挺"，离锯口约1cm处分出侧枝，习称"门庄"。外皮红棕色或棕色，多光润，表面密生红黄色或棕黄色细茸毛；分岔间具1条灰黑色筋脉，皮茸紧贴。锯口黄白色，外围无骨质，中部密布细孔。体轻。气微腥，味微咸。具两个分枝者，习称"三岔"，直径较二杠细，略呈弓形，微扁，枝端略尖，下部多有纵棱筋及突起疙瘩；皮红黄色，茸毛较稀而粗。

二茬茸与头茬茸相似，但大挺长而不圆或下粗上细，下部有纵棱筋。皮灰黄色，茸毛较粗糙，锯口外围多已骨化。体较重。无腥气。

（2）马鹿茸 较花鹿茸粗大，分枝较多，侧枝一个者习称"单门"，两个者习称"莲花"，三个者习称"三岔"，四个者习称"四岔"，或更多。商品以莲花、三岔为主。按产地分为"东马鹿茸"和"西马鹿茸"。

1）东马鹿茸 单门的大挺长25～27cm，直径约3cm。外皮灰黑色，茸毛灰褐色或灰黄色，锯口面外皮较厚，灰黑色，中部密布蜂窝状细孔，质嫩；莲花大挺长可达33cm，下部有棱筋，锯口面蜂窝状小孔稍大；三岔皮色深，质较老；四岔茸毛粗而稀，大挺下部具棱筋及疙瘩，分枝顶端多无毛，习称"捻头"。

2）西马鹿茸 大挺多不圆，顶端圆扁不一，长30～100cm。表面有棱，多抽缩干瘪，分枝较长且弯曲，茸毛粗长，灰色或黑灰色。锯口色较深，常见骨质。气腥臭，味咸。

[规格等级] 商品有花鹿茸和马鹿茸两类，有砍茸、锯茸之分，目前梅花鹿和马鹿均为养殖，除衰老或病鹿外，砍茸已较少，此处不单独介绍。

（1）梅花鹿茸

1）二杠锯茸 分4个等级。一等：干品不臭，无虫蛀，加工不乌皮，主干不存折，眉枝存折不超过一处，皮紧不破，不拧嘴，锯口有正常的孔隙结构，有正常典型分枝，主干与眉枝相称，圆粗嫩壮，茸皮、锯口有正常色调，每支重85g以上。二等：主干破皮不显露结缔组织，虎口以下稍有突起棱纹，每支重65g以下。余同一等。三等：不显露皮下结缔组织，主干存折不超过一处，具有分枝。分岔较瘦，不拧嘴，不拉沟。锯口有蜂窝状细孔，虎口以下有棱纹，每支重45g。余同一等。四等：干品不臭，无虫蛀，不拧嘴，不拉沟。具独干畸形者和不符合一、二、三等者均属此等。

2）三岔锯茸 分4个等级。一等：体呈圆柱形，具分岔两个。挺圆茸质松嫩，嘴头饱满。皮毛红棕色或棕黄色。不乌皮（黑皮茸除外），不抽沟，不拧嘴，不破皮、悬皮，不存折、不怪角。下部稍有纵棱筋，骨豆不超过茸长的30%。不臭、无虫蛀。每支重250g以上。二等：不乌皮（黑皮茸除外），不抽沟，不破皮，存折不超过一处，突起纵棱长不超过2cm，骨豆不超过茸长的40%。每支重200g以上。余同一等。三等：锯口皮不紧、乌皮、破皮不显露皮下结缔组织，存折不超过2处，顶端不拧嘴，嘴头不破皮（一、二等因嘴头破皮按三等收购），有正常分枝（但三岔无眉枝的按三等收购），枝干较瘦，茸、皮或锯口色正常，无再生茸骨化现象。有蜂窝状细孔，每支150g以上。余同一等。四等：体畸形或怪角，顶端不窜尖，皮毛红乌暗。不臭、无虫蛀、不符合一、二、三等者均属此类。

3）再生茸和初生茸一般不分等级。

（2）马鹿茸

1）带血锯茸 分为3个等级。一等：主干圆嫩的三岔；肥嫩上冲的莲花，不拉沟、不破皮、不畸形，主干及嘴头无折伤。水分足，不生干，不空头，不瘪头。茸内含血充分，分布均匀，呈深红色，无臭味，无虫蛀，每支重不低于500g的干品。二等：三岔、主干圆的四岔，人字角，茸顶端丰满，不破皮、不生干，无存折，不空头，不瘪头，无臭味，无虫蛀，茸内含血充分，呈深红色的干品，每支重300g以上。三等：不足一、二等的莲花、三岔、四岔和肥嫩的畸形茸，无破皮，不生干，不存折。无臭味，无虫蛀。茸内充分含血，每支重250g以上。

2）排血锯茸 除茸内不含血外，一、二、三等要求与带血马鹿锯茸相同。

2. 饮片

（1）花鹿茸片 角尖部切片习称"嘴片"或"蜡片"，为圆形薄片；表面浅棕色或黄白色，半透明，微显光泽，外围无骨质，红棕色或棕色，质坚韧。中上部切片习称"粉片"，下部切片习称"老角片"或"骨片"；为圆形或类圆形厚片，表面粉白色或浅棕色，中间有蜂窝状细孔，外围无骨质或略具骨质，周边粗糙，红棕色或棕色，质坚脆；气微腥，味微咸。

（2）马鹿茸片 蜡片为圆形薄片，表面灰黑色，中央米黄色，半透明，微显光泽；外围皮较厚，无骨质，周边灰黑色，质坚韧。粉片、老角片为圆形或类圆形厚片，表面灰黑色，中央米黄色，有细蜂窝状小孔，外皮较厚，无骨质或略具骨质；周边灰黑色，质坚脆；气微腥，味微咸。

（3）鹿茸粉 为灰白色或米黄色粉末，气微腥，味微咸。

【质量要求】

性状评价 花鹿茸一般以茸粗壮、主枝圆、顶端丰满、质嫩、毛细、皮色红棕、有油润光泽者为佳。马鹿茸以饱满、体轻、毛色灰褐、下部无棱线者为佳。

【性味功效】性温，味甘、咸。壮肾阳，益精血，强筋骨，调冲任，托疮毒。用于肾阳不足、精血亏虚、阳痿滑精、宫冷不孕、羸瘦、神疲、畏寒、眩晕、耳鸣、耳聋、腰脊冷痛、筋骨痿软、崩漏带下、阴疽不敛。

【用法用量】内服，1～2g，研末冲服。

【贮藏】鹿茸加工后，用温碱水、肥皂水、清水依次洗净，擦去水分，锯口不得沾水，风干1天。装入放有樟脑的木箱或硬纸箱内（樟脑用纸包好），置阴凉干燥处，密闭，防潮，防虫蛀。

牛 黄

Niuhuang

Bovis Calculus

【来源】牛科动物牛 *Bos taurus domesticus* Gmelin 的干燥胆结石，习称"天然牛黄"。取自胆囊的习称"胆黄"或"蛋黄"，取自胆管及肝管的习称"管黄"或"肝黄"。

【产地】全国各地屠宰场均有产。以西北（称"西牛黄"）、西南、东北（称"东牛黄"）等地区产量较大。销全国各地。国外主产于印度（称"印度牛黄"）、加拿大和阿根廷（称"金山牛黄"）、乌拉圭等地。

【采收加工】宰牛时如发现有牛黄，即滤去胆汁，将牛黄取出，除去外部薄膜，阴干。

【商品性状特征】

药材

（1）胆黄 呈卵形、类球形、三角形或四方形，大小不一；表面黄红至棕黄色，有的挂有一层黑色光亮的薄膜，习称"乌金衣"，有的粗糙具疣状突起，有的具龟裂纹；体轻，质酥脆，易分层剥落，断面金黄色，可见细密的同心层纹，有的夹有白心；气清香，味苦而后微甜，有清凉感，嚼之易碎，不粘牙。

（2）管黄　呈管状，表面不平或有横曲纹，或破碎；表面红棕色或棕褐色，有裂纹及小突起，断面有较少的层纹，有时中空，色较深。

［规格等级］按产地不同分京牛黄、东牛黄、西牛黄、金山牛黄、印度牛黄等，一般为统货。按其来源和形状不同又分胆黄和管黄两种，以胆黄为一等品，管黄或胆汁渗入的各种块黄为二等品。

【质量要求】

1. 性状评价　一般以完整、表面金黄色或棕黄色、有光泽、质松脆、断面棕黄色或金黄色、有层纹、气清香、味微苦后甜者为佳。

2. 含量测定　照薄层扫描法测定，按干燥品计算，含胆酸不得少于 4.0%；照高效液相色谱法测定，按干燥品计算，含胆红素不得少于 25.0%。

3. 水分　不得过 9.0%。

4. 总灰分　不得过 10.0%。

5. 游离胆红素　照高效液相色谱法测定，供试品色谱中，在与对照品色谱峰保留时间相对应的位置上出现的色谱峰面积应小于对照品色谱峰面积或不出现色谱峰。

【性味功效】性凉，味甘。清心，豁痰，开窍，凉肝，息风，解毒。用于热病神昏、中风痰迷、惊痫抽搐、癫痫发狂、咽喉肿痛、口舌生疮、痈肿疔疮等。

【用法用量】内服，0.15 ～ 0.35g，多入丸散用。外用适量，研末敷患处。孕妇慎用。

【贮藏】用玻璃纸包好或装入干燥玻璃瓶中，置阴凉干燥处，遮光，密闭，防潮，防压。

【附注】人工牛黄又称"人工合成牛黄"，系用牛和猪的胆红素、胆酸、胆甾醇、无机盐等成分制成，药材多为粉末状，土黄色，气微清香而略腥，味微甜而苦，入口无清凉感。镜检可见有淀粉粒。水溶液亦有"挂甲"现象。

羚羊角

Lingyangjiao

Saigae Tataricae Cornu

【来源】牛科动物赛加羚羊 *Saiga tatarica* Linnaeus 雄兽的角。

【产地】主产于新疆伊犁、博落培拉河流中俄交界一带。国外产于俄罗斯西伯利亚、小亚细亚一带及蒙古国等地。销全国各地。

【采收加工】全年均可捕获，猎取后，锯取其角，晒干。

【商品性状特征】

1. 药材　呈长圆锥形，略显弓形弯曲，嫩枝对光透视有"血丝"或紫黑色斑纹，光润如玉；老枝除尖端部分外，有 10 ～ 16 个隆起的环脊，用手握之，四指正好嵌入凹处，习称"握把"；角内有坚硬质重的角柱，习称"骨塞"或"羚羊塞"；骨塞长约占全角的 1/2 或 1/3，表面有突起的纵棱与其外面角鞘内的凹沟紧密嵌合；全角呈半透明，对光透视，上半段中央有 1 条隐约可见的细孔道直通角尖，习称"通天眼"；质坚硬；气微，味淡。

［规格等级］商品分大枝羚羊角、小枝羚羊角、老角、羚羊角尖、羚羊角丝、羚羊角片、羚

羊角粉等规格。

2. 饮片

（1）羚羊角镑片　纵向薄片，多折曲，类白色或黄白色，半透明；表面光滑，纹丝直而呈波状，有光泽，质坚韧，不易拉断。

（2）羚羊角粉　为乳白色细粉，无臭，味淡。

【质量要求】

性状评价　一般以质嫩、色白、光润、内含红色斑纹、无裂纹者为佳。

【性味功效】性寒，味咸。平肝息风，清肝明目，散血解毒。用于肝风内动，惊痫抽搐，妊娠子痫，高热痉厥，癫痫发狂，头痛眩晕，目赤翳障，温毒发斑，痈肿疮毒。

【用法用量】内服，1～3g，宜单煎2小时以上。磨汁或研末服，每次0.3～0.6g。

【贮藏】以纸包好，贮于木箱内或纸箱内，置阴凉干燥处。

复习思考题

1. 名词解释：动物类中药。
2. 动物类中药怎样划分规格等级？
3. 简述二杠锯茸商品的等级划分标准。

矿物类中药是指可供药用的原矿物、矿物原料的加工品、动物或动物骨骼的化石的总称。原矿物中药商品包括朱砂、自然铜、玛瑙、阳起石、炉甘石、赭石、石膏等。矿物原料的加工品包括轻粉、芒硝、玄明粉、硼砂等。动物或动物骨骼的化石包括龙骨、龙齿、石燕、石蟹等。

药用矿物以固体为主，每一种固体矿物都具有一定的物理、化学性质，这些性质取决于它们的结晶构造和化学成分，性质的各异，用以鉴别和认识不同种类的矿物。

矿物类中药的商品鉴别应注意形状、颜色、条痕、透明度、光泽、硬度等。

矿物类中药的应用历史悠久，在古代典籍中的记载也颇为丰富，历代本草典籍中记载的矿物药总数已达 400 种，当代临床常用的矿物药近 80 种。矿物药与植物药、动物药一样在祖国医学中发挥着举足轻重的作用，是医药商品中的重要组成部分。

朱 砂
Zhusha
Cinnabaris

【来源】硫化物类矿物辰砂族辰砂，主要含硫化汞（HgS）。

【产地】主产于贵州铜仁市万山区和湖南新晃、凤凰。重庆、广西也有产。万山区所产朱砂色红鲜艳、品位高、质量好、产量大，为著名的产地。天然朱砂，湖南辰州（今沅陵）产质量为好，故有"辰砂"之称。

【采收加工】采挖后，选取纯净者，用磁铁吸净含铁的杂质，再用水淘出杂石及泥沙。用水飞法制成极细的粉末，晾干或 40℃ 以下干燥，作朱砂粉使用。

【商品性状特征】

1. 药材 呈大小不一的颗粒状、块片状或粉末状。鲜红色或者暗红色，条痕红色。有光泽，体重、质脆、易碎。气微，味淡。

（1）镜面砂 又名劈砂、片砂。呈不规则长条形、斜方形或板片状，大小、薄厚不一，边缘不整齐，色红而鲜艳，光亮如镜，微通明，质较脆，易破碎。

（2）朱宝砂 又名泽光砂。呈细小颗粒状或者小块片状，有光泽，色红而明亮，触之不染手。

（3）豆瓣砂 又名豆砂，个砂。呈块状或者粒状，多角形或方圆形，暗红或呈灰褐色，质坚，不易碎。

（4）油菜砂 形状如朱宝砂，但较小，色泽较暗者，常含有杂质，如小石、铁屑等，不易研成细粉，质量较次。

［规格等级］朱砂分为镜面砂、朱宝砂、豆瓣砂、油菜砂等规格，一般为统货。

2. 饮片

朱砂粉　为朱红色极细粉末，体较轻，以手捻之无颗粒状物；以磁铁吸之，无铁屑，具有闪烁光泽。气微，味淡。

【质量要求】

1. 性状评价　以色红鲜艳、有光泽、微透明、质脆、无杂质者为佳。

2. 含量测定　硫化汞含量，药材不得少于96.0%，饮片不得少于98.0%。

3. 铁　照铁盐检查法检查，如显颜色，与标准铁溶液4mL制成的对照液比较，不得更深。

【性味功效】性微寒，味甘，有毒。清心镇惊，安神明目，解毒。用于心悸易惊，失眠多梦，癫痫发狂，小儿惊风，视物昏花，口疮，喉痹，疮疡肿毒。

【用法用量】内服，0.1～0.5g，多入丸散或者冲服，不宜入煎剂。外用适量。本品有毒，不宜大量服用，亦不宜少量久服，孕妇及肝肾功能不全者禁服。

【贮藏】放于容器内，密闭，置干燥处。

自然铜
Zirantong
Pyritum

【来源】硫化物类矿物黄铁矿族黄铁矿，主要含二硫化铁（FeS_2）。

【产地】主产于广东。四川、云南亦产。销全国各地。

【采收加工】采挖后，除去杂石。

【商品性状特征】

1. 药材　本品晶形多为立方体，集合体呈致密块状。表面亮淡黄色，有金属光泽；有的黄棕色或棕褐色，无金属光泽。具条痕，条痕绿黑色或棕红色。体重，质坚硬稍脆，易砸碎，断面黄白色，有金属光泽；或断面棕褐色，可见银白色亮星。燃烧有硫黄气味。

［规格等级］商品一般为统货，无规格等级之分。

2. 饮片

（1）自然铜　同药材。用时砸碎。

（2）煅自然铜　为小立方体或不规则的碎粒或粉末状，呈棕褐色至黑褐色或灰褐色，无金属光泽。质酥脆。略有醋酸气。

【质量要求】

1. 性状评价　以块整齐、色黄光亮，断面有金属光泽，无杂石者为佳。

2. 含量测定　本品铁（Fe）不得少于40.0%。

【性味功效】性平，味辛。散瘀止痛，续筋接骨。用于跌打损伤，筋骨折伤，瘀肿疼痛。

【用法用量】内服，3～9g，煎汤或入丸、散。入煎剂宜先煎。外用适量，研末调敷。

【贮藏】置干燥处。

赭 石

Zheshi

Haematitum

【来源】氧化物类矿物刚玉族赤铁矿，主要含三氧化二铁（Fe_2O_3）。

【产地】主产于山西、河北。山东、湖南、河南、重庆等地亦产。

【采收加工】采挖后，除去杂石。

【商品性状特征】

1. 药材 本品为鲕状、豆状、肾状集合体，多呈不规则的扁平块状。暗棕红色或灰黑色，条痕樱红色或棕红色粉，有的有金属光泽。一面多有圆形的突起，习称"钉头"，另一面与突起相对应处有同样大小的凹窝。体重，质硬，砸碎后断面显层叠状。气微，味淡。

［规格等级］商品一般为统货，不分规格等级。

2. 饮片

（1）赭石 同药材。用时砸碎。

（2）煅赭石 呈不规则的颗粒状或粗粉状，表面黑灰色，微有醋味。

【质量要求】

1. 性状评价 以表面色棕红、断面层次明显、松脆易剥下、无杂石者为佳。

2. 含量测定 含铁不得少于 45.0%。

【性味功效】性寒，味苦。平肝潜阳，重镇降逆，凉血止血。用于眩晕耳鸣，呕吐，噫气，呃逆，喘息，吐血，衄血，崩漏下血。

【用法用量】内服，9 ～ 30g，先煎。孕妇慎用。

【贮藏】置干燥处，防尘。

石 膏

Shigao

Gypsum Fibrosum

【来源】硫酸盐类矿物石膏族石膏，主含含水硫酸钙（$CaSO_4 \cdot 2H_2O$）。

【产地】主产于湖北、河南、西藏、安徽等地。四川、甘肃、新疆、山东、贵州、山西、云南、湖南、广西亦产。

【采收加工】采挖后，除去杂石及泥沙。

【商品性状特征】

1. 药材 本品为纤维状的集合体，呈长块状、板块状或不规则块状。白色、灰白色或淡黄色，有的半透明。体重，质软，纵断面具绢丝样光泽。气微，味淡。

［规格等级］商品均为统货，不分等级。

2. 饮片

（1）生石膏 同药材，经粉碎成粗粉。

（2）煅石膏 为白色的粉末或酥松块状物，表面透出微红色的光泽，不透明，质软，易碎，捏之成粉。气微，味淡。

【质量要求】

1. **性状评价** 以色白、半透明、无杂石、纵断面纤维状有光泽者为佳。

2. **含量测定** 生石膏含含水硫酸钙不得少于95.0%。煅石膏含硫酸钙不得少于92%。

3. **重金属** 不得过10mg/kg。

4. **砷盐** 不得过2mg/kg。

【性味功效】性大寒，味甘、辛。清热泻火，除烦止渴。用于外感热病，高热烦渴，肺热喘咳，胃火亢盛，头痛，牙痛。煅石膏收湿生肌，敛疮止血。外用于溃疡、湿疹、出血等。

【用法用量】内服，15～60g，先煎。

【贮藏养护】置干燥处。

芒 硝

Mangxiao

Natrii Sulfas

【来源】硫酸盐类矿物芒硝族芒硝，经煮炼加工精制而成的结晶体，主含含水硫酸钠（$Na_2SO_4 \cdot 10H_2O$）。

【产地】主产于内蒙古、青海、河北、山东、河南、江苏、安徽、山西等地。

【采收加工】取天然产芒硝（俗称"土硝"），加水溶解，静置，沉淀，过滤，滤液加热浓缩，放冷，析出结晶。粗加工成品习称"朴硝"或"皮硝"，是加工芒硝的原料，不入药。精加工而成的结晶称为芒硝。

【商品性状特征】

药材 为棱柱状、长方形或不规则块状或者粒状。无色透明或类白色半透明。质脆，易碎，断面呈玻璃样光泽。气微，味咸。

［规格等级］商品均为统货，不分等级。

【质量要求】

1. **性状评价** 以结晶体呈条块状、无色、透明者为佳。

2. **含量测定** 按干燥品计算，含硫酸钠不得少于99.0%。

3. **铁盐与锌盐** 不得发生浑浊或显蓝色。

4. **镁盐** 5分钟内，不得发生浑浊。

5. **干燥失重** 减失重量应为51.0%～57.0%。

6. **重金属** 不得过10mg/kg。

7. **砷盐** 不得过10mg/kg。

8. **氯化物** 与标准氯化钠对照液比较，不得更浓（0.035%）。

9. **酸碱度** 加甲基红指示液，不得显红色；加溴麝香草酚蓝指示液，不得显蓝色。

【性味功效】性寒，味苦、咸。泻下通便，润燥软坚，清火消肿。用于实热积滞，腹满胀痛，大便燥结，肠痈肿痛；外治乳痈，痔疮肿痛。

【用法用量】内服，6～12g。一般不入煎剂，待汤剂煎好后，溶入汤液中服用。外用适量。孕妇慎用。不宜与硫黄、三棱同用。

【贮藏】密封，在30℃以下保存，防风化。

雄 黄
Xionghuang
Realgar

【来源】硫化物类矿物雄黄族雄黄，主含二硫化二砷（As_2S_2）。

【产地】主产于湖南、贵州。湖北、甘肃、云南及陕西、四川等地有少量分布。

【采收加工】采挖后，除去杂质。

【商品性状特征】

1. 药材　本品呈现不规则块状或粒状集合体。深红色或橙红色，条痕淡橘红色，晶面有金刚石样光泽。质脆，易碎，断面具有树脂样光泽。微有特异臭气，味淡。精矿粉为粉末状或粉末集合体，质松脆，手捏即成粉，橙黄色，无光泽。

［规格等级］商品分为雄黄和明雄黄两个规格。

雄黄分为天、地、元、黄 4 等。明雄黄又称为"腰黄"或者"雄黄精"。明雄黄主产于贵州郎岱，质量较佳，按照大小分 1～3 等。

2. 饮片

雄黄粉　为橙黄色或橙红色极细粉末，易粘手，气特异。

【质量要求】

1. 性状评价　一般以色红、块大、质松脆，有光泽者为佳。

2. 含量测定　含砷量以二硫化二砷计，不得少于 90.0%。

3. 三价砷和五价砷　含量以砷计，不得过 7%。

【性味功效】性温，味辛；有毒。解毒杀虫，燥湿祛痰，截疟。用于痈肿疔疮、蛇虫咬伤、虫积腹痛、惊痫、疟疾等。

【用法用量】内服，0.05～0.1g，入丸散用。外用适量，熏涂患处。内服宜慎，不可久用，孕妇禁服。

【贮藏】置干燥处，密闭。

复习思考题

1. 名词解释：矿物类中药。

2. 朱砂服用时有哪些注意事项？

3. 矿物类中药应从哪些理化性质进行鉴别？

第二十四章

中成药

中成药是在中医理论指导下，以中药饮片为原料，为了预防及治疗疾病的需要，按规定的处方和制法大批量生产，具特有名称，并标明适应证或功能主治、用法用量和规格，实行批准文号管理的药品。中成药具有便于携带、使用方便的特点。

第一节　内科中成药

《国家基本药物目录》2018 年版中内科用中成药包括 16 类。

1. 解表剂　九味羌活丸、感冒清热颗粒、正柴胡饮颗粒、柴胡注射液、金花清感颗粒、银翘解毒片、芎菊上清丸、牛黄清感胶囊、祖卡木颗粒、复方银花解毒颗粒、金叶败毒颗粒、防风通圣丸、玉屏风颗粒。

2. 泻下剂　麻仁润肠软胶囊。

3. 清热剂　牛黄上清丸、一清颗粒、板蓝根颗粒、疏风解毒胶囊、清热解毒颗粒、复方黄黛片、清热八味胶囊、保济口服液、藿香正气软胶囊、十滴水、双黄连合剂、银黄口服液、茵栀黄口服液、复方黄连素片、连花清瘟胶囊、香连丸、金芪降糖片。

4. 温里剂　附子理中片、香砂养胃颗粒、香砂平胃颗粒、理中丸、参麦注射液、生脉饮、稳心颗粒。

5. 化痰、止咳、平喘剂　通宣理肺颗粒、蛇胆川贝液、寒喘祖帕颗粒、橘红丸、急支糖浆、养阴清肺颗粒、二母宁嗽片、强力枇杷露、清宣止咳颗粒、杏贝止咳颗粒、蛤蚧定喘丸、桂龙咳喘宁胶囊。

6. 开窍剂　安宫牛黄丸、清开灵胶囊、安脑丸、苏合香丸、礞石滚痰丸。

7. 扶正剂　补中益气丸、参苓白术散、肾衰宁胶囊、香砂六君丸、安胃疡胶囊、益气和胃胶囊、摩罗丹、归脾丸、健脾生血颗粒、六味地黄丸、知柏地黄丸、杞菊地黄胶囊、生血宝合剂、百令胶囊、金水宝胶囊、金匮肾气丸、四神丸、济生肾气丸、八珍丸、消渴丸、贞芪扶正颗粒、参芪降糖颗粒、天芪降糖胶囊、津力达颗粒、益气维血胶囊、芪苈强心胶囊。

8. 安神剂　天王补心丸、柏子养心丸、枣仁安神颗粒、乌灵胶囊。

9. 止血剂　槐角丸、升血小板胶囊。

10. 祛瘀剂　血栓通胶囊、血塞通胶囊、丹参注射液、银杏叶胶囊、银丹心脑通软胶囊、瘀血痹颗粒、麝香保心丸、脑心通片、诺迪康胶囊、血栓心脉宁胶囊、参松养心胶囊、益心舒颗粒、补肺活血胶囊、灯盏生脉胶囊、活心丸、芪参益气滴丸、扶正化瘀胶囊、鳖甲煎丸、冠心苏合丸、地奥心血康胶囊、通心络胶囊、灯盏花素片、脑安颗粒、脉血康胶囊、大黄䗪虫丸、血府逐瘀丸、复方丹参滴丸、速效救心丸、心可舒胶囊、脉络宁注射液、平消胶囊、华蟾素片、红金消结胶囊。

11. 理气剂　逍遥丸、丹栀逍遥丸、护肝片、气滞胃痛颗粒、胃苏颗粒、元胡止痛片、三九胃泰颗粒、加味左金丸、荜铃胃痛颗粒、五灵胶囊、枳术宽中胶囊、宽胸气雾剂。

12. 消导剂　保和丸、六味安消散。

13. 治风剂　川芎茶调颗粒、通天口服液、松龄血脉康胶囊、丹珍头痛胶囊、正天丸、养血清脑颗粒、消银颗粒、润燥止痒胶囊、华佗再造丸、小活络丸、复方风湿宁胶囊。

14. 祛湿剂　风湿骨痛胶囊、追风透骨丸、正清风痛宁缓释片、五苓散、肾炎康复片、尿毒清颗粒、癃清片、三金片、癃闭舒胶囊、尪痹颗粒、风湿液、普乐安片、克痢痧胶囊。

15. 调脂剂　血脂康胶囊。

16. 固涩剂　缩泉丸。

防风通圣丸
Fangfeng Tongsheng Wan

【处方】防风、荆芥穗、薄荷、麻黄、大黄、芒硝、栀子、滑石、桔梗、石膏、川芎、当归、白芍、黄芩、连翘、甘草、白术（炒）。

按照现行版《中国药典》处方组成及制法，用水制丸，干燥，用滑石粉包衣，打光，干燥，即得。或以上十七味，粉碎成细粉，过筛，混匀，用水制丸，干燥，即得。

【商品特征】丸剂。为包衣或不包衣的水丸，丸芯颜色为浅棕色至黑褐色；味甘、咸、微苦。

【功能主治】解表通里，清热解毒。用于外寒内热，表里俱实，恶寒壮热，头痛咽干，小便短赤，大便秘结，瘰疬初起，风疹湿疮。

【质量要求】

1. 性状评价　外观应圆整，大小、色泽应均匀。无粘连现象。

2. 含量测定　照高效液相色谱法测定。本品每 1g 含黄芩以黄芩苷计，不得少于 6.1mg。

【用法用量】口服。每次 6g，每日 2 次。

【不良反应】尚不明确。

【注意事项】①忌烟、酒及辛辣、油腻、鱼虾海鲜类食物。②不宜在服药期间同时服用滋补性中药。③高血压、心脏病患者慎用。④孕妇慎用，儿童、哺乳期妇女、年老体弱、脾虚便溏及有肝病、糖尿病、肾病等慢性病严重者应在医师指导下服用。⑤服用后大便次数增多且不成形者，应酌情减量。

【规格】每 20 丸重 1g。

【贮藏】密封。

【其他剂型】颗粒剂。

藿香正气水
Huoxiang Zhengqi Shui

【处方】苍术、陈皮、厚朴（姜制）、白芷、茯苓、大腹皮、生半夏、甘草浸膏、广藿香油、紫苏叶油。

按照现行版《中国药典》处方组成及制法，使全量成 2050mL，静置，滤过，灌装，即得。

【商品特征】酊剂。为深棕色的澄清液体（贮存略有沉淀）；味辛、苦。

【功能主治】解表化湿，理气和中。用于外感风寒、内伤湿滞或夏伤暑湿所致的感冒，症见头痛昏重、胸膈痞闷、脘腹胀痛、呕吐泄泻；胃肠型感冒见上述证候者。

【质量要求】

1. 性状评价　应澄清，外观整洁，不得有黏结、变形、渗漏现象，并应无异臭。

2. 含量测定　①厚朴：照高效液相色谱法测定，本品每 1mL 含厚朴以厚朴酚及和厚朴酚总量计，不得少于 0.58mg。②陈皮：照高效液相色谱法测定，本品每 1mL 含陈皮以橙皮苷计，不得少于 0.18mg。

【用法用量】口服。一次 5～10mL，一日 2 次，用时摇匀。

【不良反应】①本品可能引起恶心、呕吐、皮疹、瘙痒、头晕、潮红、心悸等不良反应。②本品含乙醇，有服用本品后出现过敏性休克和抽搐的病例。

【注意事项】①忌烟、酒及辛辣、生冷、油腻食物。②不宜在服药期间同时服用滋补性中药。③年老体弱者及有高血压、心脏病、肝病、糖尿病、肾病等慢性病严重者应在医师指导下服用。④不建议儿童、孕妇及哺乳期妇女使用。⑤本品含 40%～50% 乙醇，服药期间不得与头孢菌素类、甲硝唑、替硝唑、酮康唑、呋喃唑酮等药联合使用，以免导致双硫仑样反应。⑥服药后不得驾驶机、车、船、从事高空作业、机械作业及操作精密仪器等。

【规格】每支装 10mL。

【贮藏】密封。

【其他剂型】滴丸；软胶囊；口服液。

连花清瘟胶囊
Lianhua Qingwen Jiaonang

【处方】连翘、金银花、炙麻黄、炒苦杏仁、石膏、板蓝根、绵马贯众、鱼腥草、广藿香、大黄、红景天、薄荷脑、甘草。

按照现行版《中国药典》处方组成及制法，制成胶囊 1000 粒，即得。

【商品特征】硬胶囊剂。内容物为棕黄色至黄褐色的颗粒和粉末；气微香，味微苦。

【功能主治】清瘟解毒，宣肺泄热。用于治疗流行性感冒属热毒袭肺证，症见发热，恶寒，肌肉酸痛，鼻塞流涕，咳嗽，头痛，咽干咽痛，舌偏红，苔黄或黄腻。

【质量要求】

1. 性状评价　外观应整洁不得有黏结、变形、渗漏、囊壳破裂现象，并应无异臭。

2. 含量测定　照高效液相色谱法测定，本品每粒含连翘以连翘苷计，不得少于 0.17mg。

【用法用量】口服。一次 4 粒，一日 3 次。

【不良反应】上市后监测数据显示本品可见以下胃肠道不良反应，如恶心、呕吐、腹痛、腹泻、腹胀、反胃，以及皮疹、瘙痒、口干、头晕等。

【注意事项】①忌烟、酒及辛辣、生冷、油腻食物。②不宜在服药期间同时服用滋补性中药。③风寒感冒者不适用；发热体温超过 38.5℃的患者，应去医院就诊。④高血压、心脏病患者慎用，有肝病、糖尿病、肾病等慢性病严重者及儿童、孕妇、哺乳期妇女、年老体弱及脾虚便溏者应在医师指导下服用。

【规格】每粒装 0.35g。

【贮藏】密封，置阴凉处。

【其他剂型】片剂；颗粒剂。

香砂养胃颗粒
Xiangsha Yangwei Keli

【处方】木香、砂仁、白术、陈皮、茯苓、半夏（制）、醋香附、枳实（炒）、豆蔻（去壳）、姜厚朴、广藿香、甘草。

按照现行版《中国药典》处方组成及制法，制成 1000g，即得。

【商品特征】颗粒剂。为黄棕色至棕色的颗粒；气芳香，味微甜、略苦。

【功能主治】温中和胃。用于胃阳不足，湿阻气滞所致的胃痛、痞满，症见胃痛隐隐、脘闷不舒、呕吐酸水、嘈杂不适、不思饮食、四肢倦怠。

【质量要求】

1. 性状评价　外观应干燥、颗粒均匀，色泽一致。无吸潮、结块、潮解等现象。

2. 含量测定　照高效液相色谱法测定，本品每 1g 含陈皮和枳实以橙皮苷计，不得少于 1.0mg。

【用法用量】开水冲服。每次 1 袋，每日 2 次。

【不良反应】尚不明确。

【注意事项】①忌生冷油腻食物。②胃痛症见胃部灼热，隐隐作痛，口干舌燥者不宜服用本药。③按照用法用量服用，服药 3 天后症状无改善，或服药期间症状加重，应及时就医。④小儿、孕妇、哺乳期妇女及年老体虚患者应在医师指导下服用。

【规格】每袋 5g。

【贮藏】密封。

【其他剂型】丸剂（含浓缩丸）。

归脾丸
Guipi Wan

【处方】党参、炒白术、炙黄芪、炙甘草、茯苓、制远志、炒酸枣仁、龙眼肉、当归、木香、大枣（去核）。

按照现行版《中国药典》处方组成及制法，制丸，干燥，打光，即得。

【商品特征】丸剂。为棕色至棕褐色的浓缩水丸；气微，味甘而后微苦、辛。

【功能主治】益气健脾，养血安神。用于心脾两虚，气短心悸，失眠多梦，头昏头晕，肢倦乏力，食欲不振，崩漏便血。

【质量要求】

1. 性状评价　外观应圆整，大小、色泽应均匀。无粘连现象。

2. 含量测定　照高效液相色谱法测定，本品每丸含炙黄芪以黄芪甲苷计，不得少于 10μg。

【用法用量】口服。一次 8 ～ 10 丸，一日 3 次。

【不良反应】有引起消化道不适及皮疹的病例报告。

【注意事项】①忌不易消化食物。②感冒发热患者及有口渴、尿黄、便秘等内热表现者不宜服用。③有高血压、心脏病、肝病、糖尿病、肾病等慢性病严重者及儿童、孕妇、哺乳期妇女应在医师指导下服用。④服药 4 周症状无缓解，应及时就医。

【规格】每 8 丸相当于饮片 3g。

【贮藏】密封。

【其他剂型】合剂；颗粒剂。

复方丹参滴丸
Fufang Danshen Diwan

【处方】丹参、三七、冰片。

按照现行版《中国药典》处方组成及制法，制成滴丸，或包薄膜衣，即得。

【商品特征】丸剂。为棕色的滴丸，或为薄膜衣滴丸，除去包衣后显黄棕色至棕色；气香，味微苦。

【功能主治】活血化瘀，理气止痛。用于气滞血瘀所致的胸痹，症见胸闷、心前区刺痛；冠心病心绞痛见上述证候者。

【质量要求】

1. 性状评价 外观应圆整，大小、色泽应均匀。无粘连现象。

2. 含量测定 照高效液相色谱法测定，本品每丸含丹参以丹参素计，不得少于 0.10mg。

3. 指纹图谱 供试品指纹图谱与对照指纹图谱的相似度不得低于 0.90。

【用法用量】口服或舌下含服。每次 10 丸，每日 3 次。28 天为一个疗程；或遵医嘱。

【不良反应】①胃肠系统：胃肠道不适、消化不良、嗳气、反酸、呃逆、恶心、呕吐、胀气、胃痛、腹胀、腹泻、腹痛、腹部不适等。②皮肤及其附件：皮疹、瘙痒、潮红等皮肤过敏反应。③神经系统：头晕、头痛等。④心血管系统：心悸、胸闷、血压升高等。⑤其他：乏力、咳嗽、口干、过敏或过敏样反应、尿蛋白、尿红细胞和酮体等。

【注意事项】①孕期、哺乳期妇女、过敏体质者、脾胃虚寒患者慎用。②患者服药后若有消化道反应，建议舌下含服或饭后服用，或遵医嘱。③对于有出血倾向或使用抗凝、抗血小板治疗的患者，应在医生指导下使用本品，并注意监测。

【规格】①滴丸每丸重 25mg。②薄膜衣滴丸每丸重 27mg。

【贮藏】密封。

【其他剂型】片剂；气雾剂；胶囊剂；颗粒剂。

逍遥丸
Xiaoyao Wan

【处方】柴胡、当归、白芍、炒白术、茯苓、炙甘草、薄荷。

按照现行版《中国药典》处方组成及制法，制丸，干燥，打光，即得。

【商品特征】丸剂。为亮黑色的浓缩丸；气微，味甜、辛而后苦。

【功能主治】疏肝健脾，养血调经。用于肝郁脾虚所致的郁闷不舒、胸胁胀痛、头晕目眩、食欲减退、月经不调。

【质量要求】

1. 性状评价 外观应圆整，大小、色泽应均匀。无粘连现象。

2. 含量测定 照高效液相色谱法测定。本品每 1g 含白芍以芍药苷计，不得少于 4.0mg。

【用法用量】口服。一次 8 丸，一日 3 次。

【不良反应】尚不明确。

【注意事项】①忌生冷及油腻难消化的食物；服药期间要保持情绪乐观，切忌生气恼怒。②有高血压、心脏病、肝病、糖尿病、肾病等慢性病严重者，儿童、年老体弱、孕妇，哺乳期妇女及月经量多者应在医师指导下服用。③平素月经正常，突然出现经量过多、经期延长，或月经过少、经期错后，或阴道不规则出血者应去医院就诊。

【规格】每 8 丸相当于饮片 3g。

【贮藏】密封。

【其他剂型】片剂；胶囊剂；颗粒剂。

第二节　外科中成药

《国家基本药物目录》2018 年版中用于外科的中成药包括 3 类。

1. 活血化瘀剂 脉管复康片、京万红软膏、灵泽片。

2. 清热剂 消炎利胆片、金钱胆通颗粒、银屑胶囊、除湿止痒软膏、金蝉止痒胶囊、季德胜蛇药片、肛泰栓、复方黄柏液涂剂、连翘败毒丸、如意金黄散、地榆槐角丸、湿润烧伤膏、排石颗粒、双石通淋胶囊、马应龙麝香痔疮膏、内消瘰疬丸。

3. 温经理气活血剂 小金丸、西黄丸、红金消结胶囊。

脉管复康片
Maiguan Fukang Pian

【处方】丹参、鸡血藤、郁金、乳香、没药。

按照现行版《中国药典》处方组成及制法，压制成 2000 片，包糖衣；或压制成 1000 片，包薄膜衣，即得。

【商品特征】本品为糖衣片或薄膜衣片，除去包衣后显棕褐色；气微香，味甘、微苦。

【功能主治】活血化瘀、通经活络。用于瘀血阻滞，脉络不通引起的脉管炎、硬皮病、动脉硬化性下肢血管闭塞症，对冠心病、脑血栓后遗症属上述证候者也有一定治疗作用。

【质量要求】

1. 性状评价 外观应完整光洁、色泽均匀。无松片、裂片等现象。糖衣片无粘连现象。

2. 含量测定 本品每片含丹参以丹酚酸 B 计，糖衣片不得少于 2.5mg；薄膜衣片不得少于 5.0mg。

【用法用量】口服。糖衣片一次 8 片或薄膜衣片一次 4 片，一日 3 次。

【不良反应】尚不明确。

【注意事项】经期减量，孕妇及肺结核患者遵医嘱服用。

【规格】①糖衣片：片心重 0.3g。②薄膜衣片：每片重 0.6g。

【贮藏】密封。

排石颗粒
Paishi Keli

【处方】连钱草、盐车前子、木通、徐长卿、石韦、忍冬藤、滑石、瞿麦、苘麻子、甘草。

按照现行版《中国药典》处方组成及制法，制成1000g；或取清膏加糊精适量制成颗粒，干燥，制成250g（无蔗糖），即得。

【商品特征】颗粒剂。本品为浅黄色至棕褐色的颗粒或混悬性颗粒（无蔗糖）；气微，味甜、略苦或味微甜、微苦（无蔗糖）。

【功能主治】清热利水，通淋排石。用于下焦湿热所致的石淋，症见腰腹疼痛、排尿不畅或伴有血尿；泌尿系结石见上述证候者。

【质量要求】

1. 性状评价 外观应干燥、颗粒均匀，色泽一致。无吸潮、结块、潮解等现象。

2. 含量测定 ①总黄酮：照紫外–可见分光光度法测定，本品每袋含总黄酮以无水芦丁计，不得少于0.12g。②连钱草：照高效液相色谱法测定，本品每袋含连钱草以迷迭香酸计，不得少于4.0mg。

【用法用量】开水冲服。每次1袋，每日3次；或遵医嘱。

【不良反应】尚不明确。

【注意事项】①服药期间应多饮水并适当运动。②忌油腻食物。③脾虚便溏者及孕妇慎用。

【规格】①每袋20g。②每袋5g（无蔗糖）。

【贮藏】密封。

第三节 妇科中成药

《国家基本药物目录》2018年版，妇科用的中成药包括4类。

1. 理血剂 益母草膏、少腹逐瘀丸、茜芷胶囊、坤宁颗粒、葆宫止血颗粒、妇科十味片。

2. 清热剂 妇科千金片、花红片、宫炎平片、妇炎消胶囊、金刚藤糖浆、保妇康栓。

3. 扶正剂 艾附暖宫丸、乌鸡白凤片、八珍益母丸、补血益母丸、定坤丹、更年安片、坤泰胶囊、滋肾育胎丸。

4. 散结剂 乳癖消颗粒、桂枝茯苓丸、乳块消颗粒、宫瘤清胶囊。

益母草膏
Yimucao Gao

【处方】益母草。

按照现行版《中国药典》处方及制法，本品为益母草经加工制成的煎膏。

【商品特征】本品为棕黑色稠厚的半流体；气微，味苦、甜。

【功能主治】活血调经。用于血瘀所致的月经不调、产后恶露不绝，症见月经量少、淋沥不净、产后出血时间过长；产后子宫复旧不全见上述证候者。

【质量要求】

1. 性状评价　外观棕黑色稠厚的半流体。无焦臭、异味，无糖的结晶析出。

2. 含量测定　照高效液相色谱法测定，本品每 1g 含盐酸水苏碱不得少于 3.6mg。

【用法用量】口服。每次 10g，每日 1 ～ 2 次。

【不良反应】尚不明确。

【禁忌】孕妇及对本品过敏者禁用，过敏体质者慎用。

【注意事项】①忌辛辣、生冷食物。②服药 2 周症状无缓解，应去医院就诊。③糖尿病患者及有高血压、心脏病、肝病、肾病等慢性病严重者应在医师指导下服用。④青春期少女及更年期妇女应在医师指导下服用。⑤如正在使用其他药品，使用本品前请咨询医师或药师。

【规格】①每瓶 125g。②每瓶 250g。

【贮藏】密封。

【其他剂型】片剂；口服液；胶囊剂；颗粒剂；流浸膏。

乌鸡白凤片
Wuji Baifeng Pian

【处方】乌鸡（去毛爪肠）、鹿角胶、鳖甲（制）、牡蛎（煅）、桑螵蛸、人参、黄芪、当归、白芍、香附（醋制）、天冬、甘草、地黄、熟地黄、川芎、银柴胡、丹参、山药、芡实（炒）、鹿角霜。

按照现行版《中国药典》处方组成及制法，压制成 1000 片，包薄膜衣，即得。

【商品特征】本品为薄膜衣片，除去包衣后显棕色；味甜、微苦。

【功能主治】补气养血，调经止带。用于气血两虚，身体瘦弱，腰膝酸软，月经不调，崩漏带下。

【质量要求】

1. 性状评价　外观应完整光洁、色泽均匀。无松片、裂片等现象。

2. 含量测定　①白芍：照高效液相色谱法测定，本品每片含白芍以芍药苷计，不得少于 0.70mg。②总氮量：照氮测定法（第二法）测定，本品每片含总氮不得少于 15.0mg。

【用法用量】口服。一次 2 片，一日 2 次。

【不良反应】尚不明确。

【禁忌】对本品过敏者及孕妇禁用，过敏体质者慎用。

【注意事项】①忌食寒凉、生冷食物。②感冒时不宜服用本药。③服本药时不宜同时服用藜芦、五灵脂、皂荚及其制剂，不宜喝茶和吃萝卜，以免影响药效。④服用一个月经周期症状无改善者，应向医师咨询。⑤按照用法用量服用，长期服用应向医师咨询。

【规格】每片重 0.5g。

【贮藏】密封。

【其他剂型】丸剂；颗粒剂。

第四节　眼科中成药

《国家基本药物目录》2018 年版中用于眼科的中成药包括两类。

1.清热剂　明目上清片、黄连羊肝丸、珍珠明目滴眼液。

2.扶正剂　明目地黄丸、障眼明片、石斛夜光丸、和血明目片、复方血栓通胶囊。

明目上清片
Mingmu Shangqing Pian

【**处方**】桔梗、熟大黄、天花粉、石膏、麦冬、玄参、栀子、蒺藜、蝉蜕、甘草、陈皮、菊花、车前子、当归、黄芩、赤芍、黄连、枳壳、薄荷脑、连翘、荆芥油。

按照现行版《中国药典》处方组成及制法，压制成1000片，或薄膜衣，即得。

【**商品特征**】本品为棕色至棕褐色的片；或为薄膜衣片，除去包衣后显棕色至棕褐色；味苦。

【**功能主治**】清热散风，明目止痛。用于外感风热所致的暴发火眼、红肿作痛、头晕目眩、眼边刺痒、大便燥结、小便赤黄。

【**质量要求**】

1.性状评价　外观应完整光洁、色泽均匀。无松片、裂片等现象。

2.含量测定　照高效液相色谱法测定。本品每片含黄连以盐酸小檗碱计，不得少于1.3mg。

【**用法用量**】口服。每次4片，每日2次。

【**不良反应**】尚不明确。

【**禁忌**】孕妇、年老体弱、白内障患者忌服。

【**注意事项**】①忌食辛辣油腻食物。②有高血压、心脏病、肾病、糖尿病等慢性病严重患者应在医师指导下服用。③暴发火眼，表现为眼白充血发红、怕光、流泪、眼屎多，易起变证，常有角膜疾患并发，如出现头痛眼痛、视力明显下降，并伴有呕吐、恶心，应及时去医院就诊。④应用本药时一般应配合治疗暴发火眼的外用眼药，不能仅用本药。⑤小儿应在医师指导下服用。

【**规格**】①素片每片重0.60g。②薄膜衣片每片重0.63g。

【**贮藏**】密封。

和血明目片
Hexue Mingmu Pian

【**处方**】蒲黄、丹参、地黄、墨旱莲、菊花、黄芩（炒炭）、决明子、车前子、茺蔚子、女贞子、夏枯草、龙胆、郁金、木贼、赤芍、牡丹皮、山楂、当归、川芎。

按照现行版《中国药典》处方组成及制法，压制成1000片，包糖衣或薄膜衣，即得。

【**商品特征**】本品为糖衣片或薄膜衣片，除去包衣后显棕褐色；气微香，味苦、辛。

【**功能主治**】凉血止血、滋阴化瘀、养肝明目。用于阴虚肝旺，热伤络脉所引起的眼底出血。

【**质量要求**】

1.性状评价　外观应完整光洁、色泽均匀。无松片、裂片等现象。糖衣片无粘连现象。

2.含量测定　照高效液相色谱法测定。本品每片含丹参以丹参素计，不得少于0.25mg。

【**用法用量**】口服。一次5片，一日3次。

【**不良反应**】尚不明确。

【**禁忌**】尚不明确。

【**注意事项**】尚不明确。

【规格】①糖衣片：片心重 0.3g。②薄膜衣片：每片重 0.31g。

【贮藏】密封。

第五节　耳鼻喉科中成药

《国家基本药物目录》2018 年版中耳鼻喉科用的中成药包括 3 类。

1. 耳病　耳聋左慈丸、通窍耳聋丸。

2. 鼻病　鼻炎康片、藿胆滴丸、辛夷鼻炎丸、香菊胶囊、鼻窦炎口服液、辛芩颗粒。

3. 咽喉、口腔病　黄氏响声丸、清咽滴丸、金嗓散结胶囊、口炎清颗粒、玄麦甘桔颗粒、口腔溃疡散、西帕依固龈液、冰硼散、六神丸、百蕊颗粒。

通窍耳聋丸
Tongqiao Erlong Wan

【处方】北柴胡、龙胆、芦荟、熟大黄、黄芩、青黛、天南星（矾炙）、木香、醋青皮、陈皮、当归、栀子（姜炙）。

按照现行版《中国药典》处方组成及制法，用水泛丸，干燥，滑石粉包衣，打光，即得。

【商品特征】本品为白色光亮的水丸，除去包衣后呈绿褐色；味苦。

【功能主治】清肝泻火，通窍润便。用于肝经热盛，头目眩晕，耳聋蝉鸣，耳底肿痛，目赤口苦，胸膈满闷，大便燥结。

【质量要求】

1. 性状评价　外观应圆整，大小、色泽应均匀。无粘连现象。

2. 含量测定　①龙胆：照高效液相色谱法测定。本品每 1g 含龙胆以龙胆苦苷计，不得少于 0.38mg。②黄芩：照高效液相色谱法测定。本品每 1g 含黄芩以黄芩苷计，不得少于 8.0mg。

【用法用量】口服。一次 6g，一日 2 次。

【不良反应】尚不明确。

【禁忌】孕妇忌服。

【注意事项】忌烟酒、辛辣刺激性食物。

【规格】每 100 粒重 6g。

【贮藏】密封，防潮。

鼻炎康片
Biyankang Pian

【处方】广藿香、苍耳子、鹅不食草、麻黄、野菊花、当归、黄芩、猪胆粉、薄荷油、马来酸氯苯那敏。

按照现行版《中国药典》处方组成及制法，压制成 1000 片，包薄膜衣，即得。

【商品特征】本品为薄膜衣片，除去包衣后显浅褐色至棕褐色；味微甘而苦涩，有凉感。

【功能主治】清热解毒，宣肺通窍，消肿止痛。用于风邪蕴肺所致的急、慢性鼻炎，过敏性鼻炎。

【质量要求】

1. 性状评价 外观应完整光洁、色泽均匀。无松片、裂片等现象。

2. 含量测定 ①黄芩：照高效液相色谱法测定。本品每片含黄芩以黄芩苷计，不得少于 3.9mg。②马来酸氯苯那敏：照高效液相色谱法测定。本品每片含马来酸氯苯那敏应为标示量的 80.0% ～ 120.0%。

【用法用量】口服。每次 4 片，每日 3 次。

【不良反应】嗜睡、困倦、疲劳、乏力、口渴、腹泻、便秘、胃部不适、恶心、食欲不振、皮疹、瘙痒、头晕、头痛、心悸等。

【注意事项】①孕妇及高血压、膀胱颈梗阻、甲状腺功能亢进、青光眼、前列腺肥大患者慎用；运动员慎用；用药期间不宜驾驶车辆、管理机器及高空作业。②忌辛辣、鱼腥食物。③不宜过量、久服。④儿童、老年人及心脏病、肝病、糖尿病、肾病等患者应在医生指导下服用。⑤个别患者服药后偶有胃部不适，停药后可消失，建议饭后服用。

【规格】每片重 0.37g（含马来酸氯苯那敏 1mg）。

【贮藏】密封。

黄氏响声丸
Huangshi Xiangsheng Wan

【处方】薄荷、浙贝母、连翘、蝉蜕、胖大海、酒大黄、川芎、儿茶、桔梗、诃子肉、甘草、薄荷脑。

按照现行版《中国药典》处方组成及制法，制丸，包糖衣或炭衣，即得。

【商品特征】本品为糖衣或炭衣浓缩水丸，除去包衣后显褐色或棕褐色；味苦、清凉。

【功能主治】疏风清热，化痰散结，利咽开音。用于风热外束、痰热内盛所致的急、慢性喉瘖，症见声音嘶哑、咽喉肿痛、咽干灼热、咽中有痰，或寒热头痛，或便秘尿赤；急、慢性喉炎及声带小结、声带息肉初起见上述证候者。

【质量要求】

1. 性状评价 外观应圆整，大小、色泽应均匀。无粘连现象。

2. 含量测定 照高效液相色谱法测定。本品每 1g 含浙贝母以贝母素甲和贝母素乙的总量计，不得少于 0.20mg。

【用法用量】口服。炭衣丸：每次 8 丸（每丸重 0.1g）或 6 丸（每丸重 0.133g）。糖衣丸：每次 20 丸，每日 3 次，饭后服用。儿童减半。

【不良反应】头晕、头痛、嗜睡；腹泻、便秘、胃部不适，消化不良；过敏性皮炎、皮疹、瘙痒、红斑疹；心悸、乏力、口渴等。

【注意事项】①忌辛辣、鱼腥食物。②用药期间不宜同时服用温补性中成药。③声哑、咽喉痛同时伴有心悸、胸闷、咳喘等症状，应及时就医。③孕妇、胃寒便溏、声嘶、咽痛、恶寒发热、鼻流清涕等外感风寒者慎用。

【规格】炭衣丸：①每丸重 0.1g。②每丸重 0.133g。糖衣丸：每瓶 400 丸。

【贮藏】密封。

第六节 骨伤科中成药

《国家基本药物》2018 年版中用于骨伤科的中成药包括 18 种：接骨七厘散、伤科接骨片、云南白药胶囊、活血止痛散、七厘散、消痛贴膏、独一味胶囊、颈舒颗粒、颈复康颗粒、腰痹通胶囊、滑膜炎颗粒、舒筋活血丸、狗皮膏、骨痛灵酊、通络祛痛膏、复方南星止痛膏、麝香追风止痛膏、仙灵骨葆胶囊。

云南白药胶囊
Yunnan Baiyao Jiaonang

【处方】国家保密方。本品含有草乌（制），其余成分略。

【商品特征】本品为硬胶囊，内容物为灰黄色至浅棕黄色的粉末；具特异香气，味略感清凉，并有麻舌感。保险子为红色的球形或类球形水丸，剖面显棕色或棕褐色；气微，味微苦。

【功能主治】化瘀止血，活血止痛，解毒消肿。用于跌打损伤，瘀血肿痛、吐血、咯血、便血、痔血、崩漏下血，手术出血，疮疡肿毒及软组织挫伤，闭合性骨折，支气管扩张及肺结核咯血，溃疡病出血，以及皮肤感染性疾病。

【质量要求】

1. 性状评价 外观应整洁，不得有黏结、变形、渗漏、囊壳破裂现象，并应无异臭。

2. 含量测定 照高效液相色谱法测定。本品每粒含人参皂苷 Rg_1 不得少于 0.75mg。

【用法用量】刀、枪、跌打诸伤，无论轻重，出血者用温开水送服；瘀血肿痛与未流血者用酒送服；妇科各症，用酒送服；月经过多、红崩，用温水送服。毒疮初起，服 1 粒，另取药粉，用酒调匀，敷患处，如已化脓，只需内服。其他内出血各症均可内服。

口服。每次 1～2 粒，每日 4 次（2～5 岁按 1/4 剂量服用；6～12 岁按 1/2 剂量服用）。凡遇较重的跌打损伤可先服保险子 1 粒，轻伤及其他病症不必服。

【不良反应】①消化系统：恶心、呕吐、腹痛、腹泻等。②呼吸系统：咽喉不适、呼吸困难、呼吸急促。③皮肤及附件：眼睑水肿、皮肤发红、全身奇痒、荨麻疹、斑丘疹等。④高热、寒战、头晕、头痛、心悸、胸闷、急性胃炎、月经紊乱、月经过多、过敏性休克等。

【禁忌】①孕妇及对本品过敏者禁用。②皮肤及黏膜破溃、化脓者禁外用。

【注意事项】①服药及停药后一日内，忌食蚕豆、鱼类及酸冷食物。②不宜长时间、大面积使用，临床上确需大剂量使用时，一定要在医师的安全监控下应用。③出现不良反应，应立即停用，并去医院就诊。④外用前务必清洁创面。⑤服用本品时，不宜同时服用含半夏、瓜蒌、瓜蒌子、瓜蒌皮、天花粉、川贝母、平贝母、浙贝母、伊贝母、湖北贝母、白蔹、白及或其制剂。⑥过敏体质、运动员慎用。

【规格】每粒重 0.25g，每板胶囊 16 粒、保险子 1 粒。

【贮藏】密封，置干燥处。

颈舒颗粒
Jingshu Keli

【处方】三七、当归、川芎、红花、天麻、肉桂、人工牛黄。

按照现行版《中国药典》处方组成及制法，制成 1000g，即得。

【商品特征】本品为黄棕色至棕褐色的颗粒；气微香、味苦。

【功能主治】活血化瘀，温经通窍止痛。用于神经根型颈椎病瘀血阻络证，症见颈肩部僵硬、疼痛、患侧上肢窜痛。

【质量要求】

1. 性状评价　外观应干燥、颗粒均匀，色泽一致。无吸潮、结块、潮解等现象。

2. 含量测定　①三七：照高效液相色谱法测定。本品每袋含三七以人参皂苷 Rg_1 和人参皂苷 Rb_1 的总量计，不得少于 15.0mg。②人工牛黄：照高效液相色谱法测定。本品每袋含人工牛黄以胆酸计，不得少于 40.0mg。

【用法用量】温开水冲服。一次 1 袋，一日 3 次。1 个月为一疗程。

【不良反应】偶见轻度恶心。

【禁忌】孕妇禁用。

【注意事项】①忌生冷、油腻食物。②儿童、经期及哺乳期妇女、年老体弱者及有高血压、心脏病、肝病、糖尿病、肾病等慢性病严重者应在医师指导下服用。③服药 7 天症状无缓解，应去医院就诊。④过敏体质者慎用。

【规格】每袋装 6g。

【贮藏】密封。

第七节　儿科中成药

《国家基本药物目录》2018 年版中用于儿科的中成药包括 6 类。

1. 解表剂　小儿柴桂退热颗粒、小儿青翘颗粒、小儿宝泰康颗粒、小儿热速清口服液。

2. 清热剂　小儿泻速停颗粒。

3. 止咳剂　小儿消积止咳口服液、金振口服液、小儿肺热咳喘颗粒、小儿肺咳颗粒。

4. 消导剂　小儿化食口服液。

5. 扶正剂　健儿消食口服液、醒脾养儿颗粒。

6. 安神剂　小儿黄龙颗粒。

小儿柴桂退热颗粒
Xiaoer Chaigui Tuire Keli

【处方】柴胡、桂枝、葛根、浮萍、黄芩、白芍、蝉蜕。

按照现行版《中国药典》处方组成及制法，制成 1000g，即得。

【商品特征】本品为浅棕黄色至棕黄色的颗粒；气香，味甜、微苦。

【功能主治】发汗解表，清里退热。用于小儿外感发热。症见发热，头身痛，流涕，口渴，咽红，溲黄，便干。

【质量要求】

1. 性状评价　外观应干燥、颗粒均匀，色泽一致。无吸潮、结块、潮解等现象。

2. 含量测定　照高效液相色谱法测定。本品每袋含葛根以葛根素计，不得少于 20.0mg。

【用法用量】开水冲服。1 周岁以内，一次 0.5 袋；1～3 岁，一次 1 袋；4～6 岁，一次 1.5

袋；7～14岁，一次2袋。一日4次，3天为一个疗程。

【不良反应】腹泻、皮疹、呕吐、瘙痒等。

【禁忌】对本品过敏者禁用，过敏体质者慎用。

【注意事项】①忌烟、酒及辛辣、生冷、油腻食物。②用药期间不宜同时服用滋补性中药。③婴儿、糖尿病患儿、脾虚易泻者应在医生指导下使用。

【规格】每袋装5g。

【贮藏】密封。

【其他剂型】口服液。

小儿泻速停颗粒
Xiaoer Xiesuting Keli

【处方】地锦草、儿茶、乌梅、焦山楂、茯苓、白芍、甘草。

按照现行版《中国药典》处方组成及制法，制成1000g，即得。

【商品特征】本品为棕黄色的颗粒；味甜，微涩。

【功能主治】清热利湿，健脾止泻，缓急止痛，用于小儿湿热壅遏大肠所致的泄泻，症见大便稀薄如水样、腹痛、纳差；小儿秋季腹泻及迁延性、慢性腹泻见上述证候者。

【质量要求】

1. 性状评价　外观应干燥、颗粒均匀，色泽一致。无吸潮、结块、潮解等现象。

2. 含量测定　照高效液相色谱法测定。本品每1g含儿茶以儿茶素和表儿茶素的总量计，不得少于7.0mg。

【用法用量】口服。6个月以下，一次1.5～3g；6个月～1岁以内，一次3～6g；1～3岁，一次6～9g；3～7岁，一次10～15g；7～12岁，一次15～20g。一日3～4次。或遵医嘱。

【不良反应】尚不明确。

【禁忌】对本品过敏者禁用，过敏体质者慎用。

【注意事项】①忌食生冷油腻；腹泻严重，有较明显脱水表现者应及时就医。②按照用法用量服用，用药1～2天症状无改善或用药期间症状加重者，应及时就医。

【规格】①每袋装3g。②每袋装5g。③每袋装10g。

【贮藏】密封。

小儿消积止咳口服液
Xiaoer Xiaoji Zhike Koufuye

【处方】炒山楂、槟榔、枳实、蜜枇杷叶、瓜蒌、炒莱菔子、炒葶苈子、桔梗、连翘、蝉蜕。

按照现行版《中国药典》处方组成及制法，加水至1000mL，过滤，灌封，灭菌，即得。

【商品特征】本品为棕红色的液体；味甜、微苦。

【功能主治】清热肃肺，消积止咳。用于小儿饮食积滞、痰热蕴肺所致的咳嗽、夜间加重、喉间痰鸣、腹胀、口臭。

【质量要求】

1. 性状评价　外观应澄清。储存期间允许有少量摇之易散的沉淀；无酸败、产气、变色、发霉、异物等其他变质现象。

2. 含量测定　照高效液相色谱法测定。本品每 1mL 含枳实以辛弗林计，不得少于 0.12mg。

【用法用量】口服。1 周岁以内一次 5mL；1 ～ 2 岁一次 10mL；3 ～ 4 岁一次 15mL；5 岁以上一次 20mL。一日 3 次，5 天为一疗程。

【不良反应】尚不明确。

【禁忌】尚不明确。

【注意事项】尚不明确。

【规格】每支装 10mL。

【贮藏】密封。

小儿化食口服液
Xiaoer Huashi Koufuye

【处方】六神曲（炒焦）、焦山楂、焦麦芽、焦槟榔、醋莪术、三棱（麸炒）、大黄、炒牵牛子。

按照现行版《中国药典》处方组成及制法，制成 1000mL，灌封，灭菌，即得。

【商品特征】本品为棕色的液体；气微，味甜。

【功能主治】消食化滞，泻火通便。用于食滞化热所致的积滞，症见厌食、烦躁、恶心呕吐、口渴、脘腹胀满、大便干燥。

【质量要求】

1. 性状评价　外观应澄清。储存期间允许有少量摇之易散的沉淀；无酸败、产气、变色、发霉、异物等其他变质现象。

2. 含量测定　照高效液相色谱法测定。本品每支含大黄以芦荟大黄素、大黄酸、大黄素、和大黄酚的总量计，不得少于 0.15mg。

【用法用量】口服。3 岁以上每次 10mL，一日 2 次。

【不良反应】尚不明确。

【禁忌】对本品过敏者禁用，过敏体质者慎用。

【注意事项】①忌食辛辣油腻。②按照用法用量服用，服药 3 天症状未见改善或服药期间症状加重者，应及时就医。

【规格】每支装 10mL。

【贮藏】密封，置阴凉处。

【其他剂型】丸剂。

复习思考题

1. 名词解释：中成药。

2. 简述中成药的特点。常用剂型有哪些？

3. 简述复方丹参滴丸的不良反应。

扫一扫，查阅本章数字资源，含PPT、音视频、图片等

　　有源医疗器械是指需要能源驱动的医疗器械。电能直接用于诊断或治疗疾病的器械虽然不多，但是使用电源的医疗器械却占大多数。电源是人们最容易获得的能源，而且电源对环境的污染小，也更容易传送和控制，同时人类对电学的研究也最充分，因此通常利用电源提供的电能，并将电能转换成其他能量形式，以达到临床诊断或治疗疾病的目的。

第一节　临床检验设备

全自动血液分析仪

　　【产品描述】该产品由样本稀释和分配单元、样本检测单元、低噪声放大电路、光电检测系统、键盘控制系统、微处理器控制系统、LCD显示器、样本结果输出系统和电源系统组成。

　　【预期用途】用于临床检验中对白细胞、红细胞、血小板和血红蛋白等22个项目的检测。如白细胞总数、单核细胞数目、淋巴细胞百分比、粒细胞百分比、血红蛋白、平均红细胞体积、平均红细胞血红蛋白浓度、红细胞分布宽度标准差、血小板总数、血小板压积、淋巴细胞数目、粒细胞数目、单核细胞百分比、红细胞总数、红细胞比容、平均红细胞血红蛋白含量、红细胞分布宽度变异系数、平均血小板体积、血小板体积分布宽度，并提供白细胞、红细胞和血小板直方图参数。

　　【管理类别】第二类。

　　【规格型号举例】BC-1800。

　　【产品标准】企业注册标准。

尿液分析仪

　　【产品描述】该产品由波长反射系数法检测系统、冷光源、颜色检测器、大屏幕高亮度液晶显示屏等组成。此类仪器一般用微电脑控制，采用球面积分仪接受双波长反射光的方式测定试带上的颜色变化进行半定量测定。试剂带上有数个含各种试剂的试剂垫，各自与尿液中相应成分进行独立反应，而显示不同颜色。

　　【预期用途】临床上对疾病的诊断、治疗和预后及健康状态提供信息依据。可测试葡萄糖、胆红素、酮体、比重、隐血、酸碱度、蛋白质、尿胆原、亚硝酸盐、白细胞、抗坏血酸。

　　【管理类别】第二类。

【规格型号举例】BA-670。

【产品标准】企业注册标准。

第二节　生理信息检测与处理设备

数字式十二道心电图机

【产品描述】数字式心电图机由输入缓冲级、数字处理单元、主控部分、热敏打印输出机、液晶显示仪器和电源组成，可以做到实时采集、显示和打印心电波形，该心电图机适用于医疗机构对人体常规心电信号进行记录和检测。可以做到实时显示及自动打印十二道心电波形，利用数字滤波器消除干扰，使得波形更准确有利于波形判读。

数字式心电图机大多使用标准 12 导联对心电数据进行放大及采集，目前也有使用 18 导联采集的数字式心电图机。具有抗基线漂移和交流、肌电干扰；基线自动调节，优化打印位置；高分辨率热点阵打印，心电图形逼真、细腻等优点。

【预期用途】心电图机对心脏血管疾病的诊断具有重要意义，诊断可靠、方法简便、对患者无损害。应用范围：①记录人体正常心脏的电活动。②对各种心律失常诊断最有价值，如房室传导阻滞、束支传导阻滞，以及复杂心律失常等。③对心肌梗死（心梗）的诊断有很高的准确性，它不仅能确定有无心梗，而且还可确定梗死部位、范围、病期及演变过程。④对心室肥大、心肌炎、心肌病、冠心病诊断有较大帮助。⑤判断药物或电解质情况对心脏的影响。⑥判断人工心脏起搏状况。

【管理类别】第二类。

【规格型号举例】ECG-12C。

【产品标准】企业注册标准。

胎儿监护仪

【产品描述】该产品根据超声多普勒原理和胎儿心动电流变化，以胎心率记录仪和子宫收缩记录仪为主要结构，用以描绘胎心活动图形。

【预期用途】胎儿监护仪常在高危妊娠产前或产时应用，可连续监测胎心率的变化及其与子宫收缩的关系，了解胎儿宫内情况，早期发现胎儿窘迫。

【管理类别】第二类。

【规格型号举例】MD2000B。

【产品标准】企业注册标准。

第三节　医用光学设备

电脑非接触眼压计

【产品描述】该产品由电源部分、输入部分、检测部分、显示部分、记录部分组成。该产品不与角膜接触，因此不需要消毒，不需麻醉患者角膜，并且测量时间短，操作者只需按钮激活眼压测量程序。具有免操纵杆、全自动对焦、三维全自动眼球跟踪、宁静作业的特性，可以对左右眼进行自动识别。

【预期用途】对青光眼、视网膜脱落、虹睫炎并发症、眼球萎缩、眼球穿孔等一些疾病的诊断起到决定性作用。

【管理类别】第二类。

【规格型号举例】CT-80A。

【产品标准】进口产品注册标准。

LED 电子内窥镜

【产品描述】该产品采用内置轻便小巧的 LED 光源作为照明光源。产品结构紧凑、体积小、重量轻、操作自如。配有专用软件、采集盒，可进行图像采集、文字编辑、对图像进行储存、放大等处理。其图像清晰，色彩逼真。

【预期用途】主要是在手术和常规医疗检查中使用。将传统的破坏性手术转变为在彻底清除病灶的基础上，保留鼻腔及鼻旁窦的正常结构，形成良好的通气和引流，使鼻腔、鼻窦黏膜的形态和功能保持正常。目前，其应用已拓宽到耳、鼻、咽、喉、头、颈等领域。

【管理类别】第三类。

【规格型号举例】YL180 实用型。

【产品标准】企业注册标准。

第四节　医学影像诊断设备

B 型超声诊断设备

【产品描述】该产品由主机、宽频、变频电子凸阵探头、换能器、显示器等组成。双探头接口，可配备变频、宽频电子凸阵、电子线阵和腔体探头，方便获取任意区域的最佳图像，并自动生成报告。

【预期用途】

1.产科　双顶径、头臀径、胎囊、头围、腹围、股骨长、腹部厚径、腹部横径、躯干横截面积、肱骨长、枕额径、胸直径、胫骨、尺骨、羊水指数、末次月经、末次排卵日期、胎儿生理评分。

2.妇科　子宫径线、内膜厚度、卵巢体积、优势卵泡、宫颈长径、宫体宫颈。

3.小器官　甲状腺、髋关节。

4.泌尿科　残余尿样、前列腺特异性抗原密度、前列腺。

5.心脏科　主动脉内径、左房内径、室内隔厚度、左室内径、主动脉壁运动幅度、左室后壁厚度、左室收缩末内径、速度、A 峰/E 峰、短轴缩短率、心排血量、心排血指数、主动脉瓣膜口流量、射血时间、脉搏量、心搏指数、心肌重量，二尖瓣口流量等。

【管理类别】第二类。

【规格型号举例】CMS600B。

【产品标准】企业注册标准。

高频数字化医用诊断 X 射线机

【产品描述】该产品由 X 线发生装置、机械装置、影像装置、配套装置等组成。集优化原则生产，全系统优秀配置，能满足临床个性化需求；高频主机全新技术，数字化图像采集，可轻松获得高品质影像；该产品直观显示人机界面，使人机对话更加方便，易懂；多重安全保障，使影像质量和辐射剂量达到有机平衡；强大的数字图像处理功能，全面兼容医学数字成像和通信网络应用。

【预期用途】胃肠透视、摄影，消化道检查，胸部摄影，头颅及全身骨骼摄影，胃肠造影、食管造影、脊髓造影、关节腔造影、胆道造影、支气管造影、静脉造影、周边血管造影、泌尿系统造影、子宫输卵管造影，儿科影像检查，部分介入放射治疗应用。

【管理类别】第二类。

【规格型号举例】PLD6000 数字型。

【产品标准】企业注册标准。

螺旋 CT 扫描机

【产品描述】该产品由 X 线体层扫描装置和计算机系统组成。前者主要由产生 X 线束的发生器和球管，以及接收和检测 X 线的探测器组成；后者主要包括数据采集系统、中央处理系统、磁带机、操作台、图像显示器、多幅照相机等辅助设备。

螺旋 CT 扫描机的探测器是固体探测器，探测器排数越多每次探测得到的图像越多，检查时间越短，得到的图像结果也越精细，目前最先进且成熟的是 256 排螺旋 CT 扫描机。该类设备具备 10 秒高速完成全身检查、5 秒无创完成心脏检查、1 秒精确立体完成单器官检查的强大功能，最薄层厚可达 0.5mm，具有扫描速度快、图像清晰度高、辐射剂量低、信息量大、应用领域广泛等特点，可提高疾病的检出率以及病变定位、定性、定量诊断水平，为临床提供更广泛而确切的诊治信息。

【预期用途】螺旋 CT 在心、脑血管系统以及全身其他部位的血管和脏器无创成像方面极具优势，可开展以下项目。

1. 各部位常规 CT 平扫检查 图像清晰，质量明显高于其他 CT 机，使微小病变的显示成为可能。

2. 各器官不同时相的增强扫描 有利于早期肝癌、胰腺癌、肺癌、肾癌等的检查。

3. CT 血管造影 可检测血管狭窄、动脉瘤等病变。此方法检查时间短，无痛苦，价格相对低廉；同时可观察血管壁及周围组织结构，尤其适合下肢大范围血管造影、冠状动脉造影，可用于冠心病的筛查及冠状动脉支架、搭桥术前计划和术后随访。

4. 各脏器的多平面重组图像、三维重建图像 任意方向的二维断面图像可更好地显示正常结构及病变的完整性，三维重建图像对病变的诊断及治疗方案的设计价值极大。

5. 各组织器官的灌注检查 通过对病变区域的血流量、血容量及血液的平均通过时间测定，可以及时、准确发现 CT 平扫表现正常的早期脑梗死，并判断缺血的程度，为溶栓治疗赢得了宝贵的时间，还可以反映活体内肿瘤血管生成的微血管变化，评价肿瘤的良恶性程度，对肿瘤的分期、分级、预后及对肿瘤的疗效观察具有很大的价值。

6. CT仿真内窥镜　用于气管、支气管等脏器疾病的检查。

7. 肺结节分析　应用计算机辅助诊断，自动分析和记录首次检查的结果，再次复查时可自动计算出肺结节的增长率、倍增时间及内部结构的变化，为判断结节的良、恶性提供客观依据。

【管理类别】第三类。

【规格型号举例】PHILIPS Brilliance iCT（256排）。

【产品标准】进口产品注册标准。

磁共振机

【**产品描述**】该产品主要由主磁体系统、梯度磁场系统、射频线圈系统、计算机操作系统组成。可获取全身各部位更高分辨率的解剖图像，解剖细节更为清晰，病灶检出率更高，可检测到1mm大小的病灶；同时，可进行全身血管不同时期的成像，提供病变区域与周围血管的关系，更为突出的是超高场带来的功能成像技术从分子水平上评价组织病变的病理生理特性，如弥散、脑白质纤维束追踪成像、灌注和磁共振波谱分析等，拓展临床诊断疾病的影像诊断范围。

【**预期用途**】磁共振是诊断多种疾病的最精密的影像设备，许多疑难病症及早期病变，必须通过磁共振检查才能得到准确诊断。该设备除进行常规磁共振检查外，还可用于微小病变早期发现、脑形态与功能代谢研究、腹部器官多期动态扫描、心肌缺血灌注研究、全脊柱扫描、全身多部位血管成像及全身肿瘤筛查等多项临床项目。

1. 神经系统疾病　脑与脊柱血管性病变、肿瘤、血管畸形、先天畸形、炎症性病变或代谢性疾病。

2. 五官及颈部疾病　鼻、咽喉、颈部、眼眶、鼻窦、涎腺、甲状腺肿瘤及炎症，听力下降或丧失患者内耳检查。

3. 功能成像　弥散、灌注、波谱、扩散张量、血氧水平依赖等多项功能成像，为疾病的预后提供诊断依据，为手术方案的制定提供指导。

4. 心血管系统疾病　心肌病、心包炎、动脉瘤、各部位血管狭窄、栓塞等，判断缺血性心脏病的心肌活性。

5. 呼吸系统疾病　肿瘤、炎症、肺实变、纵隔肿瘤或淋巴结病变、胸膜胸壁病变。

6. 消化系统疾病　肝脏、胆囊、胰腺、食管、胃、直肠等部位的炎症、肿瘤、结石等病变。

7. 泌尿生殖系统疾病　肾、肾上腺、前列腺、子宫及附件等的炎症、肿瘤等。

【管理类别】第三类。

【规格型号举例】Propeller HDMR3.0T。

【产品标准】进口产品注册标准。

第五节　放射治疗设备

钴-60远距离治疗机

【**产品描述**】该产品由主机、可固定式标准铅挡块、楔形滤过板、光学距离指示器、激光定位仪、彩色闭路电视监视器、对讲装置、计算机控制软件等组成。钴 –60 治疗以其穿透力强，皮肤反应轻，骨与软组织吸收量相等、旁向散射少，可保护射野边缘外正常组织及经济、可靠为主要特点，在放疗中占有重要位置，是治疗恶性肿瘤的重要手段之一。具有定向固定照射、摆动照射、回转照射、跳跃固定照射、扫描照射等功能；多种安全连锁措施确保治疗机安全运行。

【预期用途】

1. 根治性放疗　全部而永久地消灭恶性肿瘤的原发和转移病灶。放疗所给的肿瘤量需要达到根治剂量。对放射线敏感及中度敏感的肿瘤可以用放射治疗根治。

2. 姑息性放疗　治疗晚期肿瘤的复发和转移病灶，以达到改善症状的目的。如止痛、缓解压迫、止血、促进溃疡性癌灶控制、提高生活质量等。

3. 辅助性放疗　在手术或化疗前后，放疗可以缩小肿瘤或消除潜在的局部转移病灶，提高治疗效果，减少复发和转移。

【管理类别】第三类。

【规格型号举例】SX4FCC–8000。

【产品标准】企业注册标准。

第六节　体外循环设备

人工心肺机

【产品描述】该产品属于体外循环机械设备，由氧合器、血泵及辅助设备组成。结构合理、加工精度高、电机调速范围宽、低速运转平稳、高速运转噪声低、操作简单，具有心血管外科手术时临时代替心脏功能；该机结构为分体组合式，其标准配置为移动式底座与四个平卧式双柱滚压式血泵组成。根据需要可在底座中加装应急电源。

【预期用途】主要用于心脏手术的体外循环，肺移植的辅助呼吸，急性呼吸衰竭的辅助治疗，也可用于肿瘤的热疗、药疗等需要体外循环技术支持的治疗场合。

【管理类别】第三类。

【规格型号举例】XF4C。

【产品标准】企业注册标准。

多功能血液净化仪

【产品描述】该产品主要由血浆交换、血浆成分分离、血液吸附、持续性血液滤过、持续性血液分离吸附滤过等多种治疗功能系统组成。

【预期用途】临床用于肾科、传染科、ICU 重症监护科、风湿免疫科、外科、急诊科以及皮肤科等。包括急性重型肝炎、肝性昏迷、多脏器衰竭、急性胰腺炎、脓毒血症、重症烧伤、吉兰 – 巴雷综合征、类风湿、肝或肾移植等多种病症的治疗。

【管理类别】第三类。

【规格型号举例】JH–CRRT。

【产品标准】企业注册标准。

第七节 电子治疗设备

儿童水疗机

【**产品描述**】该产品整机采用进口亚克力材料一次成型，光滑、美观、坚固；具有气泡、涡流、冲浪功能，各功能均可独立任意调节大小；恒温控制，无须调节温度高低，更加安全；具有过滤和臭氧消毒功能，可随时根据水质进行消毒，避免交叉感染；槽两侧有玻璃槽，有刻度标记，便于掌握水的深度。

【**预期用途**】

1. 新生儿水疗 帮助适应环境的变化。刺激新生儿脑神经发育；加强骨骼系统的灵活性和柔韧性；有助于胸廓的发育，促进新生儿身心健康；促进胎便排出；促进消化吸收，加强睡眠。

2. 儿童康复治疗 脑性瘫痪，智力低下，脑炎、脑膜炎后遗症，各种神经麻痹。

3. 神经科疾病 神经衰弱、自主神经功能紊乱，神经痛，神经炎，周围神经麻痹。

4. 运动损伤疾病 如四肢关节，扭、挫伤、关节功能障碍、瘢痕、粘连、腱鞘炎、失用性肌萎缩、癔症性瘫痪等。

值得注意的是重症动脉硬化，心肾功能代偿不全、活动性肺结核，癌症及恶病质、身体极度衰弱及各种出血倾向者禁用。

【**管理类别**】第二类。

【**规格型号举例**】TG–RSL–A/B/C。

【**产品标准**】企业注册标准。

人工心脏起搏器

【**产品描述**】该产品是用一定形式的电脉冲刺激心脏，使之按一定频率有效地收缩的一种植入式电子装置，对心律失常的治疗康复有良好效果。起搏器手术具有手术切口小、无痛苦、不开胸的特点，安全可靠。安装起搏器不仅能减少和避免晕厥、心衰、猝死等事件的发生，而且可改善心律失常患者的生活质量。

【**预期用途**】主要治疗缓慢心律失常，如病态窦房结综合征、房室传导阻滞、肥厚梗阻型心肌病；三腔起搏器可治疗扩张型心肌充血性心衰；埋藏式自动复律除颤仪治疗顽固性快速心律失常。

【**管理类别**】第三类。

【**规格型号举例**】XQY27–Stratos 系列。

【**产品标准**】企业注册标准。

第八节　其他医用电气设备

麻醉呼吸机

【产品描述】该产品由电机、减速箱等传动机构，转换阀、排气阀等气路部分、控制电路及断电报警等安全监护部分组成。能准确释放麻醉气体，并且能从蒸发罐中释放准确浓度的麻醉蒸汽，供氧充足，排出二氧化碳完全，呼吸阻力低，无效腔量小。

【预期用途】该产品与麻醉机配套，对患者进行通气和呼吸管理。

【管理类别】第三类。

【规格型号举例】SC-M3A。

【产品标准】企业注册标准。

口腔激光治疗仪

【产品描述】该产品可自由移去水作用而单独做激光切割手术，并且具有止血功效。仅有固定式电话大小，配备有多种角度手术刀头，能有效地接触到任何部位，手术时使用方便。具有舒适无痛、避免肿胀、快速精确、安全环保、高效清爽、避免裂痕、适应广泛等特点。

【预期用途】①龋牙的治疗及窝洞的备制。②激光酸蚀。③激光处理黏合剂。④牙龈切除。⑤植体露出术。⑥黏膜溃疡的治疗。⑦牙冠增长术。⑧根管治疗。⑨牙龈整形术。⑩牙根刨平术及脱敏等。特别适用于怕疼的小孩和牙本质过敏性疼痛的成人。

【管理类别】第三类。

【规格型号举例】CHEESS。

【产品标准】企业注册标准。

紫外线臭氧消毒柜

【产品描述】该产品引用高臭氧强力紫外线光源发生器，结合热力工程学研制而成，是一种新型、环保型低温灭菌柜。

【预期用途】适用于各类物品的表面消毒，特别是各种导线和内窥镜不耐高温等物品的消毒。

【管理类别】第二类。

【规格型号举例】HTYY03。

【产品标准】企业注册标准。

复习思考题

1. 简述有源医疗器械的概念及常用能源类型。
2. 简述医用诊断 X 射线机的预期用途及可能的危害。
3. 列举本章介绍的第三类医疗器械，并说明第三类医疗器械的定义及我国对该类医疗器械的管理。

第二十六章
无源医疗器械

扫一扫，查阅本章数字资源，含PPT、音视频、图片等

无源医疗器械是指不依靠电能或其他能源，直接由人体或自身重力产生的能源来发挥其功效的医疗器械。

无源医疗器械是由各种生物医用材料加工而成。因此，材料质量的优劣直接对产品的生物安全性和有效性起着决定性作用。无源医疗器械的安全性包括三方面内容：首先是对患者的安全性，包括近期及长远的安全性；其次是对医务人员与操作者的安全性；再有是对周围环境的安全性。无源医疗器械有效性涉及产品设计、材料、生产、灭菌、包装、贮存、运输、使用等环节，若要达到预期用途并保证产品安全有效，必须保证各环节得到严格控制。

第一节　眼科光学器械

硬性透氧性角膜接触镜

【产品描述】该产品含硅、氟等聚合物，能够大大增加氧气的通过量。与软性接触镜相比，既提高了透氧性，又保证材料的牢固性，并且具有良好的湿润性和抗沉淀性。其优点：①成形性好，不易变形，光学矫正质量高。②有很好的生物相容性。③良好的生理相溶性，长期佩戴不易引起角膜肥厚与水肿。④高清晰度，可控制近视、散光度数的加深，特别是青少年近视，可以通过它来减慢发展的速度，对早期圆锥角膜与有圆锥角膜倾向者有治疗和减缓作用。

【预期用途】①控制近视不断加深的青少年近视患者。②高度屈光不正者。③需要佩戴过夜的患者。④因佩戴软镜导致各种并发症而不适应再佩戴软镜者。⑤散光高达250°，又不能配散光镜片者。⑥圆锥角膜患者。⑦远视患者可佩戴双焦点的镜片。⑧因各种屈光性角膜手术、角膜移植术、角膜病导致的角膜不规则散光者。⑨无晶状体眼的屈光矫正。

以下情况的患者不能佩戴或需由医生来决定是否适合佩戴：①角膜疾病。②关节炎。③眼球突出精神烦躁者。④上睑下垂严重者。⑤角膜缘或附近有隆起区域者。⑥不规则散光或散光度数大于300°的患者，250°左右需经专业医生检查后才能确定。⑦有严重的干眼症。⑧眼部有过手术史的患者需由专业医生检查后再决定。

【管理类别】第三类。

【规格型号举例】由不同的屈光度和曲率半径来界定。

【产品标准】企业注册标准。

天然珊瑚羟基磷灰石义眼台

【产品描述】该产品采用天然珊瑚羟基磷灰石为主要材料，按有无穿线分为球型义眼台和穿线球型义眼台两种，按直径大小分 18mm、20mm、22mm 三种，按孔径大小分为 200～300μm、500μm 两种。其中，羟基磷灰石含量大于 95%。穿线球型义眼台由义眼台和带线缝合针组成，缝合线为涤纶编织线。射线灭菌。

【预期用途】用于患者眼球置换。球型义眼台适用于眼球还在，具有自体巩膜的患者；穿线球型义眼台适用于眼球已先期摘除，无自体巩膜的患者。

【管理类别】第三类。

【规格型号举例】型号：①球型义眼台。②穿线球型义眼台。

规格：① Φ18。② Φ20。③ Φ22。

【产品标准】企业注册标准。

第二节　口腔材料和器械

光固化复合树脂

【产品描述】该产品成分主要由树脂基质和经过特殊处理的无机填料组成。适应性广，操作方便，具良好的可塑性，磨削牙体少，可不需机械固位，色泽酷似天然牙，耐磨性好。

【预期用途】口腔修复材料。适合修复楔状缺损。光固化复合树脂是较普及的牙体缺损修复与前牙美容的理想材料，可按医患两者的意愿选色并雕塑出理想的外形。

【管理类别】第三类。

【规格型号举例】①可见光复合树脂Ⅰ。②见光复合树脂Ⅱ型等。有多种颜色可供选用。

【产品标准】企业注册标准。

口腔科用探针

【产品描述】该产品由手柄与两个工作端组成，一端为大弯（镰形），一端为双弯（双曲弯）。两工作端细而尖锐。

【预期用途】探查牙体缺损的范围、深浅度及硬度；探查牙体组织的感觉；发现敏感点及穿髓孔；检查皮肤及黏膜的感觉；探试窦道的方向，根分叉病变及悬突等。

【管理类别】第一类。

【规格型号举例】1～6 号双头八角柄、单头扁刻度八角柄等。

【产品标准】企业注册标准。

第三节 外科植入物

人工骨缺损假体

【**产品描述**】该产品由 6AI4V 钛合金材料制成。根据患者患病部位的三维几何数据确定具体结构和规格，数据来源为患部 X 射线片、CT 片或 CT 数据等影像资料和医生的要求；产品的几何尺寸与设计尺寸在三维方向上的任一误差不大于 0.15mm。

【**预期用途**】骨和关节替代物。用于人体肩关节骨缺损、踝关节骨缺损、腕关节骨缺损等关节的置换。①严重创伤、肿瘤、感染、先天性畸形造成关节结构严重损毁和严重畸形难用常规假体置换、重建关节结构和功能者。②人工关节翻修病例伴关节严重损毁。

【**管理类别**】第三类。

【**规格型号举例**】① BJ。② QJ。③ QW。④ QH。

【**产品标准**】企业注册标准。

冠状动脉支架输送系统

【**产品描述**】该产品由球囊扩张导管和不锈钢冠状动脉支架组装而成。冠状动脉支架植入术的基本原理是将球囊导管通过血管穿刺置入狭窄的血管内，在体外将球囊加压膨胀，撑开狭窄的血管壁，使病变血管恢复畅通。

【**预期用途**】心血管植入物。用于冠心病微创伤介入治疗手术。①急性心肌梗死。②心绞痛（稳定性和不稳定性）药物治疗效果欠佳，冠状动脉造影提示血管有 75% 以上狭窄。

【**管理类别**】第三类。

【**规格型号举例**】① LPCSR×2509。② LPCSR×3516。③ LPCSR×4024。

【**产品标准**】企业注册标准。

第四节 医用高分子及其他材料制品

一次性使用静脉输液针

【**产品描述**】该产品由保护套、不锈钢针管和注射针座组成。产品采用优质奥氏体不锈钢制造。按国际标准生产的 6∶100 螺口接头、尺寸准确、与医疗器械通配性好。针尖采用短刃面设计，锋利度好、进针快、痛感小、组织破坏少。输液管路式样多，从透明型、半透明型到磨砂型，满足不同临床目的。无翼、单翼及双翼片设计，翼片柔软，便于固定，翼片颜色识别规格，便于区分使用。本产品与注射器或输液器配套使用。

【**预期用途**】适用于静脉输液的场合。

【**管理类别**】第三类。

【**规格型号举例**】① 0.4#。② 0.45#。③ 0.5#。④ 0.55#。⑤ 0.6#。⑥ 0.7#。⑦ 0.8#。⑧ 0.9#。

⑨ 1.1#。⑩ 1.2#。

【产品标准】企业注册标准。

人工血管

【产品描述】该产品是以尼龙、涤纶、聚四氟乙烯等合成材料人工制造的血管代用品。

【预期用途】

1. 动脉疾病　用替代或者架桥的方式恢复血液的通路，从而治疗胸主动脉、腹主动脉、髂动脉等血管段。用于临床心脏直视手术中的体外循环，对血液进行气体交换。

2. 静脉疾病　替代或者架桥的方式来治疗静脉疾病。

3. 动－静脉瘘　运用在慢性肾病的血液透析过程中，在四肢部分连接自身动脉和静脉，形成一条可反复穿刺的血液透析通路。

【管理类别】第三类。

【规格型号举例】DVWA–S–23。

【产品标准】企业注册标准。

第五节　中医理疗仪器

艾灸盒

【产品描述】该产品由竹制品、绑带、隔灰网等组成。采用弹力加宽松紧绑带，多扣眼设计，可随意调节绑带松紧度。竹制产品，自然耐用。传统悬灸，通过封口可控制温度，使用更加人性化。底部高密度隔灰网可防止艾灰掉落烫伤，顶部卡扣设计，防止艾条脱落。

【预期用途】用于中医艾灸疗法，用艾叶制成艾灸材料，点燃产生热量，刺激体表穴位或特定部位，通过温热刺激来调理人体紊乱的生理功能，从而达到治病目的。

【管理类别】第一类。

【规格型号举例】①单孔。②双孔。③三孔。④四孔。⑤六孔。

【产品标准】企业注册标准。

真空拔罐器

【产品描述】该产品由罐体、抽气枪、延长管等组成。罐体采用环保、无毒有机高密度塑料，并加厚防爆。应用延长管可实现单人拔罐。

【预期用途】用于中医经络疗法，调理肩周颈椎、腰酸背痛等多种亚健康，祛除关节风湿，疏经活血，提高机体免疫功能。

【管理类别】第一类。

【规格型号举例】① B1×6。② B1×12。③ B1×24。

【产品标准】企业注册标准。

第六节　其他常用器械

眼用手术剪

【**产品描述**】该产品由医用不锈钢材料制成。

【**预期用途**】供剪切眼部软组织用。

【**管理类别**】第一类。

【**规格型号举例**】①直尖头。②弯尖头。③直圆头。④弯圆头。

【**产品标准**】企业注册标准。

骨髓穿刺针

【**产品描述**】该产品由针管、连接管、母针基、夹具、针套、针翼组成。可重复使用。

【**预期用途**】用于血液透析治疗中进行动静脉穿刺。

【**管理类别**】第三类。

【**规格型号举例**】BL66GC-1。

【**产品标准**】企业注册标准。

复习思考题

1. 名词解释：无源医疗器械。
2. 简述无源医疗器械的安全性包括哪些。
3. 简述无源医疗器械的主要类别。

主要参考书目

［1］王晶娟，周小江．中药商品学．4 版．北京：人民卫生出版社，2021．

［2］谢明，田侃．药事管理学．3 版．北京：人民卫生出版社，2021．

［3］徐晶．医药商品学．北京：中国中医药出版社，2016．

［4］刘勇．医药商品学．4 版．北京：中国医药科技出版社，2019．

［5］王雁群．医药商品学．4 版．北京：中国医药科技出版社，2022．

［6］蒋海洪．医疗器械管理与法规．2 版．北京：人民卫生出版社，2018．

全国中医药行业高等教育"十四五"规划教材

全国高等中医药院校规划教材（第十一版）

教材目录

注：凡标☆号者为"核心示范教材"。

（一）中医学类专业

序号	书 名	主 编		主编所在单位	
1	中国医学史	郭宏伟	徐江雁	黑龙江中医药大学	河南中医药大学
2	医古文	王育林	李亚军	北京中医药大学	陕西中医药大学
3	大学语文	黄作阵		北京中医药大学	
4	中医基础理论☆	郑洪新		辽宁中医药大学	
5	中医诊断学☆	李灿东	方朝义	福建中医药大学	河北中医药大学
6	中药学☆	钟赣生	杨柏灿	北京中医药大学	上海中医药大学
7	方剂学☆	李 冀	左铮云	黑龙江中医药大学	江西中医药大学
8	内经选读☆	翟双庆	黎敬波	北京中医药大学	广州中医药大学
9	伤寒论选读☆	王庆国	周春祥	北京中医药大学	南京中医药大学
10	金匮要略☆	范永升	姜德友	浙江中医药大学	黑龙江中医药大学
11	温病学☆	谷晓红	马 健	北京中医药大学	南京中医药大学
12	中医内科学☆	吴勉华	石 岩	南京中医药大学	辽宁中医药大学
13	中医外科学☆	陈红风		上海中医药大学	
14	中医妇科学☆	冯晓玲	张婷婷	黑龙江中医药大学	上海中医药大学
15	中医儿科学☆	赵 霞	李新民	南京中医药大学	天津中医药大学
16	中医骨伤科学☆	黄桂成	王拥军	南京中医药大学	上海中医药大学
17	中医眼科学	彭清华		湖南中医药大学	
18	中医耳鼻咽喉科学	刘 蓬		广州中医药大学	
19	中医急诊学☆	刘清泉	方邦江	首都医科大学	上海中医药大学
20	中医各家学说☆	尚 力	戴 铭	上海中医药大学	广西中医药大学
21	针灸学☆	梁繁荣	王 华	成都中医药大学	湖北中医药大学
22	推拿学☆	房 敏	王金贵	上海中医药大学	天津中医药大学
23	中医养生学	马烈光	章德林	成都中医药大学	江西中医药大学
24	中医药膳学	谢梦洲	朱天民	湖南中医药大学	成都中医药大学
25	中医食疗学	施洪飞	方 泓	南京中医药大学	上海中医药大学
26	中医气功学	章文春	魏玉龙	江西中医药大学	北京中医药大学
27	细胞生物学	赵宗江	高碧珍	北京中医药大学	福建中医药大学

序号	书名	主编		主编所在单位	
28	人体解剖学	邵水金		上海中医药大学	
29	组织学与胚胎学	周忠光	汪涛	黑龙江中医药大学	天津中医药大学
30	生物化学	唐炳华		北京中医药大学	
31	生理学	赵铁建	朱大诚	广西中医药大学	江西中医药大学
32	病理学	刘春英	高维娟	辽宁中医药大学	河北中医药大学
33	免疫学基础与病原生物学	袁嘉丽	刘永琦	云南中医药大学	甘肃中医药大学
34	预防医学	史周华		山东中医药大学	
35	药理学	张硕峰	方晓艳	北京中医药大学	河南中医药大学
36	诊断学	詹华奎		成都中医药大学	
37	医学影像学	侯键	许茂盛	成都中医药大学	浙江中医药大学
38	内科学	潘涛	戴爱国	南京中医药大学	湖南中医药大学
39	外科学	谢建兴		广州中医药大学	
40	中西医文献检索	林丹红	孙玲	福建中医药大学	湖北中医药大学
41	中医疫病学	张伯礼	吕文亮	天津中医药大学	湖北中医药大学
42	中医文化学	张其成	臧守虎	北京中医药大学	山东中医药大学
43	中医文献学	陈仁寿	宋咏梅	南京中医药大学	山东中医药大学
44	医学伦理学	崔瑞兰	赵丽	山东中医药大学	北京中医药大学
45	医学生物学	詹秀琴	许勇	南京中医药大学	成都中医药大学
46	中医全科医学概论	郭栋	严小军	山东中医药大学	江西中医药大学
47	卫生统计学	魏高文	徐刚	湖南中医药大学	江西中医药大学
48	中医老年病学	王飞	张学智	成都中医药大学	北京大学医学部
49	医学遗传学	赵丕文	卫爱武	北京中医药大学	河南中医药大学
50	针刀医学	郭长青		北京中医药大学	
51	腧穴解剖学	邵水金		上海中医药大学	
52	神经解剖学	孙红梅	申国明	北京中医药大学	安徽中医药大学
53	医学免疫学	高永翔	刘永琦	成都中医药大学	甘肃中医药大学
54	神经定位诊断学	王东岩		黑龙江中医药大学	
55	中医运气学	苏颖		长春中医药大学	
56	实验动物学	苗明三	王春田	河南中医药大学	辽宁中医药大学
57	中医医案学	姜德友	方祝元	黑龙江中医药大学	南京中医药大学
58	分子生物学	唐炳华	郑晓珂	北京中医药大学	河南中医药大学

（二）针灸推拿学专业

序号	书名	主编		主编所在单位	
59	局部解剖学	姜国华	李义凯	黑龙江中医药大学	南方医科大学
60	经络腧穴学☆	沈雪勇	刘存志	上海中医药大学	北京中医药大学
61	刺法灸法学☆	王富春	岳增辉	长春中医药大学	湖南中医药大学
62	针灸治疗学☆	高树中	冀来喜	山东中医药大学	山西中医药大学
63	各家针灸学说	高希言	王威	河南中医药大学	辽宁中医药大学
64	针灸医籍选读	常小荣	张建斌	湖南中医药大学	南京中医药大学
65	实验针灸学	郭义		天津中医药大学	

序号	书 名	主 编		主编所在单位	
66	推拿手法学☆	周运峰		河南中医药大学	
67	推拿功法学☆	吕立江		浙江中医药大学	
68	推拿治疗学☆	井夫杰	杨永刚	山东中医药大学	长春中医药大学
69	小儿推拿学	刘明军	邰先桃	长春中医药大学	云南中医药大学

（三）中西医临床医学专业

序号	书 名	主 编		主编所在单位	
70	中外医学史	王振国	徐建云	山东中医药大学	南京中医药大学
71	中西医结合内科学	陈志强	杨文明	河北中医药大学	安徽中医药大学
72	中西医结合外科学	何清湖		湖南中医药大学	
73	中西医结合妇产科学	杜惠兰		河北中医药大学	
74	中西医结合儿科学	王雪峰	郑 健	辽宁中医药大学	福建中医药大学
75	中西医结合骨伤科学	詹红生	刘 军	上海中医药大学	广州中医药大学
76	中西医结合眼科学	段俊国	毕宏生	成都中医药大学	山东中医药大学
77	中西医结合耳鼻咽喉科学	张勤修	陈文勇	成都中医药大学	广州中医药大学
78	中西医结合口腔科学	谭 劲		湖南中医药大学	
79	中药学	周祯祥	吴庆光	湖北中医药大学	广州中医药大学
80	中医基础理论	战丽彬	章文春	辽宁中医药大学	江西中医药大学
81	针灸推拿学	梁繁荣	刘明军	成都中医药大学	长春中医药大学
82	方剂学	李 冀	季旭明	黑龙江中医药大学	浙江中医药大学
83	医学心理学	李光英	张 斌	长春中医药大学	湖南中医药大学
84	中西医结合皮肤性病学	李 斌	陈达灿	上海中医药大学	广州中医药大学
85	诊断学	詹华奎	刘 潜	成都中医药大学	江西中医药大学
86	系统解剖学	武煜明	李新华	云南中医药大学	湖南中医药大学
87	生物化学	施 红	贾连群	福建中医药大学	辽宁中医药大学
88	中西医结合急救医学	方邦江	刘清泉	上海中医药大学	首都医科大学
89	中西医结合肛肠病学	何永恒		湖南中医药大学	
90	生理学	朱大诚	徐 颖	江西中医药大学	上海中医药大学
91	病理学	刘春英	姜希娟	辽宁中医药大学	天津中医药大学
92	中西医结合肿瘤学	程海波	贾立群	南京中医药大学	北京中医药大学
93	中西医结合传染病学	李素云	孙克伟	河南中医药大学	湖南中医药大学

（四）中药学类专业

序号	书 名	主 编		主编所在单位	
94	中医学基础	陈 晶	程海波	黑龙江中医药大学	南京中医药大学
95	高等数学	李秀昌	邵建华	长春中医药大学	上海中医药大学
96	中医药统计学	何 雁		江西中医药大学	
97	物理学	章新友	侯俊玲	江西中医药大学	北京中医药大学
98	无机化学	杨怀霞	吴培云	河南中医药大学	安徽中医药大学
99	有机化学	林 辉		广州中医药大学	
100	分析化学（上）（化学分析）	张 凌		江西中医药大学	

序号	书 名	主 编		主编所在单位	
101	分析化学（下）（仪器分析）	王淑美		广东药科大学	
102	物理化学	刘 雄	王颖莉	甘肃中医药大学	山西中医药大学
103	临床中药学☆	周祯祥	唐德才	湖北中医药大学	南京中医药大学
104	方剂学	贾 波	许二平	成都中医药大学	河南中医药大学
105	中药药剂学☆	杨 明		江西中医药大学	
106	中药鉴定学☆	康廷国	闫永红	辽宁中医药大学	北京中医药大学
107	中药药理学☆	彭 成		成都中医药大学	
108	中药拉丁语	李 峰	马 琳	山东中医药大学	天津中医药大学
109	药用植物学☆	刘春生	谷 巍	北京中医药大学	南京中医药大学
110	中药炮制学☆	钟凌云		江西中医药大学	
111	中药分析学☆	梁生旺	张 彤	广东药科大学	上海中医药大学
112	中药化学☆	匡海学	冯卫生	黑龙江中医药大学	河南中医药大学
113	中药制药工程原理与设备	周长征		山东中医药大学	
114	药事管理学☆	刘红宁		江西中医药大学	
115	本草典籍选读	彭代银	陈仁寿	安徽中医药大学	南京中医药大学
116	中药制药分离工程	朱卫丰		江西中医药大学	
117	中药制药设备与车间设计	李 正		天津中医药大学	
118	药用植物栽培学	张永清		山东中医药大学	
119	中药资源学	马云桐		成都中医药大学	
120	中药产品与开发	孟宪生		辽宁中医药大学	
121	中药加工与炮制学	王秋红		广东药科大学	
122	人体形态学	武煜明	游言文	云南中医药大学	河南中医药大学
123	生理学基础	于远望		陕西中医药大学	
124	病理学基础	王 谦		北京中医药大学	
125	解剖生理学	李新华	于远望	湖南中医药大学	陕西中医药大学
126	微生物学与免疫学	袁嘉丽	刘永琦	云南中医药大学	甘肃中医药大学
127	线性代数	李秀昌		长春中医药大学	
128	中药新药研发学	张永萍	王利胜	贵州中医药大学	广州中医药大学
129	中药安全与合理应用导论	张 冰		北京中医药大学	
130	中药商品学	闫永红	蒋桂华	北京中医药大学	成都中医药大学

（五）药学类专业

序号	书 名	主 编		主编所在单位	
131	药用高分子材料学	刘 文		贵州医科大学	
132	中成药学	张金莲	陈 军	江西中医药大学	南京中医药大学
133	制药工艺学	王 沛	赵 鹏	长春中医药大学	陕西中医药大学
134	生物药剂学与药物动力学	龚慕辛	贺福元	首都医科大学	湖南中医药大学
135	生药学	王喜军	陈随清	黑龙江中医药大学	河南中医药大学
136	药学文献检索	章新友	黄必胜	江西中医药大学	湖北中医药大学
137	天然药物化学	邱 峰	廖尚高	天津中医药大学	贵州医科大学
138	药物合成反应	李念光	方 方	南京中医药大学	安徽中医药大学

序号	书 名	主 编		主编所在单位	
139	分子生药学	刘春生	袁 媛	北京中医药大学	中国中医科学院
140	药用辅料学	王世宇	关志宇	成都中医药大学	江西中医药大学
141	物理药剂学	吴 清		北京中医药大学	
142	药剂学	李范珠	冯年平	浙江中医药大学	上海中医药大学
143	药物分析	俞 捷	姚卫峰	云南中医药大学	南京中医药大学

（六）护理学专业

序号	书 名	主 编		主编所在单位	
144	中医护理学基础	徐桂华	胡 慧	南京中医药大学	湖北中医药大学
145	护理学导论	穆 欣	马小琴	黑龙江中医药大学	浙江中医药大学
146	护理学基础	杨巧菊		河南中医药大学	
147	护理专业英语	刘红霞	刘 娅	北京中医药大学	湖北中医药大学
148	护理美学	余雨枫		成都中医药大学	
149	健康评估	阚丽君	张玉芳	黑龙江中医药大学	山东中医药大学
150	护理心理学	郝玉芳		北京中医药大学	
151	护理伦理学	崔瑞兰		山东中医药大学	
152	内科护理学	陈 燕	孙志岭	湖南中医药大学	南京中医药大学
153	外科护理学	陆静波	蔡恩丽	上海中医药大学	云南中医药大学
154	妇产科护理学	冯 进	王丽芹	湖南中医药大学	黑龙江中医药大学
155	儿科护理学	肖洪玲	陈偶英	安徽中医药大学	湖南中医药大学
156	五官科护理学	喻京生		湖南中医药大学	
157	老年护理学	王 燕	高 静	天津中医药大学	成都中医药大学
158	急救护理学	吕 静	卢根娣	长春中医药大学	上海中医药大学
159	康复护理学	陈锦秀	汤继芹	福建中医药大学	山东中医药大学
160	社区护理学	沈翠珍	王诗源	浙江中医药大学	山东中医药大学
161	中医临床护理学	裘秀月	刘建军	浙江中医药大学	江西中医药大学
162	护理管理学	全小明	柏亚妹	广州中医药大学	南京中医药大学
163	医学营养学	聂 宏	李艳玲	黑龙江中医药大学	天津中医药大学
164	安宁疗护	邸淑珍	陆静波	河北中医药大学	上海中医药大学
165	护理健康教育	王 芳		成都中医药大学	
166	护理教育学	聂 宏	杨巧菊	黑龙江中医药大学	河南中医药大学

（七）公共课

序号	书 名	主 编		主编所在单位	
167	中医学概论	储全根	胡志希	安徽中医药大学	湖南中医药大学
168	传统体育	吴志坤	邵玉萍	上海中医药大学	湖北中医药大学
169	科研思路与方法	刘 涛	商洪才	南京中医药大学	北京中医药大学
170	大学生职业发展规划	石作荣	李 玮	山东中医药大学	北京中医药大学
171	大学计算机基础教程	叶 青		江西中医药大学	
172	大学生就业指导	曹世奎	张光霁	长春中医药大学	浙江中医药大学

序号	书名	主编		主编所在单位	
173	医患沟通技能	王自润	殷越	大同大学	黑龙江中医药大学
174	基础医学概论	刘黎青	朱大诚	山东中医药大学	江西中医药大学
175	国学经典导读	胡真	王明强	湖北中医药大学	南京中医药大学
176	临床医学概论	潘涛	付滨	南京中医药大学	天津中医药大学
177	Visual Basic 程序设计教程	闫朝升	曹慧	黑龙江中医药大学	山东中医药大学
178	SPSS 统计分析教程	刘仁权		北京中医药大学	
179	医学图形图像处理	章新友	孟昭鹏	江西中医药大学	天津中医药大学
180	医药数据库系统原理与应用	杜建强	胡孔法	江西中医药大学	南京中医药大学
181	医药数据管理与可视化分析	马星光		北京中医药大学	
182	中医药统计学与软件应用	史周华	何雁	山东中医药大学	江西中医药大学

（八）中医骨伤科学专业

序号	书名	主编		主编所在单位	
183	中医骨伤科学基础	李楠	李刚	福建中医药大学	山东中医药大学
184	骨伤解剖学	侯德才	姜国华	辽宁中医药大学	黑龙江中医药大学
185	骨伤影像学	栾金红	郭会利	黑龙江中医药大学	河南中医药大学洛阳平乐正骨学院
186	中医正骨学	冷向阳	马勇	长春中医药大学	南京中医药大学
187	中医筋伤学	周红海	于栋	广西中医药大学	北京中医药大学
188	中医骨病学	徐展望	郑福增	山东中医药大学	河南中医药大学
189	创伤急救学	毕荣修	李无阴	山东中医药大学	河南中医药大学洛阳平乐正骨学院
190	骨伤手术学	童培建	曾意荣	浙江中医药大学	广州中医药大学

（九）中医养生学专业

序号	书名	主编		主编所在单位	
191	中医养生文献学	蒋力生	王平	江西中医药大学	湖北中医药大学
192	中医治未病学概论	陈涤平		南京中医药大学	
193	中医饮食养生学	方泓		上海中医药大学	
194	中医养生方法技术学	顾一煌	王金贵	南京中医药大学	天津中医药大学
195	中医养生学导论	马烈光	樊旭	成都中医药大学	辽宁中医药大学
196	中医运动养生学	章文春	邬建卫	江西中医药大学	成都中医药大学

（十）管理学类专业

序号	书名	主编		主编所在单位	
197	卫生法学	田侃	冯秀云	南京中医药大学	山东中医药大学
198	社会医学	王素珍	杨义	江西中医药大学	成都中医药大学
199	管理学基础	徐爱军		南京中医药大学	
200	卫生经济学	陈永成	欧阳静	江西中医药大学	陕西中医药大学
201	医院管理学	王志伟	翟理祥	北京中医药大学	广东药科大学
202	医药人力资源管理	曹世奎		长春中医药大学	
203	公共关系学	关晓光		黑龙江中医药大学	

序号	书　名	主　编		主编所在单位	
204	卫生管理学	乔学斌	王长青	南京中医药大学	南京医科大学
205	管理心理学	刘鲁蓉	曾　智	成都中医药大学	南京中医药大学
206	医药商品学	徐　晶		辽宁中医药大学	

（十一）康复医学类专业

序号	书　名	主　编		主编所在单位	
207	中医康复学	王瑞辉	冯晓东	陕西中医药大学	河南中医药大学
208	康复评定学	张　泓	陶　静	湖南中医药大学	福建中医药大学
209	临床康复学	朱路文	公维军	黑龙江中医药大学	首都医科大学
210	康复医学导论	唐　强	严兴科	黑龙江中医药大学	甘肃中医药大学
211	言语治疗学	汤继芹		山东中医药大学	
212	康复医学	张　宏	苏友新	上海中医药大学	福建中医药大学
213	运动医学	潘华山	王　艳	广东潮州卫生健康职业学院	黑龙江中医药大学
214	作业治疗学	胡　军	艾　坤	上海中医药大学	湖南中医药大学
215	物理治疗学	金荣疆	王　磊	成都中医药大学	南京中医药大学